Cornelius Tacitus, Wilhelm Boetticher

Werke

lateinisch mit deutscher Uebersetzung und erläuternden Anmerkungen - 4. Band

Cornelius Tacitus, Wilhelm Boetticher

Werke

lateinisch mit deutscher Uebersetzung und erläuternden Anmerkungen - 4. Band

ISBN/EAN: 9783744620857

Hergestellt in Europa, USA, Kanada, Australien, Japan

Cover: Foto ©ninafisch / pixelio.de

Weitere Bücher finden Sie auf **www.hansebooks.com**

Des

P. Cornelius Tacitus Werke.

Lateinisch mit deutscher Uebersetzung und erläuternden
Anmerkungen.

Vierter Band:

Historien IV. V. Agricola. Germania. Gespräch
über die Redner.

Leipzig,
Verlag von Wilhelm Engelmann.
1868.

Des

P. Cornelius Tacitus
Historien.

Viertes Buch.

Fortsetzung der Geschichte des Jahres 822 n. R. Erb., 69 n. Chr.,
und Geschichte des folgenden Jahres, 823 n. R. Erb.,
70 n. Chr.

P. CORNELII TACITI

HISTORIARUM

LIBER IV.

1. Interfecto Vitellio bellum magis desierat quam pax coeperat. Armati per urbem victores inplacabili odio victos consectabantur: plenae caedibus viae, cruenta fora templaque, passim trucidatis, ut quemque fors obtulerat. Ac mox augescente licentia scrutari ac protrahere abditos; si quem procerum habitu et iuventa conspexerant, obtruncare, nullo militum aut populi discrimine. Quae saevitia recentibus odiis sanguine explebatur, dein verterat in avaritiam. Nihil usquam secretum aut clausum sinebant, Vitellianos occultari simulantes. Initium id perfringendarum domuum vel, si resisteretur, causa caedis; nec deerat egentissimus quisque e plebe et pessimi servitiorum prodere ultro dites dominos: alii ab amicis monstrabantur. Ubique lamenta, conclamationes et fortunae captae urbis, adeo ut Othoniani Vitellianique militis invidiosa antea petulantia desideraretur. Duces partium accendendo civili bello acres, temperandae victoriae impares: quippe in turbas et discordias pessimo cuique plurima vis, pax et quies bonis artibus indigent.

2. Nomen sedemque Caesaris Domitianus acceperat, nondum ad curas intentus, sed stupris et adulteriis filium principis agebat. Praefectura praetorii penes Arrium

Des

P. Cornelius Tacitus
Historien.

Viertes Buch.

1. Mit des Vitellius Ermordung hatte mehr der Krieg aufgehört, als der Friede schon begonnen. Bewaffnet in der ganzen Stadt umher verfolgten die Sieger mit unversöhnlichem Hasse die Besiegten: angefüllt von Gemordeten waren die Straßen, blutbefleckt die öffentlichen Plätze und Tempel, da überall ein Jeder, den der Zufall ihnen entgegenführte, gemordet wurde. Und als dann die Zügellosigkeit immer weiter ging, suchten sie auch umher nach den Versteckten und schleppten sie hervor; sowie sie Einen von hoher, jugendlicher Gestalt[1]) erblickten, hieben sie ihn nieder, ohne zwischen Soldat und Bürger einen Unterschied zu machen. Dieses Wüthen fand, so lange die Erbitterung noch frisch, im Blute Befriedigung, dann ging es in Habgier aus. Nichts ließ man irgendwo geheim oder verschlossen, vorwendend, Vitellianer würden versteckt gehalten. Davon nahm man Anlaß zum Erbrechen der Häuser oder ließ es, wurde Widerstand geleistet, Grund zum Morden sein; und die Dürftigsten vom Pöbel, die Verworfensten der Sklaven ermangelten nicht, unaufgefordert reiche Herren zu verrathen; Andere wurden von Freunden bezeichnet. Ueberall Wehklagen, Angstgeschrei und die Schicksale einer eroberten Stadt, in solchem Grade, daß man sich die früher verhaßte Zügellosigkeit des othonianischen und vitellianischen Soldaten zurücksehnte. Die Führer der Partei, den Krieg zu entflammen rüstig bei der Hand, waren der Zügelung des Sieges nicht gewachsen: zu Unruhen nämlich und Zwietracht hat der Verworfenste gerade die meiste Thatkraft, Friede und Ruhe bedürfen edler Eigenschaften.

2. Namen und Wohnsitz[2]) eines Cäsars hatte Domitianus erhalten, auf Regierungssorgen seinen Sinn noch nicht gerichtet zeigte er sich in Unzucht nur und Ehebruch als den Sohn des Fürsten. Den Oberbefehl über die Leibwache

1*

Varum, summa potentiae in Primo Antonio. Is pecuniam familiamque e principis domo quasi Cremonensem praedam rapere: ceteri modestia vel ignobilitate ut in bello obscuri, ita praemiorum expertes. Civitas pavida et servitio parata occupari redeuntem Tarracina L. Vitellium cum cohortibus extinguique reliqua belli postulabat: praemissi Ariciam equites, agmen legionum intra Bovillas stetit. Nec cunctatus est Vitellius seque et cohortes arbitrio victoris permittere, et miles infelicia arma haud minus ira quam metu abiecit. Longus deditorum ordo, septus armatis, per urbem incessit, nemo supplici vultu, sed tristes et truces et adversum plausus ac lasciviam insultantis vulgi immobiles. Paucos erumpere ausos circumiecti oppressere, ceteri in custodiam conditi, nihil quisquam locutus indignum, et quamquam inter adversa, salva virtutis fama. Dein L. Vitellius interficitur, par vitiis fratris, in principatu eius vigilantior, nec perinde prosperis socius quam adversis abstractus.

3. Isdem diebus Lucilius Bassus cum expedito equite ad componendam Campaniam mittitur, discordibus municipiorum animis magis inter semet quam contumacia adversus principem. Viso milite quies et minoribus coloniis inpunitas: Capuae legio tertia hiemandi causa locatur, et domus illustres afflictae, cum contra Tarracinenses nulla ope iuvarentur. Tanto proclivius est iniuriae quam beneficio vicem exsolvere, quia gratia oneri, ultio in quaestu habetur. Solacio fuit servus Verginii Capitonis, quem proditorem Tarracinensium diximus, patibulo adfixus in isdem anulis, quos acceptos a Vitellio gestabat.

At Romae senatus cuncta principibus solita Vespasiano decernit, laetus et spei certus: quippe sumpta per Gallias Hispaniasque civilia arma, motis ad bellum Germanis, mox Illyrico, postquam Aegyptum, Iudaeam Syriamque et omnis provincias exercitusque lustraverant, velut expiato terrarum orbe cepisse finem videbantur; addidere

hatte Arrius Varus, die höchste Gewalt lag in des Primus Antonius Händen. Dieser riß Geld und Sklaven aus dem Fürstenhause an sich, als wäre es Cremonenserbeute: die Uebrigen hatten aus Bescheidenheit oder wegen ihrer Unberühmtheit, wie im Kriege scheinlos, so auch am Lohne desselben keinen Theil. Die eingeschüchterte und zur Knechtschaft bereitwillige Bürgerschaft verlangte, man solle den von Tarracina zurückkehrenden L. Vitellius sammt seinen Cohorten aufheben und den Rest des Krieges vernichten: vorausgeschickt wurden nach Aricia[3]) Reiter, der Heereszug der Legionen blieb diesseits Bovillä stehen. So wenig Vitellius zögerte, sich und die Cohorten der Willkür des Siegers zu überlassen, warf auch der Soldat die unglücklichen Waffen nicht minder aus Grimm als aus Furcht weg. In langem Zuge schritten die Uebergebenen von Bewaffneten umschlossen durch die Stadt, keiner mit demüthiger Miene, sondern finster und trotzig, und gegen das Händeklatschen und den Muthwillen des verhöhnenden Pöbels unbeweglich. Etliche, die hindurchzubrechen wagten, wurden von den sie Umringenden niedergemacht, die Uebrigen in Gewahrsam gebracht, Keiner etwas redend, was ihn entehrte, und selbst mitten im Mißgeschick den Ruf der männlichen Gesinnung bewahrend. Hienächst wird L. Vitellius ermordet, in Lasterhaftigkeit seinem Bruder gleich, während dessen Regierung wachsamer, und nicht sowohl Genosse seines Glückes, als mit fortgerissen durch sein Mißgeschick.

3. In denselben Tagen wurde Lucilius Bassus mit leichter Reiterei, um Campanien zu beruhigen, abgeschickt, wo die Landstädte mehr unter einander, als aus Widersetzlichkeit gegen den Fürsten uneins waren. Der Anblick der Soldaten brachte Ruhe, und die kleineren Coloniestädte blieben unbestraft: nach Capua wird die dritte Legion in's Winterquartier gelegt, und die angesehenen Häuser wurden hart mitgenommen, die Tarracinenser auf der andern Seite in keiner Weise begünstigt[4]). So viel geneigter ist man Beleidigung, als Wohlthat zu erwiedern, weil Dank als eine Last, die Rache für Gewinn betrachtet wird. Zum Troste gereichte es, daß des Verginius Capito Sklave, der, wie wir erzählt[5]), der Verräther der Tarracinenser gewesen, mit denselben Ringen, die er als ein Geschenk des Vitellius trug, an den Galgen gehenkt wurde.

Zu Rom indeß erkennt dem Vespasianus der Senat, was irgend bei den Fürsten üblich, mit Einem Male zu, froh und der Hoffnung sicher: schienen ja doch die Bürgerwaffen, in Gallien und Hispanien ergriffen, worauf auch die Germanen, dann Illyricum zum Kriege aufgestanden, nachdem sie nun Aegypten, Judäa, Syrien, alle Provinzen und Heere durchwandert hatten, als wäre gleichsam nun versöhnt der Erdkreis, ihr Ziel erreicht zu haben;

alacritatem Vespasiani litterae tamquam manente bello scriptae. Ea prima specie forma; ceterum ut princeps loquebatur, civilia de se et rei publicae egregia. Nec senatus obsequium deerat: ipsi consulatus cum Tito filio, praetura Domitiano et consulare imperium decernuntur.

4. Miserat et Mucianus epistulas ad senatum, quae materiam sermonibus praebuere. Si privatus esset, cur publice loqueretur? Potuisse eadem paucos post dies loco sententiae dici. Ipsa quoque insectatio in Vitellium sera et sine libertate: id vero erga rem publicam superbum, erga principem contumeliosum, quod in manu sua fuisse imperium donatumque Vespasiano iactabat. Ceterum invidia in occulto, adulatio in aperto erat: multo cum honore verborum Muciano triumphalia de bello civium data, sed in Sarmatas expeditio fingebatur. Adduntur Primo Antonio consularia, Cornelio Fusco et Arrio Varo praetoria insignia. Mox deos respexere; restitui Capitolium placuit. Eaque omnia Valerius Asiaticus, consul designatus, censuit: ceteri vultu manuque, pauci, quibus conspicua dignitas aut ingenium adulatione exercitum, compositis orationibus adsentiebantur. Ubi ad Helvidium Priscum, praetorem designatum, ventum, prompsit sententiam ut honorificam in bonum principem, falsa aberant, et studiis senatus attollebatur. Isque praecipuus illi dies magnae offensae initium et magnae gloriae fuit.

5. Res poscere videtur, quoniam iterum in mentionem incidimus viri saepius memorandi, ut vitam studiaque eius, et quali fortuna sit usus, paucis repetam. Helvidius Priscus [regione Italiae Carecinae] e municipio Cluviano*), patre, qui ordinem primi pili duxisset, ingenium inlustre altioribus studiis iuvenis admodum dedit, non, ut plerique, ut nomine magnifico segne otium velaret, sed quo firmior adversus fortuita rem publicam capesseret. Doctores sapientiae secutus est, qui sola bona quae honesta, mala tantum quae turpia, potentiam nobilitatem ceteraque extra animum neque bonis neque malis

---

*) In der Hdschr. steht *cluuios*.

es erhöhte noch die Freudigkeit ein Schreiben des Vespasianus, wie wenn der Krieg noch fortbestände abgefaßt⁶). Das war bei'm ersten Blicke seine Haltung: übrigens sprach er schon als Fürst, auf bürgerliche Weise von sich selbst und auf ausgezeichnete für den Senat. Und so fehlte es auch nicht an des Senats Ergebenheit: ihm selbst nebst seinem Sohne Titus wird das Consulat, dem Domitianus die Prätur und Consulargewalt beschlossen.

4. Auch Mucianus hatte an den Senat ein Schreiben ergehen lassen, welches Stoff zu allerlei Gerede darbot. „Wenn er Privatmann sei, warum er eine öffentliche Sprache führe? Dasselbe hätte ja auch einige Tage später bei der Abstimmung sich sagen lassen." Auch schon seine Ausfälle gegen Vitellius schienen nicht mehr an der Zeit und ohne Freimuth: das aber war übermütig gegen den Staat und beleidigend für den Fürsten, daß er sich rühmte, in seiner Hand habe sich die Herrschaft befunden und sei von ihm dem Vespasianus geschenkt. Uebrigens hielt diese Misgunst sich verborgen, hervor dagegen trat die Schmeichelei: mit vielem Wortgepränge wurden dem Mucianus die Triumphinsignien⁷) wegen des Bürgerkriegs verliehen, doch zum Vorwand diente sein Feldzug gegen die Sarmaten. Daneben gab man dem Primus Antonius die Consularinsignien, dem Cornelius Fuscus und Arrius Varus die prätorischen. Hierauf bedachte man die Götter; man beschloß das Capitolium wiederherzustellen. Auf alles dieses trug Valerius Asiaticus, der designirte Consul, an: die Uebrigen gaben mit Mienen nur und mit den Händen, einige Wenige, die durch ihre Würde ausgezeichnet, oder deren Geist in Schmeichelei gewandt, in wohlgesetzten Reden ihre Zustimmung. Als die Reihe an Helvidius Priscus, den designirten Prätor, kam, trat dieser mit einer Meinung vor, die, wie zur Ehre sie gereichte einem guten Fürsten, so doch fern war von Unwahrheit, und er wurde mit Beifall vom Senate hoch gefeiert. So war es denn dieser Tag besonders, welcher ihm große Feindschaft und großen Ruhm bereitete.

5. Die Sache selbst scheint es zu fordern, daß, weil wir zum zweiten Male⁸) auf die Erwähnung eines Mannes gekommen sind, der noch öfter zu nennen ist, ich Einiges über dessen Leben und Bestrebungen, und welch ein Schicksal er gehabt, nachhole. Helvidius Priscus aus der Landstadt Cluvia⁹), Sohn eines gewesenen ersten Centurio's, widmete in früher Jugend schon sein glänzendes Talent den höheren Wissenschaften, nicht, wie die Meisten, um mit einem prunkenden Namen träges Nichtsthun zu bemänteln, sondern um desto fester gegen Unfälle am öffentlichen Leben Theil zu nehmen. Zu Lehrern in der Weisheit wählte er sich die, welche für das einzige Gut die Tugend, für übel nur was schimpflich, Macht, Adel und was sonst noch außerhalb des Geistes liegt, weder für ein Gut noch für ein Uebel halten¹⁰).

adnumerant. Quaestorius adhuc a Paeto Thrasea gener delectus e moribus soceri nihil aeque ac libertatem hausit, civis, senator, maritus, gener, amicus, cunctis vitae officiis aequabilis, opum contemptor, recti pervicax, constans adversus metus.

6. Erant quibus adpetentior famae videretur, quando etiam sapientibus cupido gloriae novissima exuitur. Ruina soceri · in exilium pulsus, ut Galbae principatu rediit, Marcellum Eprium, delatorem Thraseae, accusare adgreditur. Ea ultio, incertum maior an iustior, senatum in studia diduxerat: nam si caderet Marcellus, agmen reorum sternebatur. Primo minax certamen et egregiis utriusque orationibus testatum: mox dubia voluntate Galbae, multis senatorum deprecantibus, omisit Priscus, variis, ut sunt hominum ingenia, sermonibus moderationem laudantium aut constantiam requirentium.

Ceterum eo senatus die, quo de imperio Vespasiani censebant, placuerat mitti ad principem legatos. Hinc inter Helvidium et Eprium acre iurgium: Priscus eligi nominatim a magistratibus iuratis, Marcellus urnam postulabat, quae consulis designati sententia fuerat.

7. Sed Marcelli studium proprius rubor excitabat, ne aliis electis posthabitus crederetur. Paulatimque per altercationem ad continuas et infestas orationes provecti sunt, quaerente Helvidio, quid ita Marcellus iudicium magistratuum pavesceret: esse illi pecuniam et eloquentiam, quis multos anteiret, ni memoria flagitiorum urgueretur. Sorte et urna mores non discerni: suffragia et existimationem senatus reperta, ut in cuiusque vitam famamque penetrarent. Pertinere ad utilitatem rei publicae, pertinere ad Vespasiani honorem, occurrere illi quos innocentissimos senatus habeat, qui honestis sermonibus aures imperatoris inbuant. Fuisse Vespasiano amicitiam cum Thrasea, Sorano, Sentio, quorum accusatores etiamsi puniri non oporteat, ostentari non debere. Hoc senatus iudicio velut admoneri principem quos probet, quos reformidet. Nullum maius boni imperii instrumentum quam bonos amicos esse. Satis Marcello quod Neronem in

Als er weiter nichts als Quästor erst gewesen, von Pätus Thrasea zum Eidam auserkoren, nahm er von des Schwiegervaters Weise nichts so sehr als dessen Freimuth in sich auf, als Bürger, als Senator, Gatte, Eidam, Freund, in allen Pflichtverhältnissen des Lebens stets derselbe, Verächter des Reichthums, fest am Rechten haltend, standhaft gegen Schrecken.

6. Manchen schien er allzusehr nach Ruhm zu streben, und von Ruhm= sucht machen ja auch Weise selbst zuletzt sich los. Durch seines Schwieger= vaters Sturz in das Exil verstoßen[11]), unternahm er, unter Galba's Re= gierung zurückgelebt[12]), den Marcellus Eprius, den Angeber Thrasea's, anzuklagen. Dieses Rachestreben, man weiß nicht, ob man es zu weit gehend oder mehr gerecht nennen soll, hatte den Senat in Parteien getheilt: denn wenn Marcellus fiel, so stürzte eine ganze Schaar von Schuldigen. Anfangs gewann der Kampf ein drohendes Ansehn, und treffliche Reden beider geben davon Zeugniß: nachher, als die Gesinnung Galba's zweifel= haft und auf Fürbitten vieler Senatoren stand Priscus ab, und man sprach darüber, wie einmal der Menschen Art ist, auf verschiedene Weise, seine Mäßigung lobend oder seine Festigkeit dabei vermissend.

An jenem Tage nun, als man über des Vespasianus Herrschaft abstimmte, hatte man beschlossen, Gesandte an den Fürsten abzuschicken. Dem zufolge erhob sich zwischen Helvidius und Eprius ein heftiger Streit: Priscus ver= langte eine namentliche Wahl durch vereidigte Beamte, Marcellus Losung, was auch des designirten Consuls Meinung gewesen war.

7. Aber was den Marcellus trieb, war sein eigenes Schaamgefühl, man möchte, würden Andere erkoren, ihn für zurückgesetzt halten. So kamen sie im Wortwechsel allmählich zu zusammenhängenden Angriffsreden, indem Helvidius fragte, warum Marcellus so das Urtheil der Beamten scheue? er habe ja Geld und Beredtsamkeit vor vielen Andern voraus, wenn die Erinnerung an seine Frevelthaten ihn nicht drückte. Loos und Urne machten keinen Unterschied im Lebenswandel: Abstimmung und Prüfung des Senates wären eingeführt, bei einem Jeden auf des Lebens und des Rufes Grund hindurchzubringen. Es erfordere des Staates Nutzen, erfordere des Vespa= sianus Ehre, daß die, welche im Senat die Unbescholtensten, welche der Tugend Sprache zu vernehmen des Kaisers Ohr gewöhnten, ihm entgegen= gingen. Freundschaft habe ja bestanden zwischen Vespasianus und Thrasea, Soranus[13]), Sentius, deren Ankläger, sei es auch nicht nöthig sie zu stra= fen, ihm doch nicht zur Schau zu stellen wären. Durch dieses Urtheil des Senates werde der Fürst gleichsam erinnert, welche Männer er zu schätzen, welche er zu scheuen habe. Kein trefflicheres Werkzeug habe eine gute Re= gierung, als gutgesinnte Freunde. Genug sei es für Marcellus, daß er

exitium tot innocentium inpulerit: frueretur praemiis et inpunitate, Vespasianum melioribus relinqueret.

8. Marcellus non suam sententiam inpugnari, sed consulem designatum censuisse dicebat, secundum vetera exempla, quae sortem legationibus posuissent, ne ambitioni aut inimicitiis locus foret. Nihil evenisse, cur antiquitus instituta exolescerent aut principis honor in cuiusquam contumeliam verteretur; sufficere omnes obsequio. Id magis vitandum, ne pervicacia quorundam inritaretur animus novo principatu suspensus et vultus quoque ac sermones omnium circumspectans. Se meminisse temporum, quibus natus sit, quam civitatis formam patres avique instituerint; ulteriora mirari, praesentia sequi; bonos imperatores voto expetere, qualescumque tolerare. Non magis sua oratione Thraseam quam iudicio senatus adflictum; saevitiam Neronis per eiusmodi imagines inlusisse, nec minus sibi auxiam talem amicitiam quam aliis exilium. Denique constantia fortitudine Catonibus et Brutis aequaretur Helvidius: se unum esse ex illo senatu qui simul servierit. Suadere etiam Prisco, ne supra principem scanderet, ne Vespasianum, senem triumphalem, iuvenum liberorum patrem, praeceptis coerceret. Quo modo pessimis imperatoribus sine fine dominationem, ita quamvis egregiis modum libertatis placere. — Haec magnis utrimque contentionibus iactata diversis studiis accipiebantur. Vicit pars quae sortiri legatos malebat, etiam mediis patrum adnitentibus retinere morem; et splendidissimus quisque eodem inclinabat, metu invidiae, si ipsi eligerentur.

9. Secutum aliud certamen. Praetores aerarii — nam tum a praetoribus tractabatur aerarium*) — publicam paupertatem questi modum inpensis postulaverant. Eam curam consul designatus ob magnitudinem oneris et remedii difficultatem principi reservabat: Helvidius arbitrio senatus agendum censuit. Cum perrogarent

---

*) Ernesti hält die Worte: *nam t. a pr. tr. aer.* für ein Glossem.

den Nero zum Verderben so vieler Unschuldigen angetrieben: möge er immerhin des Lohns dafür genießen und der Ungestraftheit, den Vespasianus jedoch den Besseren überlassen.

8. Marcellus dagegen sagte, nicht seine Meinung werde angefochten, sondern der designirte Consul habe so gestimmt, nach altem Brauche, welcher das Loos für Gesandtschaften festgesetzt, damit nicht Gunstbewerbung oder Feindschaften Platz greifen könnten[11]). Nichts habe sich ereignet, weshalb die alten Einrichtungen abkommen oder was den Fürsten ehren sollte, für irgend Jemand zum Schimpfe werden müßte; zur Huldigung seien Alle gut genug. Mehr müsse das vermieden werden, daß nicht durch gewisser Leute Starrsinn das im neuen Verhältnisse noch unsichere Gefühl des Fürsten, welches selbst auf Mienen und Gerede eines Jeden lausche, in einen gereizten Zustand versetzt werde. Er erinnere sich der Zeiten, in denen er geboren, der Verfassung, welche Väter und Urväter eingeführt; er staune das Vergangene an, halte sich an das Gegenwärtige; gute Herrscher wünsche er von Herzen, wie sie einmal seien, ertrage er sie. Nicht weniger sei durch des Senates Urtheil als durch seine Rede Thrasea gestürzt; Nero's Tyrannei habe mit Blendwerken dieser Art ihr Spiel getrieben; auch sei für ihn eine solche Freundschaft nicht minder angstvoll, als für Andere die Verbannung gewesen. Endlich, würde auch Helvidius in Standhaftigkeit und Unerschrockenheit einem Cato und Brutus gleichgestellt, er für seinen Theil sei nur aus dem Senate einer, welcher mit ihm zugleich sich in der Sklaverei befunden. Auch rathe er dem Priscus, sich nicht über den Fürsten emporzuschwingen, nicht einen Vespasianus, den triumphgeschmückten Greis, den Vater schon erwachsener Söhne, mit Lehren zu meistern. Sowie den schlimmsten Kaisern unbegrenzte Tyrannei gefalle, so doch auch selbst den trefflichsten in der Freiheit Mäßigung. — Diese beiderseits mit großer Heftigkeit ausgesprochenen Reden wurden mit getheiltem Interesse aufgenommen. Den Sieg trug die Partei davon, welche durch das Loos die Abgeordneten bestimmt wissen wollte, indem auch die in der Mitte schwankenden Senatoren dafür eiferten, die Sitte festzuhalten; und auch die Angesehensten gerade neigten sich auf diese Seite, aus Furcht vor Neid, wenn sie selbst gewählt werden sollten.

9. Es folgte dem ein anderer Streit. Die Prätoren der Staatskasse[13]) — denn damals wurde von Prätoren die Staatskasse verwaltet — hatten, über des Staates Armuth klagend, Einschränkung der Ausgaben verlangt. Dieses Geschäft behielt der designirte Consul wegen der Größe seiner Lästigkeit und der Schwierigkeit der Abhülfe dem Fürsten vor: Helvidius war der Meinung, daß darüber der Senat entscheiden müsse. Als die Consuln

sententias consules, Vulcatius Tertullinus, tribunus plebis, intercessit, ne quid super tanta re principe absente statueretur. Censuerat Helvidius, ut Capitolium publice restitueretur, adiuvaret Vespasianus. Eam sententiam modestissimus quisque silentio, deinde oblivio transmisit: fuere qui et meminissent.

10. Tum invectus est Musonius Rufus in P. Celerem, a quo Baream Soranum falso testimonio circumventum arguebat. Ea cognitione renovari odia accusationum videbantur. Sed vilis et nocens reus protegi non poterat: quippe Sorani sancta memoria; Celer professus sapientiam, dein testis in Baream, proditor corruptorque amicitiae, cuius se magistrum ferebat. Proximus dies causae destinatur; nec tam Musonius aut Publius quam Priscus et Marcellus ceterique, motis ad ultionem animis, expectabantur.

11. Tali rerum statu, cum discordia inter patres, ira apud victos, nulla in victoribus auctoritas, non leges, non princeps in civitate essent, Mucianus urbem ingressus cuncta simul in se traxit. Fracta Primi Antonii Varique Arrii potentia, male dissimulata in eos Muciani iracundia, quamvis vultu tegeretur. Sed civitas rimandis offensis sagax verterat se transtuleratque: ille unus ambiri, coli. Nec deerat ipse, stipatus armatis, domos hortosque permutans, apparatu incessu excubiis vim principis amplecti, nomen remittere. Plurimum terroris intulit caedes Calpurnii Galeriani. Is fuit filius Gai Pisonis, nihil ausus: sed nomen insigne et decora ipsius iuventa rumore vulgi celebrabantur, erantque in civitate adhuc turbida et novis sermonibus laeta qui principatus inanem ei famam circumdarent. Iussu Muciani custodia militari cinctus, ne in ipsa urbe conspectior mors foret, ad quadragensimum ab urbe lapidem, Appia via, fuso per venas sanguine extinguitur. Iulius Priscus, praetoriarum sub Vitellio cohortium praefectus, se ipse interfecit, pudore magis quam necessitate. Alfenus Varus ignaviae infamiaeque

Umfrage hielten, that der Volkstribun Vulcatius Tertullinus Einsprache, es dürfe über eine so wichtige Sache nichts in des Fürsten Abwesenheit festgesetzt werden. Auch darauf hatte Helvidius angetragen, daß das Capitol auf öffentliche Kosten hergestellt würde, Vespasianus nur einen Beitrag gäbe. Diese Meinung ließen die Gemäßigtsten zumal mit Schweigen, dann in Vergessenheit vorübergehen: doch gab es auch welche, die ihrer einst gedachten[16]).

10. Hierauf ging Musonius Rufus[17]) auf P. Celer los, den er beschuldigte, den Barea Soranus durch falsches Zeugniß gestürzt zu haben. Durch diese Untersuchung schienen die gehässigen Anklägereien wieder erneut zu werden. Allein man vermochte den verächtlichen und straffälligen Beschuldigten nicht zu schützen: Soranus stand ja in geheiligtem Andenken; Celer, der als Weisheitslehrer gelten wollte, ward dann Zeuge gegen Barea, Verräther und Mörder einer Freundschaft, deren Lehrer gewesen zu sein er sich rühmte. Der nächste Tag wird zur Verhandlung festgesetzt; und man war, da zur Rache die Gemüther einmal aufgeregt, nicht sowohl auf Musonius oder Publius, als auf Priscus und Marcellus und die Uebrigen gespannt.

11. Bei diesem Stande der Dinge, da Zwiespalt unter den Vätern, Ingrimm bei den Besiegten, kein Ansehn bei den Siegern, keine Gesetze, kein Fürst unter den Bürgern war, rückte Mucianus in die Stadt ein und zog mit Einem Male Alles an sich. Gebrochen war des Primus Antonius und Varus Arrius Macht, indem des Mucianus Groll gegen sie sich schlecht verbarg, so sehr er auch im Angesicht sich verstecken wollte. Scharfsichtig in Erspähung von Misverhältnissen hatte sich die Bürgerschaft umgewandelt und war übergetreten auf die andere Seite: ihn allein umdrängt, verehrt man. Und auch er selbst ließ es nicht an sich fehlen, mit Bewaffneten umgeben, Wohnungen und Parke wechselnd, sich in Pracht, Aufzug und Wachen die Gewalt des Fürsten zuzueignen, nur auf den Namen verzichtend. Am meisten Schrecken verursachte die Ermordung des Calpurnius Galerianus. Er war der Sohn des Gajus Piso und hatte nichts gewagt: aber sein berühmter Name und seine edele Jugendgestalt wurde im Munde des Volkes gefeiert, und es gab auch in der immer noch unruhigen und an neuem Gerede Gefallen findenden Bürgerschaft Leute, welche über ihn des Principates eiteln Ruf ausbreiteten. Auf Befehl des Mucianus von einer Soldatenwache umringt, wird er, damit sein Tod in der Stadt selbst nicht zu viel Aufsehn erregte, am vierzigsten Meilensteine von Rom auf der appischen Straße durch Oeffnung der Adern umgebracht. Julius Priscus[18]), Oberster der prätorischen Cohorten unter Vitellius, tödtete sich selbst, mehr aus Ehrgefühl als Zwang. Alfenus Varus überlebte seine Feigheit und Schande.

suae superfuit. Asiaticus enim, is libertus, malam potentiam servili supplicio expiavit.

12. Isdem diebus crebrescentem cladis Germanicae
famam nequaquam maesta civitas excipiebat; caesos exercitus, capta legionum hiberna, descivisse Gallias, non ut
mala loquebantur. Id bellum quibus causis ortum, quanto
externarum sociarumque gentium motu flagraverit, altius
expediam. Batavi, donec trans Rhenum agebant, pars
Chattorum, seditione domestica pulsi extrema Gallicae
orae vacua cultoribus, simulque insulam iuxta sitam occupavere, quam mare Oceanum a fronte, Rhenus amnis
tergum ac latera circumluit. Nec opibus Romanis, societate validiorum, adtriti viros tantum armaque imperio
ministrant, diu Germanicis bellis exerciti, mox aucta per
Britanniam gloria, transmissis illuc cohortibus, quas vetere instituto nobilissimi popularium regebant. Erat et
domi delectus eques, praecipuo nandi studio, arma equos-
que retinens integris turmis Rhenum perrumpere.

13. Iulius Paulus et Iulius Civilis regia stirpe multo
ceteros anteibant. Paulum Fonteius Capito falso rebellio-
nis crimine interfecit; iniectae Civili catenae, missus-
que ad Neronem et a Galba absolutus sub Vitellio rursus discrimen adiit, flagitante supplicium eius exercitu:
inde causae irarum spesque ex malis nostris. Sed Civilis
ultra quam barbaris solitum ingenio sollers, et Sertorium
se aut Annibalem ferens simili oris dehonestamento, ne
ut hosti obviam iretur, si a populo Romano palam desci-
visset, Vespasiani amicitiam studiumque partium prae-
tendit, missis sane ad eum Primi Antonii litteris, quibus
avertere accita Vitellio auxilia et tumultus Germanici
specie retentare legiones iubebatur. Eadem Hordeonius
Flaccus praesens monuerat, inclinato in Vespasianum
animo et rei publicae cura, cui excidium adventabat, si
redintegratum bellum et tot armatorum milia Italiam in-
rupissent.

14. Igitur Civilis desciscendi certus, occultato interim

Asiaticus natürlich, er, der Freigelassene, büßte seine unheilvolle Macht mit dem Sklaventode.

12. Das in diesen Tagen immer lauter werdende Gerücht von der Niederlage in Germanien vernahm die Stadt nichts weniger als bekümmert; von niedergemetzelten Heerhaufen, eroberten Winterlagern der Legionen, von dem Abfall Galliens sprach man so, als sei es gar kein Unglück. Dieses Krieges ursprüngliche Veranlassungen, und unter wie großer Bewegung auswärtiger und verbündeter Völker er emporgelodert, will ich gründlicher erörtern. Die Bataver, so lange sie jenseits des Rheines[19]) wohnten, ein Stamm der Chatten, besetzten, durch inneren Aufruhr vertrieben, die äußersten, noch unbewohnten Gegenden der gallischen Küste, und zugleich die nächstgelegene Insel, welche von vorn der Ocean, der Rheinstrom hinterwärts umspült und an den Seiten. Nicht durch römische Macht, die Verbindung mit den Stärkeren, entkräftet, liefern sie dem Reiche nur Männer und Waffen, lange in den germanischen Kriegen schon geübt, nachher zu noch größerem Ruhme in Britannien gelangt, indem man dorthin ihre Cohorten übersetzte, welche nach altem Brauch die Edelsten von ihrem eigenen Volke befehligten. Sie hatten aber auch daheim noch auserlesene Reiterei, welche sich im Schwimmen ganz besonders darauf eingeübt, sammt Waffen und Pferden in ganzen Geschwadern den Rhein zu durchbrechen.

13. Julius Paulus und Julius Civilis, königlichen Stammes, überragten weit die Uebrigen. Den Paulus ließ Fontejus Capito unter fälschlicher Anschuldigung der Empörung um's Leben bringen; Civilis in Ketten zu Nero geschickt und von Galba freigesprochen, gerieth unter Vitellius von neuem in Gefahr, da das Heer seine Hinrichtung verlangte: so hatte er Grund zum Zürnen und durch unser Unglück Hoffnung. Doch Civilis, ein klügerer Kopf, als es sonst bei Barbaren der Fall zu sein pflegt, und wie ein Sertorius oder Hannibal sich zeigend mit ganz ähnlicher Gesichtsentstellung[20]), brauchte, daß man ihm nicht wie einem Feinde entgegenzöge, wenn er offen vom Römervolke abgefallen wäre, Freundschaft gegen Vespasianus und Eifer für seine Partei zum Vorwand, da ja in der That auch ein Schreiben des Primus Antonius an ihn gelangt war, worin er aufgefordert ward, die von Vitellius aufgebotenen Hilfsschaaren von ihm abzulenken und unter dem Scheine eines Aufruhrs in Germanien die Legionen zurückzuhalten. Dieselbe Weisung hatte ihm mündlich auch Hordeonius Flaccus gegeben, aus Zuneigung für Vespasianus und aus Besorgtheit für den Staat, dem sein Untergang nahe bevorstand, wenn von neuem beginnender Krieg und so viele tausend Bewaffnete in Italien einbrechen sollten.

14. So also fing Civilis, [abzufallen[21])]entschlossen, einstweilen seinen

altiore consilio, cetera ex eventu iudicaturus, novare res
hoc modo coepit. Iussu Vitellii Batavorum iuventus ad
dilectum vocabatur, quem suapte natura gravem onera-
bant ministri avaritia ac luxu, senes aut invalidos con-
quirendo, quos pretio dimitterent: rursus inpubes, sed
forma conspicui — et est plerisque procera pueritia —
ad stuprum trahebantur. Hinc invidia, et compositae
seditionis auctores perpulere, ut dilectum abnuerent. Civilis primores gentis et promptissimos vulgi, specie epu-
larum sacrum in nemus vocatos, ubi nocte ac laetitia
incaluisse videt, a laude gloriaque gentis orsus iniurias
et raptus et cetera servitii mala enumerat: neque enim
societatem, ut olim, sed tamquam mancipia haberi: quando
legatum, gravi quidem comitatu et superbo, cum imperio
venire? Tradi se praefectis centurionibusque; quos ubi
spoliis et sanguine expleverint, mutari, exquirique novos
sinus et varia praedandi vocabula. Instare dilectum, quo
liberi a parentibus, fratres a fratribus velut supremum
dividantur. Numquam magis afflictam rem Romanam
nec aliud in hibernis quam praedam et senes: attollerent
tantum oculos et inania legionum nomina ne pavescerent.
At sibi robur peditum equitumque, consanguineos Germanos, Gallias idem cupientis. Ne Romanis quidem in-
gratum id bellum, cuius ambiguam fortunam Vespasiano
inputaturos: victoriae rationem non reddi.

15. Magno cum adsensu auditus barbaro ritu et
patriis execrationibus universos adigit. Missi ad Canninefates qui consilia sociarent. Ea gens partem insulae
colit, origine lingua virtute par Batavis, numero su-
perantur. Mox occultis nuntiis pellexit Britannica auxilia,
Batavorum cohortes missas in Germaniam, ut supra rettu-
limus, ac tum Mogontiaci agentes. Erat in Cannine-
fatibus stolidae audaciae Brinno, claritate natalium insigni;
pater eius multa hostilia ausus Gaianarum expeditionum

tieferen Plan verbergend, um nach dem Erfolge das Weitere zu überlegen, die Umwälzung auf folgende Weise an. Auf des Vitellius Befehl wurde die junge Mannschaft der Bataver zur Aushebung entboten, welche, an und für sich selbst schon lästig, durch die Habsucht und Wollust der damit Beauftragten noch drückender wurde, indem sie Greise oder Schwache zusammenbrachten, um sie für Geld wieder loszulassen, sowie auf der andern Seite Unerwachsene, aber durch ihre Gestalt in die Augen Fallende — und die Meisten haben schon als Knaben einen schlanken Wuchs — zu Nothzüchtigung hinweggeschleppt wurden. So erzeugte sich Erbitterung, und die Anstifter der verabredeten Empörung brachten es dahin, daß man sich der Aushebung widersetzte. Civilis ruft die Großen des Volkes und die Entschlossensten der Menge unter dem Scheine eines Opfermahles in einen heiligen Hain zusammen, und zählt, als er sieht, daß Nacht und Frohsinn ihr Gemüth erwärmt, mit Preis und Ruhm des Volkes beginnend, die Ungerechtigkeiten, die Räubereien und die übrigen Uebel der Knechtschaft auf: nicht ein Bundesverhältniß sei es noch, wie sonst, nein, wie Leibeigene würden sie gehalten: wann komme noch, so lästig auch sein Gefolge und so übermüthig, mit dem Oberbefehl ein Legat? Preisgegeben würden sie Präfecten und Centurionen; und wenn sie diese mit Beute und Blut gesättigt, wechselten dieselben, und man sänne auf neue Seckel und allerlei Vorwände zum Rauben. Vor der Thür stehe die Aushebung, wodurch Kinder von den Eltern, Brüder von den Brüdern wie zum letzten Mal im Leben losgerissen würden. Nie habe es schlechter je gestanden um die Römer, und in ihren Winterlagern seien nur Beute noch und Greise: nur erheben möchten sie den Blick und nicht vor den nichtigen Namen von Legionen beben[22]). Sie dagegen hätten eine Macht von Fußvolk und von Reitern, Blutsverwandte an den Germanen, Gallien nach Gleichem strebend. Selbst den Römern sei ein solcher Krieg nicht unwillkommen, und auf des Vespasianus Rechnung, sollte zweifelhaft das Glück sich zeigen, würden sie ihn schieben können: für den Sieg bedürfte es keiner Rechenschaft.

15. Mit lautem Beifall angehört läßt er nach der Barbaren Brauch und unter landesüblichen Verwünschungen sie alle schwören. Abgeordnet werden Gesandte an die Canninefaten, sie mit in ihren Plan zu ziehn. Dieser Volksstamm bewohnt einen Theil der Insel, in Herkunft, Sprache, Tapferkeit den Batavern gleich, an Zahl nur werden sie von diesen übertroffen. Hierauf verlockte er durch geheime Botschaften die britannischen Hilfsschaaren, jene Batavercohorten, welche, wie wir oben erwähnt[23]), nach Germanien geschickt worden waren und damals in Mogontiacum lagen. Es lebte unter den Canninefaten Brinno, ein thöricht wagehalsiger Mensch, von hochberühmtem Adel; sein Vater hatte, vieler Feindseligkeiten sich erkühnend, der gajanischen

ludibrium inpune spreverat. Igitur ipso rebellis familiae nomine placuit, impositusque scuto more gentis et susti- nentium umeris vibratus dux deligitur. Statimque ac- citis Frisiis — transrhenana gens est —, duarum co- hortium hiberna, proxima occupatu, Oceano inrumpit. Nec praeviderant impetum hostium milites, nec, si praevi- dissent, satis virium ad arcendum erat: capta igitur ac direpta castra. Dein vagos et pacis modo effusos lixas negotiatoresque Romanos invadunt. Simul excidiis ca- stellorum imminebant, quae a praefectis cohortium incensa sunt, quia defendi nequibant. Signa vexillaque et quod militum in superiorem insulae partem congregantur, duce Aquilio primipilari, nomen magis exercitus quam robur: quippe viribus cohortium abductis Vitellius e proximis Nerviorum Germanorumque pagis segnem numerum armis oneraverat.

16. Civilis dolo grassandum ratus incusavit ultro praefectos, quod castella deseruissent: sese cum cohorte, cui praeerat, Canninefatem tumultum compressurum, illi sua quisque hiberna repeterent. Subesse fraudem con- silio et dispersas cohortes facilius opprimi, nec Brinno- nem ducem eius belli sed Civilem esse patuit, erumpen- tibus paulatim indiciis, quae Germani, laeta bello gens, non diu occultaverant. Ubi insidiae parum cessere, ad vim transgressus Canninefates, Frisios, Batavos propriis cuneis componit: derecta ex diverso acies haud procul a flumine Rheno et obversis in hostem navibus, quas incensis castellis illuc adpulerant. Nec diu certato Tun- grorum cohors signa ad Civilem transtulit, perculsique milites improvisa proditione a sociis hostibusque caede- bantur. Eadem et in*) navibus perfidia: pars remigum e Batavis, tamquam imperitia, officia nautarum propugnato- rumque impediebant; mox contra tendere et puppes hostili ripae obicere; ad postremum gubernatores centurionesque,

---

*) et in nach Ritter für etiam.

Feldzüge Gaukelspiel[24]) straflos verachtet. Er fand daher schon wegen des bloßen Namens der rebellischen Familie Beifall, und wurde, nach des Volkes Brauch[25]) auf einen Schild gesetzt und auf den Schultern der ihn Tragenden umhergeschwenkt, zum Heerführer auserkoren. Sogleich nun zieht er die Friesen, einen überrheinischen Volksstamm, an sich, und bricht vom Ocean aus in das Winterlager zweier Cohorten ein, das zum Ueberfall am nächsten lag. Die Soldaten hatten den Angriff der Feinde weder vorhergesehen, noch besaßen sie, selbst wenn dieses auch der Fall gewesen wäre, hinreichende Stärke, um ihn abzuwehren: das Lager wurde daher genommen und geplündert. Sodann fallen sie über die herumstreifenden und wie im Friedensstande über Land gezogenen[26]) römischen Marketender und Händler her. Zugleich bedrohten sie die Castelle mit Zerstörung, und diese wurden, weil sie nicht vertheidigt werden konnten, von den Präfecten der Cohorten in Brand gesteckt. Feldzeichen, Fahnen und was von Soldaten da war, wurde unter der Anführung des Primipilaren[27]) Aquilius in den oberen Theil der Insel zusammengedrängt, mehr dem Namen als der Stärke nach ein Heer: Vitellius nämlich hatte den Kern der Cohorten weggeführt, und aus den nächsten Gauen der Nervier[28]) und Germanen einen schlaffen Haufen unter die Waffen gesteckt.

16. Civilis, der mit List zu Werke gehen zu müssen glaubte, machte sogar den Präfecten noch Vorwürfe, daß sie die Castelle verlassen hätten: er werde schon mit der Cohorte, welche er anführte, den Canninefatenaufruhr dämpfen, sie sollten nur ein jeder in sein Winterlager zurückkehren. Daß nur Betrug hinter diesem Rathe steckte, daß die zerstreuten Cohorten leichter überwältigt werden könnten, und daß nicht Brinno, sondern Civilis in diesem Kriege Anführer sei, stellte sich heraus, indem allmählich Anzeichen davon hervorbrachen, welche die Germanen, ein kriegslustiges Volk, nicht lange geheim gehalten hatten. Als es mit der List nicht recht gelingen wollte, schritt er zur Gewalt und stellte die Canninefaten, Friesen und Bataver, jede in eigenen Keilen auf: ihnen gegenüber nahm auch unsere Schlachtlinie ihre Stellung, nicht fern vom Rheinstrom, und so, daß die Schiffe, welche man nach der Verbrennung der Castelle dort hatte anlegen lassen, gegen den Feind gerichtet waren. Noch nicht lange hatte man gestritten, als die Cohorte der Tungrer[29]) zu Civilis überging; und betroffen über den unerwarteten Verrath wurden die Soldaten nun von Bundesgenossen und Feinden niedergehauen. Dieselbe Treulosigkeit auch auf den Schiffen: der aus Batavern bestehende Theil der Ruderknechte hinderte, als wenn es aus Unerfahrenheit geschähe, die Verrichtungen des Schiffsvolks und der Streiter; dann arbeiten sie entgegen und werfen die Hintervordecke nach dem feindlichen Ufer herum; endlich ermorden

2*

nisi eadem volentis, trucidant, donec universa quattuor et
viginti navium classis transfugeret aut caperetur.

17. Clara ea victoria in praesens, in posterum usui;
armaque et naves, quibus indigebant, adepti magna per
Germanias Galliasque fama libertatis auctores celebrabantur. Germaniae statim misere legatos auxilia offerentes: Galliarum societatem Civilis arte donisque ad-
fectabat, captos cohortium praefectos suas in civitates
remittendo, cohortibus, abire an manere mallent, data
potestate. Manentibus honorata militia, digredientibus
spolia Romanorum offerebantur; simul secretis sermonibus admonebat malorum, quae tot annis perpessi mi-
seram servitutem falso pacem vocarent. Batavos, quamquam tributorum expertes, arma contra communes dominos
cepisse; prima acie fusum victumque Romanum. Quid?
si Galliae iugum exuant, quantum in Italia reliquum?
Provinciarum sanguine provincias vinci. Ne Vindicis
aciem cogitarent: Batavo equite protritos Aeduos Arver-
nosque; fuisse inter Verginii auxilia Belgas, vereque
reputantibus Galliam suismet viribus concidisse. Nunc
easdem omnium partes, addito, si quid militaris disciplinae in castris Romanorum viguerit; esse secum veteranas cohortes, quibus nuper Othonis legiones procu-
buerint. Servirent Syria Asiaque et suetus regibus Oriens:
multos adhuc in Galliis vivere ante tributa genitos. Nuper
certe caeso Quintilio Varo pulsam e Germania servitutem,
nec Vitellium principem sed Caesarem Augustum bello
provocatum. Libertatem natura etiam mutis animalibus
datam, virtutem proprium hominum bonum; deos fortioribus
adesse: proinde arriperent vacui occupatos, integri fessos.
Dum alii Vespasianum, alii Vitellium foveant, patere locum
adversus utrumque.

18. Sic in Gallias Germaniasque intentus, si destinata
provenissent, validissimarum ditissimarumque nationum
regno imminebat. At Flaccus Hordeonius primos Civilis
conatus per dissimulationem aluit: ubi expugnata castra,
deletas cohortes, pulsum Batavorum insula Romanum nomen

sie die Steuerleute und Centurionen, wenn sie sich nicht darein ergeben, bis die ganze Flotte von vierundzwanzig Schiffen überging oder genommen wurde.

17. Glanzvoll war dieser Sieg für die Gegenwart, von Nutzen für die Zukunft; Waffen und Schiffe, woran es ihnen gebrach, erhielten sie so, und durch ganz Germanien und Gallien pries der Ruf sie als Urheber der Freiheit. Germanien schickte sogleich Abgeordnete, Unterstützung anzubieten: um Galliens Bündniß bewarb sich Civilis mit List und Geschenken, indem er die gefangenen Präfecten der Cohorten in ihre Heimath zurücksandte, den Cohorten freistellte, ob sie abziehen oder bleiben wollten. Den Bleibenden ward ehrenvoller Dienst, den Fortgehenden erbeutete Römerwaffen angeboten; zugleich erinnerte er sie in geheimen Unterredungen an die Leiden, die so viele Jahre nun schon duldend sie elende Knechtschaft fälschlich Frieden nennten. Die Bataver, obwohl von Tribut noch nichts wissend, hätten die Waffen gegen die gemeinsamen Tyrannen ergriffen; im ersten Treffen schon sei geschlagen und besiegt der Römer. Wie? wenn Gallien das Joch abwürfe, was bliebe in Italien noch übrig? Durch der Provinzen Blut besiege man ja die Provinzen. Nicht möchten sie an des Vindex[30] Heerschaar denken: batavische Reiter hätten die Aeduer und Arverner niedergeworfen; Belgier wären unter des Verginius Hilfsvölkern gewesen, und bedenke man es recht, so sei Gallien durch seine eigene Streitkraft gefallen. Jetzt stritten alle für dieselbe Sache, und dazu komme auch die Mannszucht, die sich in den Feldlagern der Römer etwa noch erhalten, ihnen zu gut; auf seiner Seite seien die alten Cohorten, denen die Legionen Otho's jüngst erlegen. Dienstbar möchte Syrien sein und Asien und der an Könige gewöhnte Orient: in Gallien lebten viele noch, die vor der Zinsbarkeit geboren[31]. Unlängst[32] erst sei ja durch des Quintilius Varus Niederlage die Knechtschaft aus Germanien verbannt, und nicht ein Fürst wie Vitellius, sondern Cäsar Augustus zum Kriege herausgefordert worden. Freiheit sei von der Natur den sprachlosen Thieren auch verliehen, Tapferkeit der Menschen eigenthümlicher Vorzug; die Götter ständen den Mutigeren bei: somit möchten sie, die unbehindert, die Beschäftigten, mit frischer Kraft die schon Ermatteten anfallen. Während die Einen den Vespasianus, die Anderen den Vitellius begünstigten, stehe das Feld offen wider beide.

18. So sein Augenmerk auf Gallien und Germanien richtend, war er, wenn sein Plan gelungen wäre, nicht fern vom Königsthron der mächtigsten und reichsten Völker. Flaccus Hordeonius dagegen ließ durch Nichtbeachtung die ersten Bestrebungen des Civilis Nahrung gewinnen: erst als die Schreckensbotschaft überbracht wurde, das Lager sei erobert, vernichtet die Cohorten, was römisch sei vertrieben aus der Insel der Bataver, läßt er den

trepidi nuntii adferebant, Munium Lupercum legatum — is duarum legionum hibernis praeerat — egredi adversus hostem iubet. Lupercus legionarios e praesentibus, Ubios e proximis, Trevirorum equites haud longe agentis raptim transmisit, addita Batavorum ala, quae iam pridem corrupta fidem simulabat, ut proditis in ipsa acie Romanis maiore pretio fugeret. Civilis captarum cohortium signis circumdatus, ut suo militi recens gloria ante oculos, et hostes memoria cladis terrerentur, matrem suam sororesque, simul omnium coniuges parvosque liberos consistere a tergo iubet, hortamenta victoriae vel pulsis pudorem. Ut virorum cantu, feminarum ululatu sonuit acies, nequaquam par a legionibus cohortibusque redditur clamor. Nudaverat sinistrum cornu Batavorum ala transfugiens statimque in nos versa. Sed legionarius miles, quamquam rebus trepidis, arma ordinesque retinebat. Ubiorum Trevirorumque auxilia, foeda fuga dispersa, totis campis palantur: illuc incubuere Germani, et fuit interim effugium legionibus in castra, quibus Veterum nomen est. Praefectus alae Batavorum Claudius Labeo, oppidano certamine aemulus Civili, ne interfectus invidiam apud populares vel, si retineretur, semina discordiae praeberet, in Frisios avehitur.

19. Isdem diebus Batavorum et Canninefatium cohortes, cum iussu Vitellii in urbem pergerent, missus a Civile nuntius adsequitur. Intumuere statim superbia ferociaque, et pretium itineris donativum, duplex stipendium, augeri equitum numerum, promissa sane a Vitellio, postulabant, non ut adsequerentur, sed causam seditioni. Et Flaccus multa concedendo nihil aliud effecerat, quam ut acrius exposcerent quae sciebant negaturum. Spreto Flacco inferiorem Germaniam petivere, ut Civili iungerentur. Hordeonius adhibitis tribunis centurionibusque consultavit, num obsequium abnuentes vi coerceret; mox insita ignavia et trepidis ministris, quos ambiguus auxiliorum

Legaten Munius Lupercus — dieser befehligte das Winterlager zweier Legio=
nen — gegen den Feind ausrücken. Lupercus ließ von denen, die zur Hand
ihm waren, die Legionsoldaten, aus der nächsten Nachbarschaft die Ubier
und die nicht fern stehenden Reiter der Trevirer eilig übersetzen, dazu auch
eine batavische Reiterschaar, die, schon längst bestochen, noch Treue heuchelte,
damit, wenn sie mitten in der Schlacht die Römer verriethe, ihre Flucht
einen um so höheren Werth erhielte. Civilis, von den Feldzeichen der ge=
fangenen Cohorten umgeben, damit sein Kriegsvolk den eben gewonnenen
Ruhm vor Augen hätte und die Feinde durch die Erinnerung an ihre Nieder=
lage geschreckt würden, läßt seine Mutter und seine Schwestern und mit
ihnen die Gattinnen und kleinen Kinder Aller hinter die Front sich stellen,
als Sporn zum Siege oder zur Beschämung für die Geschlagenen. Als nun
von dem Kriegsgesang der Männer, von der Weiber Geheul die Wahlstatt
ertönte, erwiederten die Legionen und Cohorten keineswegs in gleichem
Schlachtgeschrei. Entblößt hatte den linken Flügel die Reiterschaar der Ba=
taver, die übergehend sich sogleich gegen uns schwenkte. Doch der Legions=
soldat, so mißlich auch die Lage war, hielt sich in seinen Waffen und in Reih
und Glied. Die Hilfsschaaren der Ubier und Trevirer, in schmählicher
Flucht zerstreut, schweifen umher auf dem ganzen Felde: auf sie warfen sich
die Germanen, und es gewannen die Legionen mittlerweile Zeit, in das
Lager zu entfliehen, welches Vetera³³) genannt wird. Der Befehlshaber der
batavischen Reiterschaar, Claudius Labeo, in landstädtischer Eifersucht des
Civilis Nebenbuhler, wird, damit nicht seine Ermordung Mißvergnügen bei
seinen Landsleuten, seine Zurückbehaltung Samen der Zwietracht hervor=
bringen möchte, nach dem Lande der Friesen eingeschifft.

19. In denselben Tagen holt auch der von Civilis abgesandte Bote die
Cohorten der Bataver und Canninefaten ein, die auf des Vitellius Befehl
sich auf dem Marsche nach der Stadt³⁴) befanden. Sogleich schoß Uebermuth
und Trotz in ihnen auf, und sie verlangten für den Marsch ein Geldgeschenk,
doppelten Sold, Vermehrung ihrer Reiterei, was allerdings von Vitellius
versprochen war, nicht um es zu erhalten, sondern um zur Empörung einen
Grund zu haben. Und Flaccus hatte dadurch, daß er Vieles zugestand,
nichts anderes bewirkt, als daß sie um so ungestümer forderten, wovon sie
wußten, daß er es verweigern würde. Ohne weiter auf den Flaccus Rück=
sicht zu nehmen zogen sie nach Niedergermanien, um sich mit Civilis zu ver=
einigen. Nun ging Hordeonius mit den Tribunen und Centurionen zu
Rathe, ob er nicht die den Gehorsam Verweigernden mit Gewalt zu bändigen
suchen sollte: bald jedoch beschloß er in der ihm eigenen Muthlosigkeit und
bei der Zaghaftigkeit seiner Untergebenen, welche die zweideutige Gesinnung

animus et subito dilectu suppletae legiones angebant,
statuit continere intra castra militem: dein paenitentia, et arguentibus ipsis qui suaserant, tamquam secu-
turus scripsit Herennio Gallo, legionis primae legato,
qui Bonnam obtinebat, ut arceret transitu Batavos: se
cum exercitu tergis eorum haesurum. Et opprimi poterant, si hinc Hordeonius, inde Gallus, motis utrimque
copiis, medios clausissent. Flaccus omisit inceptum aliis-
que litteris Gallum monuit, ne terreret abeuntes. Unde
suspitio sponte legatorum excitari bellum, cunctaque quae
acciderant aut metuebantur, non inertia militis neque
hostium vi, sed fraude ducum evenire.

20. Batavi cum castris Bonnensibus propinquarent,
praemisere qui Herennio Gallo mandata cohortium ex-
poneret. Nullum sibi bellum adversus Romanos, pro
quibus totiens bellassent: longa atque irrita militia fessis
patriae atque otii cupidinem esse. Si nemo obsisteret,
innoxium iter fore: sin arma occurrant, ferro viam in-
venturos. Cunctantem legatum milites perpulerant, fortunam proelii experiretur. Tria milia legionariorum et
tumultuariae Belgarum cohortes, simul paganorum lixa-
rumque ignava sed procax ante periculum manus, omnibus
portis prorumpunt, ut Batavos numero inpares circum-
fundant. Illi veteres militiae in cuneos congregantur,
densi undique et frontem tergaque ac latus tuti; sic
tenuem nostrorum aciem perfringunt. Cedentibus Belgis
pellitur legio, et vallum portasque trepidi petebant. Ibi
plurimum cladis: cumulatae corporibus fossae, nec caede
tantum et vulneribus, sed ruina et suis plerique telis
interiere. Victores colonia Agrippinensium vitata, nihil
cetero in itinere hostile ausi, Bonnense proelium excusabant, tamquam petita pace, postquam negabatur, sibimet
ipsi consuluissent.

21. Civilis adventu veteranarum cohortium iusti iam

der Hilfstruppen und die Ergänzung der Legionen durch plötzlich ausgehobene Mannſchaft ängſtigte, das Kriegsvolk im Lager zuſammenzuhalten. Hernach, da es ihn reute und ſelbſt die, welche es gerathen, ihm darüber Vorwürfe machten, ſchrieb er, als ſei er nachzuſetzen willens, an Herennius Gallus, den Legaten der erſten Legion, welcher Bonna beſetzt hielt, er möchte den Bata=rern den Uebergang [35]) wehren: er werde mit dem Heere ihnen auf dem Fuße folgen. Auch hätten ſie überwältigt werden können, wenn von hier Horten=nius, von dort her Gallus, beiderſeits mit ihren Truppen ſich in Bewegung ſetzend, ſie in der Mitte eingeſchloſſen hätten. Flaccus gab das Unternehmen auf und ließ in einem anderen Schreiben an Gallus die Weiſung ergehen, er ſolle ſie bei ihrem Abzuge nicht beunruhigen. So entſtand denn der Ver=dacht, es werde mit Wiſſen und Willen der Legaten der Krieg erregt, und Alles, was ſchon geſchehen oder noch zu fürchten war, rühre nicht von der Schlaffheit der Soldaten, noch von der Gewalt der Feinde, ſondern von der Argliſt der Anführer her.

20. Als die Bataver ſich dem Lager bei Bonna näherten, ſchickten ſie einen Boten voraus, dem Herennius Gallus im Auftrage der Cohorten zu erklären, ſie hätten keinen Krieg wider die Römer, für welche ſie ſo oft gefochten: er=müdet durch den langen und erfolgloſen Kriegsdienſt, ſehnten ſie ſich nach ihrem Vaterlande und nach Ruhe. Wenn Niemand ihnen ſich entgegenſtellte, würde ihr Marſch harmlos ſein: träte man aber ihnen mit Waffen entgegen, ſo würden ſie mit dem Schwerte den Weg zu finden wiſſen. Den unſchlüſſigen Legaten hatten die Soldaten dazu vermogt, das Glück einer Schlacht zu ver=ſuchen. Dreitauſend Legionsſoldaten und in Eile zuſammengebrachte belgiſche Cohorten, nebſt einem feigen, aber vor der Gefahr großſprecheriſchen Haufen von Landvolk und Marketendern brechen aus allen Thoren hervor, um die an Zahl ihnen nicht gewachſenen Bataver zu umzingeln. Dieſe, im Felddienſt alterfahrene Krieger, ſchaaren ſich in Keile zuſammen, dicht geſchloſſen allent=halben, und vorn, im Rücken, ſeitwärts wohl gedeckt; ſo durchbrechen ſie die dünne Schlachtreihe der Unſrigen. Da die Belgier weichen, wird die Legion geworfen, und voll Beſtürzung eilte man dem Walle und den Thoren zu. Da war die Niederlage am größten: hoch füllen ſich die Gräben mit Leichen, und nicht bloß niedergehauen und an Wunden, ſondern im Sturz auch und durch ihre eigenen Waffen fanden viele ihren Tod. Die Sieger vermieden die Co=lonieſtadt der Agrippinenſer [30]) und wagten auf ihrem ferneren Marſche keine Feindſeligkeiten weiter, das Treffen bei Bonna aber entſchuldigten ſie damit, daß ſie um Frieden gebeten, und erſt als man ihn verweigert, auf Selbſt=hilfe gedacht hätten.

21. Civilis, nach der Ankunft der Veteranencohorten bereits eines ordent=

exercitus ductor, sed consilii ambiguus et vim Romanam
reputans, cunctos qui aderant in verba Vespasiani adigit
mittitque legatos ad duas legiones, quae priore acie pul-
sae in Vetera castra concesserant, ut idem sacramentum
acciperent. Redditur responsum: neque proditoris neque hostium se consiliis uti; esse sibi Vitellium principem, pro quo fidem et arma usque ad supremum
spiritum retenturos: proinde perfuga Batavus arbitrium
rerum Romanarum ne ageret, sed meritas sceleris poenas expectaret. Quae ubi relata Civili, incensus ira
universam Batavorum gentem in arma rapit; iunguntur
Bructeri Tencterique, et excita nuntiis Germania ad praedam famamque.

22. Adversus has concurrentis belli minas legati
legionum Munius Lupercus et Numisius Rufus vallum
murosque firmabant. Subversa longae pacis opera, haud
procul castris in modum municipii exstructa, ne hostibus
usui forent. Sed parum provisum, ut copiae in castra
conveherentur; rapi permisere: ita paucis diebus per licentiam absumpta sunt quae adversus necessitates in
longum suffecissent. Civilis medium agmen cum robore
Batavorum obtinens utramque Rheni ripam, quo trucu-
lentior visu foret, Germanorum catervis complet, adsul-
tante per campos equite; simul naves in adversum amnem
agebantur. Hinc veteranarum cohortium signa, inde
depromptae silvis lucisque ferarum imagines, ut cuique
genti inire proelium mos est, mixta belli civilis externi-
que facie obstupefecerant obsessos. Et spem obpugnantium augebat amplitudo valli, quod duabus legionibus
situm vix quinque milia armatorum Romanorum tuebantur;
sed lixarum multitudo turbata pace illuc congregata et
bello ministra aderat.

23. Pars castrorum in collem leniter exsurgens,
pars aequo adibatur. Quippe illis hibernis obsideri pre-
mique Germanias Augustus crediderat, neque umquam id
malorum, ut obpugnatum ultro legiones nostras venirent;
inde non loco neque munimentis labor additus: vis et
arma satis placebant. Batavi Transrhenanique, quo
discreta virtus manifestius spectaretur, sibi quaeque gens,

lichen Heeres Führer, doch unschlüssig noch und der Römer Uebermacht er-
wägend, nimmt alle, die zugegen waren, für Vespasianus in Eid, und schickt
Abgeordnete an die beiden Legionen, welche, in dem neulichen Treffen geschlagen, sich in's Lager Vetera zurückgezogen hatten, daß sie dieselbe Huldigung
leisten möchten. Darauf ertheilt man den Bescheid: man brauche weder eines
Verräthers noch der Feinde Rath: ihr Fürst sei Vitellius, für den sie Treue
und Waffen bis zum letzten Athemzuge bewahren würden: darum möchte der
batavische Ueberläufer nicht in römischen Angelegenheiten den Schiedsrichter
spielen wollen, sondern für seinen Frevel die verdiente Strafe erwarten. Als
dieses dem Civilis hinterbracht wurde, reißt er zornentbrannt das gesammte
Volk der Bataver zu den Waffen; anschließen sich die Brukterer und Tencterer,
und aufgerufen wird durch Botschafter Germanien zur Beute und zum Ruhme.

22. Gegen diese Drohungen des sich zusammenziehenden Kriegsungewitters
befestigten die Legionslegaten Mummius Lupercus und Numisius Rufus Wall
und Mauern. Niedergerissen wurde des langen Friedens Werk, das sich nicht
fern vom Lager wie zu einer Landstadt fast herangebaut, damit es nicht den
Feinden nützlich würde. Aber dafür war zu wenig gesorgt, daß Lebensmittel
dem Lager zugefahren wurden; man erlaubte, sie zu rauben: so wurde in
wenigen Tagen zügellos verbraucht, was gegen Noth auf lange Zeit vorgehalten hätte. Civilis, mit dem Kern der Bataver des Heereszuges Mitte
haltend, füllt, um ein noch fürchterlicheres Ansehn sich zu geben, beide Rheinufer mit Schaaren von Germanen an, während die Reiterei über die Ebenen
heransprengt; zugleich wurden Schiffe stromaufwärts geführt. Hier die Feldzeichen der Veteranencohorten, dort die aus Wäldern und Hainen genommenen
Abbildungen von wilden Thieren [37]), wie damit ein jeglicher Volksstamm in
den Kampf zu ziehen gewohnt ist, hatten, bürgerlichen und auswärtigen Krieg
gemischt erscheinen lassend, die Belagerten bestürzt gemacht. Die Hoffnung
der Belagerer vermehrte des Walles Ausdehnung, der, angelegt für zwei Legionen, von kaum fünftausend bewaffneten Römern vertheidigt wurde; doch
eine Menge von Marketendern, die sich beim Friedensbruche hier zusammen-
gehäuft, leistete auch im Kriege ihre Dienste.

23. Die eine Hälfte des Lagers erhob sich sanft an einem Hügel, die andere war von der Ebene zugänglich. Augustus nämlich hatte geglaubt, durch
dieses Winterlager würde Germanien belagert und bedrängt werden, und
niemals ein so großes Unglück sich ereignen, daß man sogar kommen würde,
die Legionen darin zu bekämpfen; daher hatte man weder auf die Oertlichkeit,
noch auf die Befestigungswerke besondere Mühe verwandt: Gewalt und Waffen dünkten gut genug. Die Bataver und die Ueberrheinischen stellen sich,
damit sich in der Absonderung die Tapferkeit deutlicher zu erkennen gäbe, für

consistunt, eminus lacessentes. Post ubi pleraque telorum turribus pinnisque moenium irrita haerebant et desuper saxis vulnerabantur, clamore atque impetu invasere vallum, adpositis plerique scalis, alii per testudinem suorum; scandebantque iam quidam, cum gladiis et armorum incussu praecipitati sudibus et pilis obruuntur, praeferoces initio et rebus secundis nimii. Sed tum praedae cupidine adversa quoque tolerabant; machinas etiam, insolitum sibi, ausi. Nec ulla ipsis sollertia: perfugae captivique docebant struere materias in modum pontis, mox subiectis rotis propellere, ut alii superstantes tamquam ex aggere proeliarentur, pars intus occulti muros subruerent. Sed excussa ballistis saxa stravere informe opus. Et crates vineasque parantibus adactae tormentis ardentes hastae, ultroque ipsi obpugnatores ignibus petebantur, donec desperata vi verterent consilium ad moras, haud ignari paucorum dierum inesse alimenta et multum inbellis turbae; simul ex inopia proditio et fluxa servitiorum fides ac fortuita belli sperabantur.

24. Flaccus interim cognito castrorum obsidio, et missis per Gallias qui auxilia concirent, lectos e legionibus Dillio Voculae, duoetvicensimae legionis legato, tradit, ut quam maximis per ripam itineribus celeraret, ipse navibus, invalidus corpore, invisus militibus. Neque enim ambigue promebant*): emissas a Mogontiaco Batavorum cohortes, dissimulatos Civilis conatus, adsciri in societatem Germanos. Non Primi Antonii neque Muciani ope Vespasianum magis adolevisse. Aperta odia armaque palam depelli: fraudem et dolum obscura eoque inevitabilia. Civilem stare contra, struere aciem: Hordeonium e cubiculo et lectulo iubere quidquid hosti conducat. Tot armatas fortissimorum virorum manus unius senis valetudine regi: quin potius interfecto traditore fortunam virtutemque suam malo omine exsolverent. His inter se vocibus instinctos flammavere insuper adlatae a Vespasiano

---

*) So mit Ritter. In der Hdschr. steht p̄mebant.

sich ein jeder Volksstamm auf und greifen aus der Ferne an. Nachher, als ihre Geschosse meist erfolglos an den Thürmen und Mauerzinnen saßen und sie von oben her mit Steinen verwundet wurden, gingen sie mit Geschrei und im Sturme auf den Wall los, sehr viele, indem sie Leitern anlegten, andere auf dem Schilddache der Ihrigen; und schon stiegen einige empor, als sie, mit dem Schwerte und durch den Stoß der Schilde hinabgestürzt, mit Pfählen und Wurfspießen überschüttet wurden, sie, die anfangs immer allzuungestüm und kein Maß im Glücke kennen. Jetzt jedoch ertrugen sie aus Beutegier auch Misgeschick; sie wagten sich sogar an Maschinen, ihnen etwas Ungewohntes. Doch sie bewiesen dabei selbst auch nicht die mindeste Geschicklichkeit: Ueberläufer und Gefangene unterwiesen sie, Bauholz nach Art einer Brücke zusammenzufügen, dann auf untergelegten Walzen vorwärts zu stoßen, daß die Einen oben stehend wie von einem Damme aus kämpften, die Anderen, inwendig verborgen, die Mauern untergruben[35]). Aber aus Ballisten geworfene Steine warfen das unförmliche Bauwerk nieder. Und als sie Faschinen und Schutzdächer zurichteten, wurden brennende Speere aus Wurfgeschütz auf sie geschleudert, und so die Belagerer selbst mit Feuer angegriffen, bis sie, die Gewalt aufgebend, sich zum Warten entschlossen, da sie recht gut wußten, daß nur auf wenige Tage Lebensmittel und ein großer Haufe Unwehrbafter sich darin befinde; zugleich hoffte man in Folge des Mangels auf Verrath, auf die Wandelbarkeit der Sklaventreue und des Krieges Zufälligkeiten.

24. Indeß gab Flaccus, als er die Einschließung des Lagers erfahren, und in Gallien Leute umhergesandt, um Hilfsvölker aufzubieten, dem Legaten der zweiundzwanzigsten Legion, Dillius Vocula, eine aus den Legionen auserlesene Mannschaft, um in möglichst großen Tagemärschen längs dem Ufer hinzueilen; er selbst fuhr zu Schiffe, schwach an Körper, den Soldaten verhaßt. Auch äußerten sie ganz unverhohlen, man habe die Batavercohorten aus Mogontiacum herausgelassen, gethan, als merke man nichts von des Civilis Unternehmungen, ziehe die Germanen in das Bündniß mit hinein. Mehr hätte selbst durch Primus Antonius, durch Mucianus des Vespasianus Sache nicht gewonnen. Offenen Haß und Waffengewalt könne man frei zurückweisen: Trug und Arglist hielten sich verborgen und seien darum unausweichbar. Civilis stehe als Gegner da, und stelle sein Schlachtheer auf: Hordeonius gebiete vom Schlafgemache und vom Bette aus, was nur immer dem Feinde nützen könne. So viele bewaffnete Schaaren der tapfersten Männer ließen sich von der Schwächlichkeit eines einzigen Greises leiten: lieber möchten sie doch den Verräther tödten und so ihr Glück und ihre Tapferkeit von der Unglücksahnung befreien. Durch solche gegenseitige Reden schon aufgeregt, wurden sie auch durch ein Schreiben, das von Vespasianus kam, noch mehr

litterae, quas Flaccus, quia occultari nequibant, pro
contione recitavit, vinctosque qui attulerant ad Vitellium
misit.

25. Sic mitigatis animis Bonnam, hiberna primae
legionis, ventum. Infensior illic miles culpam cladis in
Hordeonium vertebat: eius iussu derectam adversus Batavos aciem, tamquam a Mogontiaco legiones sequerentur;
eiusdem proditione caesos, nullis supervenientibus auxiliis. Ignota haec ceteris exercitibus, neque imperatori
suo nuntiari, cum adcursu tot provinciarum extingui
repens perfidia potuerit. Hordeonius exemplares omnium
literarum, quibus per Gallias Britanniamque et Hispanias
auxilia orabat, exercitui recitavit instituitque pessimum
facinus, ut epistulae aquiliferis legionum traderentur, a
quis ante militi quam ducibus legebantur. Tum e sedi-
tiosis unum vinciri iubet, magis usurpandi iuris quam
quia unius culpa foret. Motusque Bonna exercitus in
coloniam Agrippinensem, adfluentibus auxiliis Gallorum,
qui primo rem Romanam enixe iuvabant: mox valescen-
tibus Germanis pleraeque civitates adversum nos arma-
tae*) spe libertatis et, si exuissent servitium, cupidine
imperitandi. Gliscebat iracundia legionum, nec terrorem
unius militis vincula indiderant: quin idem ille arguebat
ultro conscientiam ducis, tamquam nuntius inter Civilem
Flaccumque falso crimine testis veri opprimeretur. Con-
scendit tribunal Vocula mira constantia, prensumque
militem ac vociferantem duci ad supplicium iussit; et
dum mali pavent, optimus quisque iussis paruere. Exim
consensu ducem Voculam poscentibus, Flaccus summam
rerum ei permisit.

26. Sed discordes animos multa efferabant, inopia
stipendii frumentique et simul dilectum tributaque Galliae
aspernantes, Rhenus incognita illi caelo siccitate vix
navium patiens, arti commeatus, dispositae per omnem
ripam stationes, quae Germanos vado arcerent, eademque
de causa minus frugum et plures qui consumerent. Apud

---

*) In der Hdschr. *arma*.

entflammt, welches Flaccus, weil es nicht verheimlicht werden konnte, in der Heerversammlung verlas, und darauf die, welche es gebracht, gefesselt zu Vitellius schickte.

25. Als die Gemüther so besänftigt waren, kam man nach Bonna, in das Winterlager der ersten Legion. Noch feindlicher gestimmt warf hier das Kriegsvolk die Schuld der Niederlage auf den Hordeonius: auf seinen Befehl habe man den Batavern die Spitze geboten, als folgten ihnen von Mogentiacum her die Legionen; durch seine Verrätherei sei man geschlagen worden, da keine Hilfe herbeigekommen. Unbekannt sei dieses den übrigen Heeren, und auch ihrem Imperator [30]) werde es nicht gemeldet, während doch durch das Herzueilen so vieler Provinzen die Verrätherei schon im Entstehen hätte unterdrückt werden können. Hordeonius las Abschriften von allen Briefen, womit er in Gallien, Britannien und Hispanien um Hilfe bat, dem Heere vor und führte das so verderbliche Verfahren ein, die Briefe [40]) den Adlerträgern der Legionen zu übergeben, von welchen sie dann eher den Soldaten, als den Anführern vorgelesen wurden. Hierauf ließ er von den Aufrührerischen Einen fesseln, mehr um von seinem Rechte Gebrauch zu machen, als weil der Eine gerade Schuld gehabt. So rückte das Heer aus Bonna nach der Coloniestadt der Agrippinenser aus, und herbei strömten die Hilfsschaaren der Gallier, die anfangs die römische Sache eifrig unterstützten: nachher, als die Germanen Kraft gewannen, bewaffneten sich sehr viele Gaue gegen uns in der Hoffnung auf Freiheit, und wenn sie der Knechtschaft sich entzogen, aus Begierde nach der Herrschaft. Um sich griff indessen die Erbitterung der Legionen, und keinen Schreck hatte ihnen des Einen Soldaten Fesselung eingeflößt: ja eben dieser beschuldigte noch obendrein den Feldherrn des Einverständnisses, als wolle man in ihm, dem Unterhändler zwischen Civilis und Flaccus, durch falsche Beschuldigung nur den Zeugen der Wahrheit unterdrücken. Da bestieg das Tribunal mit bewundernswerther Festigkeit Vocula, hieß den Soldaten greifen und ihn trotz seines Geschreies zum Tode führen; und indem die Schlechtgesinnten so in Schreck geriethen, leisten alle Besseren den Befehlen Folge. Da man sofort einstimmig den Vocula zum Anführer verlangte, überließ ihm Flaccus den Oberbefehl.

26. Doch gar Manches brachte die mit Zwietracht erfüllten Gemüther auf, Mangel an Sold und an Getreide, dabei Galliens Verweigerung der Aushebung und des Tributes, daß der Rhein bei einer unter jenem Himmelsstriche unerhörten Trockenheit kaum Schiffe tragen konnte, deshalb knappe Zufuhr, am ganzen Ufer aufgestellte Posten, um die Germanen von den Furthen fern zu halten, und aus demselben Grunde [41]) weniger Feldfrüchte bei vermehrter Zahl der Consumenten. Bei den Unverständigen galt der Wassermangel

imperitos prodigii loco accipiebatur ipsa aquarum penuria, tamquam nos amnes quoque et vetera imperii munimenta desererent: quod in pace fors seu natura, tunc fatum et ira dei vocabatur.

Ingressis Novaesium sexta decima legio coniungitur. Additus Voculae in partem curarum Herennius Gallus legatus; nec ausi ad hostem pergere loco Gelduba nomen est castra fecere. Ibi struenda acie, muniendo vallandoque et ceteris belli meditamentis militem firmabant. Utque praeda ad virtutem accenderetur, in proximos Gugernorum pagos, qui societatem Civilis acceperant, ductus a Vocula exercitus; pars cum Herennio Gallo permansit.

27. Forte navem ¡haud procul castris, frumento gravem, cum per vada haesisset, Germani in suam ripam trahebant. Non tulit Gallus misitque subsidio cohortem: auctus et Germanorum numerus, paulatimque adgregantibus se auxiliis acie certatum. Germani multa cum strage nostrorum navem abripiunt. Victi, quod tum in morem verterat, non suam ignaviam, sed perfidiam legati culpabant. Protractum e tentorio, scissa veste, verberato corpore, quo pretio, quibus consciis prodidisset exercitum, dicere iubent. Redit in Hordeonium invidia: illum auctorem sceleris, hunc ministrum vocant, donec exitium minitantibus exterritus proditionem et ipse Hordeonio obiecit; vinctusque adventu demum Voculae exolvitur. Is postera die auctores seditionis morte adfecit: tanta illi exercitui diversitas inerat licentiae patientiaeque. Haud dubie gregarius miles Vitellio fidus, splendidissimus quisque in Vespasianum proni: inde scelerum ac suppliciorum vices et mixtus obsequio furor, ut contineri non possent qui puniri poterant.

28. At Civilem inmensis auctibus universa Germania extollebat, ·societate nobilissimis obsidum firmata. Ille, ut cuique proximum, vastari Ubios Trevirosque, et aliam manum Mosam amnem transire iubet, ut Menapios et Morinos et extrema Galliarum quateret. Actae utrobique

sehen an sich als eine Vorbedeutung, als ob uns auch die Flüsse, die alten Schutzwehren unserer Herrschaft, im Stiche ließen: was im Frieden Zufall, was Naturerscheinung, das hieß jetzt Geschick und Zorn der Gottheit[42]).

Als sie in Noväsium[43]) eingezogen waren, schloß die sechszehnte Legion sich ihnen an. Vocula erhielt zum Mitcommando den Legaten Herennius Gallus; dennoch wagte man es nicht dem Feinde entgegenzurücken, und schlug an einem Orte, Namens Gelduba, ein Lager auf. Dort suchte man durch Heeraufstellung, Schanzen, Pallisadiren und sonstige Kriegsübungen den Soldaten zu kräftigen. Und um durch Beute zur Tapferkeit zu entflammen, wurde das Heer von Vocula in die nächsten Gaue der Gugerner[44]) geführt, welche des Civilis Bündniß angenommen hatten; ein Theil blieb mit Herennius Gallus zurück.

27. Es traf sich gerade, daß nicht fern vom Lager die Germanen ein mit Korn beladenes Schiff, da es an einer seichten Stelle festsaß, an ihr Ufer ziehen wollten. Gallus wollte das nicht dulden und schickte eine Cohorte zu Hilfe: es mehrte sich auch der Germanen Zahl, und da allmählich immer mehr Verstärkung ankam, lieferte man ein förmliches Treffen. Die Germanen nehmen unter großem Verluste der Unsrigen das Schiff weg. Die Besiegten maßen, was damals schon Gewohnheit geworden war, die Schuld nicht ihrer Feigheit, sondern der Treulosigkeit des Legaten bei. Nachdem sie ihn aus dem Zelte hervorgezogen, sein Gewand zerrissen, ihn gegeißelt hatten, fordern sie ihn auf zu sagen, um welchen Preis, mit wessen Einverständniß er das Heer verrathen habe. Wieder wendet sich der Grimm auf Hordeonius: ihn nennt man den Urheber der Frevelthat, nur seinen Diener diesen, bis er[45]), da sie ihm mit dem Tode drohten, im Schreck nun selbst dem Hordeonius Verrath vorwarf; so wird er gefesselt und erst nach Vocula's Ankunft befreit. Dieser bestrafte am folgenden Tage die Urheber des Aufruhrs mit dem Tode: so groß war in diesem Heere der innere Widerspruch von Zügellosigkeit und von Unterwürfigkeit. Offenbar war der gemeine Soldat dem Vitellius treu, jeder Angesehnere dem Vespasianus zugethan: daher der Frevelthaten und der Hinrichtungen Wechselfolge, das Durcheinandergehen von Folgsamkeit und Toben, so daß man die zu bändigen nicht vermochte, welche man doch bestrafen konnte.

28. Den Civilis erhob indeß durch ungeheueren Zuwachs das gesammte Germanien, und Geißeln aus den edelsten Geschlechtern befestigten das Bündniß. Da gebietet er, wie es Jedem am nächsten, das Land der Ubier und Trevirer zu verwüsten, und einer andern Schaar über den Mosastrom[46]) zu gehn, um die Menapier und Moriner und die Grenzen Galliens zu erschüttern. Auf beiden Seiten trieb man Beute ein, mit größerer Erbitterung

praedae, infestius in Ubiis, quod gens Germanicae originis eiurata patria [Romanorum nomen] Agrippinenses vocarentur. Caesae cohortes eorum in vico Marcoduro incuriosius agentes, quia procul ripa aberant. Nec quievere Ubii, quo minus praedas e Germania peterent, primo inpune, dein circumventi sunt, per omne id bellum meliore usi fide, quam fortuna. Contusis Ubiis gravior et successu rerum ferocior Civilis obsidium legionum urgebat, intentis custodiis, ne quis occultus nuntius venientis auxilii penetraret. Machinas molemque operum Batavis delegat: Transrhenanos proelium poscentis ad scindendum vallum ire detrusosque redintegrare certamen iubet, superante multitudine et facili damno.

29. Nec finem labori nox attulit: congestis circum lignis accensisque, simul epulantes, ut quisque vino incaluerat, ad pugnam temeritate inani ferebantur. Quippe ipsorum tela per tenebras vana: Romani conspicuam barbarorum aciem, et si quis audacia aut insignibus effulgens, ad ictum destinabant. Intellectum id Civili et restincto igne misceri cuncta tenebris et armis iubet. Tum vero strepitus dissoni, casus incerti, neque feriendi neque declinandi providentia: unde clamor acciderat, circumagere corpora, tendere arcus; nihil prodesse virtus, fors cuncta turbare et ignavorum saepe telis fortissimi cadere. Apud Germanos inconsulta ira: Romanus miles periculorum gnarus ferratas sudes, gravia saxa non forte iaciebat. Ubi sonus molientium aut adpositae scalae hostem in manus dederant, propellere umbone, pilo sequi; multos in moenia egressos pugionibus fodere. Sic exhausta nocte novam aciem dies aperuit.

30. Eduxerant Batavi turrim duplici tabulato, quam praetoriae portae — is aequissimus locus — propinquantem promoti contra validi asseres et incussae trabes perfregere multa superstantium pernicie. Pugnatumque in perculsos subita et prospera eruptione; simul a legionariis

bei den Ubiern, weil dieser Volksstamm, von germanischem Ursprung, sein
Vaterland abschwörend, sich Agrippinenser [17]) nannte. Niedergemacht wurden
ihre Cohorten, die im Flecken Marcodurum [18]), als vom Ufer weit entfernt,
zu sorglos sich verhielten. Doch auch die Ubier ruhten nicht, sich Beute aus
Germanien zu holen, anfangs ungestraft; dann wurden sie überwältigt, wie
sie denn in diesem ganzen Kriege mehr treu [19]) als glücklich waren. Nachdem
so die Ubier niedergeworfen, betrieb Civilis nachdrucksvoller und wegen des
glücklichen Erfolges mit wilderem Muthe die Belagerung der Legionen, wobei er die Wachposten verstärkte, damit keine geheime Botschaft von heran-
nahender Hilfe durchkommen könnte. Die Maschinen und Belagerungswerke
überträgt er den Batavern: den Ueberrheinischen, die eine Schlacht verlangten, befiehlt er, sich zur Niederreißung des Walles aufzumachen, und, wenn
sie hinabgestoßen würden, den Kampf zu erneuern, da es an der Menge ihm
nicht fehlte und er solchen Verlust verschmerzen konnte.

29. Auch die Nacht selbst machte dieser Anstrengung kein Ende: sie hatten
ringsumher Holzmassen aufgehäuft und angezündet, und rannten, zugleich
schmausend, wie ein Jeder gerade vom Weine erhitzt war, aus eitler Toll-
kühnheit zum Kampfe. Natürlich konnten ihre Geschosse in der Finsterniß
nicht treffen: die Römer zielten auf die deutlich zu erkennende Schlachtreihe
der Barbaren und auf jeden Einzelnen, den Kühnheit oder Waffenschmuck
in hellerem Lichte zeigte. Das merkte Civilis, und befahl durch Auslöschung
des Feuers Alles in Finsterniß und Waffen durcheinander zu wirren. Nun
entstand verworrener Lärm, man wußte nicht was geschah, konnte nicht sehen,
wohin man traf, wohin man ausweichen sollte: wo das Geschrei gerade her-
kam, dahin wandte man sich und spannte den Bogen; nichts hilft Tapferkeit,
Alles verwirrt der Zufall, und oft fallen durch das Geschoß der Feigen die
Tapfersten. Bei den Germanen unbesonnene Erbitterung; der römische
Soldat, mit Gefahren vertraut, warf eisenbeschlagene Pfähle, schwere Steine
nicht blos auf gut Glück hinab. Wo das Getöse der Stürmenden oder das
Anlegen der Leitern ihm den Feind in [seine Hand gegeben, stieß er ihn mit
dem Schildbuckel zurück, warf [mit [dem Wurfspieß hinter ihm her; viele,
welche auf die Mauern schon emporgestiegen, durchbohrte er mit Dolchen.
Als so die Nacht dahingegangen war, eröffnete der Tag einen neuen Kampfplatz.

30. Es hatten die Bataver einen Thurm von doppeltem Stockwerk aufgeführt; doch als er sich dem prätorischen Thore [50]) — das war die ebenste
Stelle — näherte, zerschmetterten ihn dagegen in Bewegung gesetzte Bohlen
und darauf gestoßene Balken, und viele der darauf Stehenden kamen dabei
um. Auch kämpfte man gegen die in Schreck Gesetzten in plötzlichem und
glücklichem Ausfall: zugleich wurde von den Legionssoldaten, welche in Er-

3*

peritia et arte praestantibus plura struebantur. Praecipuum pavorem intulit suspensum et nutans machinamentum, quo repente demisso praeter suorum ora singuli pluresve hostium sublime rapti verso pondere intra castra effundebantur. Civilis omissa obpugnandi spe rursus per otium adsidebat, nuntiis et promissis fidem legionum convellens.

31. Haec in Germania ante Cremonense proelium gesta, cuius eventum litterae Primi Antonii docuere, addito Caecinae edicto; et praefectus cohortis e victis, Alpinius Montanus, fortunam partium praesens fatebatur. Diversi hinc motus animorum. Auxilia e Gallia, quis nec amor neque odium in partes, militia sine adfectu, hortantibus praefectis statim a Vitellio desciscunt: vetus miles cunctabatur. Sed adigente Hordeonio Flacco, instantibus tribunis, dixit sacramentum, non vultu neque animo satis adfirmans; et cum cetera iuris iurandi verba conciperent, Vespasiani nomen haesitantes aut levi murmure et plerumque silentio transmittebant.

32. Lectae deinde pro contione epistulae Antonii ad Civilem suspitiones militum irritavere, tamquam ad socium partium scriptae et de Germanico exercitu hostiliter. Mox adlatis Geldubam in castra nuntiis eadem dicta factaque, et missus cum mandatis Montanus ad Civilem, ut absisteret bello neve externa armis falsis velaret: si Vespasianum iuvare adgressus foret, satisfactum coeptis. Ad ea Civilis primo callide: post ubi videt Montanum praeferocem ingenio paratumque in res novas, orsus a questu periculisque, quae per quinque et viginti annos in castris Romanis exhausisset, 'egregium' inquit 'pretium laborum recepi, necem fratris et vincula mea et saevissimas huius exercitus voces, quibus ad supplicium petitus iure gentium poenas reposco. Vos autem Treviri ceteraeque servientium animae, quod praemium effusi totiens sanguinis expectatis nisi ingratam militiam, inmortalia tributa, virgas,

Erfahrenheit und Geschicklichkeit sich bewerbbaten, allerlei Anstalten gemacht. Vorzüglichen Schreck verursachte eine schwebende und sich auf und ab bewegende Maschine, welche, wenn sie plötzlich herabgelassen wurde, einzelne oder mehrere der Feinde vor dem Angesicht der Ihrigen in die Höhe riß und vermittelst eines Gegengewichts in das Lager hineinwarf. Civilis gab die Hoffnung auf Erstürmung auf und legte sich wieder ruhig davor, indem er durch Boten und Versprechungen die Treue der Legionen wankend zu machen suchte.

31. Dieses geschah in Germanien vor der Schlacht bei Cremona, über deren Ausgang ein Schreiben des Primus Antonius Auskunft gab, dem ein Edict[51]) Cäcina's beigefügt war; und ein Cohortenpräfect von den Besiegten, Alpinius Montanus, legte von dem Schicksal seiner Partei mündliches Eingeständniß ab. Verschieden zeigte sich in Folge dessen die Stimmung der Gemüther. Die Hilfsvölker aus Gallien, ohne Verliebe sowie ohne Haß gegen Eine Partei, ohne besonderes Interesse dienend, fallen auf die Aufforderung der Präfecten sogleich von Vitellius ab: die alten Soldaten zauderten. Doch als den Eid Herdeonius Flaccus vorsprach und die Tribunen in sie drangen, sprachen sie ihn nach, aber ohne rechte Zustimmung der Miene und des Herzens; und während sie die übrigen Worte des Eides nachsagten, gingen sie über des Vespasianus Namen stockend oder mit leisem Gemurmel, meistens auch ganz schweigend hin.

32. Das hierauf in der Heerversammlung vorgelesene Sendschreiben des Antonius an Civilis reizte die Soldaten zum Verdacht, als sei es an einen Parteigenossen und in einer feindseligen Absicht gegen das germanische Heer geschrieben. Als dann die Nachrichten nach Geldula in's Lager kamen, äußerte und benahm man sich auf dieselbe Weise, und sandte den Montanus mit dem Bedeuten an Civilis ab, er solle vom Kriege abstehen, und nicht falschen Waffenschein um eigene Feindseligkeiten hüllen[52]): wenn den Vespasianus zu unterstützen seine Absicht nur gewesen, so habe er dem genügt. Hierauf antwortete Civilis anfangs auf eine listige Weise: dann, als er sah, Montanus sei ein Mann von sehr unbändigem Sinne und bereit zu Neuerungen, hob er mit Klagen an und allen den Gefahren, welche er fünfundzwanzig Jahre hindurch in den römischen Lagern ausgestanden, und sprach: „Vortrefflich hat man mir gelohnt für meine Mühen mit des Bruders Ermordung, meinen Ketten und dieses Heeres wüthendem Geschrei, womit es zur Hinrichtung mich ausgeliefert wissen wollte[53]), und wofür ich nach dem Völkerrecht Genugthuung verlange. Ihr aber, Trevirer, und ihr übrigen Sklavenseelen, was für einen Lohn für euer so oft vergossenes Blut erwartet ihr, als undankbaren Kriegsdienst, ewige Abgaben, Ruthen, Beile und die

secures et dominorum ingenia? En ego praefectus unius cohortis et Canninefates Batavique, exigua Galliarum portio, vana illa castrorum spatia excidimus, vel septa ferro fameque premimus. Denique ausos aut libertas sequetur, aut victi idem erimus.' Sic accensum, sed molliora referre iussum dimittit: ille ut inritus legationis redit, cetera dissimulans, quae mox erupere.

33. Civilis parte copiarum retenta veteranas cohortes et quod e Germanis maxime promptum adversus Voculam exercitumque eius mittit, Iulio Maximo et Claudio Victore, sororis suae filio, ducibus. Rapiunt in transitu hiberna alae Asciburgii sita, adeoque improvisi castra involavere, ut non adloqui, non pandere aciem Vocula potuerit: id solum ut in tumultu monuit, subsignano milite media firmare. Auxilia passim circumfusa sunt. Eques prorupit, exceptusque compositis hostium ordinibus terga in suos vertit. Caedes inde, non proelium. Et Nerviorum cohortes, metu seu perfidia, latera nostrorum nudavere: sic ad legiones perventum, quae amissis signis intra vallum sternebantur, cum repente novo auxilio fortuna pugnae mutatur. Vasconum lectae a Galba cohortes ac tum accitae, dum castris propinquant, audito proeliantium clamore intentos hostis a tergo invadunt, latioremque quam pro numero terrorem faciunt, aliis a Novaesio, aliis a Mogontiaco universas copias advenisse credentibus. Is error addit animos, et dum alienis viribus confidunt, suas recepere. Fortissimus quisque e Batavis, quantum peditum erat, funduntur: eques evasit cum signis captivisque, quos prima acie corripuerant. Caesorum eo die in partibus nostris maior numerus et imbellior, e Germanis ipsa robora.

34. Dux uterque pari culpa meritus adversa prosperis defuere. Nam Civilis si maioribus copiis instruxisset aciem, circumiri a tam paucis cohortibus nequisset castraque perrupta excidisset: Vocula nec adventum hostium exploravit, eoque simul egressus victusque; dein

kannen der Gebieter? Seht, ich, der Präfect einer einzigen Cohorte, die Canninefaten und Bataver, ein so geringer Theil von Gallien, wir haben jene stolz sich ausdehnenden Lagerplätze zerstört, oder bedrängen sie in Umlagerung mit Schwert und Hunger. Und endlich — wagen wir, entweder wird die Freiheit dadurch uns zu Theil, oder wir bleiben, werden wir besiegt, nur was wir waren." Nachdem er ihn also entflammt, entläßt er ihn, doch mit der Weisung, es milder zu berichten: jener kehrt so zurück, als sei seiner Sendung Zweck verfehlt, das Uebrige verheimlichend; und das kam bald zum Ausbruch.

33. Civilis, einen Theil von seinen Truppen nur zurückbehaltend, schickt die Veteranencohorten und was von Germanen am entschlossensten, unter Anführung des Julius Maximus und Claudius Victor, seines Schwestersohnes, gegen Vocula und dessen Heer. Im Vorüberziehen plündern sie das Winterlager einer Reiterschaar in Asciburgium[51]), und stürmen so unerwartet auf das Lager los, daß Vocula das Heer nicht anreden, nicht sich entwickeln lassen konnte: nur das Eine, wie natürlich beim Getümmel, ordnete er an, mit den Subsignanen[55]) dem Mitteltreffen festen Halt zu geben. Die Hilfsschaaren warfen sich ordnungslos an die Flanken. Die Reiterei brach hervor, floh aber, von den geschlossenen Reihen der Feinde empfangen, auf die Ihrigen zurück. Hierauf Gemetzel nur, kein Kampf. Und die Nerviercohorten, sei es aus Furcht, sei es aus Verrätherei, entblösten die Flanken der Unsrigen: auf diese Weise kam man bis an die Legionen, und schon wurden sie, nachdem sie ihre Feldzeichen verloren, innerhalb des Walles niedergemacht, als plötzlich durch ganz neue[56]) Hilfe sich das Glück des Kampfes ändert. Die von Galba ausgehobenen und jetzt herbeigerufenen Cohorten der Vasconen[57]) greifen, bei der Annäberung an's Lager das Geschrei der Kämpfenden vernehmend, die eifrig beschäftigten Feinde im Rücken an, und verbreiten in weiterer Ausdehnung als ihrer Zahl nach Schrecken, indem die Einen von Noväsium, die Andern von Mogontiacum her die ganze Heeresmacht angekommen glauben. Dieser Irrthum gibt neuen Muth, und während man auf fremde Kraft vertraut, erlangt man die eigene wieder. Gerade die Tapfersten der Bataver, so viel zu Fuß waren, werden niedergestreckt: die Reiterei entkam mit den Feldzeichen und Gefangenen, die sie gleich im Anfange der Schlacht gemacht hatten. Der Gefallenen war an diesem Tage auf unserer Seite die größere und minder tapfere Zahl, von den Germanen der eigentliche Kern.

34. Die Heerführer hatten beide gleicherweise sich durch eigene Schuld ihr Unglück zugezogen und ihr Glück nicht recht benutzt. Denn hätte Civilis eine bedeutendere Mannschaft in den Kampf geführt, so hätte er von so wenigen Cohorten nicht umgangen werden können, und das schon durchbrochene Lager vernichtet: Vocula erkundete des Feindes Anzug nicht, und wurde daher gleich

victoriae parum confisus, tritis frustra diebus castra in
hostem movit, quem si statim impellere cursumque rerum
sequi maturasset, solvere obsidium legionum eodem impetu
potuit. Temptaverat interim Civilis obsessorum animos,
tamquam perditae apud Romanos res et suis victoria
provenisset: circumferebantur signa vexillaque, ostentati
etiam captivi. Ex quibus unus, egregium facinus ausus,
clara voce gesta patefecit, confossus ilico a Germanis;
unde maior indici fides. Simul vastatione incendiisque
flagrantium villarum venire victorem exercitum intellege-
batur. In conspectu castrorum constitui signa fossamque
et vallum circumdari Vocula iubet: depositis inpedimentis
sarcinisque expediti certarent. Hinc in ducem clamor
pugnam poscentium; et minari adsueverant. Ne tempore
quidem ad ordinandam aciem capto incompositi fessique
proelium sumpsere: nam Civilis aderat, non minus vitiis
hostium quam virtute suorum fretus. Varia apud Romanos fortuna et seditiosissimus quisque ignavus: quidam
recentis victoriae memores retinere locum, ferire hostem,
seque et proximos hortari, et redintegrata acie manus ad
obsessos tendere, ne tempori deessent. Illi cuncta e muris
cernentes omnibus portis prorumpunt. Ac forte Civilis
lapsu equi prostratus, credita per utrumque exercitum
fama vulneratum aut interfectum, immane quantum suis
pavoris et hostibus alacritatis indidit: sed Vocula omissis
fugientium tergis vallum turrisque castrorum augebat,
tamquam rursus obsidium immineret, corrupta totiens
victoria non falso suspectus bellum malle.

.

35. Nihil aeque exercitus nostros quam egestas copiarum fatigabat. Inpedimenta legionum cum inbelli turba
Novaesium missa, ut inde terrestri itinere frumentum
adveherent; nam flumine hostes potiebantur. Primum
agmen securum incessit, nondum satis firmo Civile. Qui
ubi rursum missos Novaesium frumentatores datasque in

beim Ausrücken auch besiegt: nachher, dem Siege nicht genug vertrauend, setzte er sich erst nach tagelangem gar nichts fruchtenden Harren gegen den Feind in Bewegung, da doch, wenn er ihm auf der Stelle nachzudrängen und dem Laufe der Dinge nur zu folgen sich beeilt, er schon durch diesen bloßen Stoß die Einschließung der Legionen hätte aufheben können. Inzwischen hatte Civilis die Gemüther der Belagerten zu bethören gesucht, als sei bei den Römern Alles verloren und den Seinigen der Sieg zu Theil geworden: um= hergetragen wurden die Feldzeichen und Fahnen, auch die Gefangenen zur Schau gestellt. Von diesen wagte einer die herrliche That, mit lauter Stimme das, was geschehen, zu eröffnen, und wurde auf der Stelle von den Germanen niedergestoßen, wodurch seine Anzeige nur um so größeren Glauben fand. Zugleich erkannte man an der Verheerung und dem Brande der in Feuer auf= gehenden Landhäuser die Annäherung des siegreichen Heeres. Im Angesicht des Lagers befiehlt Vocula die Feldzeichen aufzupflanzen und sie mit Wall und Graben zu umziehen: unter Zurücklassung des Trosses und Gepäckes sollten sie leichtgerüstet in den Kampf gehen. Nun erhob sich gegen den Feld= herrn ein zur Schlacht aufforderndes Geschrei; und selbst zu drohen war man schon gewohnt. Ohne sich auch nur zur Anordnung des Treffens Zeit zu nehmen, schritt man ungeordnet und ermüdet zum Kampfe: denn Civilis ließ es an sich nicht fehlen, nicht weniger auf des Feindes Fehler als auf die Tapferkeit der Seinigen sich verlassend. Verschieden war das Glück auf der Römer Seite, und die ärgsten Meuterer die Feigsten: manche, des eben er= rungenen Sieges eingedenk, hielten Stand, hieben ein auf den Feind, sprachen sich selbst und ihren Nebenleuten Muth ein, und streckten nach Wiederher= stellung der Schlachtlinie ihre Hände nach den Belagerten aus, diesen Augen= blick nicht unbenutzt zu lassen. Sie, dieses Alles von den Mauern aus sehend, brechen aus allen Thoren hervor. Und da zufällig Civilis mit dem Pferde gestürzt war, fand in beiden Heeren das Gerücht, er sei verwundet oder ge= tödtet, Glauben, was bei den Seinigen ungeheure Bestürzung und bei den Feinden Ermuthigung verursachte: allein Vocula, ablassend von der Ver= folgung der Fliehenden, erhöhte des Lagers Wall und Thürme, als ob von neuem ihm Belagerung drohte, nicht mit Unrecht, da er so oft schon den Sieg verschleudert, in Verdacht, es sei ihm um den Krieg zu thun.

35. Nichts war unseren Heeren drückender, als der Mangel an Lebens= mitteln. Man schickte den Troß der Legionen mit dem unwehrhaften Haufen nach Noväsium, um von da auf dem Landwege Korn herbeizufahren; denn der Strom war in des Feindes Händen. Der erste Zug kam ungefährdet durch, indem sich Civilis noch nicht ganz wieder kräftig fühlte. Als er aber erfuhr, daß man abermals Leute um Getreide zu holen nach Noväsium gesandt

praesidium cohortes velut multa pace ingredi accepit, rarum apud signa militem, arma in vehiculis, cunctos licentia vagos, compositus invadit, praemissis qui pontes et viarum angusta insiderent. Pugnatum longo agmine et incerto Marte, donec proelium nox dirimeret. Cohortes Geldubam perrexere, manentibus, ut fuerant, castris, quae relictorum illic militum praesidio tenebantur. Non erat dubium, quantum in regressu discriminis adeundum foret frumentatoribus onustis perculsisque. Addit exercitui suo Vocula mille delectos e quinta et quinta decima legionibus apud Vetera obsessis, indomitum militem et ducibus infensum. Plures quam iussum erat profecti palam in agmine fremebant, non se ultra famem, insidias legatorum toleraturos: at qui remanserant, desertos se abducta parte legionum querebantur. Duplex hinc seditio, aliis revocantibus Voculam, aliis redire in castra abnuentibus.

36. Interim Civilis Vetera circumsedit: Vocula Geldubam atque inde Novaesium concessit. Civilis capit Geldubam; mox haud procul Novaesio equestri proelio prospere certavit: sed miles secundis adversisque perinde in exitium ducum accendebatur. Et adventu quintanorum quintadecimanorumque auctae legiones donativum exposcunt, comperto pecuniam a Vitellio missam. Nec diu cunctatus Hordeonius nomine Vespasiani dedit; idque praecipuum fuit seditionis alimentum. Effusi in luxum et epulas et nocturnos coetus veterem in Hordeonium iram renovant, nec ullo legatorum tribunorumve obsistere auso — quippe omnem pudorem nox ademerat — protractum e cubili interficiunt. Eadem in Voculam parabantur, nisi servili habitu per tenebras ignoratus evasisset.

37. Ubi sedato impetu metus rediit, centuriones cum epistulis ad civitates Galliarum misere, auxilia ac stipendia oraturos: ipsi, ut est vulgus sine rectore praeceps pavidum socors, adventante Civile, raptis temere armis ac

babe, und die zur Bedeckung mitgegebenen Cohorten wie in tiefem Frieden dahinzögen, griff er die nur spärlich bei ihren Feldzeichen sich befindenden, die Waffen auf den Wagen, sammt und sonders zügellos umherschweifenden Soldaten in aller Ordnung an, nachdem er Mannschaft vorausgesandt, die Brücken und Engpässe zu besetzen. Man kämpfte in langer Linie und ohne Entscheidung, bis die Nacht das Gefecht trennte. Die Cohorten marschirten nach Gelduba, indem das Lager, welches die daselbst zurückgelassene Mannschaft bezogen hatte, noch geblieben war, wie es gewesen. Es war keinem Zweifel unterworfen, in wie große Gefahr sich die belasteten und in Bestürzung gesetzten Frachtleute auf dem Heimzuge begeben würden. So fügt denn Vocula zu seinem Heere tausend Auserlesene aus der in Vetera eingeschlossen gewesenen fünften und fünfzehnten Legion hinzu, unbändiges und gegen seine Anführer aufsätziges Kriegsvolk. In größerer Anzahl, als befohlen war, ausrückend, sprachen sie ganz offen auf dem Zuge ihren Ingrimm aus, sie würden sich nicht länger Hungersnoth und der Legaten Hinterlist gefallen lassen: dagegen klagten die Zurückgebliebenen, man habe dadurch, daß man einen Theil der Legionen weggeführt, sie preisgegeben. So entstand ein doppelter Aufruhr, indem die Einen den Vocula zurückriefen, die Anderen in das Lager zurückzukehren sich weigerten.

36. Indessen schloß Civilis Vetera ein: Vocula zog sich nach Gelduba, und von da nach Novāsium zurück. Civilis nimmt Gelduba ein; bald darauf lieferte er unweit Novāsium ein für ihn glückliches Reitertreffen: jedoch der Soldat wurde durch Glück und Misgeschick auf gleiche Weise zum Verderben seiner Anführer aufgereizt. Und durch die Ankunft derer von der fünften und fünfzehnten verstärkt, verlangen die Legionen ihr Gnadengeschenk, da sie erfahren, daß das Geld von Vitellius gesandt sei. Auch säumte Hordeonius nicht lange, und gab es im Namen Vespasians; und das gab dem Aufruhr ganz besonders Nahrung. Schwelgend in Ueppigkeit, bei Schmausereien und nächtlichen Gelagen erneuern sie den alten Groll gegen Hordeonius, und da kein einziger der Legaten oder der Tribunen sich entgegenzustellen wagte — es hatte ja die Nacht auch alles Ehrgefühl verbannt[1] — ziehen sie ihn heraus aus seiner Lagerstätte und bringen ihn ums Leben. Dasselbe beabsichtigte man auch gegen Vocula, wäre 'er nicht 'in Sklaventracht bei der Finsterniß unerkannt entkommen.

37. Als der Sturm sich gelegt hatte, und die Furcht wiederkehrte, schickten sie Centurionen mit Sendschreiben an die Stadtgemeinten Galliens ab, um Hilfsmannschaft und Sold zu bitten: sie selbst — wie der gemeine Haufe ohne Leitung vorschnell, furchtsam, gedankenlos ist — greifen, als Civilis nun heranzog, blindlings zu den Waffen, werfen sie sogleich auch wieder weg und

statim omissis, in fugam vertuntur. Res adversae discordiam peperere, iis qui e superiore exercitu erant causam suam dissociantibus. Vitellii tamen imagines in castris et per proximas Belgarum civitates repositae, cum iam Vitellius occidisset. Dein mutati in paenitentiam primani quartanique et duoetvicensimani Voculam sequuntur, apud quem resumpto Vespasiani sacramento ad liberandum Mogontiaci obsidium ducebantur. Discesserant obsessores, mixtus ex Chattis Usipis Mattiacis exercitus, satietate praedae nec incruenti: in via dispersos et nescios miles noster invaserat. Quin et loricam vallumque per fines suos Treviri struxere, magnisque in vicem cladibus cum Germanis certabant, donec egregia erga populum Romanum merita mox rebelles foedarent.

38. Interea Vespasianus iterum ac Titus consulatum absentes inierunt, maesta et multiplici metu suspensa civitate, quae super instantia mala falsos pavores induerat, descivisse Africam res novas moliente L. Pisone. Is pro consule provinciae, nequaquam turbidus ingenio: sed quia naves saevitia hiemis prohibebantur, vulgus alimenta in dies mercari solitum, cui una ex re publica annonae cura, clausum litus, retineri commeatus dum timet, credebat, augentibus famam Vitellianis, qui studium partium nondum posuerant, nec victoribus quidem ingrato rumore, quorum cupiditates externis quoque bellis inexplebiles nulla umquam civilis victoria satiavit.

39. Kalendis Ianuariis in senatu, quem Iulius Frontinus, praetor urbanus, vocaverat, legatis exercitibusque ac regibus laudes gratesque decretae; et Tettio Iuliano praetura, tamquam transgredientem in partes Vespasiani legionem deseruisset, ablata, ut in Plotium Griphum transferretur; Hormo dignitas equestris data. Et mox eiurante Frontino Caesar Domitianus praeturam cepit. Eius nomen epistulis edictisque praeponebatur, vis penes Mucianum erat, nisi quod pleraque Domitianus instigantibus amicis aut propria libidine audebat. Sed praecipuus Muciano metus e Primo Antonio Varoque Arrio, quos

begeben sich auf die Flucht. Das Mißgeschick erzeugte Zwiespalt, indem die von dem obergermanischen Heere sich absonderten. Doch wurden des Vitellius Bildnisse in dem Lager und in den nächsten Städten der Belgier wieder aufgerichtet, während Vitellius schon todt war. Hierauf zur Reue umgekehrt, folgen die von der ersten, vierten und achtzehnten Legion dem Vocula, von dem sie, von neuem für Vespasianus in Eid genommen, zum Entsatze Mogontiacums geführt wurden. Schon abgezogen waren die Belagerer, ein aus Chatten⁵⁴), Usipern, Mattiakern gemischtes Heer, weil sie genug der Beute hatten, doch nicht ohne mit ihrem Blute dafür zu bezahlen: auf dem Wege zerstreut und nichts Arges ahnend hatte unser Kriegsvolk sie angefallen. Hatten doch sogar die Trevirer Schutzwehr und Wall an ihren Grenzen errichtet, und kämpften unter großem wechselseitigen Verluste mit den Germanen, bis sie bald darauf ihre ausgezeichneten Verdienste um das römische Volk durch Empörung befleckten.

38. Unterdeß traten Vespasianus zum zweiten Mal und Titus in ihrer Abwesenheit das Consulat an, während die Stadt niedergeschlagen war und in mancherlei Besorgniß schwebte, außer dem wirklich bevorstehenden Unglück auch noch leeren Befürchtungen hingegeben, als sei Afrika abgefallen, indem dort Piso auf Neuerungen sinne. Dieser war Proconsul der Provinz, doch nichts weniger als ein unruhiger Kopf; sondern weil die Schiffe durch Winterstürme fern gehalten wurden, fürchtete und glaubte auch sonach die immer nur von einem Tage zum andern ihre Lebensmittel kaufende Menge, welche mit der einzigen Sorge um Brod nur an dem Staate Antheil nimmt, die Küste sei gesperrt und man halte die Zufuhr zurück, wobei die Vitellianer, welche den Eifer für ihre Partei noch immer nicht abgelegt hatten, das Gerede vermehrten; ja das Gerücht war sogar den Siegern selbst nicht unwillkommen, deren Begierden, ja auch durch auswärtige Kriege nicht zu befriedigen, ein Bürgersieg noch nie ersättigt hat.

39. Am ersten Januar wurde im Senate, den der Stadtprätor Julius Frontinus berufen hatte⁵⁹), den Legaten, Heeren und Königen Belobung und Danksagung zuerkannt, dagegen dem Tettius Julianus, weil er ja die auf des Vespasianus Seite übertretende Legion verlassen hätte, die Prätur genommen, um sie auf Plotius Grypus überzutragen; Hormus erhielt die Ritterwürde. Und als hierauf Frontinus abdankte, übernahm der Cäsar Domitianus die Prätur. Sein Name wurde Sendschreiben und Edicten vorgesetzt, die Gewalt war in des Mucianus Händen, nur daß auf Antrieb seiner Freunde oder aus eigener Willkür sehr Vieles sich auch Domitianus erlaubte. Vornehmlich aber hatte sich Mucianus vor Primus Antonius und Varus Arrius zu fürchten, welche eben erst durch Thatenruf und Anhänglichkeit der

recentes clarosque rerum fama ac militum studiis etiam populus fovebat, quia in neminem ultra aciem saevierant. Et ferebatur Antonius Scribonianum Crassum, egregiis moribus et fraterna imagine fulgentem, ad capessendam rem publicam hortatus, haud defutura consciorum manu, ni Scribonianus abnuisset, ne paratis quidem corrumpi facilis, adeo metuens incerta. Igitur Mucianus, quia propalam opprimi Antonius nequibat, multis in senatu laudibus cumulatum secretis promissis onerat, citeriorem Hispaniam ostentans discessu Cluvii Rufi vacuam; simul amicis eius tribunatus praefecturasque largitur. Dein postquam inanem animum spe et cupidine impleverat, vires abolet dimissa in hiberna legione septima, cuius flagrantissimus in Antonium amor. Et tertia legio, familiaris Arrio Varo miles, in Syriam remissa; pars exercitus in Germanias ducebatur. Sic egesto quidquid turbidum, rediit urbi sua forma legesque et munia magistratuum.

40. Quo die senatum ingressus est Domitianus, de absentia patris fratrisque ac inventa sua pauca et modica disseruit, decorus habitu; et ignotis adhuc moribus crebra oris confusio pro modestia accipiebatur. Referente Caesare de restituendis Galbae honoribus, censuit Curtius Montanus, ut Pisonis quoque memoria celebraretur. Patres utrumque iussere: de Pisone irritum fuit. Tum sorte ducti, per quos redderentur bello rapta, quique aera legum vetustate delapsa noscerent figerentque, et fastos adulatione temporum foedatos exonerarent modumque publicis impensis facerent. Redditur Tettio Iuliano praetura, postquam cognitus est ad Vespasianum confugisse: Gripho honor mansit. Repeti inde cognitionem inter Musonium Rufum et Publium Celerem placuit, damnatusque Publius et Sorani manibus satisfactum. Insignis publica severitate dies ne privatim quidem laude caruit. Iustum officium*) explesse Musonius videbatur, diversa fama Demetrio, Cynicam sectam professo, quod manifestum

---

*) Nach Nipperdey für: *iudicium*.

Soldaten ausgezeichnet und berühmt, auch vom Volke begünstigt wurden, weil sie gegen Niemand über das Schlachtfeld hinaus grausam sich bewiesen hatten. Gesagt wurde auch, Antonius habe den Scribonianus Crassus[60]), einen Mann von trefflichem Charakter und der durch seines Bruders Bildniß hervorglänzte, aufgefordert, das Staatsruder zu ergreifen, wobei es an einer ganzen Schaar von Mitverschworenen nicht würde gefehlt haben, wenn sich Scribonianus nicht geweigert hätte, er, der, nicht einmal durch günstige Verhältnisse zu verführen, noch viel mehr so ungewisse fürchtete. Mucianus also, weil nun einmal auf offenem Wege Antonius nicht unterdrückt werden konnte, überhäuft denselben im Senat mit vielen Lobsprüchen und bürdet ihm heimliche Versprechungen auf, indem er ihm das durch des Cluvius Rufus Abgang[61]) erledigte diesseitige Hispanien vorspiegelt; zugleich theilt er unter die Freunde desselben Tribunen= und Präfectenstellen aus. Sodann, als er des eitelen Mannes Sinn mit Hoffnung und Begierde erfüllt, nimmt er ihm die Kräfte, indem er die siebente Legion[62]), deren Liebe zu Antonius am feurigsten, in's Winterlager entläßt. Auch die dritte Legion, an Arrius Varus hängendes Kriegsvolk, wurde nach Syrien zurückgeschickt, ein Theil des Heeres nach Germanien geführt. Als so hinausgeschafft, was irgend Gährungsstoff enthielt, kehrte erst die eigene Gestalt der Stadt zurück, Gesetze und Geschäfte der Beamten.

40. Am Tage seines Eintritts in den Senat sprach Domitianus über die Abwesenheit seines Vaters und Bruders, sowie über seine Jugend kurz und gemäßigt, mit edler Haltung; und da man seinen Charakter noch nicht kannte, so wurde sein häufiges Erröthen[63]) für Bescheidenheit genommen. Als der Cäsar darauf antrug, Galba's Ehren wieder herzustellen, stimmte Curtius Montanus dafür, auch Piso's Andenken zu feiern. Die Väter beschlossen beides; in Betreff Piso's war es erfolglos. Hierauf wurden Männer durch das Loos erkoren, durch welche das im Kriege Geraubte wiedererstattet würde, sowie sie die vor Alter herabgefallenen Gesetzestafeln suchen und wieder anschlagen, die durch die Schmeichelei der Zeiten entstellten Jahrbücher[64]) reinigen und den öffentlichen Ausgaben Maß setzen sollten. Wiedergegeben wird dem Tettius Julianus die Prätur, nachdem man in Erfahrung gebracht, er sei zu Vespasianus geflohen: Griphus behielt seine Würde. Hierauf beschloß man, den Prozeß zwischen Musonius Rufus und Publius Celer wiederaufzunehmen[65]); Publius wurde verurtheilt und den Manen des Soranus Genugthuung gewährt. Dem so durch öffentliche Strenge ausgezeichneten Tage fehlte auch des Privatmanns Beifall nicht. Eine gerechte Pflicht schien Musonius erfüllt zu haben, während der sich zur cynischen Schule bekennende Demetrius in ganz entgegengesetztem Rufe stand, weil er den offenbar

reum ambitiosius quam honestius defendisset: ipsi Publio neque animus in periculis neque oratio subpeditavit. Signo ultionis in accusatores dato, petit a Caesare Iunius Mauricus, ut commentariorum principalium potestatem senatui faceret, per quos nosceret, quem quisque accusandum poposcisset. Consulendum tali super re principem respondit.

41. Senatus inchoantibus primoribus ius iurandum concepit, quo certatim omnes magistratus, ceteri ut sententiam rogabantur, deos testes advocabant, nihil ope sua factum, quo cuiusquam salus laederetur, neque se praemium aut honorem ex calamitate civium cepisse, trepidis et verba iuris iurandi per varias artes mutantibus, quis flagitii conscientia inerat. Probabant religionem patres, periurium arguebant; eaque velut censura in Sariolenum Voculam et Nonium Attianum et Cestium Severum acerrime incubuit, crebris apud Neronem delationibus famosos. Sariolenum et recens crimen urgebat, quod apud Vitellium molitus eadem foret, nec destitit senatus manus intentare Voculae, donec curia excederet. Ad Paccium Africanum transgressi eum quoque proturbant, tamquam Neroni Scribonios fratres, concordia opibusque insignes, ad exitium monstravisset. Africanus neque fateri audebat neque abnuere poterat: in Vibium Crispum, cuius interrogationibus fatigabatur, ultro conversus, miscendo quae defendere nequibat, societate culpae invidiam declinavit.

42. Magnam eo die pietatis eloquentiaeque famam Vipstanus Messalla adeptus est, nondum senatoria aetate, ausus pro fratre Aquilio Regulo deprecari. Regulum subversa Crassorum et Orfiti domus in summum odium extulerat: sponte accusationem subisse iuvenis admodum, nec depellendi periculi sed in spem potentiae videbatur; et Sulpicia Praetextata, Crassi uxor, quattuorque liberi, si cognosceret senatus, ultores aderant. Igitur Messalla non causam neque reum tueri, sed periculis fratris semet opponens flexerat quosdam. Occurrit truci oratione Curtius Montanus, eo usque progressus, ut post caedem

Schuldigen mit mehr Ehrgeiz als Rechtlichkeit vertheidigt habe: Publius selbst
besaß in Gefahren weder Muth noch Sprache. Als hiermit das Zeichen zur
Rache gegen die Ankläger gegeben war, bat Junius Mauricus den Cäsar, er
möchte dem Senate die fürstlichen Denkschriften zur Einsicht vorlegen, um
durch dieselben zu erfahren, wen Jemand zur Anklage sich erbeten hätte. Er
gab zur Antwort, man habe über dergleichen Dinge den Fürsten zu befragen.

41. Der Senat faßte auf den Vorgang der Angesehensten eine Eidesformel
ab, nach welcher um die Wette alle Magistratspersonen, die Uebrigen, wie sie
um ihre Stimme gefragt wurden, die Götter zu Zeugen anriefen, daß nichts
durch ihr Zuthun geschehen sei, wodurch irgend Jemandes Wohl gefährdet
worden, und daß sie auch nicht Lohn oder Ehre in Folge der Noth ihrer Mitbürger empfangen hätten, wobei diejenigen, die eine Frevelthat auf ihrem
Gewissen hatten, in Angst geriethen und die Worte der Eidesformel durch
allerlei Künsteleien zu verändern suchten. Die Väter belobten die Bedenklich-
keit, rügten den Meineid [66]; und dieses Sittengericht, wie man es nennen
könnte, lastete besonders schwer auf Sariolenus Vocula, Nonius Attianus
und Cestius Severus, die durch häufige Angebereien unter Nero berüchtigt
waren. Den Sariolenus drängte auch noch neue Beschuldigung, daß er unter
Vitellius ebendasselbe betrieben, und der Senat ließ nicht eher ab, mit der
Faust dem Vocula zu drohen, bis er sich aus der Curie hinausbegab. Nun
gehen sie auf Pactius Africanus los und jagen auch diesen fort, als habe er
dem Nero die durch ihre Einigkeit sowie durch ihren Reichthum ausgezeichneten Brüder, die Scribonier, zum Sturze angezeigt. Africanus wagte weder
zu gestehen, noch konnte er leugnen: doch selbst nun gegen den Vibius Crispus
sich wendend, der mit Fragen ihn besonders in die Enge trieb, wich er, was
er nicht widerlegen konnte, mit auf ihn auch übertragend, dem Gehässigen der
Beschuldigung aus, indem er sie gemeinsam machte.

42. Großen Ruhm der Bruderliebe wie der Beredtsamkeit erwarb sich an
diesem Tage Vipstanus Messalla, da er, noch nicht im Senatorenalter [67],
wagte für seinen Bruder Aquilius Regulus Fürbitte zu thun. Den Regulus
hatte der Sturz des Hauses der Crasser und des Orfitus zum Gegenstande
des größten Hasses erhoben: aus eigenem Antriebe schien er, noch sehr jung,
und nicht um eigene Gefahr abzuwenden, sondern in Hoffnung auf Machteinfluß, die Anklage übernommen zu haben; auch waren Sulpicia Prätextata,
des Crassus Gemahlin, und vier Söhne desselben, wollte der Senat die Untersuchung vornehmen, zur Rache bereit. Messalla suchte daher weder die Sache
noch den Angeklagten zu vertheidigen, sondern stellte sich selbst nur der Gefahr
des Bruders entgegen und hatte manchen damit schon erweicht. Dagegen
erhebt sich mit fürchterlicher Rede Curtius Montanus, so weit selbst gehend,

Galbae datam interfectori Pisonis pecuniam a Regulo ad-
petitumque morsu Pisonis caput obiectaret. 'Hoc certe'
inquit 'Nero non coegit, nec dignitatem aut salutem illa
saevitia redemisti. Sane toleremus istorum defensiones,
qui perdere alios quam periclitari ipsi maluerunt: te securum reliquerat exul pater et divisa inter creditores bona,
nondum honorum capax aetas, nihil quod ex te con-
cupisceret Nero, nihil quod timeret. Libidine sanguinis
et hiatu praemiorum ignotum adhuc ingenium · et nullis
defensionibus expertum caede nobili inbuisti, cum ex
funere rei publicae raptis consularibus spoliis, septuagiens
sestertio saginatus et sacerdotio fulgens innoxios pueros,
inlustres senes, conspicuas feminas eadem ruina proster-
neres, cum segnitiam Neronis incusares, quod per singulas
domos seque et delatores fatigaret: posse universum senatum una voce subverti. Retinete, patres conscripti, et
reservate hominem tam expediti consilii, ut omnis aetas
instructa sit, et quomodo senes nostri Marcellum, Crispum,
iuvenes Regulum imitentur. Invenit etiam aemulos in-
felix nequitia: quid si floreat vigeatque? et quem adhuc
quaestorium offendere non audemus, praetorium et consularem visuri sumus? an Neronem extremum dominorum
putatis? Idem crediderant qui Tiberio, qui Gaio superstites fuerunt, cum interim intestabilior et saevior exor-
tus est. Non timemus Vespasianum; ea principis aetas,
ea moderatio: sed diutius durant exempla quam mores.
Elanguimus, patres conscripti, nec iam ille senatus sumus, qui occiso Nerone delatores et ministros more maiorum puniendos flagitabat. Optimus est post malum principem dies primus.'

43. Tanto cum adsensu senatus auditus est Montanus, ut spem caperet Helvidius, posse etiam Marcellum
prosterni. Igitur a laude Cluvii Rufi orsus, qui perinde
dives et eloquentia clarus nulli umquam sub Nerone periculum facessisset, crimine simul exemploque Eprium urgebat, ardentibus patrum animis. Quod ubi sensit Marcellus, velut excedens curia 'imus' inquit, 'Prisce, et

daß er ihm vorwarf, es sei ja erst nach Galba's Ermordung noch dem Mör= der Piso's[68]) Geld von Regulus gegeben worden, und mit den Zähnen sei er losgefahren auf Piso's Haupt. „Dazu", sprach er, „hat doch Nero gewiß dich nicht gezwungen, noch hast du Würde oder Leben durch diese Grausamkeit er= kauft. Mögen wir uns immerhin die Vertheidigungen jener Leute gefallen lassen, die lieber haben Andere verderben, als selbst in Gefahr gerathen wol= len: dich hatte aller Besorgniß überhoben, daß dein Vater verbannt, dein Vermögen unter die Gläubiger vertheilt, dein Alter zu Ehrenämtern noch nicht reif war, und Nero gar nichts an dir fand, was er begehren, was er fürchten konnte[69]). Aus Blutdurst und Begierde nach Belohnungen hast du dein bisher unbekanntes und durch keine Vertheidigungsrede noch erprobtes Talent gleich mit dem Morde eines edlen Mannes eingeweiht, als du, die Consularenbeute[70]) von des Staates Leichnam reißend, mit sieben Millionen Sesterzen[71]) gemästet und in der Priesterwürde glänzend, schuldlose Knaben, erlauchte Greise, angesehene Frauen in gleichen Fall begrabest, als du der Lässigkeit den Nero beschuldigtest, daß er, von einer Familie zur andern gehend, sich und den Angebern so viel Mühe mache: es lasse ja der ganze Senat mit einem einzigen Worte sich stürzen! Haltet ihn fest, versammelte Väter, und bewahrt ihn euch, den Mann von so schnellem Rathe, damit jedes Alter wohl versehen sei, und, wie unsere Greise einen Marcellus, einen Cris= pus, so unsere Jugend den Regulus sich zum Muster nehme. Es findet ja, auch wenn es ihr nicht glückt, die Bosheit[72]) Nachahmung: wie, wenn sie blüht und gedeiht? und den wir jetzt, ob er gleich nur Quästor erst gewesen, nicht anzutasten wagen, sollen wir diesen als Altprätor und Consular sehen? oder meint ihr, Nero sei der letzte der Tyrannen gewesen? Aehnliches hatten die ja auch geglaubt, welche den Tiberius, den Gajus überlebten, während sich ja doch ein noch abscheulicherer und wüthenderer erhob. Wir fürchten den Vespasianus nicht; das macht des Fürsten Alter, seine Mäßigung: aber dauernder sind Strafexempel, als der Wandel eines Menschen[73]). Schlaff geworden sind wir, versammelte Väter, und nicht mehr jener Senat, welcher nach Tödtung Nero's darauf drang, die Angeber und ihre Diener nach der Vorfahren Sitte zu bestrafen. So ist nach einem bösen Fürsten der erste Tag der beste!"

43. Mit soviel Beifall hörte der Senat den Montanus an, daß Helvidius Hoffnung faßte, es könnte auch Marcellus[74]) gestürzt werden. Anhebend also mit des Cluvius Rufus Lobe, der nicht minder reich und durch Beredtsamkeit berühmt, doch keinem unter Nero je Gefahr bereitet hätte, drängte er den Eprius zugleich mit der Beschuldigung und dem Vergleiche[75]), wobei die Vä= ter in Aufregung geriethen. Als Marcellus dieses merkte, sagte er, als wollte

4 *

relinquimus tibi senatum tuum: regna praesente Caesare.'
Sequebatur Vibius Crispus, ambo infensi, vultu diverso,
Marcellus minacibus oculis, Crispus renidens, donec adcursu amicorum retraherentur. Cum glisceret certamen,
hinc multi bonique, inde pauci et validi pertinacibus odiis
tenderent, consumptus per discordiam dies.

44. Proximo senatu, inchoante Caesare de abolendo
dolore iraque et priorum temporum necessitatibus, censuit
Mucianus prolixe pro accusatoribus; simul eos, qui coep-
tam, deinde omissam actionem repeterent, monuit sermone molli et tamquam rogaret. Patres coeptatam libertatem, postquam obviam itum, omisere. Mucianus, ne
sperni senatus iudicium et cunctis sub Nerone admissis
data inpunitas videretur, Octavium Sagittam et Antistium
Sosianum, senatorii ordinis, egressos exilium in easdem
insulas redegit. Octavius Pontiam Postumiam, stupro
cognitam et nuptias suas abnuentem, inpotens amoris in-
terfecerat; Sosianus pravitate morum multis exitiosus.
Ambo gravi senatus consulto damnati pulsique, quamvis
concesso aliis reditu, in eadem poena retenti sunt. Nec
ideo lenita erga Mucianum invidia: quippe Sosianus ac
Sagitta viles, etiam si reverterentur: accusatorum ingenia
et opes et exercita malis artibus potentia timebantur.

45. Reconciliavit paulisper studia patrum habita in
senatu cognitio secundum veterem morem. Manlius Patruitus senator pulsatum se in colonia Seniensi coetu
multitudinis et iussu magistratuum querebatur; nec finem
iniuriae hic stetisse: planctum et lamenta et supremorum
imaginem praesenti sibi circumdata cum contumeliis ac
probris, quae in senatum universum iacerentur. Vocati
qui arguebantur, et cognita causa in convictos vindicatum,
additumque senatus consultum, quo Seniensium plebes
modestiae admoneretur. Isdem diebus Antonius Flamma
accusantibus*) Cyrenensibus damnatur lege repentundarum,
et exilio ob saevitiam.

*) *accusantibus* von Wurm hinzugefügt.

er die Curie verlassen: „Wir gehen, Priscus, und überlassen dir deinen Senat: herrsche du in des Cäsars Gegenwart!" Ihm folgte Bibius Crispus, beide erbittert, doch mit verschiedener Miene, Marcellus mit drohenden Blicken, Crispus höhnisch lächelnd, bis sie von herzueilenden Freunden wieder zurückgezogen wurden. Da der Streit nun weiter um sich griff, auf der einen Seite die besser gesinnte Mehrheit, auf der andern Wenige und Mächtige mit hartnäckiger Erbitterung eiferten, ging unter Zwietracht so der ganze Tag dahin.

44. In der nächstfolgenden Senatssitzung, wo der Cäsar gleich von Unterdrückung alles Grimmes und Zornes und von den Nöthen der früheren Zeiten zu reden anhob, stimmte Mucianus einläßlich für die Ankläger; zugleich gab er denen, welche eine begonnene, dann liegen gebliebene Untersuchung wieder aufnehmen wollten, in sanfter Rede, und als ob er bäte, einen Verweis. Die Väter ließen die angestrebte Freiheit, sobald man ihnen entgegenwirkte, wieder fallen. Mucianus, damit es nicht schiene, als achte man das Urtheil des Senates gering und lasse schlechthin allen Missethaten unter Nero Ungestraftheit angedeihen, verwies die Senatoren Octavius Sagitta [76] und Antistius Sosianus, welche ihren Verbannungsort verlassen hatten, auf dieselben Inseln zurück. Octavius hatte die Pontia Postumia, die durch Schändung ihm bekannt geworden war und ihn zu ehelichen sich weigerte, im Liebeswahnsinn umgebracht; Sosianus war durch seine sittliche Verworfenheit vielen verderblich. Beide, durch einen strengen Senatsbeschluß verurtheilt und verbannt, wurden, obschon anderen die Rückkehr gestattet wurde, in derselben Strafe festgehalten. Doch wurde dadurch die Unzufriedenheit mit Mucianus nicht gemildert: unbedeutend waren ja Sosianus und Sagitta, auch wenn sie wiederkehrten: der Ankläger Ränke, ihr Reichthum, ihr in allem Bösen wohlgeübter Machteinfluß, das war es, was man fürchtete.

45. Auf einige Zeit versöhnte es die Väter, daß man im Senat nach alter Weise eine Sache untersuchen ließ. Der Senator Manlius Patruitus klagte, er sei geschlagen worden in der Sienenser Pflanzstadt [77] mitten in der Volksversammlung und auf Befehl der Obrigkeit; und damit habe der Frevel noch nicht einmal ein Ende gehabt: Todtenklage und Jammergeschrei und eines förmlichen Leichenbegängnisses Bild habe man um seine Person herum entstehen lassen, unter Schimpfworten und Schmähreden, welche gegen den gesammten Senat man ausgestoßen. Die Beschuldigten wurden vorgefordert, und nach Untersuchung der Sache die Ueberwiesenen bestraft, dazu noch ein Senatsbeschluß erlassen, der das Volk in Senia zur Ordnung wiese. In denselben Tagen wurde Antonius Flamma auf die Klage der Cyrenenser hin zu Schadenersatz und wegen seiner Grausamkeit zur Verbannung verurtheilt.

46. Inter quae militaris seditio prope exarsit. Praetoriauam militiam repetebant a Vitellio dimissi, pro Vespasiano congregati; et lectus in eandem spem e legionibus miles promissa stipendia flagitabat; ne Vitelliani quidem sine 'multa caede pelli poterant: sed inmensa pecunia tanta vis hominum retinenda erat.· Ingressus castra Mucianus, quo rectius stipendia singulorum spectaret, suis cum insignibus armisque victores constituit, modicis inter se spatiis discretos. Tum Vitelliani, quos apud Bovillas in deditionem acceptos memoravimus, ceterique per urbem et urbi vicina conquisiti producuntur prope intecto corpore. Eos Mucianus diduci, et Germanicum Britannicumque militem, ac si qui aliorum exercituum, separatim adsistere iubet. Illos primus statim aspectus obstupefecerat, cum ex diverso velut aciem telis et armis trucem, semet clausos nudosque et inluvie deformes aspicerent: ut vero huc illuc distrahi coepere, metus per omnes et praecipua Germanici militis formido, tamquam ea separatione ad caedem destinarentur. Prensare commanipularium pectora. cervicibus innecti, suprema oscula petere, ne desererentur soli neu pari causa disparem fortunam paterentur; modo Mucianum, modo absentem principem, postremum caelum ac deos obtestari, donec Mucianus cunctos eiusdem sacramenti, eiusdem imperatoris milites appellans, falso timori obviam iret; namque et victor exercitus clamore lacrimas eorum iuvabat. Isque finis illa die. Paucis post diebus adloquentem Domitianum firmati iam excepere: spernunt oblatos agros, militiam et stipendia orant. Preces erant, sed quibus contra dici non posset; igitur in praetorium accepti. Dein quibus aetas et iusta stipendia, dimissi cum honore, alii ob culpam, sed carptim ac singuli, quo tutissimo remedio consensus multitudinis extenuatur.

47. Ceterum verane pauperie an uti videretur, actum in senatu, ut sescentiens sestertium a privatis mutuum acciperetur, praepositusque ei curae Pompeius Silvanus. Nec multo post necessitas abiit sive omissa simulatio. Abrogati inde, legem ferente Domitiano, consulatus, quos

46. Während dessen entbrannte beinahe ein Soldatenaufruhr. Die von Vitellius Entlassenen und für Vespasianus wieder Zusammengezogenen forderten den Prätorianerdienst zurück, und die unter eben dieser Aussicht [78] aus den Legionen schon auserlesenen Soldaten forderten den ihnen versprochenen Sold; selbst die Vitellianer konnte man nicht ohne vieles Blutvergießen fortjagen: aber eine übermäßige Summe war zur Beibehaltung einer so großen Menschenmasse nöthig. Mucianus begab sich in das Lager, um sich desto genauer von der Dienstzeit eines Jeden zu überzeugen, und stellte die Sieger in ihrem Ehrenschmuck und ihren Waffen auf, durch mäßige Zwischenräume von einander getrennt. Hierauf werden die Vitellianer, von denen wir erzählten [79], daß man in Bovillä ihre Ergebung angenommen, und die man sonst noch in der Stadt und deren Umgebungen zusammengesucht, mit fast unbedecktem Leibe vorgeführt. Diese läßt nun Mucianus auseinandertreten, und die germanischen, die britannischen und sonstiger Heere Krieger sich gesondert aufstellen. Es hatte sie der erste Anblick gleich bestürzt gemacht, da sie sich gegenüber gleichsam eine Schlachtordnung, in Wehr und Waffen furchtbar, sich selbst eingeschlossen, nackt und schmutzentstellt erblickten. Als man nun vollends anfing, sie hierhin und dorthin zu zertheilen, verbreitete sich Besorgniß unter allen, und besonders des germanischen Kriegers Furcht war groß, als bestimme man sie durch diese Absonderung zum Tode. Sie drücken ihre Waffenbrüder an die Brust, umschlingen ihren Nacken, bitten sie um den letzten Abschiedskuß, man möchte sie doch nicht allein im Stiche lassen, nicht zugeben, daß sie in ganz gleicher Lage ein so ungleiches Loos erführen; beschwören bald den Mucianus, bald den abwesenden Fürsten, endlich Himmel und Götter, bis Mucianus sie alle durch Einen Eid, demselben Imperator verpflichtete Soldaten nannte und so der grundlosen Furcht begegnete; unterstützte doch auch das Siegerheer mit Zuruf ihre Thränen. Und damit hatte es an diesem Tage ein Ende. Wenige Tage nachher antworteten sie [80] schon ganz zuversichtlich dem sie anredenden Domitianus: sie verschmähen die ihnen angebotenen Ländereien, bitten um Dienst und Sold. Es waren Bitten zwar, doch denen man nicht widersprechen konnte; man nahm sie also zur Leibwache. Dann wurden diejenigen, welche das Alter und die volle Dienstzeit hatten, ehrenvoll entlassen, Andere wegen Verschuldung, aber in Absätzen und einzeln, das sicherste Mittel, die Einigkeit der Menge zu schwächen.

47. Uebrigens wurde, ob aus wirklicher Armuth, oder damit es so schiene, im Senate verhandelt, ein Anlehen von sechzig Millionen Sesterzen [81] bei Privatleuten aufzunehmen, und an die Spitze dieses Geschäftes Pompejus Silvanus gestellt. Nicht lange darauf jedoch verlor sich das Bedürfniß, oder man hörte auf, es vorzugeben. Ferner wurden auf des Domitianus Gesetzesvor-

Vitellius dederat, funusque censorium Flavio Sabino ductum, magna documenta instabilis fortunae, summaque et ima miscentis.

48. Sub idem tempus L. Piso pro consule interficitur. Ea de caede quam verissime expediam, si pauca supra repetiero ab initio causisque talium facinorum non absurda. Legio in Africa auxiliaque tutandis imperii finibus sub divo Augusto Tiberioque principibus proconsuli parebant. Mox C. Caesar, turbidus animi ac Marcum Silanum obtinentem Africam metuens, ablatam proconsuli legionem misso in eam rem legato tradidit. Aequatus inter duos beneficiorum numerus, et mixtis utriusque mandatis discordia quaesita auctaque pravo certamine. Legatorum vis adolevit diuturnitate officii, vel quia minoribus maior aemulandi cura; proconsulum splendidissimus quisque securitati magis quam potentiae consulebant.

49. Sed tum legionem in Africa regebat Valerius Festus, sumptuosae adulescentiae neque modica cupiens et adfinitate Vitelii anxius. Is crebris sermonibus temptaveritne Pisonem ad res novas an temptanti restiterit, incertum, quoniam secreto eorum nemo adfuit, et occiso Pisone plerique ad gratiam interfectoris inclinavere. Nec ambigitur provinciam et militem alienato erga Vespasianum animo fuisse; et quidam e Vitellianis urbe profugi ostentabant Pisoni nutantes Gallias, paratam Germaniam, pericula ipsius et in pace suspecto tutius bellum. Inter quae Claudius Sagitta, praefectus alae Petrianae, prospera navigatione praevenit Papirium, centurionem a Muciano missum, adseveravitque mandata interficiendi Pisonis centurioni data: cecidisse Galerianum consobrinum eius generumque; unam in audacia spem salutis, sed duo itinera audendi, seu mallet statim arma, seu petita navibus Gallia ducem se Vitellianis exercitibus ostenderet. Nihil ad ea moto Pisone centurio a Muciano missus ut portum

schlag hin die Consulate für nichtig erklärt, welche Vitellius verliehen hatte,
dagegen ein censorisches Leichenbegängniß dem Flavius Sabinus [82]) gehalten,
große Beweise von der Unbeständigkeit des Glückes, welches das Höchste und
das Niedrigste vermengt [83]).

48. Um dieselbe Zeit wird der Proconsul L. Piso [54]) umgebracht. Ueber
diesen Mord werde ich mit der möglichsten Wahrheit berichten [55]), wenn ich
Einiges werde nachgetragen haben, was mit der Entstehung und den An-
lässen solcher Frevelthaten in nicht geringer Beziehung steht. Die Legion in
Afrika und die zur Deckung der Reichsgrenzen bestimmten Hilfstruppen waren
unter des Divus Augustus und Tiberius Herrschaft einem Proconsul unter-
geben. Darauf nahm C. Cäsar in einem Augenblicke geistiger Verstörung
und vor Marcus Silanus, welcher Afrika verwaltete, in Besorgniß, dem Proconsul die Legion und übergab sie einem zu diesem Behufe dahingesandten
Legaten. Durch gleiche Vertheilung der Ernennungen unter zwei [86]) und dadurch daß die Vollmachten beider sich durchkreuzten suchte man Veruneinigung,
und diese wurde durch verkehrten Rangstreit noch gesteigert. Die Gewalt der
Legaten wuchs durch die Dauer ihres Amtes, oder weil sie als die niedriger
Gestellten sich die Nacheiferung mehr angelegen sein ließen, während die
Proconsuln, je angesehener sie waren, um so mehr auf Sicherheit als auf
Macht bedacht waren.

49. Damals nun befehligte die Legion in Afrika Valerius Festus [87]), ein
Mann, der verschwenderisch gelebt als Jüngling, der nach nichts Geringem
strebte, und ob seiner Verschwägerung mit Vitellius in Angst war. Ob dieser
in häufigen Unterredungen den Piso zu Neuerungen aufgeregt, oder dem ihn
Aufregenden sich widersetzt, ist ungewiß, weil Niemand ja bei ihrem heim-
lichen Verkehr zugegen war, und nach der Ermordung Piso's sich die meisten
auf des Mörders Seite neigten. Auch ist nicht zweifelhaft, daß die Provinz
und das Kriegsvolk dem Vespasianus abgeneigt waren; und einige aus der
Hauptstadt flüchtige Vitellianer stellten dem Piso vor, daß Gallien wanke
Germanien bereit sei, er selber in Gefahr, und daß für ihn, der im Frieden
schon verdächtig, sicherer der Krieg. Indeß kam Claudius Sagitta, der Präfect der petrianischen Reiterschaar [88]), durch günstige Fahrt dem von Mucianus
gesandten Centurio Papirius zuvor, und versicherte, es habe der Centurio den
Auftrag, den Piso umzubringen: gefallen schon sei Galerianus [59]), sein Vetter
und Eidam; nur von kühnem Wagniß sei Rettung zu hoffen, aber zweierlei
Wege gebe es, etwas zu wagen, entweder auf der Stelle zu den Waffen zu
greifen, oder zu Schiffe nach Gallien zu gehen und sich den vitellianischen Heeren
zum Anführer anzubieten. Während sich hierdurch Piso nicht im Geringsten
bewegen ließ, rief der von Mucianus gesandte Centurio, sobald er im Hafen

Carthaginis attigit, magna voce laeta Pisoni omina tamquam principi continuare, obvios et subitae rei miraculo
attonitos, ut eadem adstreperent, hortari. Vulgus credu-
lum ruere in forum, praesentiam Pisonis exposcere; gaudio
clamoribusque cuncta miscebant, indiligentia veri et adu-
landi libidine. Piso, indicio Sagittae vel insita modestia,
non in publicum egressus est neque se studiis vulgi permisit. Centurionemque percunctatus, postquam quaesitum
sibi crimen caedemque comperit, animadverti in eum iussit, haud perinde spe vitae quam ira in percussorem, quod
idem ex interfectoribus Clodii Macri cruentas legati sanguine manus ad caedem proconsulis rettulisset. Anxio
deinde edicto Carthaginiensibus increpitis, ne solita quidem munia usurpabat, clausus intra domum, ne qua motus
novi causa vel forte oreretur.

50. Sed ubi Festo consternatio vulgi, centurionis
supplicium veraque et falsa more famae in maius inno-
tuere, equites in necem Pisonis mittit. Illi raptim vecti,
obscuro adhuc coeptae lucis domum proconsulis inrumpunt
destrictis gladiis, et magna pars Pisonis ignari, quod
Poenos auxiliares Maurosque in eam caedem delegerat.
Haud procul cubiculo obvium forte servum, quisnam et
ubi esset Piso, interrogavere: servus egregio mendacio se
Pisonem esse respondit ac statim obtruncatur. Nec multo
post Piso interficitur; namque aderat qui nosceret, Baebius Massa e procuratoribus Africae, iam tunc optimo
cuique exitiosus et inter causas malorum, quae mox tulimus, saepius rediturus. Festus Adrumeto, ubi speculabun-
dus substiterat, ad legionem contendit praefectumque
castrorum Caetronium Pisanum vinciri iussit, proprias ob
simultates: sed Pisonis satellitem vocabat, militesque et
centuriones quosdam puniit, alios praemiis adfecit, neu-
trum ex merito, sed ut obpressisse bellum crederetur.
Mox Oeensium Leptitanorumque discordias componit, quae
raptu frugum et pecorum inter agrestes modicis principiis,

von Carthago angelangt war, mit lauter Stimme dem Piso als Fürsten un aufhörlich glückweissagende Worte zu, und forderte die, welche ihm begegneten und über das Wunder des plötzlichen Ereignisses erstaunt waren, auf, in gleicher Weise mit ihm einzustimmen. Die leichtgläubige Menge stürzt auf das Forum hin, und fordert die persönliche Erscheinung Piso's; durch Freudentaumel und Geschrei brachte man Alles in Verwirrung, um Wahrheit unbekümmert und zu schmeicheln nur begierig. Piso, sei es auf Sagitta's Anzeige, oder aus natürlicher Bescheidenheit, ließ sich öffentlich nicht sehen und gab sich den Gunstbezeugungen der Menge nicht hin. Als er den Centurio ausgeforscht und so erfahren, man habe nur Gelegenheit gesucht, ihm ein Verbrechen anzudichten und ihn zu morden[90]), befahl er, ihn hinzurichten, nicht sowohl sein eigenes Leben so zu retten hoffend, als aus Zorn gegen den Banditen, weil er, auch einer von des Clodius Macer Mördern, die mit dem Blute des Legaten befleckten Hände von neuem zur Ermordung des Proconsuls ausgestreckt. Hierauf gab er in einem ängstlichen Ausschreiben den Carthagern einen Verweis, und verrichtete nicht einmal seine gewöhnlichen Amtsgeschäfte, sich einschließend in seine Wohnung, um nicht auch nur von Ungefähr Anlaß zu einer neuen Bewegung zu geben.

50. Doch als dem Festus die Aufregung der Menge, die Hinrichtung des Centurio und Wahres und Falsches, wie es bei Gerüchten geht, in Uebertreibung erfuhr, schickt er Reiter zur Ermordung Piso's ab. Diese reiten eilig fort, dringen in der Dämmerung noch des erst anbrechenden Tages mit gezogenen Schwertern in die Wohnung des Proconsuls ein, noch dazu großen theils den Piso nicht kennend, weil er punisches Hilfsvolk und Mauren zu diesem Morde ausersehen hatte. Nicht weit vom Schlafgemach fragten sie einen ihnen zufällig begegnenden Sklaven, wer hier Piso und wo er sei: der Sklave antwortet mit edler Lüge, er sei Piso, und wird auf der Stelle niedergemacht. Nicht lange darauf wird auch Piso umgebracht; denn zugegen war ja Einer, der ihn kannte, Bäbius Massa[91]), einer der Procuratoren Afrika's, der schon damals jedem Rechtschaffenen verderblich war, und unter den Veranlassungen der Leiden, die wir nachher zu dulden hatten, öfter wiederkehren wird. Festus begab sich von Adrumetum[92]), wo er die Sache abgewartet hatte, zur Legion und ließ den Lagerpräfect Cätronius Pisanus in Fesseln legen, persönlicher Zwistigkeiten wegen: er nannte ihn aber einen Trabanten Piso's; auch einige Soldaten und Centurionen bestrafte er theils, theils gab er ihnen Belohnungen, keins von beiden nach Verdienst, sondern nur damit man glauben möchte, er habe einen Krieg unterdrückt. Nachher legte er die Streitigkeiten der Oeenser[93]) und Leptitaner bei, welche, auf unbedeutende Weise mit Raub von Feldfrüchten und Vieh unter den Landleuten beginnend,

iam per arma atque acies exercebantur; nam populus
Oeensis multitudine inferior Garamantas exciverat, gentem indomitam et inter accolas latrociniis fecundam. Unde
artae Leptitanis res, lateque vastatis agris intra moenia
trepidabant, donec interventu cohortium alarumque fusi
Garamantes et recepta omnis praeda, nisi quam vagi per
inaccessa mapalium ulterioribus vendiderant.

51. At Vespasiano post Cremonensem pugnam et
prosperos undique nuntios, cecidisse Vitellium multi cuiusque ordinis, pari audacia fortunaque hibernum mare adgressi, nuntiavere. Aderant legati regis Vologesi quadraginta milia Parthorum equitum offerentes. Magnificum
laetumque tantis sociorum auxiliis ambiri, neque indigere:
gratiae Vologeso actae mandatumque, ut legatos ad senatum mitteret et pacem esse sciret. Vespasianus in Italiam resque urbis intentus adversam de Domitiano famam
accipit, tamquam terminos aetatis et concessa filio egrederetur: igitur validissimam exercitus partem Tito tradit
ad reliqua Iudaici belli perpetranda.

52. Titum, antequam digrederetur, multo apud patrem sermone orasse ferunt, ne criminantium nuntiis
temere accenderetur, integrumque se ac placabilem filio
praestaret. Non legiones, non classes perinde firma imperii munimenta quam numerum liberorum; nam amicos
tempore, fortuna, cupidinibus aliquando aut erroribus imminui, transferri, desinere: suum cuique sanguinem indiscretum, sed maxime principibus, quorum prosperis et alii
fruantur, adversa ad iunctissimos pertineant. Ne fratribus
quidem mansuram concordiam, ni parens exemplum praebuisset. Vespasianus haud aeque Domitiano mitigatus
quam Titi pietate gaudens, bono esse animo iubet belloque et armis rem publicam attollere: sibi pacem domumque curae fore. Tum celerrimas navium frumento onustas saevo adhuc mari committit: quippe tanto discrimine
urbs nutabat, ut decem haud amplius dierum frumentum in horreis fuerit, cum a Vespasiano commeatus subvenere.

nun mit Waffen und Heeren weitergeführt wurden; denn das Volk von Oea,
an Zahl geringer, hatte die Garamanten[91]) aufgeboten, eine noch unbezwun=
gene und häufige Räubereien bei den Nachbarn treibende Völkerschaft. Da=
her waren die Leptitaner im Gedränge, und zitterten, da weit und breit ihre
Felder verwüstet waren, hinter ihren Mauern, bis durch die Dazwischenkunft
der Cohorten und Reiterschaaren die Garamanten geschlagen wurden und
alle Beute wieder gewonnen ward, die ausgenommen, welche die in unzu=
gänglichen Gegenden Umherschweifenden an Horden landeinwärts verkauft
hatten.

51. Indessen brachten dem Vespasianus nach der Schlacht bei Cremona
und den allseitig günstig lautenden Botschaften viele Leute jedes Standes, die
sich mit ebensoviel Kühnheit als Glück auf das winterliche Meer gewagt, die
Nachricht, daß Vitellius gefallen sei. Gekommen waren Gesandte des Königs
Vologeses, welche vierzigtausend parthische Reiter anboten. Glorreich und
erfreulich war es, daß so bedeutende Hilfstruppen von Bundesgenossen sich
herzudrängten, und man ihrer doch nicht bedurfte: man ließ dem Vologeses
danken und ihm kund thun, er möchte Gesandte an den Senat abschicken und
sich davon unterrichten lassen, daß Friede sei. Vespasianus auf Italien und
die Angelegenheiten der Stadt gerichtet, vernimmt ungünstige Gerüchte über
Domitianus, wie er die Grenzen seines Alters und des ihm als Sohn Ge=
statteten überschreite: deshalb übergibt er dem Titus den bedeutendsten Theil
des Heeres, um, was vom judäischen Krieg noch übrig, zu vollenden.

52. Titus, sagt man, bat seinen Vater, bevor er abreiste, in einer langen
Unterredung, er möchte sich nicht durch verläumderische Berichte ohne Grund
aufbringen lassen, und sich seinem Sohne uneingenommen und versöhnlich
zeigen. Nicht Legionen, nicht Flotten seien so starke Schutzwehren der Herr=
schaft, als recht viele Kinder; denn Freundschaften würden durch Zeit= und
Glücksumstände, nicht selten auch durch Begierden oder Irrungen geschwächt,
abwendig gemacht, aufgelöst: eigenes Blut dagegen sei mit Jedem, besonders
aber mit Fürsten, auf das engste verbunden, deren Glück auch Andere ge=
nössen, während nur die nächsten Angehörigen ihr Unglück treffe. Nicht ein=
mal den Brüdern würde Eintracht bleiben, wenn nicht der Vater ein Beispiel
gäbe. Vespasianus, keineswegs ebenso mit Domitianus versöhnt, wie über
des Titus Bruderliebe erfreut, heißt ihn gutes Muths sein, und durch Krieg
und Waffenthaten den Staat verherrlichen: seine Sorge werde Friede sein und
sein Haus. Dann belastet er die schnellsten Schiffe mit Getraide und vertraut
sie dem noch stürmischen Meere an: es schwebte nämlich die Stadt in so
großer Gefahr, daß nicht mehr Getraide als auf zehn Tage in den Speichern
sich befand, als von Vespasianus die Zufuhr ankam.

53. Curam restituendi Capitolii in L. Vestinum confert, equestris ordinis virum, sed auctoritate famaque inter proceres. Ab eo contracti haruspices monuere, ut reliquiae prioris delubri in paludes aveherentur, templum isdem vestigiis sisteretur: nolle deos mutari veterem formam. Undecimum kalendas Iulias serena luce spatium omne, quod templo dicabatur, evinctum vittis coronisque; ingressi milites, quis fausta nomina, felicibus ramis; dein virgines Vestales, cum pueris puellisque patrimis matrimisque, aqua, e fontibus amnibusque hausta, perluere. Tum Helvidius Priscus praetor, praeeunte Plautio Aeliano pontifice, lustrata suovetaurilibus area et super caespitem redditis extis, Iovem, Iunonem, Minervam praesidesque imperii deos precatus, uti coepta prosperarent sedesque suas, pietate hominum inchoatas, divina ope attollerent, vittas, quis ligatus lapis innexique funes erant, contigit; simul ceteri magistratus et sacerdotes et senatus et eques et magna pars populi, studio laetitiaque conixi, saxum ingens traxere. Passimque iniectae fundamentis argentique et auri*) stipes et metallorum primitiae, nullis fornacibus victae, sed ut gignuntur: praedixere haruspices, ne temeraretur opus saxo aurove in aliud destinato. Altitudo aedibus adiecta: id solum religio adnuere et prioris templi magnificentiae defuisse credebatur.

54. Audita interim per Galliasque et Germanias mors Vitellii duplicaverat bellum. Nam Civilis omissa dissimulatione in populum Romanum ruere, Vitellianae legiones vel externum servitium quam imperatorem Vespasianum malle. Galli sustulerant animos, eandem ubique exercituum nostrorum fortunam rati, vulgato rumore a Sarmatis Dacisque Moesica ac Pannonica hiberna circumsideri; paria de Britannia fingebantur. Sed 'nihil aeque quam incendium Capitolii, ut finem imperio adesse crederent, inpulerat. Captam olim a Gallis urbem, sed integra

---

*) So nach Ritter für: *argenti aurique.* Ebenso im folg. cap. *Galliasque et Germanias* für: *Gallias Germaniasque.*

53. Die Sorge für die Herstellung des Capitoliums überträgt er dem
L. Vestinus⁹⁵), einem Manne aus dem Ritterstande, aber einem der Ersten
an Ansehn und Ruf. Die von ihm zusammenberufenen Haruspices thaten
den Ausspruch, man solle den Schutt des vorigen Heiligthums in die
Sümpfe⁹⁶) abfahren, den Tempel an derselben Stätte errichten: die Götter
wollten nicht, daß die alte Gestalt verändert würde. Am einundzwanzigsten
Juni, bei heiterem Himmel wurde der ganze Raum, den man zum Tempel
weihte, mit Wollbinden und Kränzen umwunden; hinein begaben sich Soldaten, deren Namen Glück bedeuteten⁹⁷), mit Heil verkündenden Zweigen⁹⁸);
dann besprengten ihn die vestalischen Jungfrauen nebst Knaben und Mädchen,
deren Väter und Mütter noch am Leben, mit Wasser aus Quellen und Flüssen
geschöpft. Hierauf flehte der Prätor Helvidius Priscus, nach dem Vorgange
des Oberpriesters Plautius Aelianus, nachdem er den Bauplatz durch die
Suovetaurilien⁹⁹) gesühnt und die Eingeweide auf dem Rasenaltar darge-
bracht hatte, zu Jupiter, Juno, Minerva und den Schutzgöttern des Reichs,
daß sie das Vorhaben segnen und ihren von der Frömmigkeit der Menschen
begonnenen Sitz unter göttlichem Beistande sich erheben lassen möchten, und
berührte die Wollbinden, mit welchen der Grundstein umschlungen und die
Seile verknüpft waren; nun¹⁰⁰) zogen auch die übrigen Staatsbeamten,
Priester, Senat und Ritter und ein großer Theil des Volkes, in fröhlichem
Eifer sich bemühend, an dem ungeheueren Steine. Und von allen Seiten
warf man silberne und goldene Münzen und rohe Metallstücke, die kein
Schmelzofen gebändigt, sondern wie die Natur sie gibt, in's Fundament
hinein: es hatten die Haruspices vorhererklärt, man solle das Werk nicht durch
Gestein oder Gold, das schon zu etwas Anderem bestimmt, entweihen. An
Höhe wurde dem Gebäude zugegeben: das war das Einzige, wovon man
glaubte, daß dagegen kein Bedenken sei¹⁰¹), und daß es an der Pracht des
vorigen Tempels noch gefehlt.

54. Indessen hatte die Kundwerdung vom Tode des Vitellius in Gallien
und Germanien den Krieg verdoppelt. Denn Civilis hörte nun auf sich zu
verstellen und stürmte auf das Volk der Römer los, die vitellianischen Legionen wollten selbst auswärtige Knechtschaft lieber, als zum Kaiser den Vespasianus haben. Die Gallier hatten ihr Haupt erhoben, in der Meinung, unsere
Heere hätten allenthalben dasselbe Schicksal, da sich das Gerücht verbreitet
hatte, es würden von den Sarmaten und den Daciern die mösischen und
pannonischen Winterlager eingeschlossen; Gleiches wurde über Britannien
gefabelt. Doch nichts hatte so sehr als der Brand des Capitoliums sie zu
dem Glauben gebracht, des Reiches Ende sei herbeigekommen. Eingenommen
sei der Zeiten schon von den Galliern die Stadt worden, aber, da noch

Iovis sede mansisse imperium: fatali nunc igne signum
caelestis irae datum et possessionem rerum humanarum
Transalpinis gentibus portendi, superstitione vana Druidae
canebant. Incesseratque fama, primores Galliarum ab
Othone adversus Vitellium missos, antequam digrederen-
tur, pepigisse, ne deessent libertati, si populum Romanum continua civilium bellorum series et interna mala
fregissent.

55. Ante Flacci Hordeonii caedem nihil prorupit,
quo coniuratio intellegeretur: interfecto Hordeonio com-
meavere nuntii inter Civilem Classicumque, praefectum
alae Trevirorum. Classicus nobilitate opibusque ante alios;
regium illi genus et pace belloque clara origo: ipse e
maioribus suis hostis populi Romani quam socios iactabat. Miscuere sese Iulius Tutor et Iulius Sabinus, hic
Trevir, hic Lingonus, Tutor ripae Rheni a Vitellio praefectus; Sabinum super insitam vanitatem falsae stirpis
gloria incendebat: proaviam suam divo Iulio per Gallias
bellanti corpore atque adulterio placuisse. Hi secretis
sermonibus animos ceterorum scrutari. Ubi quos idoneos
rebantur conscientia obstrinxere, in colonia Agrippinensi
in domum privatam conveniunt; nam publice civitas talibus inceptis abhorrebat; at tamen interfuere quidam
Ubiorum Tungrorumque. Sed plurima vis penes Treviros
ac Lingonas, nec tulere moras consultandi. Certatim
proclamant furere discordiis populum Romanum, caesas
legiones, vastatam Italiam, capi cum maxime urbem, omnis exercitus suis quemque bellis distineri: si Alpes praesidiis firmentur, coalita libertate disceptaturas Gallias,
quem virium suarum terminum velint.

56. Haec dicta pariter probataque: de reliquiis Vitelliani exercitus dubitavere. Plerique interficiendos censebant, turbidos, infidos, sanguine ducum pollutos. Vicit
ratio parcendi, ne sublata spe veniae pertinaciam accen-
derent: adliciendos potius in societatem. Legatis tantum
legionum interfectis, ceterum vulgus conscientia scelerum

unverletzt der Sitz des Jupiter geblieben, habe auch das Reich fortbestanden: jetzt sei durch verhängnißvolles Feuer ein Zeichen von des Himmels Zorn gegeben, und, so weissagten in eitelem Aberglauben die Druiden, werde der Besitz der Weltherrschaft den transalpinischen Völkern vorbedeutet. Auch ging die Sage, die von Otho gegen Vitellius abgeschickten Häuptlinge Galliens hätten, ehe sie abgereist, sich gelobt, daß sie für die Freiheit es an sich nicht wollten fehlen lassen, wenn der Bürgerkriege ununterbrochene Kette und einheimische Noth die Volkskraft Rom's [102] gebrochen haben würde.

55. Vor des Flaccus Hordeonius Ermordung brach nichts hervor, woraus man eine Verschwörung erkennen konnte: nach dem Tode des Hordeonius gingen Boten hin und her zwischen Civilis und Classicus, dem Befehlshaber des Trevirergeschwaders. Classicus ragte durch Adel und Reichthum vor Anderen hervor; er war von königlichem Geschlechte, und sein Stamm im Frieden wie im Kriege berühmt: er selbst rühmte sich damit, daß unter seinen Vorfahren viel mehr Feinde des römischen Volks als Bundesgenossen gewesen seien. Zu ihnen gesellten sich Julius Tutor und Julius Sabinus, der eine ein Trevirer, der andere ein Lingone, Tutor von Vitellius über das Rheinufer gesetzt; den Sabinus entflammte außer angeborener Eitelkeit noch der Ruhm vermeintlicher Abkunft: seine Aeltermutter nämlich habe dem in Gallien Krieg führenden Divus Julius durch ihre Person und Hingebung wohlgefallen. Diese forschten in geheimen Unterredungen die Stimmung der Uebrigen aus. Als sie sich derer, welche sie für tauglich hielten, durch Mitwissenschaft versichert hatten, kamen sie in der Agrippinenser Coloniestadt in einem Privathause zusammen; denn öffentlich war die Bürgerschaft solchem Beginnen abgeneigt; aber dennoch waren einige Ubier und Tungrer mit dabei. Aber die meiste Leidenschaftlichkeit bewiesen die Trevirer und Lingonen, und ließen sich auch durch Berathschlagungen nicht aufhalten. Um die Wette schreien sie, es rase in Zwietracht das römische Volk, niedergehauen seien die Legionen, verwüstet Italien, erobert werde eben jetzt die Stadt [103]), jegliches der Heere sei mit einem eigenen Kriege beschäftigt: besetze man die Alpen stark, so werde Gallien, habe seine Freiheit sich befestigt, selbst entscheiden, welche Grenzen seiner Macht es setzen wolle.

56. Also sprach man und billigte es auch sogleich: wegen der Ueberreste des vitellianischen Heeres war man in Zweifel. Sehr viele waren der Meinung, man müsse diese Aufrührer, diese Treulosen, welche mit dem Blute ihrer Anführer sich befleckt, niedermachen. Die Oberhand behielt zur Schonung der Beweggrund, man möchte durch Abschneiden der Hoffnung auf Begnadigung sie zur Hartnäckigkeit entflammen: anlocken solle man sie vielmehr zur Bundesgenossenschaft. Wären die Legaten der Legionen nur getödtet, so

et spe inpunitatis facile accessurum. Ea primi consilii forma, missique per Gallias concitores belli. Simulatum ipsis obsequium, quo incautiorem Voculam opprimerent. Nec defuere qui Voculae nuntiarent: sed vires ad coercendum deerant, infrequentibus infidisque legionibus. Inter ambiguos milites et occultos hostes optimum e praesentibus ratus mutua dissimulatione et isdem quibus petebatur grassari, in coloniam Agrippinensem descendit. Illuc Claudius Labeo, quem captum et extra conventum amandatum in Frisios diximus, corruptis custodibus perfugit; pollicitusque, si praesidium daretur, iturum in Batavos et potiorem civitatis partem ad societatem Romanam retracturum, accepta peditum equitumque modica manu, nihil apud Batavos ausus quosdam Nerviorum Bactasiorumque in arma traxit, et furtim magis quam bello Canninefates Marsacosque incursabat.

57. Vocula Gallorum fraude inlectus ad hostem contendit; nec procul Veteribus aberat, cum Classicus ac Tutor, per speciem explorandi praegressi cum ducibus Germanorum pacta firmavere. Tumque primum discreti a legionibus proprio vallo castra sua circumdant, obtestante Vocula, non adeo turbatam civilibus armis rem Romanam, ut Treviris etiam Lingonibusque despectui sit. Superesse fidas provincias, victores exercitus, fortunam imperii et ultores deos. Sic olim Sacrovirum et Aeduos, nuper Vindicem Galliasque singulis proeliis concidisse. Eadem rursus numina, eadem fata ruptores foederum expectarent. Melius divo Iulio divoque Augusto notos eorum animos: Galbam et infracta tributa hostiles spiritus induisse. Nunc hostes, quia molle servitium: cum spoliati exutique fuerint, amicos fore. Haec ferociter locutus, postquam perstare in perfidia Classicum Tutoremque videt, verso itinere Novaesium concedit: Galli duum milium spatio distantibus campis consedere. Illuc commeantium centurionum militumque emebantur animi, ut (flagitium incognitum) Romanus exercitus in externa verba iurarent, pignusque tanti sceleris nece aut vinculis legatorum daretur. Vocula, quamquam plerique fugam suade-

würde der übrige Haufe, im Bewußtsein seiner Frevel und in der Hoffnung dafür ungestraft zu bleiben, leicht ihnen beitreten. So gestaltete sich die erste Berathung, und man sandte Aufwiegler zum Kriege in Gallien umher. Sie selbst heuchelten Gehorsam, um desto unversehener den Vocula zu unterdrücken. Doch fehlte es nicht an Leuten, die es dem Vocula hinterbrachten, wohl aber an Gewalt zur Zügelung, da unvollzählig und untreu die Legionen waren. Unter unzuverlässigen Soldaten und versteckten Feinden hielt er es im Augenblicke für das Beste, mit gegenseitiger Verstellung und denselben Künsten, die man gegen ihn anwandte, zu verfahren, und zog hinab [104] nach der agrippinensischen Coloniestadt. Dahin floh auch Claudius Labeo, von dem wir gesagt haben [105], daß er gefangen genommen und außer Landes zu den Friesen gebracht worden sei, nachdem er seine Wächter bestochen hatte. Dieser versprach, wenn man ihm Mannschaft gebe, zu den Batavern zu gehen und den bedeutenderen Theil des Landes zum Bunde mit Rom zurückzuführen, wagte aber, als er eine mäßige Schaar von Fußvolk und Reitern erhalten hatte, nichts bei den Batavern, sondern brachte einige Nervier [106] und Bätasier unter die Waffen, und fiel mehr heimlich als in offenem Kriege in das Land der Canninefaten und Marsaker ein.

57. Vocula, durch der Gallier Trug verlockt, zog gegen den Feind; und schon war er nicht mehr weit von Vetera entfernt, als Classicus und Tutor, die unter dem Scheine der Kundschaftung vorausgeritten, mit den Heerführern der Germanen das Bündniß abschlossen. Und nun erst trennten sie sich von den Legionen und umgaben ihr Lager mit einem besonderen Walle, obwohl ihnen Vocula feierlich erklärte, es sei die Römermacht durch Bürgerkrieg noch nicht so sehr zerrüttet, daß sie auch Trevirern und Lingonen verächtlich scheinen dürfte. Noch habe sie treue Provinzen, siegreiche Heere, des Reiches Glück und rächende Götter. So seien vordem schon Sacrovir und die Aeduer, vor kurzem Vindex und Gallien durch je eine einzige Schlacht gefallen. Dasselbe Götterwalten, dasselbe Geschick möchten nun von neuem die Bundbrüchigen erwarten. Besser habe Divus Julius und Divus Augustus ihre Gesinnung gekannt: Galba und die Minderung der Tribute [107] habe mit feindseligem Geiste sie erfüllt. Jetzt Feinde, weil so sanft das Joch, würden sie Freunde sein, sobald man sie geplündert und ausgezogen. So sprach er in heftigem Tone; als er aber den Classicus und Tutor in der Treulosigkeit beharren sieht, geht er nach Noväsium zurück: die Gallier lagerten sich auf einer zwei Milien davon entfernten Ebene. Dahin wanderten nun Centurionen und Soldaten und ließen sich erkaufen, so daß sie, ein Römerheer, noch nicht erhörte Schmach! dem Auslande schwuren, und sich für so großen Frevel mit der Ermordung oder Fesselung der Legaten verpfändeten. Vocula, wiewohl

5 *

bant, audendum ratus, vocata contione in hunc modum disseruit:

58. 'Numquam apud vos verba feci aut pro vobis sollicitior aut pro me securior. Nam mihi exitium parari libens audio, mortemque in tot malis [hostium] ut finem miseriarum expecto: vestri me pudet miseretque, adversus quos non proelium et acies parantur; id enim fas armorum et ius hostium est: bellum cum populo Romano vestris se manibus gesturum Classicus sperat imperiumque et sacramentum Galliarum ostentat. Adeo nos, si fortuna in praesens virtusque deseruit, etiam vetera exempla deficiunt, quotiens Romanae legiones perire praeoptaverint, ne loco pellerentur? Socii saepe nostri excindi urbes suas seque cum coniugibus ac liberis cremari pertulerunt, neque aliud pretium exitus quam fides famaque. Tolerant cum maxime inopiam obsidiumque apud Vetera legiones nec terrore aut promissis demoventur: nobis super arma et viros et egregia castrorum munimenta frumentum et commeatus quamvis longo bello pares. Pecunia nuper etiam donativo suffecit, quod sive a Vespasiano sive a Vitellio datum interpretari mavultis, ab imperatore certe Romano accepistis. Tot bellorum victores, apud Geldubam, apud Vetera, fuso totiens hoste, si pavetis aciem, indignum id quidem: sed est vallum murique et trahendi artes, donec e proximis provinciis auxilia exercitusque concurrant. Sane ego displiceam: sunt alii legati, tribuni, centurio denique aut miles, ne hoc prodigium toto terrarum orbe vulgetur, vobis satellitibus Civilem et Classicum Italiam invasuros. An, si ad moenia urbis Germani Gallique duxerint, arma patriae inferetis? Horret animus tanti flagitii imagine. Tutorin Treviro agentur excubiae? Signum belli Batavus dabit? et Germanorum*) catervas supplebitis? Quis deinde sceleris exitus, cum Romanae legiones contra derexerint? Transfugae e transfugis et proditores e proditoribus, inter recens et vetus sacramentum invisi deis errabitis? Te, Iuppiter optime maxime, quem per octingentos viginti

---

*) *Gallorum et Germanorum* Ritter.

sehr viele zur Flucht trieben, glaubte etwas wagen zu müssen und sprach nach Berufung einer Heerversammlung auf folgende Weise:

58. „Niemals habe ich bekümmerter um euretwillen oder unbesorgter meinetwegen zu euch geredet. Denn daß mir der Untergang bereitet werde, höre ich gern, und warte auf den Tod bei so mannigfachem Unglück als auf das Ende meiner Leiden: ihr aber erfüllt mich mit Scham und Mitleid, die nicht Kampf und Schlachtheer bedroht; denn das ist Kriegsgebrauch und Feindesrecht: Krieg gegen das römische Volk mit euerem Arme zu führen hofft Classicus und hält euch die Herrschaft und Huldigung Galliens vor. Haben wir denn so ganz, wenn in der Gegenwart uns Glück und Tapferkeit verlassen haben, auch der Vorzeit Beispiele vergessen, wie oftmals römische Legionen lieber sterben wollten, um nur nicht von der Stelle zu weichen? Oft haben unsere Bundesgenossen ihre Städte zerstören und sich sammt ihren Gattinnen und Kindern verbrennen lassen, und nichts Anderes als Treue und Nachruhm war ihres Unterganges Preis. Jetzt eben dulden die Legionen Mangel und Einschließung in Vetera und lassen sich weder durch Schrecken noch durch Verirrechnungen von ihrem Platze treiben: wir haben außer Waffen und Männern und vortrefflicher Lagerbefestigung noch Getreide und Zufuhr selbst für einen langen Krieg zur Genüge. Geld genug war neulich da sogar zu einem Gnadengeschenke, welches ihr, mögt ihr es von Vespasianus oder von Vitellius gegeben ansehen wollen, jedenfalls doch von dem Imperator Roms empfangen habt. Wenn ihr, in so vielen Kriegen Sieger, die ihr bei Gelduba, bei Vetera so oft den Feind geschlagen, euch vor einer Feldschlacht fürchtet, so ist das euer zwar unwürdig: aber ihr habt ja einen Wall, habt Mauern und Zögerungsmittel, bis aus den nächsten Provinzen Hilfstruppen und Heere zusammenströmen. Mag meine Person mißfallen, nun so habt ihr andere ja, Legaten, Tribune, und wär's auch ein Centurio oder ein Soldat, daß nur das Wunderereigniß nicht auf dem ganzen Erdkreise sich verbreite, ihr seid in des Civilis und Classicus Gefolge, um in Italien einzubrechen. Oder wollt ihr, euch die Germanen und Gallier bis an die Mauern Roms geführt, hinein in euere Vaterstadt die Waffen tragen? Es schaudert mein Gemüth schon bei der Vorstellung so großen Frevels. Wollt ihr denn dem Trevirer Tutor Wache stehen? Soll euch der Bataver des Krieges Losung geben? Wollt ihr der Germanen Rotten ergänzen? Was wird sodann des Frevels Ausgang sein, wenn römische Legionen sich euch gegenüber stellen? Wollt ihr, als Doppelüberläufer, als Doppelverräther, den Göttern verhaßt, zwischen dem neuen und dem alten Eide hin und her dann irren? Dich Jupiter, du Bester, Größter, den wir achthundert und zwanzig Jahre durch so

annos tot triumphis coluimus, te, Quirine, Romanae parens urbis, precor venerorque ut, si vobis non fuit cordi me duce haec castra incorrupta et intemerata servari, at certe pollui foedarique a Tutore et Classico ne sinatis. Militibus Romanis aut innocentiam detis aut maturam et sine noxa poenitentiam."

59. Varie excepta oratio inter spem metumque ac pudorem. Digressum Voculam et de supremis agitantem liberti servique prohibuere foedissimam mortem sponte praevenire. Et Classicus misso Aemilio Longino, desertore primae legionis, caedem eius maturavit; Herennium et Numisium legatos vinciri satis visum. Dein sumptis Romani imperii insignibus in castra venit. Nec illi, quamquam ad omne facinus durato, verba ultra suppeditavere, quam ut sacramentum recitaret: iuravere qui aderant pro imperio Galliarum. Interfectorem Voculae altis ordinibus, ceteros, ut quisque flagitium navaverat, praemiis attollit.

Divisae inde inter Tutorem et Classicum curae. Tutor valida manu circumdatos Agrippinenses quantumque militum apud superiorem Rheni ripam in eadem verba adigit, occisis Mogontiaci tribunis, pulso castrorum praefecto, qui detractaverant: Classicus corruptissimum quemque e deditis pergere ad obsessos iubet, veniam ostentantes, si praesentia sequerentur: aliter nihil spei, famem ferrumque et extrema passuros. Adiecere qui missi erant exemplum suum.

60. Obsessos hinc fides, inde egestas inter decus ac flagitium distrahebant. Cunctantibus solita insolitaque alimenta deerant, absumptis iumentis equisque et ceteris animalibus, quae profana foedaque in usum necessitas vertit. Virgulta postremo et stirpes et internatas saxis herbas vellentes miseriarum patientiaeque documentum fuere, donec egregiam laudem fine turpi macularent, missis ad Civilem legatis vitam orantes. Neque ante preces admissae, quam in verba Galliarum iurarent: tum pactus praedam castrorum dat custodes, qui pecuniam calones sarcinas retentarent atque ipsos leves abeuntes proseque-

viele Triumphe gefeiert haben, dich Quirinus, Roma's Vater, flehe ich an in heiligem Gebete, daß ihr, wenn euch daran nicht gelegen, unter meiner Leitung dieses Lager rein und unentweiht zu erhalten, es doch wenigstens von Tutor und Classicus nicht wollet beflecken und beschimpfen lassen. Verleihet den römischen Soldaten wieder lautere Gesinnung, oder baldige Reue sonder Unheil!"

59. Verschiedenartig wurde diese Rede aufgenommen, zwischen Hoffnung, Furcht und Scham. Als Vocula sich entfernte und schon auf den letzten Augenblick bedacht war, hinderten ihn seine Freigelassenen und Sklaven, dem schmählichsten Tode selbst zuvorzukommen, und Classicus beschleunigte durch Absendung des Aemilius Longinus, eines Abtrünnigen der ersten Legion, seine Ermordung: die Legaten Herennius und Numisius begnügte man sich zu fesseln. Hierauf nahm er die Insignien des römischen Oberbefehls [105]) an und kam in's Lager. Doch standen ihm, so sehr er auch zu jeder Frevelthat sich abgehärtet, nicht weiter Worte zu Gebote, als die Eidesformel vorzulesen: alle, die zugegen waren, schwuren für die Herrschaft Galliens. Den Mörder Vocula's ehrt er durch hohen Rang [106]), die Uebrigen, je nachdem ein Jeder zum Frevel mitgewirkt, durch Belohnungen.

Nun wurde die Leitung des Ganzen zwischen Tutor und Classicus getheilt. Tutor nöthigt die mit starker Mannschaft eingeschlossenen Agrippinenser, und was von Soldaten am oberen Rheinufer stand, zu derselben Eidesleistung, nachdem er die sich dessen weigernden Tribunen in Mogentiacum getödtet, den Lagerpräfect vertrieben hatte. Classicus ließ von denen, welche sich ergeben hatten, die Verworfensten zu den Belagerten sich begeben, Verzeihung ihnen in Aussicht zu stellen, wenn sie sich der Gegenwart fügten: anders sei keine Hoffnung, Hunger, Schwert, das Aeußerste würden sie zu erfahren haben. Dazu wiesen die Abgeordneten auf ihr eigenes Beispiel hin.

60. Die Belagerten zog Treue auf der einen, Mangel auf der andern Seite zwischen Ehre und Schande hin und her. Während ihrer Unschlüssigkeit gingen ihnen die gewöhnlichen und auch ungewöhnliche Nahrungsmittel aus, da man Lastvieh, Pferde und selbst andere Thiere aufgezehrt hatte, unreine und ekelhafte, welche die Noth gebrauchen lehrte. Endlich rauften sie Strauchwerk, Wurzeln und zwischen Gestein hervorwachsende Kräuter aus, und gaben so von Elend und Geduld ein sprechendes Beispiel, bis sie den herrlichen Ruhm zuletzt auf schimpfliche Weise befleckten, indem sie an Civilis Abgeordnete schickten und um ihr Leben baten. Und eher nicht wurde ihre Bitte angenommen, als bis sie Gallien huldigten: nun bedung er sich des Lagers Beute aus und setzte ihnen Wächter, welche Geld, Troßknechte und Gepäck zurückhalten und sie dann selbst, als sie ledig abzogen, geleiten sollten.

rentur. Ad quintum fere lapidem coorti Germani incau-
tum agmen adgrediuntur. Pugnacissimus quisque in
vestigio, multi palantes occubuere: ceteri retro in castra
perfugiunt, querente sane Civile et increpante Germanos
tamquam fidem per scelus abrumperent. Simulata ea
fuerint an retinere saevientes nequiverit, parum adfirma-
tur. Direptis castris faces iniciunt, cunctosque qui proelio
superfuerant incendium hausit.

61. Civilis barbaro voto post coepta adversus Romanos arma propexum rutilatumque crinem patrata demum
caede legionum deposuit; et ferebatur parvulo filio quosdam captivorum sagittis iaculisque puerilibus figendos obtulisse. Ceterum neque se neque quemquam Batavum in verba
Galliarum adegit, fisus Germanorum opibus et, si certan-
dum adversus Gallos de possessione rerum foret, inclitus
fama et potior. Munius Lupercus, legatus legionis, inter
dona missus Veledae. Ea virgo nationis Bructerae late
imperitabat, vetere apud Germanos more, quo plerasque
feminarum fatidicas et augescente superstitione arbitrantur deas. Tuncque Veledae auctoritas adolevit; nam prosperas Germanis res et excidium legionum praedixerat.
Sed Lupercus in itinere interfectus. Pauci centurionum
tribunorumque in Gallia geniti reservantur pignus socie-
tati. Cohortium alarum legionum hiberna subversa cre-
mataque, iis tantum relictis, quae Mogontiaci ac Vindo-
nissae sita sunt.

62. Legio sexta decima cum auxiliis simul deditis a
Novaesio in coloniam Trevirorum transgredi iubetur, prae-
finita die, intra quam castris excederet. Medium omne
tempus per varias curas egere, ignavissimus quisque caesorum apud Vetera exemplo paventes, melior pars rubore
et infamia: quale illud iter? quis dux viae? et omnia in
arbitrio eorum, quos vitae necisque dominos fecissent.
Alii nulla dedecoris cura pecuniam aut carissima sibimet
ipsis circumdare; quidam expedire arma telisque tamquam
in aciem accingi. Haec meditantibus advenit proficiscendi

Etwa beim fünften Meilensteine brachen Germanen hervor und griffen den
sorglosen Zug an. Die Kampfrüstigsten fanden auf der Stelle, viele während
sie umherirrten, ihren Tod: die übrigen flohen in das Lager zurück, und Civilis klagte allerdings und schalt auf die Germanen, als hätten sie frevel-
hafterweise das Geleit gebrochen. Ob das Verstellung war, oder er die
Wüthenden nicht habe zurückhalten können, ist nicht recht ausgemacht. Nach
Ausplünderung des Lagers werfen sie Fackeln hinein, und alle, welche das
Treffen überlebt, wurden ein Raub der Flamme.

61. Civilis, der in Folge eines bei den Barbaren üblichen Gelübdes [110]
nach dem Beginn des Krieges gegen die Römer sein Haupthaar lang herab-
gekämmt und roth gefärbt, legte nun erst, nach vollbrachter Vernichtung der
Legionen dasselbe ab; auch sagte man, er habe seinem kleinen Sohn einige von
den Gefangenen vorgeführt, um mit Knabenpfeilen und Knabenspeeren auf
sie zu schießen. Uebrigens unterwarf er sich weder selbst noch irgend einen
Bataver der Huldigung Galliens, im Vertrauen auf die Macht der Germanen
und weil, wenn es mit den Galliern zum Kampfe um den Besitz der Herrschaft kommen sollte, er vom Rufe schon gefeiert und der Ueberlegene sei. Der
Legionslegat Munius Lupercus wurde unter anderen Geschenken der Veleda
gesandt. Diese, eine Jungfrau aus dem Stamme der Brukterer, besaß eine
ausgebreitete Herrschaft, nach althergebrachter Sitte der Germanen, gar viele
Frauen für Prophetinnen und, bei steigendem Aberglauben, für Göttinnen zu
halten. Und eben jetzt stieg das Ansehen der Veleda; denn sie hatte den Germanen Glück und die Vernichtung der Legionen vorhergesagt. Doch Lupercus wurde unterwegs getödtet. Nur wenige aus Gallien gebürtige Centurionen und Tribunen werden als Unterpfand des Bündnisses am Leben erhalten.
Die Winterlager der Cohorten, Reiterschaaren und Legionen wurden niedergerissen und verbrannt, nur die gelassen, welche zu Mogontiacum und Vindonissa [111] sich befinden.

62. Die sechszehnte Legion mit den Hilfsvölkern, welche sich zugleich ergeben hatten, erhielt Befehl, sich von Noväsium hinweg in die Coloniestadt
der Trevirer zu begeben, und es war der Tag anberaumt, bis zu welchem sie
aus dem Lager ausgerückt sein sollte. Die ganze Zwischenzeit brachte man
unter mancherlei Sorgen zu, die Feigsten ob des Beispiels zagend, das man
mit den in Vetera Erschlagenen gegeben, der bessere Theil in Scham und
Schmachgefühl: was das für ein Marsch, wer Führer auf dem Wege sein
werde? Alles ja in der Willkür derer, die sie zu Herren über Leben und Tod
gemacht hätten. Andere, ohne sich um Schande zu kümmern, bepackten sich
nur selbst mit Geld oder was ihnen sonst das Liebste war; einige setzten ihre
Waffen in Bereitschaft und bewehrten sich als ginge es zur Schlacht. Unter

hora, expectatione tristior. Quippe intra vallum defor-
mitas haud perinde notabilis: detexit ignominiam campus
et dies. Revolsae imperatorum imagines, inhonora signa,
fulgentibus hinc inde Gallorum vexillis; silens agmen et
velut longae exequiae; dux Claudius Sanctus effosso oculo
dirus ore, ingenio debilior. Duplicatur flagitium, postquam desertis Bonnensibus castris altera se legio miscu-
erat. Et vulgata captarum legionum fama cuncti, qui
paulo ante Romanorum nomen horrebant, procurrentes
ex agris tectisque et undique effusi insolito spectaculo
nimium fruebantur. Non tulit ala Picentina gaudium insultantis vulgi, spretisque Sancti promissis aut minis Mogontiacum abeunt; ac forte obvio interfectore Voculae
Longino, coniectis in eum telis initium exsolvendae in
posterum culpae fecere: legiones nihil mutato itinere ante
moenia Trevirorum considunt.

63. Civilis et Classicus, rebus secundis sublati, an
coloniam Agrippinensem diripiendam exercitibus suis per-
mitterent, dubitavere. Saevitia ingenii et cupidine praedae
ad excidium civitatis trahebantur: obstabat ratio belli et
novum imperium inchoantibus utilis clementiae fama;
Civilem etiam beneficii memoria flexit, quod filium eius
primo rerum motu in colonia Agrippinensi deprehensum
honorata custodia habuerant. Sed transrhenanis gentibus invisa civitas opulentia auctuque; neque alium finem
belli rebantur, quam si promisca ea sedes omnibus Germanis foret, aut disiecta Ubios quoque dispersisset.

64. Igitur Tencteri, Rheno discreta gens, missis
legatis mandata apud concilium Agrippinensium edi iubent,
quae ferocissimus e legatis in hunc modum protulit:
'Redisse vos in corpus nomenque Germaniae communibus
deis et praecipuo deorum Marti grates agimus, vobisque
gratulamur, quod tandem liberi inter liberos eritis; nam
ad hunc diem flumina ac terras et caelum quodammodo
ipsum clauserant Romani, ut conloquia congressusque

solchen Beschäftigungen kam die Stunde des Abmarsches heran, niederschla=
gender, als man erwartet hatte. Innerhalb des Walles nämlich fiel die Ver=
unstaltung so sehr nicht in die Augen: das offene Feld, der helle Tag deckte
die Schande auf. Abgerissen waren die Bildnisse der Kaiser [112]), ungeputzt die
Feldzeichen, während von dieser und jener Seite her der Gallier Verille
glänzten: schweigend zog man dahin und wie in langem Leichenzuge; Führer
war Claudius Sanctus, da ihm ein Auge ausgestochen, gräßlich von Ange=
sicht, noch gebrechlicher an Geist. Die Schmach verdoppelte sich, als eine
zweite Legion, die das Lager zu Bonna verlassen, sich mit anschloß. Und als
der Ruf von der Gefangennehmung der Legionen sich verbreitete, da eilten
alle, welche kurz vorher noch vor dem Römernamen bebten, von den Feldern
und aus den Häusern herbei, und weideten sich, von allen Seiten sie um=
schwärmend, übermütig an dem ungewohnten Schauspiel. Nicht ertrug die
Picentiner Reiterschaar den Jubel der höhnenden Menge, und zog, nicht ach=
tend auf des Sanctus Versprechen oder Drohungen, nach Mogontiacum hin=
weg: ja, da zufällig Vocula's Mörder Longinus ihnen in den Weg kam,
warfen sie nach ihm ihre Speere, und machten so den Anfang mit der künf=
tigen Sühnung ihrer Schuld: die Legionen änderten nichts in ihrem Marsche
und lagerten sich vor den Mauern der Trevirer.

63. Civilis und Classicus waren in der Aufgeblasenheit wegen ihres
Glückes unschlüssig, ob sie die Agrippinenserpflanzstadt ihren Heeren zur
Plünderung überlassen sollten. Grausamkeit ihres Charakters und Beutegier
trieb sie zur Zerstörung der Stadt: entgegen stand des Krieges ganze Weise
und daß denen, die eine neue Herrschaft beginnen, der Milde Ruf von Nutzen;
den Civilis stimmte auch die Erinnerung an eine Wohlthat um, weil die
Agrippinenser seinen Sohn, der gleich im Anfange der Unruhen in der Colo=
niestadt war ergriffen worden, in ehrenvoller Haft gehalten hatten. Aber den
überrheinischen Stämmen war die Stadt wegen ihres Reichthums und Ge=
deihens verhaßt; auch könne, meinten sie, der Krieg nicht anders ein Ende
haben, als wenn sie ohne Unterschied der Wohnsitz aller Germanen würde,
oder ihre Zerstörung auch die Ubier zerstreute.

64. Daher schickten die Tencterer [113]), ein durch den Rhein von ihnen ge=
trennter Volksstamm, Abgeordnete mit dem Befehle, in einer Versammlung
der Agrippinenser ihre Erklärung abzugeben, die der trotzigste der Abgeord=
neten in dieser Weise vortrug: „daß ihr zurückgekehrt seid zur Körperschaft
und dem Namen von Germanien, dafür sagen wir Dank den gemeinschaft=
lichen Göttern und der Götter Erstem, Mars [114]), und wünschen euch Glück,
daß ihr endlich frei sein werdet unter Freien: denn bis auf den heutigen Tag
hatten die Römer Flüsse und Länder, ja den Himmel gleichsam selbst gesperrt,

nostros arcerent, vel, quod contumeliosius est viris ad
arma natis, inermes ac prope nudi sub custode et pretio
coiremus.   Sed ut amicitia societasque nostra in aeternum rata sint, postulamus a vobis, muros coloniae, munimenta servitii, detrahatis: etiam fera animalia, si clausa
teneas, virtutis obliviscuntur; Romanos omnes in finibus
vestris trucidetis: haud facile libertas et domini miscentur.   Bona interfectorum in medium cedant, ne quis oc-
culere quicquam aut segregare causam suam possit.
Liceat nobis vobisque utramque ripam colere, ut olim
maioribus nostris: quomodo lucem diemque omnibus hominibus, ita omnes terras fortibus viris natura aperuit.
Instituta cultumque patrium resumite, abruptis voluptatibus, quibus Romani plus adversus subiectos quam armis
valent.   Sincerus et integer et servitutis oblitus populus
aut ex aequo agetis aut aliis imperitabitis.'

65.   Agrippinenses sumpto consultandi spatio, quando
neque subire condiciones metus futuri neque palam aspernari condicio praesens sinebat, in hunc modum respon-
dent: 'Quae prima libertatis facultas data est, avidius
quam cautius sumpsimus, ut vobis ceterisque Germanis,
consanguineis nostris, iungeremur.   Muros civitatis, con-
gregantibus se cum maxime Romanorum exercitibus,
augere nobis quam diruere tutius est.   Si qui ex Italia
aut provinciis alienigenae in finibus nostris fuerant, eos
bellum absumpsit vel in suas quisque sedes refugerunt.
Deductis olim et nobiscum per conubium sociatis, quique
mox provenerunt, haec patria est; nec vos adeo iniquos
existimamus, ut interfici a nobis parentes fratres liberos
nostros velitis.   Vectigal et onera commerciorum resolvimus: sint transitus incustoditi, sed diurni et inermes,
donec nova et recentia iura in vetustatem consuetudine
vertantur.   Arbitrum habebimus Civilem et Veledam,
apud quos pacta sancientur.' Sic lenitis Tencteris legati
ad Civilem et Veledam missi cum donis cuncta ex voluntate Agrippinensium perpetravere; sed coram adire ad-
loquique Veledam negatum: arcebantur aspectu, quo
venerationis plus inesset.   Ipsa edita in turre; delectus

um von Unterredungen und Zusammenkünften mit euch uns fern zu halten, oder, was für Männer, die zu den Waffen geboren, schimpflicher noch ist, uns unbewehrt und beinahe nackt nur unter Aufsicht und für Geld [115] zusammenkommen zu lassen. Damit jedoch unsere Freundschaft und unser Bündniß auf ewige Zeiten bestehe, verlangen wir von euch, daß ihr der Coloniestadt Mauern, der Knechtschaft Bollwerk, niederreißet: auch wilde Thiere, hält man sie eingeschlossen, vergessen ihres Muthes: daß ihr alle Römer in euerem Gebiete umbringt: nicht leicht vertragen mit der Freiheit sich Gebieter. Das Vermögen der Erschlagenen werde Gemeingut, damit Niemand etwas verheimlichen oder sich von der allgemeinen Sache lossagen könne. Gestattet möge es uns und euch sein, das beiderseitige Ufer zu bewohnen, wie einst unsern Vorfahren: wie allen Menschen Licht und Tag, so hat alle Länder den Tapfern die Natur eröffnet. Nehmt wieder an die Einrichtungen und die Lebensweise euerer Väter, und werfet von euch die Genüsse, wodurch die Römer gegen Unterworfene mehr vermögen als durch Waffen. Ein lauteres, unverdorbenes und von Knechtschaft nichts mehr wissendes Volk, werdet ihr dann entweder andern gleich stehen oder über sie gebieten."

65. Die Agrippinenser nahmen sich Bedenkzeit und gaben, weil weder einzugehen auf die Bedingungen Furcht vor der Zukunft, noch geradezu sie zurückzuweisen ihre gegenwärtige Lage zuließ, in folgender Weise Antwort: „Die erste Gelegenheit zur Freiheit, welche sich uns darbot, haben wir mit größerer Begier ergriffen als mit Vorsicht, um uns mit euch und den übrigen Germanen, unsern Blutsverwandten, zu verbinden. Die Mauern unserer Stadt ist jetzt, wo gerade sich die römischen Heere sammeln, zu verstärken für uns sicherer als sie zu zerstören. Die Ausländer, welche aus Italien oder aus den Provinzen etwa in unserem Gebiete waren, hat der Krieg dahingerafft, oder sie sind in seine Heimath jeglicher zurückgeflohen. Die ehedem hierhergeführten und durch eheliches Band mit uns vereinten Colonisten und ihre Abkömmlinge haben hier ihr Vaterland: und wir halten euch nicht für so ungerecht, daß ihr von uns Eltern, Brüder, Kinder solltet getödtet wissen wollen. Zoll und Lasten im Handelsverkehr heben wir auf: ihr möget unbewacht herüberkommen, doch bei Tage und unbewaffnet, bis die neuen und noch jungen Rechte durch Gewohnheit alt werden. Schiedsrichter sollen uns Civilis und Beleda sein, vor welchen der Vertrag bestätigt werden wird." Als man so die Tencterer besänftigt hatte, schickte man Gesandte mit Geschenken an Civilis und Beleda, und diese setzten Alles nach Wunsch der Agrippinenser durch; doch persönlich der Beleda zu nahen und sie anzureden, wurde ihnen abgeschlagen: man hielt sie fern von ihrem Anblick, daß noch größer ihre Ehrfurcht wäre. Sie selbst befand sich auf einem hohen Thurme: ein Aus-

e propinquis consulta responsaque ut internuntius numinis portabat.

66. Civilis societate Agrippinensium auctus proximas civitates adfectare aut adversantibus bellum inferre statuit. Occupatisque Sunucis et iuventute eorum per cohortes composita, quo minus ultra pergeret, Claudius Labeo Baetasiorum Tungrorumque et Nerviorum tumultuaria manu restitit, fretus loco, quia pontem Mosae fluminis anteceperat. Pugnabaturque in angustiis ambigue, donec Germani tranatantes terga Labeonis invasere; simul Civilis, ausus an ex composito, intulit se agmini Tungrorum, et clara voce 'non ideo' inquit 'bellum sumpsimus, ut Batavi et Treviri gentibus imperent; procul haec a nobis adrogantia. Accipite societatem: transgredior ad vos, seu me ducem seu militem mavultis.' Movebatur vulgus condebantque gladios, cum Campanus ac Iuvenalis, ex primoribus Tungrorum, universam ei gentem dedidere; Labeo antequam circumveniretur, profugit. Civilis Baetasios quoque ac Nervios in fidem acceptos copiis suis adiunxit, ingens rerum, perculsis civitatum animis vel sponte inclinantibus.

67. Interea Iulius Sabinus proiectis foederis Romani monumentis Caesarem se salutari iubet, magnamque et inconditam popularium turbam in Sequanos rapit, conterminam civitatem et nobis fidam; nec Sequani detractavere certamen. Fortuna melioribus adfuit: fusi Lingones. Sabinus festinatum temere proelium pari formidine deseruit. Utque famam exitii sui faceret, villam in quam perfugerat cremavit, illic voluntaria morte interisse creditus. Sed quibus artibus latebrisque vitam per novem mox annos traduxerit, simul amicorum eius constantiam et insigne Epponinae uxoris exemplum, suo loco reddemus. Sequanorum prospera acie belli impetus stetit. Resipiscere paulatim civitates fasque et foedera respicere, principibus Remis, qui per Gallias edixere, ut missis

erlorener aus ihren Verwandten brachte wie eine Mittelsperſon der Gottheit
Frage und Antwort.

66. Civilis, durch das Bündniß mit den Agrippinenſern verſtärkt, beſchloß,
die nächſten Ortſchaften an ſich zu ziehen, oder, falls ſie widerſtrebten, zu be=
kriegen. Schon hatte er das Land der Sunuker[116] beſetzt und ihre junge
Mannſchaft in Cohorten geordnet, als ſich ſeinen weiteren Fortſchritten Clau=
dius Labeo mit einer zuſammengerafften Schaar von Bätaſiern, Tungrern
und Nerviern widerſetzte, im Vertrauen auf ſeine Stellung, weil er in der
Beſetzung der Moſabrücke ihm zuvorgekommen war. Und ſo wurde in einem
engen Paſſe unentſchieden gekämpft, bis die Germanen hinüberſchwammen
und den Labeo im Rücken angriffen; zugleich warf ſich Civilis, mochte es ein
Wagniß oder Verabredung ſein, in den Heerhaufen der Tungrer und rief mit
lauter Stimme: „Nicht deshalb ſind wir zum Kriege geſchritten, damit Ba=
taver und Treviker den Völkern gebieten; fern iſt dieſe Anmaßung von uns.
Nehmt unſer Bündniß an: ich trete zu euch über, mögt ihr mich zum Feld=
herrn haben wollen oder als gemeinen Krieger." Das machte Eindruck auf
die Menge; und man ſteckte ſchon die Schwerter ein, als Campanus und
Juvenalis, zwei Häuptlinge der Tungrer, ihm den ganzen Volksſtamm über=
gaben; Labeo entfloh, bevor man ihn umringte. Civilis nahm auch die Er=
gebung der Bätaſier und Nervier an und geſellte ſie ſeinen Truppen bei, ge=
waltig nun an Macht, da die Völkerſchaften Schrecken ergriffen hatte, oder
ſie freiwillig ſich zu ihm neigten.

67. Indeß läßt Julius Sabinus nach Niederwerfung der Denkmäler des
römiſchen Bundes[117] ſich als Cäſar begrüßen, und bricht mit einem großen,
ungeordneten Haufen ſeiner Landsleute gegen die Sequaner los, eine benach=
barte und uns treu ergebene Völkerſchaft; auch ſchlugen die Sequaner den
Kampf nicht aus. Das Glück war auf der Beſſergeſinnten Seite: die Lingo=
nen wurden geſchlagen. Sabinus entzog ſich mit eben ſo großer Feigheit dem
Kampfe, wie er ihn unbeſonnen beeilt hatte. Und um das Gerücht zu ver=
anlaſſen, er ſei umgekommen, verbrannte er das Landhaus, in welches er ſich
geflüchtet hatte, ſo daß man wirklich glaubte, er ſei daſelbſt freiwilligen Todes
geſtorben. Allein durch welche Liſt und in welchem Schlupfwinkel er nachher
neun Jahre noch das Leben ſich gefriſtet, wollen wir, ſowie die beharrliche
Treue ſeiner Freunde und das ausgezeichnete Benehmen ſeiner Gattin Eppo=
nina an ſeinem Orte berichten[118]. Mit der glücklichen Schlacht der Sequa=
ner ſtand des Krieges ungeſtümer Anfang ſtill. Die Völkerſchaften kamen
allmählich wieder zur Beſinnung und bedachten wieder Recht und Bündniß,
zuerſt die Remer[119], welche in Gallien eine Aufforderung ergehen ließen,

legatis in commune consultarent, libertas an pax pla-
ceret.

68. At Romae cuncta in deterius audita Mucianum
angebant, ne quamquam egregii duces — iam enim Gallum Annium et Petilium Cerialem delegerat — summam
belli parum tolerarent. Nec relinquenda urbs sine rectore;
et Domitiani indomitae libidines timebantur, suspectis,
uti diximus, Primo Antonio Varoque Arrio. Varus prae-
torianis praepositus vim atque arma retinebat: eum Mucianus pulsum loco, ne sine solacio ageret, annonae praefecit. Utque Domitiani animum Varo haud alienum
deleniret, Arretinum Clementem, domui Vespasiani per
adfinitatem innexum et gratissimum Domitiano, praeto-
rianis praeposuit, patrem eius sub C. Caesare egregie
functum ea cura dictitans; laetum militibus idem nomen,
atque ipsum, quamquam senatorii ordinis, ad utraque
munia sufficere. Adsumuntur e civitate clarissimus quisque et alii per ambitionem; simul Domitianus Mucianusque accingebantur, dispari animo, ille spe ac iuventa
properus, hic moras nectens, quis flagrantem retineret,
ne ferocia aetatis et pravis impulsoribus, si exercitum
invasisset, paci belloque male consuleret. Legiones
victrices undecima et octava, Vitellianarum unaetvicen-
sima, e recens conscriptis secunda, Poeninis Cottianisque
Alpibus, pars monte Graio traducuntur; quarta decima
legio e Britannia, sexta ac decima ex Hispania accitae.

Igitur venientis exercitus fama et suopte ingenio ad
mitiora inclinantes Galliarum civitates in Remos conve-
nere. Trevirorum legatio illic opperiebatur, acerrimo in-
stinctore belli Iulio Valentino. Is meditata oratione
cuncta magnis imperiis obiectari solita contumeliasque
et invidiam in populum Romanum effudit, turbidus mi-
scendis seditionibus et plerisque gratus vecordi facundia.

69. At Iulius Auspex, e primoribus Remorum, vim
Romanam pacisque bona dissertans, et sumi bellum etiam
ab ignavis, strenuissimi cuiusque periculo geri, iamque

Abgeordnete zu schicken und gemeinsam zu berathen, ob man lieber Freiheit oder Frieden wolle.

68. Zu Rom indessen ängstigte das alles, da es da noch schlimmer lautete, den Mucianus, es möchten selbst die trefflichsten Feldherrn — denn schon hatte er den Gallus Annius und Petilius Cerialis auserkoren — der Gesammtführung des Krieges nicht recht gewachsen sein. Auch durfte man die Stadt nicht ohne Leitung lassen; desgleichen fürchtete man des Domitianus ungezügelte Begierden, während, wie wir schon bemerkt, Primus Antonius und Varus Arrius verdächtig waren [120]). Varus hatte als Oberster der Prätorianer immer noch Gewalt und Waffenmacht: ihn setzte Mucianus ab, und gab ihm, um ihn nicht ungetröstet zu lassen, die Aufsicht über das Getreidewesen. Um auch den Domitianus zu begütigen, der dem Varus gar nicht abhold war, setzte er den mit dem Hause des Vespasianus verschwägerten und bei Domitianus sehr beliebten Arretinus Clemens über die Prätorianer, indem er vorstellte, der Vater desselben habe unter C. Cäsar diesem Amte auf eine treffliche Weise vorgestanden; den Soldaten sei die Namensgleichheit schon erfreulich, und er selbst, obwol dem Senatorstande angehörig, beiden Aemtern [121]) zugleich gewachsen. Mitgenommen werden [122]) aus der Bürgerschaft die Angesehensten und andere aus persönlichem Interesse; gemeinschaftlich, doch mit verschiedener Gesinnung rüsteten sich Domitianus und Mucianus, jener in Hoffnung und Jugendfeuer vorschnell, dieser allerlei Aufschub suchend, um den Leidenschaftlichen aufzuhalten, damit er nicht im Ungestüm der Jugend und von schlechten Rathgebern geleitet, wenn er sich des Heeres bemächtigt hätte, Frieden und Krieg schlecht beriethe. Von den Legionen der Sieger wird die eilfte und achte, von den vitellianischen die einundzwanzigste, von den frisch geworbenen die zweite über die pöninischen und cottianischen Alpen [123]), ein Theil über das grajische Gebirge geführt; die vierzehnte Legion wurde aus Britannien, die sechste und zehnte aus Hispanien herbeigerufen.

So hielten denn auf den Ruf von der Annäherung des Heeres, und weil sie schon aus eigenem Antriebe sich zu Milderem neigten, die Landschaften Galliens eine Zusammenkunft bei den Remern. Hier warteten schon die Abgeordneten der Trevirer, unter denen Julius Valentinus am leidenschaftlichsten zum Kriege reizte. Er schüttete in wohlstudirter Rede alles, was man großen Reichen vorzuwerfen pflegt, Schmähungen und Verunglimpfungen gegen das römische Volk aus, ein Wühler um Aufruhr zu stiften, und durch die Gabe, darauf los zu reden, bei der Mehrzahl beliebt

69. Dagegen ließ sich Julius Auspex, einer von den Häuptlingen der Remer, über die römische Macht und des Friedens Wohlthaten aus, und daß auch Feige wol zum Kriege sich entschlössen, aber seine Führung gerade die

super caput legiones, sapientissimum quemque reverentia
fideque, iuniores periculo ac metu continuit: et Valentini
animum laudabant, consilium Auspicis sequebantur. Constat obstitisse Treviris Lingonibusque apud Gallias, quod
Vindicis motu cum Verginio steterant. Deterruit plerosque provinciarum aemulatio: quod bello caput? unde ius
auspiciumque peteretur? quam, si cuncta provenissent,
sedem imperio legerent? Nondum victoria, iam discordia
erat, aliis foedera, quibusdam opes viresque aut vetustatem originis per iurgia iactantibus; taedio futurorum
praesentia placuere. Scribuntur ad Treviros epistulae
nomine Galliarum, ut abstinerent armis, impetrabili venia
et paratis deprecatoribus, si poeniteret: restitit idem
Valentinus obstruxitque civitatis suae aures, haud perinde
instruendo bello intentus quam frequens contionibus.

70. Igitur non Treviri neque Lingones ceteraeve
rebellium civitates pro magnitudine suscepti discriminis
agere; ne duces quidem in unum |consulere, sed Civilis
avia Belgarum circumibat, dum Claudium Labeonem
capere aut exturbare nititur; Classicus segne plerumque
otium trahens velut parto imperio fruebatur; ne Tutor
quidem maturavit superiorem Germaniae ripam et ardua
Alpium praesidiis claudere. Atque interim unaetvicen-
sima legio Vindonissa, Sextilius Felix cum auxiliariis cohortibus per Raetiam inrupere; accessit ala singularium,
excita olim a Vitellio, deinde in partes Vespasiani trans-
gressa. Praeerat Iulius Briganticus, sorore Civilis genitus,
ut ferme acerrima proximorum odia sunt, invisus avunculo infensusque. Tutor Trevirorum copias, recenti Van-
gionum, Caeracatium, Tribocorum dilectu auctas, veterano
pedite atque equite firmavit, corruptis spe aut metu subactis legionariis; qui primo cohortem praemissam a Sex-
tilio Felice interficiunt, mox ubi duces exercitusque Romanus propinquabant, honesto transfugio rediere, secutis
Tribocis Vangionibusque et Caeracatibus. Tutor Treviris

Wackersten der Gefahr aussetze, auch daß über ihren Häuptern schon die Le=
gionen seien; und so hielt er die Einsichtsvollsten durch Ehrerbietigkeit und
Pflichtgefühl, die Jüngeren durch Gefahr und Furcht in Schranken: und
während man des Valentinus Muth lobte, befolgte man des Auspex Rath.
Es ist ausgemacht, daß den Treverern und Lingonen in Gallien das geschadet
hat, daß sie es bei des Vindex Aufstand mit dem Verginius gehalten. Es
schreckte auch sehr viele der Provinzen Eifersucht zurück: wo sei denn des Krieges
Haupt? woher solle man Recht und Vorschau holen? wo, wenn alles auch
gelungen, wähle man den Sitz der Herrschaft? Noch war kein Sieg, doch
Zwietracht schon da, indem die Einen mit ihren Bündnissen, die Andern mit
ihrem Vermögen und ihren Kräften oder mit dem Alter ihres Ursprungs im
Streite prahlten; aus Widerwillen gegen das, was werden sollte, ließ man
sich das Bestehende gefallen. Man erläßt im Namen Galliens an die Tre=
virer ein Schreiben, sie möchten von den Waffen lassen, da Verzeihung
zu erlangen und Fürsprecher auch vorhanden, wenn sie Reue zeigten: wieder
war Valentinus dagegen und verstopfte die Ohren seiner Mitbürger, nicht so
sehr bedacht auf Zurüstung zum Kriege, als sich oft in Volksversammlungen
hören lassend.

70. So handelten denn weder die Treverer, noch die Lingonen und die
übrigen Gemeinden der Aufrührerischen der Größe des unternommenen Wag=
stücks gemäß; nicht einmal die Anführer gingen nach einem gemeinschaftlichen
Plane zu Werke, sondern Civilis zog in den unwegsamen Gegenden Belgiens
umher, indem er den Claudius Labeo gefangen zu nehmen oder zu verjagen
strebte; Classicus, meist träger Muße hingegeben, that als könne er wie er=
worben schon genießen seine Herrschaft; selbst Tutor eilte nicht einmal, das
obergermanische Ufer und die Alpenpässe mit Truppen zu sperren. Und wäh=
rend dessen brach die einundzwanzigste Legion von Vindonissa her, Sextilius
Felix mit den Hilfscohorten durch Rätien herein; dazu kam die Reiterschaar
der Singularen [124]), welche, von Vitellius einst aufgeboten, dann auf des
Vespasianus Seite übergetreten war. An ihrer Spitze stand Julius Brigan=
ticus, des Civilis Schwestersohn, dem Oheim, wie gewöhnlich ja der nächsten
Anverwandten Haß am bittersten, verhaßt und selbst ihm verfeindet. Tutor
verstärkte die durch frische Aushebung der Vangionen, Cäracaten und Tri=
boker [125]) vermehrten Truppen der Treverer mit Veteranen zu Fuß und zu
Pferde, indem er die Legionssoldaten durch Hoffnung verleitet oder durch Furcht
dazu gezwungen hatte; diese vernichten anfangs eine von Sextilius Felix
vorausgeschickte Cohorte: nachher, als sich die Feldherrn und das Heer der
Römer näherten, gingen sie in ehrenwerthem Abfall wieder zu uns über, und
es folgten ihnen die Triboker, Vangionen und Cäracaten. Tutor, von den

comitantibus, vitato Mogontiaco, Bingium concessit, fidens loco, quia pontem Navae fluminis abruperat; sed incursu cohortium, quas Sextilius ducebat, et reperto vado proditus fususque. Ea clade perculsi Treviri, et plebes omissis armis per agros palatur; quidam principum, ut primi posuisse bellum viderentur, in civitates, quae societatem Romanam non exuerant, perfugere. Legiones a Novaesio Bonnaque in Treviros, ut supra memoravimus, traductae se ipsae in verba Vespasiani adigunt. Haec Valentino absente gesta; qui ubi adventabat furens cunctaque rursus in turbas et exitium conversurus, legiones in Mediomatricos, sociam civitatem, abscessere: Valentinus ac Tutor in arma Treviros retrahunt, occisis Herennio ac Numisio legatis, quo minore spe veniae cresceret vinculum sceleris.

71. Hic belli status erat, cum Petilius Cerialis Mogontiacum venit. Eius adventu erectae spes; ipse pugnae avidus et contemnendis quam cavendis hostibus melior, ferocia verborum militem incendebat, ubi primum congredi licuisset, nullam proelio moram facturus. Dilectus per Galliam habitos in civitates remittit ac nuntiare iubet sufficere imperio legiones: socii ad munia pacis redirent, securi velut confecto bello, quod Romanae manus excepissent. Auxit ea res Gallorum obsequium: nam recepta inventute facilius tributa toleravere, proniores ad officia, quod spernebantur. At Civilis et Classicus ubi pulsum Tutorem, caesos Treviros, cuncta hostibus prospera accepere, trepidi ac properantes, dum dispersas suorum copias conducunt, crebris interim nuntiis Valentinum monuere, ne summae rei periculum faceret. Eo rapidius Cerialis, missis in Mediomatricos qui breviore itinere legiones in hostem verterent, contracto quod erat militum Mogontiaci quantumque secum transvexerat, tertiis castris Rigodulum venit, quem locum magna Trevirorum manu Valentinus insederat, montibus aut Mosella amne septum;

Trevirern begleitet, zog, Mogontiacum vermeidend, nach Bingium[126], der Oertlichkeit vertrauend, weil er die Brücke über die Nava abgebrochen hatte; aber als die Cohorten, welche Sextilius führte, einen Angriff machten, und man eine Furth entdeckte, ſah er ſich preisgegeben und geſchlagen. Durch dieſe Niederlage wurden die Trevirer beſtürzt gemacht, und das gemeine Volk warf die Waffen weg und zerſtreute ſich über das Land; einige der Häuptlinge flohen, damit es ſchiene, als hätten ſie zuerſt dem Kriege entſagt, nach den Landſchaften, welche ſich dem römiſchen Bunde nicht entzogen hatten. Die Legionen, welche, wie oben erwähnt[127], von Noväſium und Bonna zu der Trevirern hinübergeführt worden waren, huldigen von ſelbſt dem Veſpaſianus. Dieſes geſchah in Abweſenheit des Valentinus, bei deſſen Annäherung ſich die Legionen, da er tobte und Alles wieder in Verwirrung und Verderben zu ſtürzen drohte, zu den Mediomatrikern[128], einer verbündeten Völkerſchaft, hinwegbegaben: Valentinus und Tutor bringen die Trevirer wieder unter die Waffen, nachdem ſie die Legaten Herennius und Numiſius umgebracht, da=mit durch verminderte Hoffnung auf Verzeihung das Band des Frevels um ſo feſter würde.

71. Das war der Stand des Krieges, als Petilius Cerialis nach Mogon=tiacum kam. Mit ſeiner Ankunft hob ſich die Hoffnung wieder; er ſelbſt, kampfbegierig und mehr dazu geeignet, den Feind zu verachten, als ſich vor ihm zu hüten, entflammte das Kriegsvolk durch trotzmuthvolle Rede, als werde er, ſobald ein Zuſammentreffen nur vergönnt ſei, mit einer Schlacht nicht zögern. Die in Gallien gemachten Aushebungen ſchickt er in ihre Gaue zurück und läßt dort verkünden, es genügten dem Reiche die Legionen: die Bundesgenoſſen möchten zu den Geſchäften des Friedens zurückkehren, unbe=ſorgt, wie wenn der Krieg ſchon beendigt wäre, deſſen ſich nun der Römer Arm ſich angenommen. Das mehrte die Folgſamkeit der Gallier: denn da ſie ihre junge Mannſchaft wieder hatten, ließen ſie ſich die Steuern leichter gefallen, geneigter zu Dienſtleiſtungen deshalb, weil man ſie verſchmähte. Als dagegen Civilis und Claſſicus vernahmen, Tutor ſei geſchlagen, die Trevirer nieder=gehauen, Alles gehe für den Feind glücklich, zogen ſie beſtürzt und eilig die zerſtreuten Truppen der Ihrigen zuſammen und warnten mittlerweile den Valentinus durch wiederholte Botſchaft, er möchte nicht das Ganze auf's Spiel ſetzen. Deſto haſtiger kam Cerialis, nachdem er Leute zu den Mediomatrikern geſandt, welche auf kürzerem Wege die beiden Legionen gegen den Feind füh=ren ſollten, und was von Kriegsvolk in Mogontiacum war, ſowie was er ſelbſt mit herüber gebracht, zuſammengezogen, in drei Tagemärſchen nach Rigo=tulum[129]. Dieſen von Bergen und der Moſella eingeſchloſſenen Platz hatte Valentinus mit einer ſtarken Mannſchaft Trevirer beſetzt, und auch Gräben

et addiderat fossas obicesque saxorum. Nec deterruere ea munimenta Romanum ducem, quo minus peditem perrumpere iuberet, equitum aciem in collem erigeret, spreto hoste, quem temere collectum haut ita loco iuvari, ut non plus suis in virtute foret. Paulum morae in ascensu, dum missilia hostium praevehuntur: ut ventum in manus, deturbati ruinae modo praecipitantur. Et pars equitum aequioribus iugis circumvecta nobilissimos Belgarum, in quis ducem Valentinum, cepit.

72. Cerialis postero die coloniam Trevirorum ingressus est, avido milite eruendae civitatis. Hanc esse Classici, hanc Tutoris patriam; horum scelere clausas caesasque legiones. Quid tantum Cremonam meruisse, quam e gremio Italiae raptam, quia unius noctis moram victoribus attulerit? stare in confinio Germaniae integram sedem spoliis exercituum et ducum caedibus ovantem. Redigeretur praeda in fiscum: ipsis sufficere ignes et rebellis coloniae ruinas, quibus tot castrorum excidia pensarentur. Cerialis a metu infamiae, si licentia saevitiaque inbuere militem crederetur, pressit iras; et paruere, posito civium bello ad externa modestiores. Convertit inde animos accitarum e Mediomatricis legionum miserabilis aspectus. Stabant conscientia flagitii maestae, fixis in terram oculis: nulla inter coeuntes exercitus consalutatio; neque solantibus hortantibusve responsa dabant, abditi per tentoria et lucem ipsam vitantes. Nec perinde periculum aut metus, quam pudor ac dedecus obstupefecerat, attonitis etiam victoribus, qui vocem precesque adhibere non ausi lacrimis ac silentio veniam poscebant, donec Cerialis mulceret animos, fato acta dictitans, quae militum ducumque discordia vel fraude hostium evenissent. Primum illum stipendiorum et sacramenti diem haberent: priorum facinorum neque imperatorem neque

noch und Barrikaden von Stein aufgeführt. Dennoch schreckten diese Befestigungswerke den römischen Feldherrn nicht ab, das Fußvolk durchbrechen
und die Schlachtordnung der Reiter einen Hügel hinaufziehen zu lassen, einen
Feind verachtend, welcher, planlos zusammengerafft, nicht eine so bedeutende
Stütze an der Oertlichkeit hätte, daß die Seinigen nicht eine noch größere in
ihrer Tapferkeit besäßen. Einen kleinen Aufenthalt verursachte das Hinan-
steigen, so lange man die Geschosse der Feinde zu passiren hatte: als man erst
handgemein mit ihnen geworden, wurden sie fortgedrängt und wie im Sturz
hinabgeworfen. Ein Theil der Reiter, welcher sich auf den ebeneren Höhen
herumgezogen, nahm die Vornehmsten der Belgier, unter ihnen auch den
Heerführer Valentinus gefangen.

72. Cerialis rückte am folgenden Tage in die Coloniestadt der Treviror[130]
ein, und das Kriegsvolk war begierig, die Stadt zu zerstören. Das sei des
Classicus, das des Tutor Vaterstadt; durch dieser Männer Frevel seien die
Legionen eingeschlossen und niedergehauen worden. Was habe in dem Maße
wol Cremona verschuldet, welches man aus Italiens Schooße weggerissen,
weil es den Siegern einen Aufenthalt von einer einzigen Nacht gebracht?
Dagegen stehe an Germaniens Grenze unversehrt der Ort, wo man über die
den Heeren abgenommenen Waffen und über die Ermordung der Heerführer
frohlocke. Möge man immerhin die Beute in den fürstlichen Schatz fließen
lassen: ihnen genüge die Verbrennung und Zertrümmerung der widerspen-
stigen Coloniestadt, um damit so vieler Lagerplätze Zerstörung wiederzuver-
gelten. Cerialis, aus Furcht vor übelem Rufe, wenn man von ihm glaubte,
er gewöhne den Soldaten an Zügellosigkeit und Grausamkeit, unterdrückte
ihren Grimm; und sie gehorchten, da der Bürgerkrieg ja nun beendigt war,
in auswärtigen Verhältnissen gemäßigter. Nun lenkte auch der klägliche Anblick der aus dem Gebiete der Mediomatriker herbeigerufenen Legionen die
allgemeine Aufmerksamkeit auf sich hin. Niedergeschlagen im Bewußtsein
ihrer Frevelthat standen sie da, den Blick auf die Erde geheftet: keine Begrüßung wie zwischen zusammenstoßenden Heeren[131]; sogar Tröstenden und
Ermunternden gaben sie keine Antwort, in den Zelten umher versteckt und
selbst das Tageslicht meidend. Und nicht sowohl Gefahr oder Besorgniß, als
Scham vielmehr und Schande hatte sie so bestürzt gemacht, da auch die Sieger betroffen waren, welche, keinen Laut und keine Fürbitte wagend, mit
Thränen nur und Schweigen für sie Verzeihung forderten, bis Cerialis die
Gemüther beruhigte, erklärend, daß vom Schicksal herbeigeführt sei, was durch
der Soldaten und Heerführer Zwietracht oder durch die List der Feinde sich
ereignet. Sie möchten diesen Tag als den ersten ihres Dienstes und ihres
Eides ansehn: der früheren Vergehen gedenke weder der Kaiser noch er selbst.

se meminisse. Tunc recepti in eadem castra, et edictum per manipulos, ne quis in certamine iurgiove seditionem aut cladem commilitoni obiectaret.

73. Mox Treviros ac Lingonas ad contionem vocatos ita adloquitur: 'Neque ego umquam facundiam exercui, et populus Romanus virtutem armis adfirmavit: sed quia apud vos verba plurimum valent, bonaque ac mala non sua natura, sed vocibus seditiosorum aestimantur, statui pauca disserere, quae profligato bello utilius sit vobis audisse quam nobis dixisse. Terram vestram ceterorumque Gallorum ingressi sunt duces imperatoresque Romani nulla cupidine, sed maioribus vestris invocantibus, quos discordiae usque ad exitium fatigabant, et acciti auxilio Germani sociis pariter atque hostibus servitutem inposuerant. Quot proeliis adversus Cimbros Teutonosque, quantis exercituum nostrorum laboribus quove eventu Germanica bella tractaverimus, satis clarum. Nec ideo Rhenum insedimus, ut Italiam tueremur, sed ne quis alius Ariovistus regno Galliarum poteretur. An vos cariores Civili Batavisque et transrhenanis gentibus creditis quam maioribus eorum patres avique vestri fuerunt? Eadem semper causa Germanis transcendendi in Gallias, libido atque avaritia et mutandae sedis amor, ut relictis paludibus et solitudinibus suis fecundissimum hoc solum vosque ipsos possiderent: ceterum libertas et speciosa nomina praetexuntur; nec quisquam alienum servitium et dominationem sibi concupivit, ut non eadem ista vocabula usurparet.

74. Regna bellaque per Gallias semper fuere, donec in nostrum ius concederetis. Nos, quamquam totiens lacessiti, iure victoriae id solum vobis addidimus, quo pacem tueremur: nam neque quies gentium sine armis neque arma sine stipendiis neque stipendia sine tributis haberi queunt; cetera in communi sita sunt. Ipsi plerumque legionibus nostris praesidetis, ipsi has aliasque provincias regitis; nihil separatum clausumve. Et laudatorum principum usus ex aequo quamvis procul agentibus: saevi proximis ingruunt. Quomodo sterilitatem aut nimios imbres et cetera naturae mala, ita luxum vel avaritiam

Hierauf wurden sie in dasselbe Lager aufgenommen, und in den Manipeln bekannt gemacht, es solle Niemand im Streite oder Zank seinem Waffenbruder Empörung oder Niederlage vorwerfen.

73. Nachher ruft er die Trevirer und Lingonen zu einer Heerversammlung und redet sie also an: „Ich habe die Gabe der Rede nie geübt, und das römische Volk hat seine Kraft durch die Waffen bethätigt: weil indessen Worte bei euch am meisten gelten, und ihr was gut und böse ist, nicht nach seinem Wesen, sondern nach den Stimmen der Empörer abzuschätzen pflegt, so habe ich beschlossen, euch Einiges zu sagen, was, da der Krieg beinahe beendigt, euch vortheilhafter zu hören sein dürfte als uns zu sagen [132]. Euer und der übrigen Gallier Land haben die römischen Heerführer und Imperatoren nicht aus eigenem Interesse betreten, sondern auf Anrufen eurer Vorfahren, welche Zwietracht bis zur Vernichtung bedrängte, während die zu Hilfe gerufenen Germanen ihren Verbündeten so gut wie deren Feinden Knechtschaft auferlegt hatten. In wie vielen Schlachten gegen Cimbern und Teutonen, mit wie großen Beschwerden unserer Heere und mit welchem Erfolge wir die germanischen Kriege geführt, ist rühmlich genug bekannt. Und nicht deshalb haben wir den Rhein besetzt, um Italien zu schützen, sondern damit kein zweiter Ariovist des Throns in Gallien sich bemächtigte. Oder glaubt ihr etwa, daß ihr dem Civilis und den Batavern sowie den überrheinischen Völkern lieber seid, als ihren Vorfahren euere Väter und Großväter waren? Immer trieb dieselbe Ursache die Germanen an, nach Gallien herüberzukommen, Begehrlichkeit und Habsucht und Verlangen, ihren Wohnsitz zu verändern, um nach Verlassung ihrer Sümpfe und Einöden diesen so fruchtbaren Boden und euch selbst in Besitz zu nehmen: aber freilich werden Freiheit und allerlei schöne Namen zum Vorwande von ihnen gebraucht; und noch Niemand hat ja nach der Unterjochung Anderer und eigener Herrschaft gestrebt, ohne sich eben dieser Worte zu bedienen.“

74. „Königthum und Kriege herrschten stets in Gallien, bis ihr unter unser Recht kamt. Wir, obwol so oft gereizt, haben nach dem Siegesrechte doch nur das euch auferlegt, wodurch wir den Frieden erhielten: denn wie man ohne Waffen nicht der Völker Ruhe, so kann man Waffen auch nicht ohne Sold, und Sold nicht ohne Steuern schaffen; das Uebrige habt ihr gemein mit uns. Ihr selbst steht meist an der Spitze unserer Legionen, ihr selbst regieret diese und andere Provinzen: nirgends Trennung oder Ausschließung. Ja, von preiswürdigen Fürsten zieht ihr, wenn gleich fern von ihnen, den gleichen Vortheil [133]: die tyrannischen sind nur den Nächsten drückend. So wie Dürre oder allzuhäufigen Regen und die anderen natürlichen Uebel, ebenso laßt euch Ausschweifung oder Habsucht von den Herrschern gefallen.

dominantium tolerate. Vitia erunt, donec homines, sed neque haec continua et meliorum interventu pensantur: nisi forte Tutore et Classico regnantibus moderatius imperium speratis, aut minoribus quam nunc tributis parabuntur exercitus, quibus Germani Britannique arceantur. Nam pulsis, quod dii prohibeant, Romanis quid aliud quam bella omnium inter se gentium existent? Octingentorum annorum fortuna disciplinaque compages haec coaluit, quae convelli sine exitio convellentium non potest: sed vobis maximum discrimen, penes quos aurum et opes, praecipuae bellorum causae. Proinde pacem et urbem, quam victi victoresque eodem iure obtinemus, amate, colite: moneant vos utriusque fortunae documenta, ne contumaciam cum pernicie quam obsequium cum securitate malitis.' Tali oratione graviora metuentes conposuit erexitque.

75. Tenebantur victore exercitu Treviri, cum Civilis et Classicus misere ad Cerialem epistulas, quarum haec sententia fuit: Vespasianum, quamquam nuntios occultarent, excessisse vita, urbem atque Italiam interno bello consumptam, Muciani ac Domitiani vana et sine viribus nomina: si Cerialis imperium Galliarum velit, ipsos finibus civitatium suarum contentos: si proelium mallet, ne id quidem abnuere. Ad ea Cerialis Civili et Classico nihil: eum qui attulerat ipsasque epistulas ad Domitianum misit.

Hostes divisis copiis advenere undique. Plerique culpabant Cerialem passum iungi quos discretos intercipere licuisset. Romanus exercitus castra fossa valloque circumdedit, quis temere antea intutis consederat.

76. Apud Germanos diversis sententiis certabatur. Civilis opperiendas Transrhenanorum gentes, quarum terrore fractae populi Romani vires optererentur: Gallos quid aliud quam praedam victoribus? et tamen, quod roboris sit, Belgas secum palam aut voto stare. Tutor cunctatione crescere rem Romanam adfirmabat, coeuntibus undique exercitibus: transvectam e Britannia legionem, accitas ex Hispania, adventare ex Italia; nec subitum

Laster wird es geben, so lange es Menschen gibt; doch sie währen ja nicht immer, und die Dazwischenkunft der Besseren macht sie wieder gut. Oder hofft ihr etwa unter des Tutor und Classicus königlicher Gewalt auf ge= mäßigtere Herrschaft, oder daß sich mit geringeren Steuern als jetzt werden Heere schaffen lassen, um die Germanen und Britannier abzuwehren? Denn sind, was die Götter verhüten mögen, die Römer vertrieben, was wird an= deres daraus entstehen, als Kriege aller Völker unter einander¹³¹)? Glück und Zucht von acht Jahrhunderten haben dieses Gebäude zusammengefügt, und es kann nicht eingerissen werden ohne das Verderben derer, welche es einzureißen suchen: ihr aber seid dann in der größten Gefahr mit euerem Gold und Schätzen, der Hauptveranlassung von Kriegen. Somit liebet und pfleget den Frieden und die Stadt, an welcher wir, Besiegte sowie Sieger, gleiches Anrecht haben. Mahnen mögen euch des Unglücks und des Glücks Erfahrungen, daß ihr nicht Trotz und Verderben dem Gehorsam und der Sicherheit vorzieht." Durch solche Rede beruhigte er die, welche Härteres fürchteten, und richtete sie auf.

75. Besetzt hielt noch das Siegerheer der Trevirer Gebiet, als Civilis und Classicus ein Schreiben an Cerialis sandten, dessen Inhalt folgender war: Vespasianus sei, wiewohl man die Nachrichten geheim zu halten suche, aus dem Leben geschieden, Rom und Italien durch den inneren Krieg aufgerieben, des Mucianus und Domitianus Namen bedeutungslos und ohne Macht: wenn Cerialis die Herrschaft über Gallien wolle, so würden sie mit den Grenzen ihrer Staaten sich begnügen; sollte er lieber eine Schlacht wollen, so schlüge man ihm auch die nicht ab. Hierauf erwiederte Cerialis dem Ci= vilis und Classicus kein Wort: den, welcher es gebracht, und das Schreiben selbst sandte er an Domitianus.

Die Feinde kamen in getheilten Heerhaufen von allen Seiten herbei. Sehr viele tadelten den Cerialis, daß er dieselben sich habe vereinigen lassen, da er sie getrennt hätte aufheben können. Das römische Heer umgab mit Graben und Wall das Lager, worin es unbedachtsam ohne Verschanzung gestanden hatte.

76. Bei den Germanen erhob sich ein Streit entgegengesetzter Meinungen. Civilis meinte, man müsse die überrheinischen Völker erwarten, im Schreck. vor welchen die schon gebrochene Kraft des römischen Volkes vollends zermalmt werden würde: die Gallier, was seien sie anders als Beute der Sieger? wie= wol, was ihre Kernmacht sei, die Belgier, öffentlich oder im Herzen doch mit ihm es hielten. Tutor behauptete, durch Zögerung wachse die Römermacht, da von allen Seiten sich die Heere sammelten: herübergeschifft sei aus Bri= tannien eine Legion, herbeigerufen andere aus Hispanien, im Anzuge andere

militem, sed veterem expertumque belli. Nam Germanos, qui ab ipsis sperentur, non iuberi, non regi, sed cuncta ex libidine agere; pecuniamque ac dona, quis solis corrumpantur, maiora apud Romanos, et neminem adeo in arma pronum, ut non idem pretium quietis quam periculi malit. Quod si statim congrediantur, nullas esse Ceriali nisi e reliquiis Germanici exercitus legiones, foederibus Galliarum obstrictas. Idque ipsum, quod inconditam nuper Valentini manum contra spem suam fuderint, alimentum illis ducique temeritatis: ansuros rursus venturosque in manus non imperiti adulescentuli, verba et contiones quam ferrum et arma meditantis, sed Civilis et Classici; quos ubi aspexerint, redituram in animos formidinem, fugam famemque ac totiens captis precariam vitam. Neque Treviros aut Lingonas benivolentia contineri; resumpturos arma, ubi metus abscesserit. Diremit consiliorum diversitatem adprobata Tutoris sententia Classicus statimque exequuntur.

77. Media acies Ubiis Lingonibusque data; dextro cornu cohortes Batavorum, sinistro Bructeri Tencterique. Pars montibus, alii viam inter Mosellamque flumen, tam inprovisi adsiluere, ut in cubiculo ac lectulo Cerialis — neque enim noctem in castris egerat — pugnari simul vincique suos audierit, increpans pavorem nuntiantium, donec universa clades in oculis fuit, perrupta legionum castra, fusi equites, medius Mosellae pons, qui ulteriora coloniae adnectit, ab hostibus insessus. Cerialis turbidis rebus intrepidus et fugientes manu retrahens, intecto corpore promptus inter tela, felici temeritate et fortissimi cuiusque adcursu reciperatum pontem electa manu firmavit. Mox in castra reversus palantes captarum apud Novaesium Bonnamque legionum manipulos et rarum apud signa militem ac prope circumventas aquilas videt. Incensus ira 'non Flaccum' inquit, 'non Voculam deseritis. Nulla hic proditio; neque aliud excusandum habeo, quam

von Italien her, und das nicht plötzlich erst zusammengeraffte, sondern alte, kriegserfahrene Soldaten. Denn die Germanen, auf welche sie hofften, ließen sich nicht befehlen [135]) und nicht lenken, sondern thäten in Allem nur wie es ihnen gefiele: dazu besäßen Geld und Geschenke, was sie allein bestäche, reichlicher die Römer, und Niemand sei in solchem Grade zum Kriege geneigt, daß er um gleichen Preis nicht der Gefahr die Ruhe vorziehen sollte. Komme es nun sogleich zur Schlacht, so habe Cerialis keine anderen als die aus den Ueberresten des germanischen Heeres bestehenden, durch Bündnisse an Gallien geknüpften Legionen. Und gerade das, daß sie unlängst des Valentinus ungeregelten Haufen wider eigenes Erwarten geschlagen, gäbe ihrer und ihres Anführers Verwegenheit nur Nahrung: sie würden wieder etwas wagen, und nun nicht mit einem unerfahrenen jungen Menschen [136]), dem es mehr um Worte und Versammlungen zu thun gewesen, als um Stahl und Waffen, sondern mit Civilis und Classicus zusammentreffen; bekämen sie diese zu Gesicht, dann würden sie sich die Furcht, die Flucht, die Hungersnoth wieder in's Gedächtniß zurückrufen, und wie so oft gefangen sie ihr Leben nur geschenkt erhielten. Auch die Treviter und Lingonen würden durch Wohlwollen nicht gehalten; wiederergreifen würden sie die Waffen, sobald die Furcht nur erst gewichen. Classicus führte dadurch, daß er des Tutor Meinung Beifall schenkte, die Verschiedenheit der Rathschläge zur Ausgleichung, und sogleich schritt man zur Ausführung.

77. Das Mitteltreffen wurde den Ubiern und Lingonen angewiesen; auf dem rechten Flügel die Batavercohorten, auf dem linken die Brueterer und Tencterer. Einige stürmten von den Bergen, Andere zwischen der Straße und dem Moselstrome so unvermuthet heran, daß Cerialis im Schlafgemache und im Bette — er hatte nämlich die Nacht nicht im Lager zugebracht — zugleich vom Kampfe und von der Besiegung der Seinigen hörte, scheltend auf die Furchtsamkeit der Meldenden, bis ihm die ganze Niederlage vor Augen stand, wie durchbrochen das Lager der Legionen, die Reiter zersprengt, schon mitten auf der Moselbrücke, welche das jenseitige Gebiet mit der Coloniestadt in Verbindung setzt, die Feinde festen Fuß gefaßt. Cerialis, in so bedrängnißvoller Lage unerschrocken, zog mit eigener Hand die Fliehenden zurück, gewann, sich unbewaffnet mitten unter die Geschosse wagend, durch glückliche Kühnheit und das Herbeieilen der Tapfersten die Brücke wieder und besetzte sie mit auserlesener Mannschaft. Dann in's Lager zurückgekehrt, sieht er die Manipeln der in Noväsium und Bonna gefangen genommenen Legionen aufgelöst, nur wenige Soldaten bei den Feldzeichen und die Adler fast umringt. Da ruft er zornentbrannt: „Nicht Flaccus ist es, nicht Vocula, die ihr verlasset. Hier ist kein Verrath; und nichts Anderes habe ich mir vorzuwerfen,

quod vos Gallici foederis oblitos redisse in memoriam Romani sacramenti temere credidi. Adnumerabor Numisiis et Herenniis, ut omnes legati vestri aut militum manibus aut hostium ceciderint. Ite, nuntiate Vespasiano vel, quod propius est, Civili et Classico, relictum a vobis in acie ducem: venient legiones, quae neque me inultum neque vos impunitos patiantur.'

78. Vera erant, et a tribunis praefectisque eadem ingerebantur. Consistunt per cohortes et manipulos; neque enim poterat patescere acies effuso hoste et impedientibus tentoriis sarcinisque, cum intra vallum pugnaretur. Tutor et Classicus et Civilis suis quisque locis pugnam ciebant, Gallos pro libertate, Batavos pro gloria, Germanos ad praedam instigantes. Et cuncta pro hostibus erant, donec legio unaetvicesima patentiore quam ceterae spatio conglobata sustinuit ruentes, mox inpulit. Nec sine ope divina mutatis repente animis terga victores vertere. Ipsi territos se cohortium aspectu ferebant, quae primo impetu disiectae summis rursus iugis congregabantur ac speciem novi auxilii fecerant: sed obstitit vincentibus pravum inter ipsos certamen, omisso hoste spolia consectandi. Cerialis ut incuria prope rem afflixit, ita constantia restituit; secutusque fortunam castra hostium eodem die capit exinditque.

79. Nec in longum quies militi data. Orabant auxilium Agrippinenses offerebantque uxorem ac sororem Civilis et filiam Classici, relicta sibi pignora societatis. Atque interim dispersos in domibus Germanos trucidaverant; unde metus et iustae preces invocantium, antequam hostes reparatis viribus ad spem vel ad ultionem accingerentur. Namque et Civilis illuc intenderat, non invalidus, flagrantissima cohortium suarum integra, quae ex Chaucis Frisiisque composita Tolbiaci in finibus Agrippinensium agebat: sed tristis nuntius avertit, deletam cohortem dolo Agrippinensium, qui largis epulis vinoque sopitos Germanos, clausis foribus, igne iniecto cremavere;

als daß ich unbesonnen geglaubt, ihr hättet den Bund mit Gallien vergessend, den römischen Eid von neuem euch in's Gedächtniß gerufen. Man wird mich zu den Mummiern und Herenniern [137]) zählen, damit doch alle euere Legaten durch ihrer eigenen Soldaten oder Feindes Hand gefallen seien. Gehet, meldet es dem Vespasianus, oder, was ihr näher habt, dem Civilis und Classicus, daß ihr euern Feldherrn verlassen in der Schlacht: kommen werden Legionen, welche weder mich ungerächt, noch euch ungestraft lassen."

78. Wahrheit war es, und auch von den Tribunen und Präfecten wurde dasselbe ihnen vorgehalten. Sie stellen sich Cohorten= und Manipelweise auf; denn die Schlachtlinie auszudehnen war nicht möglich, da der Feind sich nach allen Seiten hin ausgebreitet und Gezelte und Gepäck auch hinterlich waren, da man innerhalb des Walles kämpfte. Tutor, Classicus und Civilis, jeder an seinem Platze, trieben zum Kampfe an, die Gallier für ihre Freiheit, die Bataver für ihre Ehre, die Germanen zur Beute anspornend. Und Alles war den Feinden günstig, bis die einundzwanzigste Legion, auf einem freieren Raume als die übrigen sich zusammenschaarend, die Heranstürmenden aufhielt, dann warf. Nicht ohne göttlichen Beistand wandten sich, wie plötzlich umgewandelt in ihrem Innern, die Sieger zur Flucht. Sie selbst erklärten durch den Anblick der Cohorten erschreckt worden zu sein, welche, beim ersten Angriff zersprengt, sich auf den höchsten Bergrücken wieder sammelten, und so wie frische Hilfsmannschaft erschienen waren: aber eigentlich war den Siegenden ihr eigener verkehrter Wettstreit hinterlich, womit sie, auf den Feind nicht weiter achtend, nur auf Beute ausgingen. Cerialis, wie er durch Sorglosigkeit die ganze Sache fast verdorben hatte, richtete sie nun durch seine Entschlossenheit wieder auf, und nahm und zerstörte, sein Glück verfolgend, an demselben Tage noch das Lager der Feinde.

79. Doch nicht auf lange Zeit wurde dem Krieger Ruhe vergönnt. Um Hilfe baten die Agrippinenser und boten die Gemahlin und Schwester des Civilis, sowie des Classicus Tochter an, welche man als Unterpfand des Bundes bei ihnen zurückgelassen hatte. Ja sie hatten mittlerweile die in den Häusern zerstreuten Germanen ermordet, so daß sie mit Recht besorgt waren und um Hilfe flehten, bevor die Feinde wieder Kräfte sammelten und sich zur Hoffnung oder zur Rache erhöben. Denn dahin ging auch des Civilis Streben, der stark genug war, so lange die hitzigste seiner Cohorten, welche aus Chauken und Friesen bestand und zu Tolbiacum [135]) im Gebiete der Agrippinenser lag, noch unversehrt war: allein es brachte ihn die Trauerbotschaft davon ab, daß die Cohorte durch Hinterlist der Agrippinenser vernichtet sei, welche die Germanen durch reichliche Mahlzeit und durch Wein in Schlaf gebracht, die Thüren dann verschlossen, Feuer hineingeworfen, und sie so

simul Cerialis propero agmine subvenit. Circumsteterat
Civilem et alius metus, ne quarta decima legio adiuncta
Britannica classe adflictaret Batavos, qua Oceano ambiuntur. Sed legionem terrestri itinere Fabius Priscus legatus in Nervios Tungrosque duxit, eaeque civitates in
deditionem acceptae: classem ultro Canninefates adgressi
sunt maiorque pars navium depressa aut capta. Et Nerviorum multitudinem, sponte commotam, ut pro Romanis
bellum capesseret, idem Canninefates fudere. Classicus
quoque adversus equites Novaesium a Ceriale praemissos
secundum proelium fecit; quae modica sed crebra damna
famam victoriae nuper partae lacerabant.

80. Isdem diebus Mucianus Vitellii filium interfici
iubet, mansuram discordiam obtendens, ni semina belli
restinxisset. Neque Antonium Primum adsciri inter comites ab Domitiano passus est, favore militum anxius et
superbia viri, aequalium quoque, adeo superiorum intole-
rantis. Profectus ad Vespasianum Antonius ut non pro
spe sua excipitur, ita neque averso imperatoris animo.
Trahebatur in diversa, hinc meritis Antonii, cuius ductu
confectum haud dubie bellum erat, inde Muciani epistulis;
simul ceteri ut infestum tumidumque insectabantur, ad-
iunctis prioris vitae criminibus. Neque ipse deerat adrogantia vocare offensas, nimius commemorandis quae
meruisset: alios ut inbelles, Caecinam ut captivum ac
dediticium increpat. Unde paulatim levior viliorque haberi,
manente tamen in speciem amicitia.

81. Per eos menses, quibus Vespasianus Alexandriae
statos aestivis flatibus dies et certa maris opperiebatur,
multa miracula evenere, quis caelestis favor et quaedam
in Vespasianum inclinatio numinum ostenderetur. E plebe
Alexandrina quidam oculorum tabe notus genua eius
advolvitur, remedium caecitatis exposcens gemitu, monitu
Serapidis dei, quem dedita superstitionibus gens ante
alios colit; precabaturque principem, ut genas et oculorum

verbrannt hatten; zu gleicher Zeit kam Cerialis im Eilmarsch zu Hilfe.
Auch eine andere Besorgniß noch hatte sich des Civilis bemächtigt, es möchte
die vierzehnte Legion in Verbindung mit der britannischen Flotte die Bataver da, wo der Ocean sie umgibt, bedrängen. Allein die Legion führte zu
Lande der Legat Fabius Priscus gegen die Nervier und Tungrer, und diese
Völkerschaften unterwarfen sich: die Flotte griffen aus eigenem Antriebe die
Canninefaten an, und der größere Theil der Schiffe ward versenkt oder genommen. Auch einen großen Haufen Nervier, der aus eigenem Triebe aufgestanden war, um für die Römer Krieg zu führen, schlugen eben diese Canninefaten. Ebenso lieferte Classicus gegen die von Cerialis nach Noväsium
vorausgeschickten Reiter ein günstiges Treffen, und diese nicht bedeutenden,
aber wiederholten Verluste schmälerten den Ruhm des jüngst errungenen
Sieges.

80. In denselben Tagen ließ Mucianus des Vitellius Sohn um's Leben
bringen, unter dem Vorwande, die Zwietracht würde fortbestehen, wenn er
den Samen des Krieges nicht vernichtet hätte. Auch ließ er nicht zu, daß
Antonius Primus von Domitianus unter sein Gefolge aufgenommen würde,
durch die Gunst, in der er bei den Soldaten stand, beunruhigt und durch des
Mannes Stolz, der schon seines Gleichen, geschweige höher Gestellte nicht ertragen wollte. Es machte sich Antonius zu Vespasianus auf, und wird,
wenn gleich nicht wie er hoffte, doch auch nicht ungnädig vom Kaiser aufgenommen. Dieser fühlte sich verschiedentlich gestimmt, auf der einen Seite
durch des Antonius Verdienste, durch dessen Führung der Krieg ohne Zweifel
beendigt war, auf der andern durch des Mucianus Briefe; zugleich verfolgten
ihn die Uebrigen als einen feindseligen und aufgeblasenen Mann, auch aus
seinem früheren Leben ihn beschuldigend [139]. Auch ließ er es an sich selbst
nicht fehlen, durch Anmaßung Anstoß zu geben, in der Erwähnung seiner
eigenen Verdienste ohne Maß, während er Andere Feiglinge schalt, den
Cäcina einen Gefangenen und Begnadigten. Daher wurde er allmählich
immer mehr als unbedeutend und gewichtlos angesehn, obschon dabei zum
Scheine noch ein freundliches Verhältniß fortbestand.

81. Während der Monate, da Vespasianus zu Alexandria auf die fest-
stehenden Tage der Sommerwinde und auf sichere Meerfahrt [140] wartete,
ereignete sich viel Wunderbares, wodurch des Himmels Gunst und eine gewisse
Zuneigung der Götter für Vespasianus sich zu erkennen gab. Ein gemeiner
Alexandriner, bekannt als Einer, dem das Augenlicht vergangen, wälzt sich hin
zu seinen Knieen, indem er jammernd Heilung von seiner Blindheit fordert,
nach Anweisung des Gottes Serapis, welchen das dem Aberglauben ergebene
Volk vor anderen verehrt, und fleht zum Fürsten, er möge ihm die Wangen

orbes dignaretur respergere oris excremento. Alius manum aeger, eodem deo auctore, ut pede ac vestigio Caesaris calcaretur, orabat. Vespasianus primo inridere, aspernari; atque illis instantibus modo famam vanitatis metuere, modo obsecratione ipsorum et vocibus adulantium in spem induci. Postremo aestimari a medicis iubet, an talis caecitas ac debilitas ope humana superabiles forent. Medici varie disserere: huic non exesam vim luminis et redituram, si pellerentur obstantia; illi elapsos in pravum artus, si salubris vis adhibeatur, posse integrari. Id fortasse cordi deis, et divino ministerio principem electum; denique patrati remedii gloriam penes Caesarem, irriti ludibrium penes miseros fore. Igitur Vespasianus cuncta fortunae suae patere ratus nec quicquam ultra incredibile, laeto ipse vultu, erecta quae adstabat multitudine, iussa exequitur. Statim conversa ad usum manus, ac caeco reluxit dies. Utrumque qui interfuere nunc quoque memorant, postquam nullum mendacio pretium.

82. Altior inde Vespasiano cupido adeundi sacram sedem, ut super rebus imperii consuleret: arceri templo cunctos iubet. Atque ingressus intentusque numini respexit pone tergum e primoribus Aegyptiorum nomine Basiliden, quem procul Alexandria plurium dierum itinere et aegro corpore detineri haud ignorabat. Percunctatur sacerdotes, num illo die Basilides templum inisset, percunctatur obvios, num in urbe visus sit; denique missis equitibus explorat, illo temporis momento octoginta milibus passuum afuisse: tunc divinam speciem et vim responsi ex nomine Basilidis interpretatus est.

83. Origo dei noudum nostris auctoribus celebrata; Aegyptiorum antistites sic memorant, Ptolemaeo regi, qui Macedonum primus Aegypti opes firmavit, cum Alexandriae recens conditae moenia templaque et religiones adderet, oblatum per quietem decore eximio et maiore quam

und den Rand der Augen mit seines Mundes Auswurf zu bestreichen würdigen. Ein Anderer, dem die Hand gelähmt war, bat auf Veranlassung desselben Gottes, es möchte der Kaiser mit dem Fuße darauf treten. Vespasianus verlachte sie anfangs und wies sie zurück; als sie jedoch in ihn drangen, fürchtete er bald den Ruf von der Vergeblichkeit des Unternehmens [111]), bald ließ er sich durch das Flehen der Leute selbst und durch die Reden der Schmeichler zur Hoffnung bewegen. Endlich ließ er von Aerzten ein Gutachten darüber geben, ob solche Blindheit und Lähmung durch Menschenhilfe überwindbar sei. Die Aerzte erklärten sich verschiedentlich: es sei dem Einen noch nicht ganz verzehrt die Sehkraft, und sie dürfte wiederkehren, wenn nur erst, was sie behinderte, hinweggeschafft; dem Andern seien die Gelenke nur verrenkt, und könnten, würde Heilkraft angewandt, wol wieder eingerichtet werden. Das liege nun vielleicht im Wunsche der Götter, und es sei zu des Himmels Werkzeug so der Fürst erkoren; endlich würde der Ruhm der vollbrachten Heilung auf den Kaiser, der Spott der mislungenen nur auf die Unglücklichen fallen. So vollzieht denn Vespasianus in dem Glauben, es sei Alles seinem Glücke möglich, und nun nichts mehr, was man demselben nicht zutrauen dürfe, mit freudiger Miene, während gespannt die Menge um ihn her stand, das von ihm Verlangte. Augenblicklich wurde die Hand wieder brauchbar, und auch dem Blinden schien das Tageslicht von neuem. Beides erzählen die, welche dabei gewesen, auch jetzt noch, wo Lüge keinen Gewinn mehr bringt.

82. Ein tieferes Verlangen ergriff nun den Vespasianus, die heilige Stätte [112]) zu besuchen, um über die Angelegenheiten seiner Herrschaft sich zu befragen: alle zusammen läßt er fern vom Tempel halten. Wie er nun hineingetreten und der Gottheit ganz sich hingegeben, erblickt er hinter seinem Rücken [113]) einen vornehmen Aegyptier, Namens Basilides, von dem er sehr wohl wußte, daß er mehrere Tagereisen weit von Alexandria entfernt sei und krank darniederliege. Er erkundigt sich bei den Priestern, ob an diesem Tage Basilides in den Tempel gekommen, erkundigt sich bei den ihm Begegnenden, ob er in der Stadt gesehen worden sei; endlich ermittelt er durch abgeschickte Reiter, daß er in jenem Augenblicke achtzig Milien entfernt gewesen sei: da deutete er denn die Erscheinung als eine göttliche und den Sinn des Ausspruchs nach dem Namen Basilides [114]).

83. Der Ursprung des Gottes ist von unsern Schriftstellern noch nicht gefeiert worden; der Aegyptier Priester erzählen Folgendes: dem König Ptolemäus, welcher von den Macedoniern der erste war, der die Macht Aegyptens gründete, sei, als er dem unlängst erbauten Alexandria Mauern, Tempel und Gottesdienst gab, im Schlafe ein Jüngling von ausnehmender

7*

humana specie iuvenem, qui moneret, ut fidissimis amicorum in Pontum missis effigiem suam acciret; laetum id
regno, magnamque et inclutam sedem fore quae excepisset: simul visum eundem iuvenem in caelum igne plurimo
attolli.   Ptolemaeus omine et miraculo excitus sacerdotibus Aegyptiorum, quibus mos talia intellegere, nocturnos visus aperit. Atque illis Ponti et externorum parum
gnaris, Timotheum Atheniensem e gente Eumolpidarum,
quem ut antistitem caerimoniarum Eleusine exciverat,
quaenam illa superstitio, quod numen, interrogat.   Timotheus quaesitis qui in Pontum meassent, cognoscit urbem
illic Sinopen, nec procul templum vetere inter accolas
fama Iovis Ditis: namque et muliebrem effigiem adsistere,
quam plerique Proserpinam vocent.   Sed Ptolemaeus, ut
sunt ingenia regum, pronus ad formidinem, ubi securitas
rediit, voluptatum quam religionum adpetens, neglegere
paulatim aliasque ad curas animum vertere, donec eadem
species terribilior iam et instantior exitium ipsi regnoque denuntiaret, ni iussa patrarentur. Tum legatos et
dona Scydrothemidi regi — is tunc Sinopensibus imperitabat — expediri iubet, praecepitque navigaturis, ut Pythicum Apollinem adeant.   Illis mare secundum, sors
oraculi haud ambigua: irent simulacrumque patris sui
reveherent, sororis relinquerent.

84.   Ut Sinopen venere, munera preces mandata
regis sui Scydrothemidi allegant.   Qui diversus animi
modo numen pavescere, modo minis adversantis populi
terreri; saepe donis promissisque legatorum flectebatur.
Atque interim triennio exacto Ptolemaeus non studium,
non preces omittere: dignitatem legatorum, numerum
navium, auri pondus augebat. Tum minax facies Scydrothemidi offertur, ne destinata deo ultra moraretur: cunctantem varia pernicies morbique et manifesta caelestium
ira graviorque in dies fatigabat.   Advocata contione iussa
numinis, suos Ptolemaeique visus, ingruentia mala exponit:

Schönheit und übermenschlicher Gestalt erschienen, der ihn aufgefordert habe, die treuesten seiner Freunde nach Pontus zu schicken, und sein Bild holen zu lassen: günstig werde das seinem Reiche, und groß und berühmt der Ort werden, der es aufgenommen: damit habe er gesehn, wie eben dieser Jüngling umströmt von Feuer sich gen Himmel aufgeschwungen habe. Ptolemäus, durch die Vorbedeutung und das Wunder aufgeregt, eröffnet den Priestern der Aegyptier, die dergleichen zu deuten pflegen, die nächtliche Erscheinung. Da indessen diese von Pontus und dem Auslande eben nichts wußten, fragt er den Athenienser Timotheus aus dem Geschlechte der Eumolpiden [145]), den er als Vorsteher der heiligen Gebräuche aus Eleusis hatte kommen lassen, was es mit jenem Dienste, jener Gottheit auf sich habe. Timotheus erkundigt sich bei Leuten, die nach Pontus schon gereist waren, und bringt in Erfahrung, es sei dort eine Stadt Sinope [146]), und nicht weit davon ein Tempel von altem Rufe unter den Anwohnern, des Jupiter Dis [147]); es stehe nämlich auch ein weibliches Bild daneben, was man meistens Proserpina nenne. Allein Ptolemäus, wie einmal der Könige Art, zur Furchtsamkeit geneigt, als er sich aber wieder sicher glaubte, mehr auf Vergnügungen als auf Angelegenheiten der Religion bedacht, schlug es sich allmählich aus dem Sinn und richtete auf andere Sorgen seine Gedanken, bis dieselbe Erscheinung, nun schrecklicher schon und dringender, ihm selbst und seinem Reiche Untergang ankündigte, wenn das Anbefohlene nicht vollzogen würde. Da befiehlt er Gesandte und Geschenke an den König Scydrothemis — der damals über die Sinopenser herrschte — auszufertigen, und gab den sich Einschiffenden die Weisung, sich an den pythischen Apollo zu wenden. Das Meer war ihnen günstig, des Orakels Ausspruch unzweideutig: sie sollten hingehen und das Bildniß seines Vaters heimwärts führen, das seiner Schwester dort zurücklassen [148]).

84. Wie sie nun nach Sinope gekommen, bringen sie ihres Königs Gaben, Bitten und Aufträge vor Scydrothemis. Dieser, mit sich selbst nicht einig, fürchtet bald die Gottheit, bald läßt er sich durch des widerstrebenden Volkes Drohungen schrecken, oft auch durch die Geschenke und Versprechungen der Gesandten sich umstimmen. So verstrichen mittlerweile drei Jahre, und Ptolemäus ließ nicht nach mit seinen Bemühungen und Bitten; er schickte angesehenere Gesandte, eine größere Zahl von Schiffen, mehr des Goldes. Da erscheint dem Scydrothemis eine drohende Gestalt, den Entschluß des Gottes nicht weiter zu verzögern: als er noch säumt, verfolgt ihn allerlei Verderben, Krankheiten und ganz offenbarer, täglich schwererer Zorn der Himmlischen. Nun beruft er eine Versammlung und setzt das Gebot der Gottheit, seine und des Ptolemäus Erscheinungen, das hereinbrechende Unheil ausein-

vulgus aversari regem, invidere Aegypto, sibi metuere
templumque circumsedere. Maior hinc fama tradidit,
deum ipsum adpulsas litori navis sponte conscendisse.
Mirum inde dictu, tertio die tantum maris emensi Alexan-
driam adpelluntur. Templum pro magnitudine urbis ex-
tructum loco, cui nomen Rhacotis; fuerat illic sacellum
Serapidi atque Isidi antiquitus sacratum. Haec de origine
et advectu dei celeberrima. Nec sum ignarus esse quosdam, qui Seleucia, urbe Syriae, accitum, regnante Ptolemaeo, quem tertia aetas tulit; alii auctorem eundem
Ptolemaeum, sedem, ex qua transierit, Memphim perhibent, inclutam olim et veteris Aegypti columen. Deum
ipsum multi Aesculapium, quod medeatur aegris corporibus, quidam Osirin, antiquissimum illis gentibus numen,
plerique Iovem ut rerum omnium potentem, plurimi Ditem
patrem insignibus, quae in ipso manifesta aut per ambages
coniectant.

85. At Domitianus Mucianusque antequam Alpibus
propinquarent, prosperos rerum in Treviris gestarum
nuntios accepere. Praecipua victoriae fides dux hostium
Valentinus nequaquam abiecto animo, quos spiritus ges-
sisset, vultu ferebat. Auditus ideo tantum, ut nosceretur
ingenium eius, damnatusque, inter ipsum supplicium ex-
probranti cuidam patriam eius captam, accipere se solacium mortis respondit. Sed Mucianus quod diu occulta-
verat, ut recens exprompsit: quoniam benignitate deum
fractae hostium vires forent, parum decore Domitianum
confecto prope bello alienae gloriae interventurum. Si
status imperii aut salus Galliarum in discrimine verteretur, debuisse Caesarem in acie stare: Canninefates Batavosque minoribus ducibus delegandos: ipse Luguduni vim
fortunamque principatus e proximo ostentaret, nec parvis
periculis inmixtus et maioribus non defuturus.

86. Intellegebantur artes, sed pars obsequii in eo
ne deprehenderentur: ita Lugdunum ventum. Unde creditur Domitianus occultis ad Cerialem nuntiis fidem eius

ander: das Volk hört auf den König nicht, ist neidisch auf Aegypten, für sich selbst in Sorge, und umlagert so den Tempel. Um so auffallender erzählt die Sage nun, es sei der Gott von selbst auf die am Ufer liegende Flotte gestiegen. Wunderbarer Weise gelangt man dann am dritten Tage schon nach Zurücklegung so weiter Meerfahrt in Alexandria an. Ein Tempel, angemessen der Größe der Stadt, wurde in der Gegend, die Rhacotis heißt, erbaut: gestanden hatte dort schon eine Kapelle, die seit alter Zeit dem Serapis und der Isis geheiligt war [149]). Dieses ist von dem Ursprunge und der Herbeiholung des Gottes die gewöhnlichste Sage. Doch weiß ich gar wohl, daß Einige behaupten, er sei aus der syrischen Stadt Seleucia [150]) unter der Regierung des Ptolemäus, der der dritte seines Geschlechtes war, herbeigeholt. Andere, die Veranlassung sei von eben diesem Ptolemäus ausgegangen, der Ort, von welchem er sich dahin wegbegeben, sei dagegen Memphis, eine einst berühmte Stadt und die Krone des alten Aegyptens. Den Gott selbst halten Viele für den Aesculapius, weil er Kranke heile, Einige für den Osiris, die älteste Gottheit bei jenen Völkern, ein großer Theil für den Jupiter als den Beherrscher aller Dinge, die Meisten für den Vater Dis, nach Kennzeichen, welche an ihm selbst sichtbar sind, oder nur vermuthungsweise.

85. Indeß erhielten Domitianus und Mucianus, noch ehe sie den Alpen nahten, günstige Nachrichten von den Ereignissen im Lande der Trevirer. Die vornehmste Bürgschaft des Sieges war der feindliche Heerführer Valentinus, welcher, keinesweges niedergeschlagenen Muthes, welchen stolzen Sinn er einst gehegt, in seiner Miene zu erkennen gab. Nur deshalb angehört, um seine Denkungsart kennen zu lernen, und so verurtheilt, gab er, als selbst bei der Hinrichtung ihm Jemand seiner Vaterstadt Eroberung vorhielt, darauf zur Antwort, er nehme das als einen Trost für seinen Tod an. Mucianus aber brachte nun einen lange geheim gehaltenen Gedanken als eben erst in ihm entstanden zum Vorschein: weil durch der Götter Gnade der Feinde Macht gebrochen sei, würde sich nicht recht schicklich Domitianus, nachdem der Krieg fast beendigt, dem Ruhme eines Andern hinderlich zeigen. Stände das Bestehen des Reiches oder Galliens Wohlfahrt auf dem Spiele, so wäre es Pflicht gewesen für den Cäsar, auf dem Wahlplatze sich zu stellen: Caninefaten und Bataver müsse man untergeordneten Feldherrn überlassen: er selbst möchte zu Lugdunum des Principates Macht und Hoheit ganz aus der Nähe zeigen, wie in kleinere Gefahren sich nicht mischend, so bei größeren nicht fehlend.

86. Man durchschaute die List, aber es gehörte selbst das schon zum Gehorsam, daß man that, als ob man sie nicht merke [151]): so kam man nach Lugdunum. Von hier aus, glaubt man sicher [152]), habe Domitianus durch geheime Boten des Cerialis Treue auf die Probe zu stellen gesucht, ob, wenn

temptavisse, an praesenti sibi exercitum imperiumque tra-
diturus foret. Qua cogitatione bellum adversus patrem
agitaverit an opes viresque adversus fratrem, in incerto
fuit: nam Cerialis salubri temperamento elusit ut vana
pueriliter cupientem. Domitianus sperni a senioribus in-
ventam suam cernens, modica quoque et usurpata antea
munia imperii omittebat, simplicitatis ac modestiae imagine in altitudinem conditus, studiumque litterarum et
amorem carminum simulans, quo velaret animum et
fratris se aemulationi subduceret, cuius disparem mitio-
remque naturam contra interpretabatur.

er persönlich erschiene, er ihm Heer und Oberbefehl übergeben würde. Ob mit diesem Plane er auf Krieg gegen seinen Vater gesonnen, oder auf Macht und Kräfte gegen seinen Bruder, das blieb ungewiß: denn Cerialis wußte mit heilsamer Zurückhaltung ihn abzuweisen, als hege er einen kindisch eiteln Wunsch. Domitianus, wohl sehend, daß wegen seiner Jugend [157]) die älteren Leute auf ihn nicht achten wollten, gab nun auch die weniger bedeutenden und schon früher von ihm versehenen Reichsgeschäfte auf, unter der Larve der Anspruchslosigkeit und Bescheidenheit sich in tiefe Verschlossenheit verbergend, und Eifer für Wissenschaft, Liebe zur Dichtkunst heuchelnd, um seine Gesinnung zu verhüllen und sich der Eifersucht seines Bruders zu entziehen, dessen ganz entgegengesetztem und milderem Wesen er eine schiefe Deutung gab.

P. CORNELII TACITI

HISTORIARUM

LIBER V.

1. Eiusdem anni principio Caesar Titus, perdomandae Iudaeae delectus a patre et privatis utriusque rebus militia clarus, maiore tum vi famaque agebat, certantibus provinciarum et exercituum studiis. Atque ipse, ut super fortunam crederetur, decorum se promptumque in armis ostendebat, comitate et adloquiis officia provocans ac plerumque in opere, in agmine gregario militi mixtus, incorrupto ducis honore. Tres eum in Iudaea legiones, quinta et decima et quinta decima, vetus Vespasiani miles, excepere. Addidit e Syria duodecimam et adductos Alexandria duoetvicensimanos tertianosque; comitabantur viginti sociae cohortes, octo equitum alae, simul Agrippa Sohaemusque reges et auxilia regis Antiochi validaque et solito inter accolas odio infensa Iudaeis Arabum manus, multi quos urbe atque Italia sua quemque spes acciverat occupandi principem adhuc vacuum. His cum copiis fines hostium ingressus composito agmine, cuncta explorans paratusque decernere, haud procul Hierosolymis castra facit.

2. Sed quia famosae urbis supremum diem tradituri sumus, congruens videtur primordia eius aperire.

Des

P. Cornelius Tacitus
Historien.

Fünftes Buch.

Fortsetzung der Geschichte des vorigen Jahres.

1. Im Anfange desselben Jahres handelte der Cäsar Titus, zu Judäa's völliger Bezwingung von seinem Vater ausersehen und, als sie beide noch im Bürgerstande lebten, schon berühmt im Felde, jetzt mit größerem Nachdruck und Ruf, indem wetteifernd die Provinzen und die Heere ihren Eifer für ihn zu erkennen gaben. Und er, um über seine Stellung selbst erhaben zu erscheinen, zeigte sich in seiner Anmuth und kriegerischen Gewandtheit, durch Leutseligkeit und freundlichen Zuspruch Diensteifer weckend, bei der Arbeit, auf dem Heereszuge meistens mitten unter dem gemeinen Kriegsvolk, unbeschadet seiner Feldherrnwürde. Drei Legionen empfingen ihn in Judäa, die fünfte, zehnte und fünfzehnte, alte Krieger des Vespasianus. Er fügte noch die zwölfte aus Syrien hinzu und aus Alexandria zog er die von der zweiundzwanzigsten und dritten herbei; es begleiteten ihn zwanzig Bundescohorten und acht Reiterschaaren, dazu die Könige Agrippa und Sohämus, Hilfstruppen des Königs Antiochus [1]) und eine starke, vermöge des unter Grenznachbarn gewöhnlichen Hasses gegen die Judäer feindlich gesinnte Arabermannschaft, sowie viele, welche aus Rom und aus Italien ihre persönliche Hoffnung, den noch uneingenommenen Fürsten für sich zu gewinnen, hergelockt hatte. Mit diesen Truppen rückt er in geordnetem Zuge in's Gebiet der Feinde ein, Alles auskundschaftend und gerüstet zum Entscheidungskampfe, und schlägt nicht fern von Hierosolyma sein Lager auf.

2. Doch in Begriff, den letzten Tag der vielbesprochenen Stadt zu überliefern, scheint es uns angemessen, ihren Ursprung zu enthüllen.

Iudaeos Creta insula profugos novissima Libyae insedisse memorant, qua tempestate Saturnus vi Iovis pulsus cesserit regnis. Argumentum e nomine petitur: inclutum in Creta Idam montem, accolas Idaeos aucto in barbarum cognomento Iudaeos vocitari. Quidam regnante Iside exundantem per Aegyptum multitudinem ducibus Hierosolymo ac Iuda proximas in terras exoneratam; plerique Aethiopum prolem, quos rege Cepheo metus atque odium mutare sedes perpulerit. Sunt qui tradant Assyrios convenas, indigum agrorum populum, parte Aegypti potitos, mox proprias urbes Hebraeasque terras et propiora Syriae coluisse; clara alii Iudaeorum initia, Solymos, carminibus Homeri celebratam gentem, conditae urbi Hierosolyma nomen e suo fecisse.

3. Plurimi auctores consentiunt, orta per Aegyptum tabe, quae corpora foedaret, regem Bocchorim, adito Hammonis oraculo remedium petentem, purgare regnum et id genus hominum ut invisum deis alias in terras avehere iussum. Sic conquisitum collectumque vulgus, postquam vastis locis relictum sit, ceteris per lacrimas torpentibus, Moysen, unum exulum, monuisse, ne quam deorum hominumve opem expectarent utrisque deserti, set sibimet duce caelesti crederent, primo cuius auxilio praesentes miserias pepulissent. Adsensere, atque omnium ignari fortuitum iter incipiunt. Sed nihil aeque quam inopia aquae fatigabat; iamque haud procul exitio totis campis procubuerant, cum· grex asinorum agrestium e pastu in rupem nemore opacam concessit. Secutus Moyses coniectura herbidi soli largas aquarum venas aperit. Id levamen; et continuum sex dierum iter emensi, septimo pulsis cultoribus optinuere terras, in quis urbs et templum dicata.

4. Moyses quo sibi in posterum gentem firmaret, novos ritus contrariosque ceteris mortalibus indidit. Profana illic omnia, quae apud nos sacra; rursum concessa

Man erzählt, es hätten die Judäer, von der Insel Creta flüchtig, sich an Libyens äußerstem Rande niedergelassen, zu der Zeit, als Saturnus, mit Gewalt von Jupiter vertrieben, die Herrschaft abgetreten habe. Den Beweis nimmt man vom Namen her: berühmt sei auf Creta der Berg Ida, die anwohnenden Idäer würden mit Dehnung des Namens nach Barbaren= weise Judäer genannt. Einige lassen während der Isis Herrschaft die in ganz Aegypten überströmende Bevölkerung unter des Hierosolymus und Juda Führung in die nächsten Länder sich entladen; sehr viele halten sie für einen äthiopischen Stamm, welchen unter König Cepheus Furcht und Haß den Wohnsitz zu verändern angetrieben habe. Manche überliefern auch, es habe eine Schaar Assyrier, Volk ohne Land, eines Theiles von Aegypten sich be= mächtigt, dann aber eigene Städte, die Hebräerlande und die Syrien näher gelegenen Gegenden bewohnt; Andere noch, was der Judäer Ursprung rühm= voll macht, die Solymer, ein in Homers Gesängen gefeierter Volksstamm²), hätten diese Stadt gegründet und nach ihrem eigenen Namen Hierosolyma genannt.

3. Die meisten Geschichtschreiber stimmen darin überein, daß, als in ganz Aegypten eine entstellende Seuche ausgebrochen, König Bocchoris³) an das Orakel des Hammon mit der Bitte um ein Heilmittel sich gewandt und die Weisung erhalten habe, sein Reich zu säubern und dieses als ein den Göttern verhaßtes Geschlecht in andere Länder fortzuschaffen. Als man nun die so zusammengesuchte und zusammengetriebene Menge in Einöden ihrem Schicksal überlassen, habe, während alle übrigen in Thränen hinstierten, sie Moyses, einer der Verbannten, aufgefordert, keine Hilfe von den Göttern oder Menschen zu erwarten, da von beiden sie verlassen wären, sondern auf sich selbst unter himmlischem Führer⁴) zu vertrauen, durch dessen zuerst erschienenen Beistand sie die Noth des Augenblicks⁵) von sich entfernt hätten. Sie waren damit ein= verstanden, und traten mit Allem unbekannt auf's Gerathewohl ihre Wande= rung an. Doch nichts quälte sie nun so sehr als der Wassermangel; und schon waren sie, dem Verschmachten nahe, auf allen Feldern umher⁶) dar= niedergesunken, als eine Heerde wilder Esel von der Weide auf einen von einem Haine beschatteten Felsen zulief. Moyses folgte ihr und entdeckte, wie er aus dem grasreichen Boden gemuthmaßt hatte, reiche Wasseradern. Das gewährte Erquickung; und als sie ohne Unterbrechung einen Weg von sechs Tagen zurückgelegt, besetzten sie am siebenten nach Vertreibung der Einwoh= ner das Land, in welchem sie Stadt und Tempel erbauten.

4. Moyses, um des Volkes sich für die Zukunft zu versichern, stiftete in demselben ganz neue und denen der übrigen Welt zuwiderlaufende Gebräuche. Unheilig ist dort Alles, was heilig ist bei uns; hinwiederum erlaubt bei ihnen,

apud illos quae nobis incesta. Effigiem animalis, quo monstrante errorem sitimque depulerant, penetrali sacravere, caeso ariete velut in contumeliam Hammonis. Bos quoque immolatur, quem Aegyptii Apin colunt. Sue abstinent memoria cladis, qua ipsos scabies quondam turpaverat, cui id animal obnoxium. Longam olim famem crebris adhuc ieiuniis fatentur; et raptarum frugum argumentum panis Iudaicus nullo fermento detinetur. Septimo die otium placuisse ferunt, quia is finem laborum tulerit; dein blandiente inertia septimum quoque annum ignaviae datum. Alii honorem eum Saturno haberi, seu principia religionis tradentibus Idaeis, quos cum Saturno pulsos et conditores gentis accepimus, seu quod de septem sideribus, quis mortales reguntur, altissimo orbe et praecipua potentia stella Saturni feratur, ac pleraque caelestium vim suam et cursum septimos per numeros commearent.

5. Hi ritus, quoquo modo inducti, antiquitate defenduntur: cetera instituta, sinistra foeda, pravitate valuere. Nam pessimus quisque spretis religionibus patriis tributa et stipes illuc congerebant, unde auctae Iudaeorum res, et quia apud ipsos fides obstinata, misericordia in promptu, sed adversus omnes alios hostile odium. Separati epulis, discreti cubilibus, proiectissima ad libidinem gens, alienarum concubitu abstinent: inter se nihil inlicitum. Circumcidere genitalia instituerunt, ut diversitate noscantur. Transgressi in morem eorum idem usurpant, nec quidquam prius inbuuntur quam contemnere deos, exuere patriam, parentes liberos fratres vilia habere. Augendae tamen multitudini consulitur: nam et necare quemquam ex agnatis nefas, animosque proelio aut suppliciis peremptorum aeternos putant: hinc generandi amor et moriendi contemptus. Corpora condere quam cremare e more Aegyptio, eademque cura et de infernis persuasio, caelestium contra. Aegyptii pleraque animalia effigiesque

was uns ein Gräuel. Das Bild des Thieres, welches aus der Irre und Ver-
schmachtung ihnen den Ausweg gezeigt, weihten sie in ihrem Heiligthume,
wogegen sie wie zur Beschimpfung des Hammon einen Widder schlachteten [7].
Der Stier auch wird geopfert, den die Aegyptier als Apis verehren. Des
Schweines enthalten sie sich in Erinnerung der Plage, womit auch sie der
Aussatz einst entstellt, dem dieses Thier unterworfen ist. Von ihrer früheren
langen Hungersnoth legen sie noch jetzt durch häufiges Fasten Bekenntniß ab,
und es bleibt das ungesäuerte judäische Brod ein Zeugniß davon, daß sie im
Raube die Feldfrucht einst genossen [8]. Am siebenten Tage immer, sagt man,
habe Ruhe ihnen gefallen, weil dieser ihren Mühsalen ein Ende gebracht;
dann, als die Unthätigkeit ihnen wohlbehagte, habe man das siebente Jahr
auch so dem Müßiggange geweiht [9]. Andere, es sei dieses eine Ehre, die man
dem Saturnus erweise, sei es daß die Idäer, die, wie wir vernehmen, mit
Saturnus vertrieben und des Volkes Stammväter wurden, ihnen dieses Cultus Begründung überlieferten, sei es, weil von den sieben Gestirnen, welche
das Menschengeschlecht regieren, des Saturnus Stern im höchsten Kreise und
mit besonderem Einfluß sich bewege, wie ja auch die meisten Himmelskörper
ihre Kraft und ihren Umlauf in der Siebenzahl vollenden.

5. Diese Gebräuche, wie auch immer eingeführt, werden durch ihr Alter
gerechtfertigt: die übrigen Einrichtungen, verkehrt, abscheulich, haben durch
Verworfenheit Kraft gewonnen. Denn jeder Nichtswürdige brachte, seine
väterliche Religion verachtend, dorthin Beisteuer und Gaben [10], wodurch der
Judäer Macht sich hob, dazu weil sie unter einander selbst hartnäckige Treue,
bereitwillige Barmherzigkeit beweisen, gegen alle Uebrigen dagegen feindseligen Haß. So speisen sie abgesondert, trennen von Andern ihre Lagerstätte,
enthalten sich, obwohl der Wollust unter allen Völkern am meisten fröhnend,
der Begattung mit fremden Weibern: unter ihnen selbst ist nichts unerlaubt.
Beschneidung haben sie eingeführt, um an diesem Abzeichen kenntlich zu sein.
Die, welche zu ihrem Brauche übertreten, beobachten eben dasselbe, und nichts
wird ihnen eiliger eingeschärft, als die Götter zu verachten, ihr Vaterland zu
verläugnen, ihre Eltern, Kinder und Geschwister für nichts zu achten. Dennoch wird für die Vermehrung der Menge Sorge getragen: denn wie sie es
für Frevel halten, irgend Einen von den Nachgeborenen zu tödten [11], so glauben sie auch, daß die Seelen der in der Schlacht oder durch Hinrichtung Um-
gekommenen unsterblich sind [12]: daher ihre Liebe zur Geschlechtsfortpflanzung
und ihre Todesverachtung. Die Leichen setzen sie bei, anstatt sie zu verbrennen,
nach ägyptischer Sitte, mit welcher sie auch die Sorgfalt dabei und den
Glauben über die Unterwelt theilen; der an das Himmlische ist ganz das
Gegentheil. Die Aegyptier verehren allerlei Thiere und selbstgeschaffene

compositas venerantur, Iudaei mente sola unumque numen intellegunt: profanos qui deum imagines mortalibus materiis in species hominum effingant: summum illud et aeternum neque imitabile neque interiturum. Igitur nulla simulacra urbibus suis, nedum templis sinunt; non regibus haec adulatio, non Caesaribus honor. Sed quia sacerdotes eorum tibia tympanisque concinebant, hedera vinciebantur, vitisque aurea in templo reperta, Liberum patrem coli, domitorem Orientis, quidam arbitrati sunt, nequaquam congruentibus institutis. Quippe Liber festos laetosque ritus posuit, Iudaeorum mos absurdus sordidusque.

6. Terra finesque qua ad orientem vergunt, Arabia terminantur, a meridie Aegyptus obiacet, ab occasu Phoenices et mare, septentrionem e latere Syriae longe prospectant. Corpora hominum salubria et ferentia laborum. Rari imbres, solum exuberans*): fruges nostrum ad morem practerque eas balsamum et palmae. Palmetis proceritas et decor, balsamum modica arbor: ut quisque ramus intumit, si vim ferri adhibeas, pavent venae; fragmine lapidis aut testa aperiuntur; humor in usu medentium est. Praecipuum montium Libanum erigit, mirum dictu, tantos inter ardores opacum fidumque nivibus; idem amnem Iordanen alit funditque. Nec Iordanes pelago accipitur, sed unum atque alterum lacum integer perfluit, tertio retinetur. Lacus inmenso ambitu, specie maris, sapore corruptior, gravitate odoris accolis pestifer, neque vento inpellitur neque pisces aut suetas aquis volucres patitur. Inertes undae superiacta, ut solido, ferunt; periti imperitique nandi perinde attolluntur. Certo anni bitumen egerit, cuius legendi usum, ut ceteras artes, experientia docuit. Ater suapte natura liquor et sparso aceto concretus innatat; hunc manu captum, quibus ea cura, in summa navis trahunt: inde nullo iuvante influit oneratque, donec abscindas. Nec abscindere aere ferrove possis: fugit cruorem vestemque infectam sanguine, quo

---

*) Nach Wurm für: *uber solum exuberant.*

Bilder, die Judäer erkennen im Geiste nur und eine einzige Gottheit: gottlos seien alle, welche sich von Göttern aus irdischen Stoffen menschlichen Gestalten ähnlich Bilder schüfen: jenes höchste und ewige Wesen sei weder darstellbar noch vergänglich. Daher dulten sie keine Götterbilder in ihren Städten, geschweige in den Tempeln: nicht Königen wird solche Schmeichelei, nicht den Cäsaren solche Ehre. Weil aber ihre Priester Flöten= und Paukenspiel erschallen ließen, sich mit Epheu bekränzten und man eine goldene Rebe im Tempel fand, haben Einige gemeint, es werde Vater Liber verehrt, des Morgenlandes Bezwinger, womit doch keineswegs ihre Satzungen zusammenstimmen. Liber nämlich hat festliche und fröhliche Gebräuche eingeführt, während der Judäer Weise ungereimt und armselig ist.

6. Das Land, wo es sich nach dem Morgen hin erstreckt, wird von Arabien begrenzt, im Mittag stößt Aegypten an dasselbe, im Abend die Phönicier und das Meer, nach Norden dehnt es sich seitwärts von Syrien weithin aus. Der Menschenschlag ist gesund und kann Anstrengungen ertragen. Selten ist Regen, der Boden sehr ergiebig: die Erzeugnisse desselben wie bei uns, und außer diesen Balsam und Palmen. Die Palmenwälder sind von hohem und schönem Wuchs, die Balsamstaude ist von mäßiger Höhe: thut man einem Aste, wenn so recht der Saft in ihn geschossen, mit Eisen Gewalt an, so stocken die Gefäße [13]); mit einem Stück Stein oder einer Scherbe lassen sie sich öffnen, und diese Flüssigkeit wird von den Aerzten gebraucht. Als Hauptgebirge ragt der Libanus empor, der wunderbarer Weise mitten in so großer Hitze schattig ist und den Schnee bewahrt; derselbe gibt dem Fluß Jordanes Nahrung und läßt ihn sich entströmen [14]). Doch wird der Jordanes nicht vom Meere aufgenommen, sondern fließt durch einen See und noch einen zweiten unvermischt hindurch; in einem dritten bleibt er [15]. Dieser ist von ungeheurem Umfange, einem Meere ähnlich, von Geschmack noch widriger, durch Schärfe des Geruches den Anwohnern Verderben bringend, und wird weder vom Winde bewegt, noch duldet er Fische oder Wasservögel. Die trägen Wogen tragen was man darauf wirft wie auf festem Boden [16]); des Schwimmens Kundige und Unkundige werden gleicherweise emporgehoben. Zu einer bestimmten Zeit des Jahres wirft er Erdharz aus, und den Gebrauch, dasselbe zu sammeln, hat, wie andere Fertigkeiten, die Erfahrung gelehrt. Die von Natur schon schwarze, aber erst wenn man Säure daraufgießt, sich verdichtende Flüssigkeit schwimmt auf der Oberfläche; die, welche sich damit beschäftigen, ergreifen sie mit der Hand und ziehen sie an des Schiffes Bord: dann fließt sie ohne Jemandes Zuthun hinein und belastet es, bis man sie lostrennt. Doch das kann man nicht mit Erz oder Eisen: sie weicht zurück vor Blut und einem Gewand, was mit der Frauen Monatsfluß befleckt ist. So die alten Ge-

feminae per menses exsolvuntur. Sic veteres auctores: sed gnari locorum tradunt undantes bitumine moles pelli manuque trahi ad litus; mox, ubi vapore terrae, vi solis inaruerint, securibus cuneisque ut trabes aut saxa discindi.

7. Haud procul inde campi, quos ferunt olim uberes magnisque urbibus habitatos fulminum iactu arsisse; et manere vestigia, terramque ipsam, specie torridam, vim frugiferam perdidisse. Nam cuncta sponte edita aut manu sata, sive herba tenus aut flore seu solitam in speciem adolevere, atra et inania velut in cinerem vanescunt. Ego sicut inclitas quondam urbes igne caelesti flagrasse concesserim, ita halitu lacus infici terram, corrumpi superfusum spiritum, eoque fetus segetum et autumni putrescere reor, solo caeloque iuxta gravi. Et Belus amnis Iudaico mari inlabitur, circa cuius os lectae arenae admixto nitro in vitrum excocuntur. Modicum id litus, set egerentibus inexhaustum.

8. Magna pars Iudaeae vicis dispergitur; habent et oppida; Hierosolyma genti caput. Illic inmensae opulentiae templum, et primis munimentis urbs, dein regia, templum intimis clausum. Ad fores tantum Iudaeo aditus, limine praeter sacerdotes arcebantur. Dum Assyrios penes Medosque et Persas Oriens fuit, despectissima pars servientium: postquam Macedones praepolluere, rex Antiochus demere superstitionem et mores Graecorum dare adnisus, quo minus teterrimam gentem in melius mutaret, Parthorum bello prohibitus est[; nam ea tempestate Arsaces desciverat]. Tum Iudaei, Macedonibus invalidis, Parthis nondum adultis — et Romani procul erant — sibi ipsi reges inposuere, qui mobilitate vulgi expulsi, resumpta per arma dominatione, fugas civium, urbium eversiones, fratrum coniugum parentum neces aliaque solita regibus ausi superstitionem fovebant, quia honor sacerdotii firmamentum potentiae adsumebatur.

9. Romanorum primus Cn. Pompeius Iudaeos domuit, templumque iure victoriae ingressus est: inde vulgatum

schichtschreiber: doch Leute, welche die Gegend kennen gelernt, berichten, die von Erdharz wogenden Massen treibe und ziehe man mit der Hand an das Ufer: dann, wenn sie durch der Erde Wärmestoff, durch der Sonne Glut getrocknet, schlage man sie mit Beilen und Keilen wie Ballen oder Steine auseinander.

7. Nicht weit von da sind Ebenen, von welchen man erzählt, daß sie, einst fruchtbar und mit großen Städten bebaut, durch Blitzstrahl in Brand gerathen sind; auch seien noch Spuren davon vorhanden, und das Land selbst, schon von Ansehn dürr, habe seine fruchtbringende Kraft verloren. Denn Alles, von selbst Gewachsenes oder von Menschenhand Gesäetes, es komme bis zum Kraute, bis zur Blüthe, oder bis zur gewöhnlichen Größe auch empor, wird schwarz und taub und löst sich wie in Asche auf. Wie ich gern zugeben will, daß einst berühmte Städte hier von des Himmels Feuer verzehrt worden sind, so bin ich doch der Meinung, daß durch die Ausdünstung des Sees erst das Land vergiftet, der Dunstkreis desselben verpestet wird, und aus diesem Grunde die Erzeugnisse der Saaten und des Herbstes verfaulen, indem Boden und Luft gleich ungesund sind. Noch ein Fluß ist der Belus[17]), der in das judäische Meer sich ergießt, und an dessen Mündung man Sand sammelt, den man durch Beimischung von Soda zu Glas schmelzt. Nur unbedeutend ist diese Uferstrecke[18]), aber von unerschöpflicher Ausbeute.

8. Ein großer Theil Judäa's vertheilt sich auf Dorfschaften; doch haben sie auch Städte, und Hierosolyma ist des Volkes Hauptstadt. Daselbst ist ein Tempel von unermeßlichem Reichthum, und erst die Stadt, dann die Königsburg, im innersten Kreise der Tempel von Festungswerken eingeschlossen[18b]). Bis an die Pforten nur hatte der Judäer Zutritt; über die Schwelle durfte außer den Priestern Niemand. So lange das Morgenland in den Händen der Assyrier, Meder und Perser sich befand, waren sie der verachtetste Theil der Unterwürfigen: als die Macedonier die Obergewalt erhielten, bestrebte sich König Antiochus ihnen ihren Aberglauben zu nehmen und griechische Sitte zu geben[19]), wurde aber durch einen Krieg mit den Parthern daran verhindert, das abscheuliche Volk zu verbessern; denn in dieser Zeit war Arsaces abgefallen]. Da setzten sich die Judäer, weil die Macedonier schwach, die Parther noch nicht stark genug — und die Römer waren fern — selbst Könige, welche, durch des Volkes veränderlichen Sinn vertrieben, als sie mit den Waffen die Herrschaft wiedergewonnen hatten, Bürgerächtung, Städtezerstörung, Geschwister-, Gatten-, Elternmord und was bei Königen sonst gewöhnlich, sich erlaubend, den Aberglauben begünstigten, weil man auch noch die Würde des Priesterthums zur Stütze der Macht benutzte.

9. Von den Römern war der erste Cn. Pompejus, welcher die Judäer bezwang und auch den Tempel nach dem Rechte des Sieges betrat: von da

nulla intus deum effigie vacuam sedem et inania arcana. Muri Hierosolymorum diruti, delubrum mansit. Mox civili [interno] bello postquam in dicionem M. Antonii provinciae cesserant, rex Parthorum Pacorus Iudaea potitus interfectusque a P. Ventidio, et Parthi trans Euphraten redacti: Iudaeos C. Sosius subegit. Regnum ab Antonio Herodi datum victor Augustus auxit. Post mortem Herodis, nihil expectato Caesare, Simo quidam regium nomen invaserat. Is a Quintilio Varo, optinente Syriam, punitus, et gentem coercitam liberi Herodis tripertito rexere. Sub Tiberio quies. Dein iussi a C. Caesare effigiem eius in templo locare arma potius sumpsere, quem motum Caesaris mors diremit. Claudius, defunctis regibus aut ad modicum redactis, Iudaeam provinciam equitibus Romanis aut libertis permisit, e quibus Antonius Felix per omnem saevitiam ac libidinem ius regium servili ingenio exercuit, Drusilla, Cleopatrae et Antonii nepte, in matrimonium accepta, ut eiusdem Antonii Felix progener, Claudius nepos esset.

10. Duravit tamen patientia Iudaeis usque ad Gessium Florum procuratorem: sub eo bellum ortum. Et comprimere coeptantem Cestium Gallum, Syriae legatum, varia proelia ac saepius adversa excepere. Qui ubi fato aut taedio occidit, missu Neronis Vespasianus fortuna famaque et egregiis ministris inter duas aestates cuncta camporum omnesque praeter Hierosolyma urbes victore exercitu tenebat. Proximus annus civili bello intentus, quantum ad Iudaeos, per otium transiit. Pace per Italiam parta et externae curae rediere: augebat iras quod soli Iudaei non cessissent; simul manere aput exercitus Titum ad omnes principatus novi eventus casusve utile videbatur.

11. Igitur castris, uti diximus, ante moenia Hierosolymorum positis instructas legiones ostentavit: Iudaei sub ipsos muros struxere aciem, rebus secundis longius ausuri et, si pellerentur, parato perfugio. Missus in eos eques cum expeditis cohortibus ambigue certavit; mox cessere hostes, et sequentibus diebus crebra pro portis

wurde bekannt, daß kein Götterbild darin befindlich, ledig die Stätte und im Heiligthume nichts sei. Die Mauern von Hierosolyma wurden geschleift, der Tempel blieb. Als bald darauf während des Bürgerkrieges jene Provinzen unter des M. Antonius Botmäßigkeit gekommen waren, bemächtigte sich der Partherkönig [20]) Pacorus Judäa's, wurde jedoch von P. Ventidius getödtet, und die Parther über den Euphrates zurückgetrieben: die Judäer unterwarf C. Sosius. Die von Antonius dem Herodes [21]) verliehene Königsherrschaft erweiterte der Sieger Augustus. Nach des Herodes Tode hatte, ohne auf den Kaiser erst zu warten, ein gewisser Simo [22]) sich des Königstitels bemächtigt. Dieser wurde von Quintilius Varus, welcher Syrien verwaltete, bestraft, und das gezüchtigte Volk regierten zu drei Theilen des Herodes Söhne [23]). Unter Tiberius war Ruhe. Doch als ihnen darauf von C. Cäsar (Caligula) geboten wurde, sein Bild im Tempel aufzustellen, griffen sie lieber zu den Waffen, eine Bewegung, welcher des Kaisers Tod ein Ende machte [24]). Claudius überließ, als die Könige gestorben oder auf einen geringen Theil zurückgewiesen waren, die Provinz Judäa römischen Rittern oder Freigelassenen, von welchen letzteren Antonius Felix [25]) in jeder Art von Tyrannei und Willkür Königsrecht mit Sklavenlaune übte, mit Drusilla, einer Enkelin der Cleopatra und des Antonius vermählt, so daß von eben dem Antonius dieser Felix Enkeleidam, Claudius aber Enkel war.

10. Dennoch hielt sich die Gedult der Judäer bis auf den Procurator Gessius Florus [26]): unter diesem brach der Krieg aus. Der Legat von Syrien Cestius Gallus, welcher ihn zu unterdrücken unternahm, hatte wechselnde und öfters unglückliche Treffen zu bestehen. Als dieser natürlichen Todes oder aus Lebensüberdruß gestorben, wurde von Nero Vespasianus gesandt, und derselbe war in Zeit von zwei Sommern durch sein Glück, seinen Ruf und treffliche Gehülfen des ganzen platten Landes und aller Städte außer Hierosolyma mit seinem siegreichen Heere Meister. Das nächste Jahr ging, auf den Bürgerkrieg gerichtet, so viel die Judäer betraf, in Ruhe hin. Sobald der Friede in Italien errungen, kehrte auch auf's Ausland die Sorge wieder zurück: es erhöhte die Erbitterung, daß allein die Judäer sich nicht gefügt hätten; zugleich schien es für alle Ereignisse und Unfälle des neuen Principates dienlich, daß Titus bei den Heeren blieb.

11. So schlug er also, wie wir schon gesagt [27]), vor den Mauern Hierosolyma's sein Lager auf und zeigte schlachtbereit die Legionen: die Judäer stellten dicht vor den Mauern ihre Schlachtlinie auf, um im glücklichen Falle sich weiter zu wagen und, würden sie geworfen, gleich eine Zuflucht zu haben. Die mit den leichtgerüsteten Cohorten [28]) gegen sie abgeschickte Reiterei kämpfte unentschieden; bald wichen die Feinde und lieferten an den folgenden Tagen

proelia serebant, donec assiduis damnis intra moenia pellerentur. Romani ad obpugnandum versi; neque enim dignum videbatur famem hostium opperiri, poscebantque pericula, pars virtute, multi ferocia et cupidine praemiorum. Ipsi Tito Roma et opes voluptatesque ante oculos, ac ni statim Hierosolyma conciderent, morari videbantur. Sed urbem arduam situ opera molesque firmaverant, quis vel plana satis munirentur. Nam duos colles in immensum editos claudebant muri per artem obliqui aut introrsus sinuati, ut latera obpugnantium ad ictus patescerent. Extrema rupis abrupta; et turres, ubi mons iuvisset, in sexagenos pedes, inter devexa in centenos vicenos[que] attollebantur, mira specie ac procul intuentibus pares. Alia intus moenia, regiae circumiecta, conspicuoque fastigio turris Antonia, in honorem M. Antonii ab Herode appellata.

12. Templum in modum arcis propriique muri, labore et opere ante alios; ipsae porticus, quis templum ambibatur, egregium propugnaculum. Fons perennis aquae, cavati sub terra montes, et piscinae cisternaeque servandis imbribus. Praeviderant conditores ex diversitate morum crebra bella: inde cuncta quamvis adversus longum obsidium; et a Pompeio expugnatis metus atque usus pleraque monstravere. Atque per avaritiam Claudianorum temporum empto iure muniendi struxere muros in pace tamquam ad bellum, magna conluvie et ceterarum urbium clade aucti: nam pervicacissimus quisque illuc perfugerat, eoque seditiosius agebant. Tres duces, totidem exercitus: extrema et latissima moenium Simo, mediam urbem Iohannes [quem et Bargioram vocabant], templum Eleazarus firmaverat. Multitudine et armis Iohannes ac Simo, Eleazarus loco pollebat: sed proelia dolus incendia inter ipsos, et magna vis frumenti ambusta. Mox Iohannes, missis per speciem sacrificandi qui Eleazarum manumque eius obtruncarent, templo potitur. Ita in duas factiones

häufige Gefechte vor den Thoren, bis sie durch unaufhörliche Verluste hinter
die Mauern zurückgeworfen wurden. Die Römer schritten zur Bestürmung:
denn es schien unwürdig, die Hungersnoth der Feinde abzuwarten, und man
verlangte auch nach Gefahren, ein Theil aus Tapferkeit, viele aus Wildheit
und Begier, dafür belohnt zu werden. Titus selbst schwebten Rom und
Machteinfluß und Freuden schon vor Augen, und wenn nicht sogleich Hierosolyma fiele, schien es damit noch in weitem Felde. Aber die so schön hoch-
gelegene Stadt hatten Werke und Wälle noch befestigt, mit denen auch ein
ebener Platz genugsam wäre verwahrt gewesen. Denn zwei ungemein hohe
Hügel wurden von Mauern eingeschlossen, welche künstlich schief oder einwärts
gekrümmt erbaut worden waren²⁹), damit die Seiten der Stürmenden den
Geschossen ausgesetzt wären. Der äußerste Rand der Felsenmasse war ab-
schüssig, und dazu erhoben sich Thürme, wo der Berg zu Hülfe kam, zu
sechzig, in Einsenkungen zu hundertundzwanzig Fuß, ein bewundernswürdiger Anblick und, von ferne gesehen, einander gleich hoch. Andere Mauern
waren innerhalb um die Königsburg gezogen, und von in die Augen fallen-
der Höhe der Antoniusthurm, dem M. Antonius zu Ehren von Herodes so
genannt.

12. Der Tempel war wie eine Burg und hatte seine eigenen Mauern,
welche durch mühsame Arbeit noch vor den andern ausgezeichnet waren; selbst
die Säulengänge, die um den Tempel herumliefen, bildeten ein vortreffliches
Bollwerk. Eine Quelle gab es da von unversieglichem Wasser, unterirdische
Gemächer in den Bergen, Fischbehälter und Cisternen zur Aufbewahrung
des Regenwassers. Vorausgesehen hatten die Erbauer in Folge der Verschiedenheit der Sitten häufige Kriege; daher Alles gegen eine wenn auch
noch so lange Belagerung eingerichtet; auch hatte ihnen bei der Eroberung
durch Pompejus Furcht und Erfahrung gar Mancherlei noch an die Hand
gegeben. Ja, sie hatten sich während des Claudius geldsüchtiger Zeiten das
Befestigungsrecht erkauft, und führten im Frieden Mauern wie zum Kriege
auf, durch einen großen Zusammenfluß von Menschen und anderer Städte
Zerstörung vermehrt; denn gerade die Allerhartnäckigsten hatten dorthin ihre
Zuflucht genommen, und darum waren sie um so mehr geneigt zur Empörung.
Drei Anführer hatten sie und ebensoviele Heere: die äußerste und ausge-
dehnteste Mauer hatte Simo, die Mittelstadt Johannes, den Tempel Eleaza-
rus besetzt. Durch Menschenzahl und Waffen war Johannes stark und Simo,
Eleazarus durch die Oertlichkeit: aber unter ihnen selbst wütheten Gefechte,
Hinterlist und Brandstiftungen, und eine große Menge Getreide verbrannte.
Dann sandte Johannes unter dem Verwande, zu opfern, Leute, um den
Eleazarus und seine Schaar zu ermorden, und bemächtigte sich des Tempels.

civitas discessit, donec propinquantibus Romanis bellum externum concordiam pareret.

13. Evenerant prodigia, quae neque hostiis neque votis piare fas habet gens superstitioni obnoxia, religionibus adversa. Visae per caelum concurrere acies, rutilantia arma, et subito nubium igne conlucere templum. Exapertae repente delubri fores et audita maior humana vox, excedere deos; simul ingens motus excedentium. Quae pauci in metum trahebant: pluribus persuasio inerat antiquis sacerdotum litteris contineri, eo ipso tempore fore ut valesceret Oriens profectique Iudaea rerum poterentur. Quae ambages Vespasianum ac Titum praedixerant: sed vulgus more humanae cupidinis sibi tantam fatorum magnitudinem interpretati ne adversis quidem ad vera mutabantur. Multitudinem obsessorum, omnis aetatis, virile ac muliebre secus, sexcenta milia fuisse accepimus. Arma cunctis qui ferre possent, et plures quam pro numero audebant. Obstinatio viris feminisque par; ac si transferre sedes cogerentur, maior vitae metus quam mortis. Hanc adversus urbem gentemque Caesar Titus, quando impetus et subita belli locus abnueret, aggeribus vineisque certare statuit. Dividuntur legionibus munia, et quies proeliorum fuit, donec cuncta expugnandis urbibus reperta apud veteres aut novis ingeniis struerentur.

14. At Civilis post malam in Treviris pugnam reparato per Germaniam exercitu apud Vetera castra consedit, tutus loco, et ut memoria prosperarum illic rerum augescerent barbarorum animi. Secutus est eodem Cerialis, duplicatis copiis adventu secundae et sextae et quartae decimae legionum; cohortesque et alae iam pridem accitae post victoriam properaverant. Neuter ducum cunctator, sed arcebat latitudo camporum suopte ingenio umentium; addiderat Civilis obliquam in Rhenum molem, cuius obiectu revolutus amnis adiacentibus superfunderetur. Ea loci forma, incertis vadis subdola et nobis

So theilte sich die Stadt in zwei Parteien, bis bei Annäherung der Römer der auswärtige Krieg Eintracht erzeugte.

13. Es waren Wunderzeichen geschehen, die jedoch das dem Aberglauben ergebene, heiligem Brauche abgeneigte Volk weder durch Schlachtopfer noch durch Gelübde zu sühnen für gestattet hält[30]). Schlachtreihen sah man über den Himmel hin zusammentreffen, rothfunkelnde Waffen und von plötzlichem Wolkenfeuerschein den Tempel erleuchtet. Mit Einem Male öffneten sich die Thüren des Heiligthums, und man vernahm eine übermenschliche Stimme: „die Götter ziehen aus," und zugleich der Ausziehenden gewaltiges Getöse. Dieses deuteten nur wenige zum Schrecken; die Mehrzahl hegte die Ueberzeugung, in den alten Schriften der Priester stehe, gerade in dieser Zeit werde das Morgenland mächtig werden und Männer aus Judäa werden sich der Weltherrschaft bemächtigen[31]). Diese Räthselworte hatten auf Vespasianus und Titus hingedeutet: aber die Menge, nach Art der menschlichen Begehrlichkeit, deutete auf sich so hocherhabenes Geschick und wurde nicht einmal durch Unglück zur Wahrheit bekehrt. Die ganze Menge der Belagerten, jedweden Alters, männlichen und weiblichen Geschlechts, betrug, wie wir vernommen, sechsmalhunderttausend. Waffen hatte Jeder, der sie irgend tragen konnte, und mehr noch, als die Zahl erwarten ließ[32]), wagten sich damit in den Kampf. Gleich hartnäckig zeigten sich Männer und Frauen: und sollte man sie zwingen auszuwandern, so fürchteten sie sich mehr vor dem Leben als vor dem Tode. Das war die Stadt und das Volk, wider welche der Cäsar Titus, weil stürmischen und augenblicklichen Angriff die Oertlichkeit nicht zuließ, mit Belagerungsdämmen und Schutzdächern zu kämpfen beschloß. Die Arbeiten wurden unter die Legionen vertheilt, und die Gefechte ruhten, bis Alles, was zur Eroberung von Städten von den Alten schon erfunden oder neu ersonnen, veranstaltet war.

14. Indessen lagerte sich Civilis, als er nach der unglücklichen Schlacht im Trevirergebiete[33]) in Germanien sein Heer ergänzt, in Vetera Castra, durch die Oertlichkeit geschützt, und damit durch die Erinnerung an das daselbst gehabte Glück sich der Barbaren Muth erhöhte. Dahin folgte ihm auch Cerialis nach Verdoppelung seiner Streitkräfte durch die Ankunft der zweiten, sechsten und vierzehnten Legion; auch die Cohorten und Reiterschaaren, welche man schon längst herbeigerufen, hatten sich nach dem Siege beeilt. Keiner der beiden Heerführer war ein Zauderer, doch hielt sie die weite Ausdehnung der schon von Natur nassen Ebenen auseinander; Civilis hatte noch dazu quer in den Rhein hinein einen Damm aufführen lassen, durch dessen Widerstand der Fluß zurückgedrängt sich über die anliegenden Gegenden hin ergoß. So war des Landes Beschaffenheit, durch unsichere Furthen trügerisch und uns

adversa: quippe miles Romanus armis gravis et nandi
pavidus, Germanos fluminibus suetos levitas armorum et
proceritas corporum attollit.

15. Igitur lacessentibus Batavis ferocissimo cuique
nostrorum coeptum certamen; deinde orta trepidatio, cum
praealtis paludibus arma equi haurirentur. Germani
notis vadis persultabant, omissa plerumque fronte latera
ac terga circumvenientes. Neque ut in pedestri acie
comminus certabatur, sed tamquam navali pugna, vagi
inter undas aut, si quid stabile occurrebat, totis illic
corporibus nitentes, vulnerati cum integris, periti nandi
cum ignaris in mutuam perniciem inplicabantur. Minor
tamen quam pro tumultu caedes, quia non ausi egredi
paludem Germani in castra rediere. Eius proelii eventus utrumque ducem diversis animi motibus ad maturan-
dum summae rei discrimen erexit. Civilis instare fortunae, Cerialis abolere ignominiam: Germani prosperis
feroces, Romanos pudor excitaverat. Nox apud barbaros
cantu aut clamore, nostris per iram et minas acta.

16. Postera luce Cerialis equite et auxiliariis cohortibus frontem explet; in secunda acie legiones locatae;
dux sibi delectos retinuerat ad improvisa. Civilis haud
porrecto agmine, sed cuneis astitit: Batavi Gugernique
in dextro, laeva ac propiora flumini Transrhenani tenuere.
Exhortatio ducum non more contionis apud universos,
sed ut quosque suorum advehebantur. Cerialis veterem
Romani nominis gloriam, antiquas recentesque victorias;
ut perfidum ignavum victum hostem in aeternum excin-
derent, ultione magis quam proelio opus esse. Pauciores
nuper cum pluribus certasse, ac tamen fusos Germanos,
quod roboris fuerit: superesse qui fugam animis, qui vulnera tergo ferant. Proprios inde stimulos legionibus
admovebat, domitores Britanniae quartadecumanos appellans; principem Galbam sextae legionis auctoritate factum;
illa primum acie secundanos nova signa novamque aquilam

ungünstig: der römische Soldat nämlich ist schwer bewaffnet und im Schwimmen furchtsam, die mit den Fluthen vertrauten Germanen hebt auch noch die Leichtigkeit der Waffen und ihr hoher Wuchs.

15. Als daher die Bataver sie reizten, begannen zwar die Muthigsten der Unsrigen den Kampf, dann aber entstand Bestürzung, da in den sehr tiefen Sümpfen Waffen und Pferde versanken, während die Germanen durch die ihnen bekannten Furthen hindurchsprangen, meist abgewendet von der Front in die Flanken und in den Rücken fallend. Auch wurde nicht wie bei einem Landgefecht Mann gegen Mann gestritten, sondern wie in einer Seeschlacht wurden, zwischen den Fluthen umhertreibend oder, wenn sie auf sichern Grund trafen, daselbst aus Leibeskräften sich stemmend, Verwundete mit Unverwundeten, des Schwimmens Kundige mit solchen, die es nicht verstanden, in wechselseitiges Verderben hineingezogen. Jedoch stand der Menschenverlust nicht im Verhältniß zu dem Getümmel, weil die Germanen sich nicht über den Sumpf hinaus wagten und in ihr Lager zurückkehrten. Der Ausgang dieses Treffens regte beide Heerführer in verschiedener Bewegung des Gefühls an, die Entscheidung des Ganzen zu beschleunigen. Civilis wollte sein Glück verfolgen, Cerialis die Schande tilgen: die Germanen pochten auf ihren glücklichen Erfolg, die Römer hatte Beschämung aufgeregt. Die Nacht wurde bei den Barbaren mit Gesang oder Geschrei, auf unserer Seite unter Ingrimm und Drohungen verbracht.

16. Am folgenden Morgen ergänzt Cerialis mit Reiterei und Hilfscohorten das Vordertreffen; in die zweite Reihe wurden die Legionen gestellt; für sich hatte der Feldherr Auserlesene für unvorhergesehene Fälle zurückbehalten. Civilis stellte sich nicht in ausgedehnter Linie, sondern in Keilen auf: die Bataver und Gugerner hielten auf dem rechten Flügel, links und näher am Flusse die Ueberrheinischen. Die Ermunterung von Seiten der Heerführer fand nicht statt in der gewöhnlichen Weise einer Rede vor der Gesammtheit, sondern wie sie an jede Schaar der Ihrigen herangeritten kamen. Cerialis sprach vom alten Ruhme des römischen Namens, von vormaligen und neueren Siegen; den treulosen, feigen, besiegten Feind sollten sie auf immer vertilgen; mehr nur Rache zu nehmen als einer Schlacht bedürfe es. Geringer an Zahl hätten sie neulich mit Ueberlegenen gekämpft, und dennoch seien die Germanen, und zwar ihr Kern, geschlagen worden: übrig seien nur solche, die Flucht im Herzen, Wunden auf dem Rücken trügen. Hierauf suchte er die Legionen, jede auf ihre Weise anzuspornen, die von der vierzehnten Britanniens Bezwinger nennend; zum Fürsten sei Galba durch die Erklärung der sechsten gemacht worden; die von der zweiten würden in dieser Schlacht zuerst ihre neuen Feldzeichen und ihren neuen Adler einweihen[34]). Von da

dicaturos. Hinc praevectus ad Germanicum exercitum
manus tendebat, ut suam ripam, sua castra sanguine
hostium recuperarent. Alacrior omnium clamor, quis vel
ex longa pace proelii cupido, vel fessis bello pacis amor
praemiaque et quies in posterum sperabantur.

17. Nec Civilis silentem struxit aciem, locum pugnae
testem virtutis ciens: stare Germanos Batavosque super
vestigia gloriae, cineres ossaque legionum calcantes. Quo-
cumque oculos Romanus intenderet, captivitatem cladem-
que et dira omnia obversari. Ne terrerentur vario Tre-
virici proelii eventu: suam illic victoriam Germanis
obstitisse, dum omissis telis praeda manus impediunt;
sed cuncta mox prospera et hosti contraria evenisse.
Quae provideri astu ducis oportuerit, provisa, campos
madentes et ipsis gnaros, paludes hostibus noxias. Rhenum et Germaniae deos in aspectu, quorum numine
capesserent pugnam, coniugum parentum patriae memores: illum diem aut gloriosissimum inter maiores aut
ignominiosum apud posteros fore. Ubi sono armorum
tripudiisque — ita illis mos — adprobata sunt dicta, saxis glandibusque et ceteris missilibus proelium incipitur,
neque nostro milite paludem ingrediente et Germanis, ut
elicerent, lacessentibus.

18. Absumptis quae iaciuntur et ardescente pugna
procursum ab hoste infestius: immensis corporibus et
praelongis hastis fluitantem labantemque militem eminus
fodiebant; simul e mole, quam eductam in Rhenum ret-
tulimus, Bructerorum cuneus tranatavit. Turbata ibi
res et pellebatur sociarum cohortium acies, cum legiones
pugnam excipiunt suppressaque hostium ferocia proelium
aequatur. Inter quae perfuga Batavus adiit Cerialem,
terga hostium promittens, si extremo paludis eques mit-
teretur: solidum illa et Gugernos, quibus custodia ob-
venisset, parum intentos. Duae alae cum perfuga missae
incauto hosti circumfunduntur. Quod ubi clamore cogni-

weiter vorwärts reitend rief er mit ausgestreckten Armen dem germanischen Heere[35]) zu, sie möchten ihr Uferland, ihr Lager mit dem Blute der Feinde wiedererobern. Ungewöhnlicher Freudenruf erscholl von Allen, welche theils nach langem Frieden eine Schlacht begehrten, theils des Krieges müde sich nach Frieden sehnten und Belohnungen und Ruhe für die Zukunft hofften.

17. Und auch als Civilis seine Schlachtreihen ordnete, ging es nicht schweigend zu, indem er den Wahlplatz selbst zum Zeugen der Tapferkeit anrief, wie ja die Germanen und Bataver auf dem Felde ihres Ruhmes ständen, Asche und Gebeine der Legionen mit ihren Füßen tretend. Wohin der Römer seine Blicke richte, schwebe ihm Gefangenschaft, Niederlage und lauter Grauen vor. Nicht möchten sie sich schrecken lassen durch den wechselvollen Ausgang des trevirischen Kampfes: ihr eigener Sieg sei den Germanen dort im Wege gewesen, indem sie, die Waffen ruhen lassend, mit Beute sich die Hände gebunden; doch sei ja Alles nachher ihnen günstig, dem Feinde zum Schaden ausgefallen. Was durch des Heerführers Klugheit habe vorgesehen werden müssen, sei vorgesehen worden, nasse und ihnen selbst bekannte Ebenen, Sümpfe, die den Feinden schädlich. Der Rhein und Germaniens Götter seien vor ihren Augen, unter deren Walten sie den Kampf beginnen möchten, ihrer Gattinnen, ihrer Eltern, ihres Vaterlandes gedenkend: dieser Tag werde entweder der ruhmvollste sein im Vergleich mit den Vätern, oder schmachbeladen bei den Nachkommen. Als mit Waffenklang und Stampfen — das ist ihre Weise — diese Worte waren beifällig aufgenommen worden[36]), wird mit Steinen, Kugeln und dem anderen Wurfgeschoß das Treffen begonnen, ohne daß unsere Soldaten in den Sumpf hineingingen, während sie doch die Germanen reizten, um sie hervorzulocken.

18. Als das Wurfgeräth verbraucht war und der Kampf hitziger wurde, rückte der Feind immer erbitterter hervor: mit ihren ungeheuren Leibern und ihren übermäßig langen Speeren durchbohrten sie aus der Ferne den umhertreibenden und wankenden Soldaten; zugleich schwamm von dem Damme, welcher in den Rhein hinein, wie wir erwähnt[37]), war aufgeführt worden, der Keil der Bructerer hinüber. Da gerieth nun Alles in Verwirrung und schon wurde die Linie der verbündeten Cohorten geworfen, als die Legionen den Kampf aufnahmen und, den Ungestüm der Feinde dämpfend, das Gleichgewicht der Schlacht herstellten. Während dessen kam ein batavischer Ueberläufer zu Cerialis und versprach ihm des Feindes Umgehung, wenn an das äußerste Ende des Sumpfes Reiterei geschickt würde: da sei fester Boden, und die Cugerner, denen die Bewachung hier zugefallen, nicht recht auf der Hut. Zwei Reiterschaaren wurden mit dem Ueberläufer abgeschickt und überflügelten den unvorsichtigen Feind. Sobald man dieses an

tum, legiones a fronte incubuere, pulsique Germani Rhenum fuga petebant. Debellatum eo die foret, si Romana classis sequi maturasset: ne eques quidem institit, repente fusis imbribus et propinqua nocte.

19. Postera die quarta decima legio in superiorem provinciam Gallo Annio missa, Cerialis exercitum decuma ex Hispania legio supplevit: Civili Chaucorum auxilia venere. Non tamen ausus oppidum Batavorum armis tueri, raptis quae ferri poterant, ceteris iniecto igni, in insulam concessit, gnarus deesse naves efficiendo ponti, neque exercitum Romanum aliter transmissurum: quin et diruit molem a Druso Germanico factam, Rhenumque prono alveo in Galliam ruentem, disiectis quae morabantur, effudit. Sic velut abacto amne tenuis alveus insulam inter Germanosque continentium terrarum speciem fecerat. Transiere Rhenum Tutor quoque et Classicus et centum tredecim Trevirorum senatores, in quis fuit Alpinius Montanus, quem a Primo Antonio missum in Gallias superius memoravimus. Comitabatur eum frater D. Alpinius; simul ceteri miseratione ac donis auxilia concibant inter gentes periculorum avidas.

20. Tantumque belli superfuit, ut praesidia cohortium alarum legionum uno die Civilis quadripertito invaserit, decumam legionem Arenaci, secundam Batavoduri, et Grinnes Vadamque cohortium alarumque castra, ita divisis copiis, ut ipse et Verax, sorore eius genitus, Classicusque ac Tutor suam quisque manum traherent, nec omnia patrandi fiducia, sed multa ausis aliqua in parte fortunam adfore: simul Cerialem, neque satis cautum et pluribus nuntiis huc illuc cursantem, posse medio intercipi. Quibus obvenerant castra decumanorum, obpugnationem legionis arduam rati egressum militem et caedendis materiis operatum turbavere, occiso praefecto castrorum et quinque primoribus centurionum paucisque militibus: ceteri se munimentis defendere. Interim

dem Geschrei bemerkte, drangen von vorn die Legionen ein, die Germanen wurden geschlagen und eilten fliehend dem Rheine zu. Man würde den Krieg an diesem Tage beendet haben, wenn die römische Flotte sich beeilt hätte zu folgen: nicht einmal die Reiterei setzte nach, da sich plötzlich Regen ergoß und die Nacht auch nahte.

19. Am folgenden Tage wurde die vierzehnte Legion in die obergermanische Provinz zu Gallus Annius gesandt, des Cerialis Heer ergänzte die zehnte Legion aus Hispanien: zu Civilis stießen der Chauker Hilfsschaaren. Dennoch wagte er es nicht die Stadt der Bataver [35]) mit den Waffen zu schützen, sondern raffte mit sich fort, was sich mitnehmen ließ, warf Feuer in das Uebrige, und zog sich nach der Insel zurück, wohl wissend, daß es, um eine Brücke zu schlagen, an Schiffen fehle, und anders doch das römische Heer nicht hinüber kommen werde: ja er zerstörte auch den von Drusus Germanicus angelegten Damm [36]), und ließ den Rhein, der in abschüssigem Bett auf Galliens Seite hindrängt, durch Vernichtung dessen, was ihn aufhielt, dahin überströmen. Da so der Fluß so gut wie abgeleitet war, gewährte das seichte Bett zwischen der Insel und Germanien den Anblick zusammenhängenden Landes. Hinüber gingen über den Rhein auch Tutor und Classicus nebst hundert und dreizehn trevirischen Senatoren, unter welchen Alpinius Montanus sich befand, von dem wir weiter oben [10]) bemerkten, er sei von Primus Antonius nach Gallien gesendet worden. Es begleitete ihn sein Bruder Decimus Alpinius: zugleich brachten auch die Uebrigen durch Erregung des Mitleids und durch Geschenke unter den so schon kampflustigen Völkerschaften Hilfsschaaren zusammen.

20. Und so viel Kräfte hatte der Krieg noch übrig, daß Civilis an Einem Tage in vier Abtheilungen die Standlager der Cohorten, der Reiterschaaren und der Legionen angriff, die zehnte Legion zu Arenacum, die zweite zu Batavodurum, dann Grinnes und Vada [11]), die Lagerplätze der Cohorten und Reiterschaaren, indem er seine Truppen so getheilt, daß er und Verax, seiner Schwester Sohn, sowie Classicus und Tutor seine eigene Schaar ein jeder bei sich hatte; und hatten sie auch nicht die Zuversicht Alles durchzusetzen, so glaubten sie doch, es werde, wenn sie recht viel wagten, irgendwo das Glück ihnen beistehen: auch könne ja Cerialis, der nicht recht auf seiner Hut, und auf die vielfachen Botschaften bald hierhin, bald dorthin eilen würde, mitten auf dem Marsche aufgehoben werden. Die, welchen das Lager der zehnten Legion war zugewiesen worden, beunruhigten, indem sie die Belagerung für zu schwierig hielten, die Soldaten, als sie ausgerückt und mit Holzfällen beschäftigt waren, und tödteten dabei den Lagerpräfect, fünf Centurionen vom ersten Range und etliche Soldaten: die Uebrigen vertheidigten sich hinter den

Germanorum manus Batavoduri interrumpere inchoatum pontem nitebantur: ambiguum proelium nox diremit.

21.   Plus discriminis apud Grinnes Vadamque. Vadam Civilis, Grinnes Classicus obpugnabant; nec sisti poterant interfecto fortissimo quoque, in quis Briganticus, praefectus alae, ceciderat, quem fidum Romanis et Civili avunculo infensum diximus. Sed ubi Cerialis cum delecta equitum manu subvenit, versa fortuna praecipites Germani in amnem aguntur. Civilis dum fugientes retentat, agnitus petitusque telis relicto equo tranatavit; idem Veracis effugium: Tutorem Classicumque adpulsae lintres vexere. Ne tum quidem Romana classis pugnae adfuit, ut iussum erat: sed obstitit formido, et remiges per alia militiae munia dispersi. Sane Cerialis parum temporis ad exequenda imperia dabat, subitus consiliis, set eventu clarus: aderat fortuna, etiam ubi artes defuissent; hinc ipsi exercituique minor cura disciplinae. Et paucos post dies, quamquam periculum captivitatis evasisset, infamiam non vitavit.

22.   Profectus Novaesium Bonnamque ad visenda castra, quae hiematuris legionibus erigebantur, navibus remeabat, disiecto agmine, incuriosis vigiliis. Animadversum id Germanis et insidias conposuere: electa nox atra nubibus, et prono amne rapti nullo prohibente vallum ineunt. Prima caedes astu adiuta: incisis tabernaculorum funibus, suismet tentoriis coopertos trucidabant. Aliud agmen turbare classem, inicere viucla, trahere puppis; utque ad fallendum silentio, ita coepta caede, quo plus terroris adderent, cuncta clamoribus miscebant. Romani vulneribus exciti quaerunt arma, ruunt per vias, pauci ornatu militari, plerique circum brachia torta veste et strictis mucronibus. Dux semisomnus ac prope intectus errore hostium servatur: namque praetoriam navem

Befestigungswerken. Inzwischen bemühten sich die Schaaren der Germanen bei Batavodurum eine angesangene Brücke abzubrechen: das unentschiedene Gefecht trennte die Nacht.

21. Gefährlicher stand es bei Grinnes und Vada. Vada bestürmte Civilis, Grinnes Classicus; und man konnte sie nicht mehr aufhalten, da sie die Tapfersten alle schon getödtet hatten, unter denen auch Briganticus, der Befehlshaber einer Reiterschaar, gefallen, von dem wir sagten[12]), daß er den Römern treu und seinem Oheim Civilis feind war. Als aber Cerialis mit einem auserlesenen Reiterhaufen zu Hilfe kam, da wandte sich das Glück, und die Germanen wurden halsüberkopf in den Fluß gejagt. Civilis, während er die Fliehenden zurückzuhalten sucht, erkannt und mit Geschossen verfolgt, ließ sein Pferd zurück und schwamm hinüber; ebenso entkam auch Verax: Tutor und Classicus setzten in Kähnen über, welche an das Ufer kamen. Selbst dießmal nahm die römische Flotte nicht am Kampfe Theil, wie ihr geheißen war: die Furchtsamkeit war Schuld daran und auch der Umstand, daß die Ruderknechte sich zu anderweitigen Dienstverrichtungen zerstreut hatten. Allerdings gab Cerialis zu wenig Zeit zur Vollziehung seiner Befehle, vorschnell in seinen Entschlüssen, doch glänzend im Erfolge: das Glück stand ihm zur Seite, auch wenn er's an seinen Maßregeln hatte fehlen lassen; daher kam es denn, daß er sowie sein Heer sich um die Kriegszucht weniger kümmerte. Und wenige Tage nachher, entging er gleich der Gefahr der Gefangenschaft, konnte er sich doch der übeln Nachrede nicht entziehen.

22. Er hatte sich nach Noväsium und Bonna begeben, um die Lager in Augenschein zu nehmen, welche zur Ueberwinterung der Legionen errichtet wurden, und kehrte zu Schiffe zurück, wobei der Heereszug sich zertheilt hatte, die Wachen nicht auf ihrer Hut waren. Das wurden die Germanen gewahr, und bereiteten einen Ueberfall: sie erhoben sich eine schwarzumwölkte Nacht, und dringen, vom reißenden Strome hinabgeführt, ohne von Jemand aufgehalten zu werden, in die Verschanzung[13]) ein. Beim ersten Gemetzel half ihnen eine List: sie zerhieben die Zeltstricke, und mordeten die unter ihren eigenen Gezelten Begrabenen. Eine andere Schaar brachte die Flotte in Verwirrung, warf Schlingen auf die Hinterdecke der Schiffe und zog sie fort: und wie sie erst, um unbemerkt zu sein, geschwiegen, so erfüllten sie, als das Gemetzel einmal angefangen hatte, Alles mit Geschrei, um desto mehr Schrecken einzuflößen. Die Römer, durch die Wunden erst geweckt, suchen nach ihren Waffen, rennen auf den Gassen umher, nur wenige in kriegerischer Rüstung, die meisten mit um den Arm gewundenem Gewande und gezückten Schwertern. Der Feldherr, halb im Schlafe und fast unbekleidet, wird durch einen Irrthum der Feinde nur gerettet: sie reißen nämlich

vexillo insignem, illic ducem rati, abripiunt. Cerialis
alibi noctem egerat, ut plerique credidere, ob stuprum
Claudiae Sacratae, mulieris Ubiae; et vigiles flagitium
suum ducis dedecore excusabant, tamquam iussi silere, ne
quietem eius turbarent; ita intermisso signo et vocibus
se quoque in somnum lapsos. Multa luce revecti hostes
captivis navibus, praetoriam triremem flumine Lupia do-
num Veledae traxere.

23. Civilem cupido incessit navalem aciem osten-
tandi. Complet quod biremium quaeque simplici ordine
agebantur; adiecta ingens lintrium vis, tricenos quadra-
genosque * * armamenta Liburnicis solita; et simul captae
lintres sagulis versicoloribus haud indecore pro velis iu-
vabantur. Spatium velut aequoris electum, quo Mosae
fluminis os amnem Rhenum Oceano adfundit. Causa in-
struendae classis, super insitam genti vanitatem, ut eo
terrore commeatus Gallia adventantes interciperentur.
Cerialis miraculo magis quam metu derexit classem, numero imparem, usu remigum, gubernatorum arte, navium
magnitudine potiorem. His flumen secundum, illi vento
agebantur: sic praevecti, temptato levium telorum iactu,
dirimuntur. Civilis nihil ultra ausus trans Rhenum concessit: Cerialis insulam Batavorum hostiliter populatus,
agros villasque Civilis intactas nota arte ducum sinebat,
cum interim flexu autumni et crebris * * imbribus super-
fusus amnis palustrem humilemque insulam in faciem
stagni opplevit. Nec classis aut commeatus aderant,
castraque in plano sita vi fluminis differebantur.

24. Potuisse tunc opprimi legiones, et voluisse Germanos, sed dolo a se flexos imputavit Civilis; neque ab-
horret vero, quando paucis post diebus deditio insecuta
est. Nam Cerialis per occultos nuntios Batavis pacem,
Civili veniam ostentans, Veledam propinquosque monebat
fortunam belli, tot cladibus adversam, opportuno erga

in dem Glauben, dort befinde sich der Feldherr, das durch die Flagge aus=
gezeichnete Befehlshaberschiff mit sich fort. Cerialis hatte die Nacht anders=
wo zugebracht, wie man größtentheils glaubte, in Unzucht mit einem ubischen
Weibe, Claudia Sacrata; und die Wachen wenigstens entschuldigten ihren
Schimpf mit der Schande des Feldherrn, als sei ihnen geboten gewesen zu
schweigen, um seine Ruhe nicht zu stören; so seien sie durch Unterlassung des
Signals[44] und Aurufs ebenfalls in Schlaf versunken. Am hellen Tage
fuhren die Feinde mit den genommenen Schiffen zurück und zogen das
Kriegsschiff des Befehlshabers zum Geschenk für Veleda die Lippe hinauf.

23. Den Civilis wandelte die Lust an, eine Schlachtordnung von Schiffen
zur Schau zu stellen. Er bemannt was nur von Zweiruderern und Schiffen
Einer Ruderreihe da war; dazu kam eine ungeheure Menge Kähne, mit je
dreißig bis vierzig Mann; die Ausrüstung war die bei den liburnischen
Schiffen[45] gewöhnliche; und zugleich wurden die weggenommenen Kähne
statt der Segel auf eine nicht übel lassende Weise mit verschiedenfarbigen
Kriegsmänteln unterstützt. Man wählte eine meerähnliche Wasserfläche, wo
die Mündung der Maas den Rheinstrom in den Ocean ergießt. Der Grund
zur Anstellung dieser Flotte war, außer der dem Volke angeborenen Eitel=
keit, um mit dieser Schreckensmacht die aus Gallien kommende Zufuhr auf=
zufangen. Cerialis ließ mehr Wunders halber, als aus Furcht seine Flotte
darauf lossteuern, welche an Zahl jener nicht gewachsen, aber vermöge der
Uebung der Ruderer, der Geschicklichkeit der Steuerleute, der Größe der
Schiffe überlegen war. Diese fuhren mit dem Strome, jene mit dem Winde:
so segelten sie an einander vorüber, und trennten sich, nachdem sie es mit
dem Werfen nur leichter Geschosse versucht. Civilis zog sich, nichts weiter
wagend, über den Rhein zurück: Cerialis, die Insel der Bataver feindlich
verheerend, ließ die Aecker und Landhäuser des Civilis mit bekannter Feld=
herrnschlauheit[46] unberührt, als, da sich inzwischen der Herbst zum Ende
neigte und häufiger Regen fiel, der übertretende Strom die an sich schon
sumpfige und niedriggelegene Insel so bedeckte, daß sie wie ein See aussah,
Doch keine Flotte war da, noch Zufuhr, und das auf der Ebene stehende
Lager wurde durch die Gewalt der Fluth auseinandergerissen.

24. Daß jetzt die Legionen hätten aufgerieben werden können, und die
Germanen das auch gewollt, von ihm jedoch durch List davon zurückgebracht
wären, rechnete sich Civilis zum Verdienste an; auch ist es nicht unwahr=
scheinlich, weil ja wenige Tage darauf die Ergebung folgte. Cerialis näm=
lich machte durch geheime Unterhändler den Batavern zum Frieden, dem
Civilis zur Verzeihung Hoffnung, und gab der Veleda und ihren Verwandten
zu verstehen, sie möchten das durch so viele Niederlagen ihnen widrige Geschick

9 *

populum Romanum merito mutare: caesos Treviros, receptos Ubios, ereptam Batavis patriam, neque aliud Civilis amicitia paratum quam vulnera. fugas luctus. Exulem eum et extorrem recipientibus oneri; et satis peccavisse quod totiens Rhenum transcenderint. Si quid ultra moliantur, inde iniuriam et culpam, hinc ultionem et deos fore.

25. Miscebantur minis promissa; et concussa Transrhenanorum fide inter Batavos quoque sermones orti: non prorogandam ultra ruinam, nec posse ab una natione totius orbis servitium depelli. Quid profectum caede et incendiis legionum, nisi ut plures validioresque accirentur? si Vespasiano bellum navaverint, Vespasianum rerum potiri: sin populum Romanum armis vocent, quotam partem generis humani Batavos esse? respicerent Raetos Noricosque et ceterorum onera sociorum: sibi non tributa, sed virtutem et viros indici. Proximum id libertati; et si dominorum electio sit, honestius principes Romanorum quam Germanorum feminas tolerari. Haec vulgus, proceres atrociora: Civilis rabie semet in arma trusos; illum domesticis malis excidium gentis obposuisse. Tunc infensos Batavis deos, cum obsiderentur legiones, interficerentur legati, bellum uni necessarium, ferale ipsis sumeretur. Ventum ad extrema, ni resipiscere incipiant et noxii capitis poena poenitentiam fateantur.

26. Non fefellit Civilem ea inclinatio, et praevenire statuit, super taedium malorum etiam spe vitae, quae plerumque magnos animos infringit. Petito conloquio scinditur Nabaliae fluminis pons, in cuius abrupta progressi duces; et Civilis ita coepit: 'si apud Vitellii legatum defenderer, neque facto meo venia neque dictis fides

tes Krieges durch einen dem Römervolke zur rechten Zeit erwiesenen Dienst zu ändern suchen: niedergehauen seien die Trevirer, wieder in Botmäßigkeit genommen die Ubier, entrissen den Batavern ihr Vaterland und nichts anderes durch die Freundschaft mit Civilis gewonnen, als Wunden, Flucht und Trauer. Ein Verbannter und Heimathloser, falle er denen, die ihn aufnähmen, nur zur Last: und genug schon hätten sie sich durch so oftmaliges Ueberschreiten des Rheines vergangen. Wenn sie noch ferner etwas unternähmen, würde Unrecht und Schuld auf ihrer Seite, auf der andern Rache und die Götter sich befinden.

25. Den Drohungen wurden Versprechungen beigemischt; und als auf diese Weise die Treue der Ueberrheinischen erschüttert war, erhoben sich auch unter den Batavern Stimmen: man dürfe nicht noch weiter ausdehnen das Verderben, und es könne ja auch nicht von Einer Völkerschaft des ganzen Erdkreises Knechtschaft abgeschüttelt werden. Was habe man denn gewonnen durch Niedermetzelung und Verbrennung der Legionen, als daß nur noch mehre und stärkere herbeigerufen wären? Wären sie dem Vespasianus durch Krieg behilflich nur gewesen, Vespasianus sei jetzt im Besitz der Herrschaft: forderten sie aber das römische Volk zum Kampfe heraus, der wievielste Theil des Menschengeschlechtes seien denn die Bataver? Sie möchten doch auf die Räter und Noriker und die Lasten der übrigen Bundesgenossen hinblicken: von ihnen verlange man keine Tribute, sondern nur Tapferkeit und Männer. Das grenze am nächsten an die Freiheit; und solle man sich einen Herren einmal wählen, so könne man doch ehrenvoller Römerfürsten als die Weiber der Germanen sich gefallen lassen. So das Volk, die Großen noch grimmiger: sie seien durch des Civilis Raserei nur zu den Waffen hingetrieben worden: er habe dem Unglück seines eigenen Hauses des Volkes Untergang vorgeschoben. Da hätten freilich die Götter den Batavern gezürnt, als die Legionen wären belagert, die Legaten ermordet, der ganze nur dem Einen nothwendige, ihnen selbst Verderben bringende Krieg wäre unternommen worden. Gekommen sei es nun zum Aeußersten, wenn sie nicht anfingen sich zu besinnen und durch Bestrafung des schuldigen Hauptes ihre Reue bezeugten.

26. Nicht entging dem Civilis diese Stimmung, und er beschloß zuvorzukommen, außer dem, daß er der Unfälle müde war, auch in der Hoffnung sein Leben zu retten, welche in der Regel hochfahrenden Muth darniederbeugt. Er bat um eine Unterredung, und es wurde die Brücke über den Fluß Nabalia [17]) durchbrochen; die Heerführer traten hervor auf ihre Trümmer, und Civilis begann also: „Hätte ich mich vor einem Legaten des Vitellius zu vertheidigen, so verdienten weder meine That Verzeihung, noch meine Worte

debebatur: cuncta inter nos inimica, hostilia, ab illo
coepta, a me aucta erant: erga Vespasianum vetus mihi
observantia, et cum privatus esset, amici vocabamur. Hoc
Primo Antonio notum, cuius epistulis ad bellum actus
sum, ne Germanicae legiones et Gallica iuventus Alpes
transcenderent. Quae Antonius epistulis, Hordeonius
Flaccus praesens monebat: arma in Germania movi, quae
Mucianus in Syria, Aponius in Moesia, Flavianus in
Pannonia'.

Glauben: Alles gestaltete zwischen uns sich unfreundlich und feindlich, von ihm ausgehend, von mir weiter geführt: gegen Vespasianus hege ich seit alter Zeit Ergebenheit, und als er noch Privatmann war, da nannte man uns Freunde. Das ist dem Primus Antonius bekannt, durch dessen Briefe ich zum Kriege aufgerufen bin, damit nicht die germanischen Legionen und die gallische Kriegsmannschaft über die Alpen zögen. Wozu Antonius mich in Briefen, dazu ermahnte mich Hordeonius Flaccus mündlich: ich erhob so die Waffen in Germanien, wie Mucianus in Syrien, Aponius in Mösien, Flavianus in Pannonien."

P. CORNELII TACITI

DE VITA ET MORIBUS

IULII AGRICOLAE

LIBER.

1. Clarorum virorum facta moresque posteris tradere, antiquitus usitatum, ne nostris quidem temporibus quamquam incuriosa suorum aetas omisit, quotiens magna aliqua ac nobilis virtus vicit ac supergressa est vitium parvis magnisque civitatibus commune, ignorantiam recti et invidiam. Sed apud priores ut agere digna memoratu pronum magisque in aperto erat, ita celeberrimus quisque ingenio ad prodendam virtutis memoriam, sine gratia aut ambitione, bonae tantum conscientiae pretio ducebatur. Ac plerique suam ipsi vitam narrare fiduciam potius morum quam arrogantiam arbitrati sunt, nec id Rutilio et Scauro citra fidem aut obtrectationi fuit: adeo virtutes iisdem temporibus optime aestimantur, quibus facillime gignuntur. At nunc narraturo mihi vitam defuncti hominis venia opus fuit, quam non petissem, incusaturus tam saeva et infesta virtutibus tempora.

2. Legimus, cum Aruleno Rustico Paetus Thrasea, Herennio Senecioni Priscus Helvidius laudati essent, capitale fuisse, neque in ipsos modo auctores, sed in

Des

P. Cornelius Tacitus

Schrift über das Leben und den Charakter

des

Julius Agricola.

1. Berühmter Männer Thaten und Sitten der Nachwelt zu überliefern, was von Alters her gebräuchlich, hat nicht einmal in unseren Tagen eine gegen die Ihrigen sonst so gleichgültige Zeit unterlassen, wenn einmal irgend ein großes und ausgezeichnetes Verdienst sich siegreich über jene kleinen und großen Staaten gemeinsame Schwäche emporschwang, Misachtung der Tugend und Misgunst. Aber bei den Vorfahren wurde, wie es nahe lag und ungehinderter war, Denkwürdiges zu vollbringen, so auch jedes bedeutendere Talent, ohne Parteilichkeit oder Selbstsucht, nur durch des edlen Bewußt= seins Lohn bewegen, solchem Verdienste ein Denkmal zu errichten. Ja sehr viele hielten, selbst ihr Leben zu erzählen, mehr für Vertrauen auf ihren sitt= lichen Werth als für Anmaßung, und nicht versagte man misdeutend deshalb einem Rutilius[1]) und Scaurus[2]) Glauben: so sehr werden Tugenden zu der Zeit am besten auch gewürdigt, die am leichtesten sie erzeugt. Ich dagegen habe jetzt, im Begriff das Leben eines schon entschlafenen Mannes zu erzählen, der Nachsicht von Nöthen, und dennoch würde ich darum nicht bitten, wollte ich damit als Ankläger der so grausamen und Tugenden so feindlichen Zei= ten[3]) auftreten.

2. Wir haben es gelesen[4]), daß, als von Arulenus Rusticus Pätus Thrasea, von Herennius Senecio Priscus Helvidius gelobt worden waren, dieses als Capitalverbrechen galt, und daß nicht blos wider die Verfasser

libros quoque eorum saevitum, delegato triumviris ministerio, ut monumenta clarissimorum ingeniorum in
comitio ac foro urerentur. Scilicet illo igne vocem populi
Romani et libertatem senatus et conscientiam generis
humani aboleri arbitrabantur, expulsis insuper sapientiae
professoribus atque omni bona arte in exilium acta, ne
quid usquam honestum occurreret. Dedimus profecto
grande patientiae documentum; et sicut vetus aetas vidit,
quid ultimum in libertate esset, ita nos, quid in servitute, adempto per inquisitiones etiam loquendi audiendi-
que commercio. Memoriam quoque ipsam cum voce per-
didissemus, si tam in nostra potestate esset oblivisci quam
tacere.

3. Nunc demum redit animus: et quamquam primo
statim beatissimi saeculi ortu Nerva Caesar res olim
dissociabiles miscuerit, principatum ac libertatem, augeat-
que quotidie felicitatem temporum Nerva Traianus, nec
spem modo ac votum securitas publica, sed ipsius voti
fiduciam ac robur assumserit, natura tamen infirmitatis
humanae tardiora sunt remedia quam mala; et ut corpora
nostra lente augescunt, cito extinguuntur, sic ingenia
studiaque oppresseris facilius quam revocaveris. Subit
quippe etiam ipsius inertiae dulcedo, et invisa primo
desidia postremo amatur. Quid? si per quindecim annos,
grande mortalis aevi spatium, multi fortuitis casibus,
promptissimus quisque saevitia principis interciderunt,
pauci et, uti dixerim, non modo aliorum, sed etiam nostri
superstites sumus, exemptis e media vita tot annis, quibus iuvenes ad senectutem, senes prope ad ipsos exactae
aetatis terminos per silentium venimus. Non tamen
pigebit vel incondita ac rudi voce memoriam prioris servitutis ac testimonium praesentium bonorum composuisse.
Hic interim liber, honori Agricolae soceri mei destinatus,
professione pietatis aut laudatus erit aut excusatus.

4. Gnaeus Iulius Agricola, vetere et illustri Foro-
iuliensium colonia ortus, utrumque avum procuratorem
Caesarum habuit, quae equestris nobilitas est. Pater
Iulius Graecinus, senatorii ordinis, studio eloquentiae

selbst, sondern auch gegen ihre Bücher gewüthet wurde, indem man den Triumvirn⁵) das Geschäft übertrug, auf dem Comitium und Forum die Denkmäler der ausgezeichnetsten Geister zu verbrennen⁶). Nichts Geringeres meinte man durch jenes Feuer zu vernichten, als die Stimme des römischen Volkes, die Freiheit des Senates und die Mitkunde der Menschheit⁷): und vertrieben wurden überdies der Weisheit Lehrer⁸) auch und jede edle Kunst verbannt, damit man nirgends noch auf etwas Ehrenwerthes stieße. Wahrlich einen starken Beweis von Geduld haben wir gegeben; und wie die Vorzeit sah, was das Aeußerste in der Freiheit, so wir, was in der Knechtschaft, da uns durch Nachspähungen⁹) selbst der Sprache und des Ohres Verkehr geraubt war. Auch selbst die Erinnerungskraft hätten wir mit der Stimme verloren, stände es eben so in unserer Macht zu vergessen wie zu schweigen.

3. Jetzt erst lebt der Muth wieder, und hat gleich beim ersten Beginn der segensreichsten Periode Nerva Cäsar¹⁰) ehemals Unvereinbares gepaart, Fürstengewalt und Freiheit, mehrt gleich täglich das Glück der Zeiten Nerva Trajanus, und ist die öffentliche Wohlfahrt auch nicht blos zu Hoffnungen und Wünschen, sondern zu Vertrauen schon auf der Wünsche Erfüllung und zu Kraft gelangt, so liegt es ja doch in der Natur der menschlichen Schwäche, daß langsamer die Heilmittel sind als die Uebel; und wie unsere Körper nur langsam erstarken, schnell vernichtet werden, so mag man auch Talente und Geistesstreben leichter unterdrücken, als in's Leben zurückrufen. Beschleicht uns doch die Trägheit selbst mit süßem Reiz, und die anfangs verhaßte Unthätigkeit gewinnt man endlich lieb. Noch mehr! wenn in fünfzehn Jahren¹¹), einem bedeutenden Zeitraume des sterblichen Daseins, viele durch zufälligen Tod, die Thatkräftigsten durch die Grausamkeit des Fürsten ihren Untergang gefunden, wie wenige sind unser, die, um so mich auszudrücken, nicht blos Andere, sondern ihr eigenes Selbst überlebt haben, da so viele Jahre mitten aus dem Leben uns herausgerissen sind, in denen wir junge Männer zum Alter, Greise beinahe sogar bis an die Grenze der vollendeten Lebenszeit in Schweigsamkeit gelangt sind. Dennoch soll es uns nicht verdrießen, wenn auch in ungebildeter und kunstloser Rede an die vorige Knechtschaft zu erinnern, sowie vom gegenwärtigen Glück ein Zeugniß¹²) abzulegen. Einstweilen wird diese Schrift, der Ehre meines Schwiegervaters Agricola geweiht, durch das Bekenntniß kindlicher Liebe entweder Beifall oder doch Entschuldigung finden.

4. Gnäus Julius Agricola¹³), aus der alten und glanzvollen Colonie Forum Julii gebürtig, hatte zu beiderseitigen Großvätern Procuratoren der Cäsaren, was ritterlicher Adel ist. Sein Vater war Julius Gräcinus, von senatorischem Range, bekannt durch seinen Eifer für Beredtsamkeit und Weis-

sapientiaeque notus, iisque ipsis virtutibus iram Gai Caesaris meritus: namque M. Silanum accusare iussus, et,
quia abnuerat, interfectus est. Mater Iulia Procilla fuit,
rarae castitatis. In huius sinu indulgentiaque educatus
per omnem honestarum artium cultum pueritiam adu-
lescentiamque transegit. Arcebat eum ab illecebris pec-
cantium, praeter ipsius bonam integramque naturam,
quod statim parvulus sedem ac magistram studiorum
Massiliam habuit, locum Graeca comitate et provinciali
parsimonia mixtum ac bene compositum. Memoria teneo
solitum ipsum narrare se prima in iuventa studium philosophiae acrius, ultra quam concessum Romano ac senatori, hausisse, ni prudentia matris incensum ac flagrantem
animum coercuisset. Scilicet sublime et erectum ingenium
pulchritudinem ac speciem magnae excelsaeque gloriae
vehementius quam caute appetebat. Mox mitigavit ratio
et aetas, retinuitque, quod est difficillimum, ex sapientia
modum.

5. Prima castrorum rudimenta in Britannia Suetonio
Paulino, diligenti ac moderato duci, approbavit, electus
quem contubernio aestimaret. Nec Agricola licenter,
more iuvenum, qui militiam in lasciviam vertunt, neque
segniter ad voluptates et commeatus titulum tribunatus
et inscitiam rettulit; sed noscere provinciam, nosci exercitui, discere a peritis, sequi optimos, nihil appetere in
iactationem, nihil ob formidinem recusare, simulque et
anxius et intentus agere. Non sane alias exercitatior
magisque in ambiguo Britannia fuit: trucidati veterani,
incensae coloniae, intercepti exercitus; tum de salute, mox
de victoria certavere. Quae cuncta etsi consiliis ductuque
alterius agebantur, ac summa rerum et recuperatae provinciae gloria in ducem cessit, artem et usum et stimulos
addidere iuveni, intravitque animum militaris gloriae
cupido, ingrata temporibus, quibus sinistra erga eminen-
tes interpretatio, nec minus periculum ex magna fama
quam ex mala.

6. Hinc ad capessendos magistratus in urbem digressus

keit, und wegen dieser Eigenschaften dem Zorne des Gajus Cäsar[11] ver-
fallen: er erhielt nämlich den Befehl, den M. Silanus anzuklagen, und wurde,
weil er sich dessen geweigert hatte, umgebracht. Seine Mutter war Julia
Procilla, von seltener Sittenlauterkeit. Unter ihrer zärtlichen Obhut erzogen
verlebte er das Knaben- und Jünglingsalter unter lauter Beschäftigungen
mit edeln Künsten. Fern hielt ihn von den Lockungen der Verführer, außer
seiner eigenen guten und unverdorbenen Natur, daß er als kleiner Knabe
schon zum Wohnsitz und zur Lehrerin in seinen Studien Massilia[15] erhielt,
einen Ort, in welchem griechische Feinheit und Provinzgenügsamkeit vereint zu
schöner Harmonie sich paaren. Ich weiß noch, daß er selbst wiederholt erzählte, er habe sich in seinen ersten Jünglingsjahren in das Studium der
Philosophie zu eifrig vertieft, und mehr als es dem Römer und dem Senator
zusteht, es habe aber die Besonnenheit der Mutter der entflammten und
glühenden Begeisterung Zügel angelegt. Natürlich trachtete der ideale und
strebsame Geist mehr leidenschaftlich als mit Vorsicht nach der Schönheit und
dem Glanze eines erhabenen und großartigen Ruhmes. Später milderte das
Vernunft und reiferes Alter, und er bewahrte, was doch besonders schwer ist,
aus dem Weisheitsstreben das Maßhalten.

5. Seinen ersten Lagerdienst verrichtete er in Britannien zur Zufrieden-
heit des Suetonius Paulinus[16], eines aufmerksamen und besonnenen Feldherrn, zur Ehre der Zeltgenossenschaft von ihm erkoren. Und Agricola brauchte
weder zügellos, nach der Gewohnheit junger Leute, welche den Kriegsdienst
sich zum Uebermuth zu Nutze machen, noch trägen Sinnes auch, zu Vergnügungen und Urlaub den bloßen Tribunentitel und Unerfahrenheit, sondern
kennen zu lernen suchte er die Provinz, bekannt zu werden dem Heere, von
Erfahrenen zu lernen, den Besten sich anzuschließen, erstrebte nichts zu bloßer
Prahlerei, verweigerte nichts aus Furcht, und handelte dabei sowol mit ängst-
licher Sorgsamkeit als mit lebendigem Eifer. Gewiß zu keiner andern Zeit
war Britannien in größerer Gährung und zweifelhafter sein Besitz[17]: nie-
dergemetzelt waren Veteranen, Pflanzstädte[18] in Brand gesteckt, Heerschaaren
aufgehoben; da kämpfte man um's Leben, bald wieder um den Sieg. Und
obschon dieses Alles nach dem Plane und unter der Leitung eines Andern
geschah, und der ganze Erfolg, so wie der Ruhm der wiedergewonnenen Provinz dem Feldherrn zufiel, so erhöhte es doch des Jünglings Geschicklichkeit,
Erfahrung und Begeisterung, und es ergriff sein Gemüth Sehnsucht nach
Kriegsruhm, die so unbeliebt ist in Zeiten, wo hervorragende Persönlichkeiten
der Misdeutung erliegen, und nicht geringere Gefahr aus großem, als aus
schlechtem Rufe erwächst.

6. Hierauf begab er sich hinweg nach Rom zum Eintritt in Staatsämter,

Domitiam Decidianam, splendidis natalibus ortam, sibi iunxit, idque matrimonium ad maiora nitenti decus ac robur fuit. Vixeruntque mira concordia per mutuam caritatem et in vicem se anteponendo, nisi quod in bona uxore tanto maior laus, quanto in mala plus culpae est. Sors quaesturae provinciam Asiam, proconsulem Salvium Titianum dedit, quorum neutro corruptus est, quamquam et provincia dives ac parata peccantibus, et proconsul in omnem aviditatem pronus quantalibet facilitate redempturus esset mutuam dissimulationem mali. Auctus est ibi filia, in subsidium simul et solacium; nam filium ante sublatum brevi amisit. Mox inter quaesturam ac tribunatum plebis atque ipsum etiam tribunatus annum quiete et otio transiit, gnarus sub Nerone temporum, quibus inertia pro sapientia fuit. Idem praeturae tenor et silentium: nec enim iurisdictio obvenerat. Ludos et inania honoris medio rationis atque abundantiae duxit, uti longe a luxuria, ita famae propior. Tum electus a Galba ad dona templorum recognoscenda diligentissima conquisitione fecit, ne cuius alterius sacrilegium res publica quam Neronis sensisset.

7. Sequens annus gravi vulnere animum domumque eius afflixit. Nam classis Othoniana licenter vaga, dum Intemelios (Liguriae pars est) hostiliter populatur, matrem Agricolae in praediis suis interfecit, praediaque ipsa et magnam patrimonii partem diripuit, quae causa caedis fuerat. Igitur ad sollemnia pietatis profectus Agricola nuntio affectati a Vespasiano imperii deprehensus, ac statim in partes transgressus est. Initia principatus ac statum urbis Mucianus regebat, iuvene admodum Domitiano et ex paterna fortuna tantum licentiam usurpante. Is missum ad dilectus agendos Agricolam integreque ac strenue versatum vicesimae legioni, tarde ad sacramentum transgressae, praeposuit, ubi decessor seditiose agere narrabatur: quippe legatis quoque consularibus nimia ac formidolosa erat, nec legatus praetorius ad cohibendum potens, incertum, suo an militum ingenio. Ita successor

unt verband sich mit Domitia Decidiana [19]), die von glänzender Herkunft war, und diese Heirath verlieh dem höher Strebenden Würde und Stütze. Doch lebten sie auch in bewundernswürdiger Eintracht, sich gegenseitig liebend und Eines dem Andern den Vorzug gebend, wobei jedoch einer guten Gattin um so größeres Lob gebührt, je größer bei einer schlechten die Schuld ist. Das Loos der Quästur ertheilte ihm als Provinz Asien, zum Proconsul den Salvius Titianus [20]), und gegen beide blieb er unbestechlich, wiewohl die Provinz reich und gegen Frevler entgegenkommend war, und der Proconsul, zur Habsucht in jeder Art geneigt, gern mit aller erdenklichen Nachsicht wechselseitige Verheimlichung des Bösen zu erkaufen bereit war. Er wurde hier mit einer Tochter beschenkt, zur Unterstützung [21]) und zum Troste zugleich; denn einen früher geborenen Sohn verlor er schon in kurzem wieder. Darauf verlebte er das Jahr zwischen der Quästur und dem Volkstribunat und auch das des Tribunates [22]) selbst in Ruhe und Muße, seine Zeit wohl kennend unter Nero, wo Unthätigkeit für Weisheit galt. Eben so still und schweigend war auch der Prätur Verlauf: denn Rechtspflege war ihm nicht zugefallen [23]). Bei den Festspielen und dem eitlen Gepränge dieses Ehrenamtes hielt er die Mitte zwischen vernünftiger Sparsamkeit und übertriebenem Aufwand, wie von Verschwendung weit entfernt, so doch der Erwartung näher. Alsdann von Galba zur Ermittelung der Tempelgeschenke auserkoren [24]), bewirkte er durch die sorgsamste Herbeischaffung, daß dem Staate keines Andern, als nur des Nero Tempelraub fühlbar blieb.

7. Das folgende Jahr schlug seinem Herzen wie seinem Hause eine schwere Wunde. Denn während Otho's Schiffsvolk [25]), zügellos umherschweifend, der Intemelier Gebiet, einen Theil Liguriens, feindlich verheerte, ermordete es die Mutter Agricola's auf einem ihrer Güter, und plünderte die Güter selbst nebst einem großen Theile des väterlichen Erbes, was eben die Veranlassung zum Morde gewesen war. So auf der Reise, um der letzten Kindespflicht zu genügen, ward Agricola durch die Nachricht überrascht, daß Vespasianus nach der Herrschaft strebe, und trat sogleich auf seine Seite über. Für den Anfang der Regierung, sowie für die Dinge in der Stadt trug, da Domitianus noch sehr jung war und sich des Vaters Erhebung nur zu Zügellosigkeit zu Nutze machte, Mucianus [26]) Sorge. Dieser stellte den zu Truppenaushebungen abgesandten Agricola, da er unbestechlich und eifrig dabei verfahren war, an die Spitze der zwanzigsten Legion [27]), die sich nur langsam zum Huldigungseide bequemt hatte, wo sein Vorgänger meuterisch gehandelt haben sollte: denn selbst den Consular-Legaten [28]) war sie zu übermächtig und furchtbar, und so auch der prätorische Legat sie zu bändigen unvermögend, man weiß nicht, ob durch seine oder der Soldaten Schuld. Auf diese Weise zum Nach-

simul et ultor electus rarissima moderatione maluit videri
invenisse bonos quam fecisse.

8. Praeerat tunc Britanniae Vettius Bolanus, placi-
dius quam feroci provincia dignum est. Temperavit
Agricola vim suam ardoremque compescuit, ne incresceret,
peritus obsequi eruditusque utilia honestis miscere. Brevi
deinde Britannia consularem Petilium Cerialem accepit.
Habuerunt virtutes spatium exemplorum. Sed primo
Cerialis labores modo et discrimina, mox et. gloriam com-
municabat: saepe parti exercitus in experimentum, aliquando maioribus copiis ex eventu praefecit. Nec Agricola umquam in suam famam gestis exultavit: ad auctorem ac ducem ut minister fortunam referebat. Ita virtute
in obsequendo, verecundia in praedicando extra invidiam,
nec extra gloriam erat.

9. Revertentem ab legatione legionis divus Vespasianus inter patricios adscivit, ac deinde provinciae Aqui-
taniae praeposuit, splendidae imprimis dignitatis admini-
stratione ac spe consulatus, cui destinarat. Credunt
plerique militaribus ingeniis subtilitatem deesse, quia
castrensis iurisdictio secura et obtusior ac plura manu
agens calliditatem fori non exerceat. Agricola naturali
prudentia, quamvis inter togatos, facile iusteque agebat.
Iam vero tempora curarum remissionumque divisa: ubi
conventus ac iudicia poscerent, gravis, intentus, severus,
et saepius misericors; ubi officio satis factum, nulla ultra
potestatis persona. Tristitiam et arrogantiam et avaritiam
exuerat; nec illi, quod est rarissimum, aut facilitas auctoritatem aut severitas amorem deminuit. Integritatem
atque abstinentiam in tanto viro referre iniuria virtutum
fuerit. Ne famam quidem, cui saepe etiam boni indul-
gent, ostentanda virtute aut per artem quaesivit: procul
ab aemulatione adversus collegas, procul a contentione
adversus procuratores et vincere inglorium et atteri sor-
didum arbitrabatur.

Minus triennium in ea legatione detentus ac statim
ad spem consulatus revocatus est, comitante opinione
Britanniam ei provinciam dari, nullis in hoc suis ser-

folger und zugleich zum Rächer erwählt, wollte er, mit der seltensten Mäßigung, lieber gutgesinnt sie vergesunden als gemacht zu haben scheinen.

8. Damals verwaltete Britannien Vettius Bolanus, milder als eine trotzige Provinz verdient. Agricola mäßigte sein Kraftgefühl und hielt seinen Feuereifer in Schranken, um sich nicht über jenen zu erheben; denn er mußte zu gehorchen, hatte gelernt, das Nützliche mit dem Rechten zu verbinden. Kurz darauf erhielt Britannien zum Consularen[29]) den Petilius Cerialis. Da gewannen seine Vorzüge Spielraum, sich zu zeigen. Doch anfangs gewährte ihm Cerialis nur an Mühen und Gefahren Antheil, nachher auch am Ruhme: oft setzte er ihn zum Versuche über einen Theil des Heers, nicht selten, je nachdem der Erfolg gewesen, über eine größere Truppenzahl. Doch niemals überhob sich Agricola des Vollbrachten zu seinem eigenen Ruhme: dem Anordner und Feldherrn schrieb er als Untergebener das Gelingen zu. So im Gehorsam seine Tüchtigkeit, im Selbstgefühl Bescheidenheit beweisend, blieb er vom Neide, aber nicht vom Ruhme fern.

9. Als er von seiner Legatenstelle bei der Legion heimkehrte, nahm ihn Divus Vespasianus unter die Patricier auf[30]), und setzte ihn dann über die Provinz Aquitanien[31]), eine vorzüglich glänzende Würde, vermöge der Verwaltung selbst und durch die Aussicht auf das Consulat, wozu er ihn bestimmt hatte. Es glauben sehr viele, militärischen Talenten gehe die Feinheit ab, weil die Rechtspflege im Lager, sorglos und minder scharf, auch meist summarisch verfahrend, des Forums Verschlagenheit nicht übe. Agricola mit seiner natürlichen Klugheit benahm sich auch unter Bürgern gewandt und gerecht. Ferner unterschied er die Zeiten der Geschäfte und der Erholung streng: so oft Landtage und Gerichte es erheischten, war er ernst, gespannt, ja streng, doch häufiger mitleidsvoll; sobald der Pflicht genügt war, nichts von Amtsmiene mehr. Von finsterm Wesen, Anmaßung und Habsucht hatte er sich dann stets fern gehalten; auch that, was so selten ist, weder Milde seinem Ansehn, noch Strenge der Liebe zu ihm Abbruch. Von Unbescholtenheit und Uneigennützigkeit bei einem so großen Manne etwas zu erwähnen, wäre wol eine Beleidigung seiner Tugenden. Nicht einmal um den Ruf, dem oft auch Edle huldigen, bemühte er sich durch Geltendmachung seines Verdienstes oder, durch künstliche Mittel: fern von Eifersucht gegen Amtsgenossen[32]), fern von Streitsucht gegen Procuratoren, hielt er sowohl zu siegen über sie für unrühmlich, als auch einen Stoß zu erleiden für herabniedrigend.

Nicht ganz drei Jahre hielt ihn dies Legatenamt, da wurde er zur unmittelbaren Aussicht auf das Consulat zurückberufen, und es begleitete ihn die allgemeine Meinung, er werde Britannien zur Provinz erhalten, nicht, daß

monibus, sed quia par videbatur. Haud semper errat fama; aliquando et elegit. Consul egregiae tum spei filiam inveni mihi despondit, ac post consulatum collocavit; et statim Britanniae praepositus est, adiecto pontificatus sacerdotio.

10. Britanniae situm populosque multis scriptoribus memoratos non in comparationem curae ingeniive referam, sed quia tum primum perdomita est; ita, quae priores nondum comperta eloquentia percoluere, rerum fide tradentur.

Britannia, insularum, quas Romana notitia complectitur, maxima, spatio ac caelo in orientem Germaniae, in occidentem Hispaniae obtenditur; Gallis in meridiem etiam inspicitur; septentrionalia eius, nullis contra terris, vasto atque aperto mari pulsantur. Formam totius Britanniae Livius veterum, Fabius Rusticus recentium eloquentissimi auctores, oblongae scutulae vel bipenni assimilavere. Et est ea facies citra Caledoniam, unde et in universum fama est. Sed immensum et enorme spatium procurrentium extremo iam litore terrarum velut in cuneum tenuatur. Hanc oram novissimi maris tunc primum Romana classis circumvecta insulam esse Britanniam affirmavit, ac simul incognitas ad id tempus insulas, quas Orcadas vocant, invenit domuitque. Dispecta est et Thyle, quia hactenus iussum, et hiems appetebat. Sed mare pigrum et grave remigantibus perhibent ne ventis quidem perinde attolli, credo quod rariores terrae montesque, causa ac materia tempestatum, et profunda moles continui maris tardius impellitur. Naturam Oceani atque aestus neque quaerere huius operis est, ac multi rettulere. Unum addiderim, nusquam latius dominari mare, multum fluminum huc atque illuc ferre, nec litore tenus accrescere aut resorberi, sed influere penitus atque ambire, et iugis etiam ac montibus inseri velut in suo.

11. Ceterum Britanniam qui mortales initio coluerint,

er selbst etwa sich dahin geäußert hätte, sondern weil er dazu tüchtig schien. Gewiß, nicht immer irrt der Ruf; nicht selten wählt er auch. Als Consul[33]) verlobte er die damals schon so hoffnungsvolle Tochter mit dem jungen Manne, und nach dem Consulate vermählte er sie; gleich darauf wurde er über Britannien gesetzt, und auch des Pontificates priesterliche Würde[34]) ihm gegeben.

10. Britanniens Lage und Völker, schon von vielen Schriftstellern ge= schildert, will ich nicht zum Vergleiche meiner Forschung und meines Talents mit den ihrigen erwähnen, sondern weil es jetzt zuerst[35]) ganz bezwungen wurde; und so soll, was noch nicht erkundet Frühere mit rednerischem Schmuck umkleidet haben, mit der Wahrheit Treue vorgetragen werden.

Britannien, unter den Inseln, welche römische Kunde umfaßt, die größte, liegt, was Ausdehnung und Himmelsstrich betrifft, gegen Morgen Germanien, gegen Abend Hispanien[36]) gegenüber; gegen Mittag liegt es den Galliern sogar vor Augen; die Nordseite desselben wird, da gegenüber sich kein Land befindet, von der unermeßlichen und offenen See bestürmt[37]). Die Gestalt des gesammten Britanniens haben Livius[38]), der Alten, und Fabius Rusti= cus der Neueren wohlredendster Geschichtschreiber, einer länglichen Schüssel oder Doppelaxt verglichen. Und so ist auch sein Ausehn diesseits Caledo= nien, woher denn auf das Ganze die Sage übergegangen ist. Aber eine un= ermeßliche und ungeheuere Strecke Landes[39]), die an dem Alles schon zu be= grenzen scheinenden Gestade wieder vorspringt, spitzt sich wie in einen Keil zu. Das erst ist die Küste des äußersten Meeres, welche damals zuerst[40]) eine römische Flotte umschiffte, und es erst zur Gewißheit brachte, daß Britan= nien eine Insel sei, sowie sie auch die bis zu der Zeit unbekannten Inseln, welche man Orcaden[41]) nennt, auffand und unterjochte. In Sicht kam auch Thyle[42]), weil nur so weit der Befehl[43]) ging, und der Winter vor der Thür stand. Das Meer aber, heißt es, ist starr und unwillfährig den Rudernden, und soll nicht einmal von Winden sonderlich gehoben werden, ich glaube, weil Land und Berge, der Stürme Grund und Nahrung, so selten sind, und die tiefe Masse des ununterbrochenen Meeres schwerer in Bewegung zu setzen ist. Die Natur des Oceans und seine Wechselfluth zu untersuchen, eignet sich für dieses Werk nicht, auch haben viele darüber berichtet. Eines möchte ich hinzufügen, daß nirgends das Meer seine Herrschaft weiter ausdehne, viel der Strömungen hierhin und dorthin trage, und nicht bloß bis an's Ufer anschwelle und zurückfluthe, sondern ganz in's Land einströme und sich ver= breite, und selbst zwischen Gebirgszüge und Berge sich eindränge, als gehör= ten sie in sein Gebiet.

11. Was für Menschen übrigens Britannien ursprünglich bewohnt, ob

indigenae an advecti, ut inter barbaros, parum compertum. Habitus corporum varii, atque ex eo argumenta.
Namque rutilae Caledoniam habitantium comae, magni
artus Germanicam originem asseverant. Silurum colorati
vultus, torti plerumque crines et posita contra Hispania
Hiberos veteres traiecisse easque sedes occupasse fidem
faciunt. Proximi Gallis et similes sunt, seu durante originis vi, seu procurrentibus in diversa terris positio caeli
corporibus habitum dedit. In universum tamen aestimanti
Gallos vicinam insulam occupasse credibile est. Eorum
sacra deprehendas, superstitionum persuasiones; sermo
haud multum diversus; in deposcendis periculis eadem
audacia et, ubi advenere, in detractandis eadem formido.
Plus tamen ferociae Britanni praeferunt, ut quos nondum
longa pax emollierit. Nam Gallos quoque in bellis floruisse accepimus; mox segnitia cum otio intravit, amissa
virtute pariter ac libertate. Quod Britannorum olim victis
evenit; ceteri manent quales Galli fuerunt.

12. In pedite robur; quaedam nationes et curru
proeliantur. Honestior auriga, clientes propugnant. Olim
regibus parebant, nunc per principes factionibus et studiis
trahuntur, nec aliud adversus validissimas gentis pro
nobis utilius quam quod in commune non consulunt.
Rarus duabus tribusve civitatibus ad propulsandum commune periculum conventus: ita singuli pugnant, universi
vincuntur.

Caelum crebris imbribus ac nebulis foedum; asperitas
frigorum abest. Dierum spatia ultra nostri orbis men-
suram; nox clara et extrema Britanniae parte brevis, ut
finem atque initium lucis exiguo discrimine internoscas.
Quod si nubes non officiant, aspici per noctem solis ful-
gorem, nec occidere et exsurgere, sed transire affirmant.
Scilicet extrema et plana terrarum humili umbra non
erigunt tenebras, infraque caelum et sidera nox cadit.
Solum, praeter oleam vitemque et cetera calidioribus
terris oriri sueta, patiens frugum, fecundum: tarde mite-
scunt, cito proveniunt, eademque utriusque rei causa,
multus humor terrarum caelique. Fert Britannia aurum

Eingeborene oder Eingewanderte, ist unter ihnen als Barbaren nicht recht aus= gemittelt. Ihr Aeußeres ist verschiedentlich gestaltet, und daraus läßt sich Manches schließen. Denn das rötliche Haar von Caledoniens Bewohnern und ihr starker Gliederbau spricht für germanische Abkunft[14]). Der Siluren bräun= liche Gesichtsfarbe, ihr meistens krauses Haar und ihr Wohnsitz Hispanien gegenüber machen es glaublich, daß alte Iberer hinübergeschifft sind und von diesen Gegenden Besitz genommen haben. Die den Galliern zunächst Wohnenden gleichen ihnen auch, sei es, daß der Abkunft Einfluß fortwirkt, oder daß, weil die Länder gegen einander verlaufen, der Himmelsstrich das ähnliche Aeußere verursacht hat[15]). Im Ganzen genommen darf man jedoch wol glauben, daß Gallier die Nachbarinsel besetzt haben. Man trifft ihren Gottesdienst an, ihre Religionsbegriffe; die Sprache ist gar nicht sehr verschieden; in Heraus= forderung der Gefahren dieselbe Verwegenheit und, wenn sie genaht, im Aus= weichen dieselbe Zaghaftigkeit. Doch mehr wilden Muth zeigen die Britan= nier, da ja noch kein langer Friede sie verweichlicht hat. Denn auch die Gal= lier, hören wir, thaten in Kriegen sich hervor; bald aber schlich sich mit der Waffenruhe Schlaffheit ein, und sie verloren mit der Freiheit auch den tapfern Sinn. Unter den Britanniern hatten gleiches Schicksal die vorlängst Be= siegten[16]): die übrigen sind noch, was sie als Gallier gewesen.

12. Ihre Stärke besteht im Fußvolk; einige Stämme kämpfen auch zu Wagen. Der Angesehenere ist der Lenker, die Schützlinge kämpfen für ihn. Vordem gehorchten sie Königen, jetzt werden sie durch ihre Häuptlinge in Parteiungen und Sonderinteressen hin= und hergezogen, und nichts ist so kraft= vollen Völkern gegenüber für uns ersprießlicher, als daß sie nicht zusammen= halten. Selten treten zwei oder drei Gaue zur Abwehr gemeinsamer Gefahr zusammen: so werden, da sie einzeln kämpfen, allesammt besiegt.

Der Himmel ist durch häufigen Regen und Nebel verdunkelt; von strenger Kälte weiß man nichts. Der Tage Dauer überschreitet unseres Länderkreises Maß; die Nacht ist hell und in der äußersten Gegend Britanniens so kurz, daß man nur einen geringen Zwischenraum zwischen Tages Ende und An= fang wahrnimmt. Ja, man versichert, wenn es Wolken nicht verhindern, sehe man während der Nacht den Glanz der Sonne, und sie gehe nicht unter und auf, sondern nur vorüber. Die ebene Grenze der Erde nämlich läßt wegen des niedrigen Schattens die Finsterniß nicht emporsteigen, und die Nacht erhebt sich nicht bis zum Himmel und den Sternen[17]). Der Boden ist, den Oelbaum, die Rebe und die übrigen nur wärmeren Ländern eigenthüm= lichen Gewächse ausgenommen, an Früchten tragbar und ergiebig: langsam reifen sie, schnell kommen sie hervor, und beides hat einen und denselben Grund, die große Feuchtigkeit des Bodens und der Luft. Britannien liefert

et argentum et alia metalla, pretium victoriae. Gignit et oceanus margarita, sed subfusca ac liventia. Quidam artem abesse legentibus arbitrantur; nam in rubro mari viva ac spirantia saxis avelli, in Britannia, prout expulsa sint, colligi. Ego facilius crediderim naturam margaritis deesse quam nobis avaritiam.

13. Ipsi Britanni delectum ac tributa et iniuncta imperii munera impigre obeunt, si iniuriae absint; has aegre tolerant, iam domiti ut pareant, nondum ut serviant. Igitur primus omnium Romanorum divus Iulius cum exercitu Britanniam ingressus, quamquam prospera pugna terruerit incolas ac litore potitus sit, potest videri ostendisse posteris, non tradidisse. Mox bella civilia et in rem publicam versa principum arma, ac longa oblivio Britanniae etiam in pace. Consilium id divus Augustus vocabat, Tiberius praeceptum. Agitasse Gaium Caesarem de intranda Britannia satis constat, ni velox ingenio mobili paenitentiae, et ingentes adversus Germaniam conatus frustra fuissent. Divus Claudius auctor operis, transvectis legionibus auxiliisque et assumpto in partem rerum Vespasiano, quod initium venturae mox fortunae fuit. Domitae gentes, capti reges, et monstratus fatis Vespasianus.

14. Consularium primus Aulus Plautius praepositus ac subinde Ostorius Scapula, uterque bello egregius; redactaque paulatim in formam provinciae proxima pars Britanniae. Addita insuper veteranorum colonia. Quaedam civitates Cogidumno regi donatae — is ad nostram usque memoriam fidissimus mansit —, vetere ac iam pridem recepta populi Romani consuetudine, ut haberet instrumenta servitutis et reges. Mox Didius Gallus parta a prioribus continuit, paucis admodum castellis in ulteriora promotis, per quae fama aucti officii quaereretur. Didium Veranius excepit, isque intra annum extinctus est. Suetonius hinc Paulinus biennio prosperas res habuit subactis nationibus firmatisque praesidiis; quorum fiducia Monam insulam, ut vires rebellibus ministrantem, aggressus terga occasioni patefecit.

Gold und Silber und andere Metalle, des Sieges Lohn. Auch erzeugt der Ocean Perlen, doch von etwas grauer, bleicher Farbe. Einige meinen, es fehle den Sammelnden an Einsicht; denn im rothen Meere [48]) würden sie lebendig und noch athmend von den Felsen losgerissen, in Britannien so, wie sie gerade an den Strand gespült seien, aufgelesen. Ich möchte eher glauben, daß es den Perlen an natürlicher Güte, als uns an Gewinnsucht fehle.

13. Was die Britannier selbst betrifft, so unterwerfen sie sich unübertroffen der Aushebung, den Steuern und was sonst die Regierung ihnen auferlegt, wenn Unbilden fern bleiben; diese lassen sie sich schwer gefallen, zum Gehorsam schon bezwungen, aber noch zur Knechtschaft nicht. So mag denn Divus Julius [49]), der erste unter allen Römern, der mit einem Heere Britannien betrat, obwohl er durch glücklichen Kampf die Einwohner in Schrecken setzte und von der Küste Besitz nahm, es den Nachkommen gezeigt, nicht aber eingehändigt zu haben scheinen. Bald darauf kamen die Bürgerkriege und gegen die Republik gewandt die Waffen der Machthaber, und lange Zeit wurde Britannien vergessen, auch im Frieden. Staatsklugheit nannte das Divus Augustus, Tiberius Vorschrift [50]). Daß Gajus Cäsar [51]) die Absicht hatte, in Britannien einzudringen, ist ziemlich gewiß, wäre er nicht bei seinem veränderlichen Geiste schnell zur Reue, und das ungeheure Unternehmen gegen Germanien so fruchtlos gewesen. Divus Claudius war der Vollbringer des Werks, indem er Legionen und Hilfsvölker übersetzen und den Vespasianus an der Unternehmung theilnehmen ließ [52]), womit der Grund zum bald folgenden Glück [53]) gelegt wurde. Völkerschaften wurden bezwungen, Könige gefangen genommen, und Vespasianus vom Schicksal bezeichnet.

14. Von Consularen war hier zuerst Aulus Plautius und gleich nachher Osterius Scapula [54]) Statthalter, beide ausgezeichnete Kriegsmänner; und so wurde der nächste Theil Britanniens allmählich zur Provinz gemacht. Ueberdies wurde eine Veteranenpflanzstadt [55]) angelegt. Einige Gaue schenkte man dem Könige Cogidumnus, welcher bis auf unsere Tage die größte Treue bewahrte, nach alter und schon längst herkömmlicher Sitte des römischen Volkes, als Werkzeuge zur Knechtschaft selbst Könige zu benutzen. Darauf hielt Didius Gallus [56]) das von seinen Vorgängern Erworbene zusammen, nur einige wenige Castelle weiter hinaus vorrückend, um damit den Ruf erweiterter Verwaltung zu gewinnen. Auf Didius folgte Veranius, und dieser starb noch vor des Jahres Ablauf. Hierauf hatte Suetonius Paulinus [57]) zwei Jahre lang Glück in Unterwerfung von Völkerschaften und Anlegung fester Waffenplätze; doch als er auf diese vertrauend die Insel Mona [58]) angriff, weil sie den Empörern Mannschaft sandte, gewährte er zum Aufstand hinter seinem Rücken günstige Gelegenheit.

15. Namque absentia legati remoto metu, Britanni agitare inter se mala servitutis, conferre iniurias et interpretando accendere. Nihil profici patientia, nisi ut graviora tamquam ex facili tolerantibus imperentur. Singulos sibi olim reges fuisse, nunc binos imponi, e quibus legatus in sanguinem, procurator in bona saeviret. Aeque discordiam praepositorum, aeque concordiam subiectis exitiosam. Alterius manum, centuriones, alterius servos vim et contumelias miscere. Nihil iam cupiditati, nihil libidini exceptum. In proelio fortiorem esse qui spoliet; nunc ab ignavis plerumque et imbellibus eripi domos, abstrahi liberos, iniungi dilectus, tamquam mori tantum pro patria nescientibus. Quantulum enim transisse militum, si sese Britanni numerent? Sic Germanias excussisse iugum, et flumine, non Oceano defendi. Sibi patriam, coniuges, parentes, illis avaritiam et luxuriam causas belli esse. Recessuros, ut divus Iulius recessisset, modo virtutem maiorum suorum aemularentur. Neve proelii unius aut alterius eventu pavescerent: plus impetus, maiorem constantiam penes miseros esse. Iam Britannorum etiam deos misereri, qui Romanum ducem absentem, qui relegatum in alia insula exercitum detinerent; iam ipsos, quod difficillimum fuerit, deliberare. Porro in eiusmodi consiliis periculosius esse deprehendi, quam audere.

16. His atque talibus in vicem instincti, Boudicca, generis regii femina duce — neque enim sexum in imperiis discernunt —, sumpsere universi bellum, ac sparsos per castella milites consectati, expugnatis praesidiis ipsam coloniam invasere ut sedem servitutis, nec ullum in barbaris saevitiae genus omisit ira et victoria. Quod nisi Paulinus cognito provinciae motu propere subvenisset, amissa Britannia foret; quam unius proelii fortuna veteri patientiae restituit, tenentibus arma plerisque, quos conscientia defectionis et proprius ex legato timor agitabat, ne, quamquam egregius cetera, arroganter in deditos et,

15. Als nämlich mit der Person des Legaten auch die Furcht vor ihm entfernt war, besprachen die Britannier gegenseitig das Unheil der Knechtschaft, theilten vergleichend einander die erlittenen Unbilden mit und steigerten sie durch die ihnen gegebene Deutung: nichts gewinne man durch Geduld, außer daß noch Drückenderes den gleichsam mit Freuden Duldenden geboten werde. Sonst hätten sie jegliche nur einen König gehabt, jetzt würden zwei ihnen aufgebürdet, von denen der Legat gegen ihr Blut, der Procurator gegen ihre Habe wüthen solle. Gleich verderblich sei für die Unterworfenen Zwietracht und Eintracht der Vorgesetzten. Des Einen Mannschaft und Centurionen, des Andern Sklaven⁵⁹) verübten durcheinander Gewalt und Schmach. Schon sei nichts mehr der Habsucht, nichts mehr der Wollust entrückt. Im Kampfe sei es der Stärkere, welcher beraube; jetzt aber würden von Feiglingen zumeist und Unwehrhaften ihnen die Wohnungen ausgeraubt, die Kinder fortgeschleppt, Werbungen auferlegt, als ob sie nur nicht zu sterben verständen für das Vaterland. Wie groß sei denn die Zahl der herübergekommenen Soldaten, wenn sich die Britannier zählten? So habe Germanien⁶⁰) abgeschüttelt das Joch, und werde nur von einem Flusse, nicht vom Ocean beschirmt. Für sie wären Vaterland, Gattinnen, Aeltern, für jene nur Habsucht und Schwelgerei Veranlassung zum Kriege. Zurückweichen würden sie, wie Divus Julius zurückgewichen wäre, wollte man nur der Mannhaftigkeit der Vorfahren nacheifern. Nicht möchten sie sich durch eines oder des andern Treffens Ausgang schrecken lassen: mehr Energie, größere Beharrlichkeit sei ja den Unglücklichen eigen. Schon fänden die Britannier auch bei den Göttern Erbarmen, welche den römischen Feldherrn entfernt, das Heer auf einer andern Insel wie in Verbannung hielten; schon sei es unter ihnen selbst, was ja so schwer gehalten, zu gemeinsamer Berathung gekommen. Zudem sei es gefährlicher, bei derartigen Berathungen ertappt zu werden, als zu wagen.

16. Durch dieses und Aehnliches gegenseitig entflammt, griffen sie unter Leitung Boudicca's, einer Frau aus königlichem Stamme — denn beim Oberbefehl sehen sie nicht auf das Geschlecht — insgesammt zu den Waffen, und drangen nach Verfolgung der in den Castellen zerstreuten Soldaten und nach Erstürmung der Landwehren in die Pflanzstadt⁶¹) selbst als den Sitz der Knechtschaft ein, wobei Erbitterung und Siegestrunkenheit keine Art der Barbaren eigenen Grausamkeit unterließ. Wäre nicht Paulinus auf die Kunde von dem Aufstande der Provinz schleunig zu Hilfe gekommen, so wäre Britannien verloren gewesen. So führte er es durch das Glück einer einzigen Schlacht zur alten Unterwürfigkeit zurück, obwohl gar viele unter den Waffen blieben, welche das Bewußtsein ihres Abfalls und persönliche Furcht vor dem Legaten beunruhigte, er möchte, wiewohl übrigens ein vortrefflicher Mann,

ut suae cuiusque iniuriae ultor, durius consuleret. Missus igitur Petronius Turpilianus tamquam exorabilior. Et delictis hostium novus eoque poenitentiae mitior, compositis prioribus nihil ultra ausus Trebellio Maximo provinciam tradidit. Trebellius segnior et nullis castrorum experimentis, comitate quadam curandi provinciam tenuit. Didicere iam barbari quoque ignoscere vitiis blandientibus, et interventus civilium armorum praebuit iustam segnitiae excusationem. Sed discordia laboratum, cum assuetus expeditionibus miles otio lasciviret. Trebellius, fuga ac latebris vitata exercitus ira indecorus atque humilis, precario mox praefuit, ac velut pacti exercitus licentiam, dux salutem; et seditio sine sanguine stetit. Nec Vettius Bolanus, manentibus adhuc civilibus bellis, agitavit Britanniam disciplina. Eadem inertia erga hostis, similis petulantia castrorum, nisi quod innocens Bolanus et nullis delictis invisus caritatem paraverat loco auctoritatis.

17. Sed ubi cum cetero orbe Vespasianus et Britanniam recuperavit, magni duces, egregii exercitus, minuta hostium spes. Et terrorem statim intulit Petilius Cerialis, Brigantum civitatem, quae numerosissima provinciae totius perhibetur, aggressus. Multa proelia, et aliquando non incruenta; magnamque Brigantum partem aut victoria amplexus est aut bello. Et Cerialis quidem alterius successoris curam famamque obruisset ** Sustinuitque molem Iulius Frontinus, vir magnus, quantum licebat, validamque et pugnacem Silurum gentem armis subegit, super virtutem hostium locorum quoque difficultates eluctatus.

18. Hunc Britanniae statum, has bellorum vices media iam aestate transgressus Agricola invenit, cum et milites velut omissa expeditione ad securitatem et hostes ad occasionem verterentur. Ordovicum civitas haud multo ante adventum eius alam in finibus suis agentem prope

übermüthig gegen sie nach ihrer Unterwerfung und, als Rächer der ihm von einem jeden angethanen Schmach, zu hart verfahren. Es wurde daher Petronius Turpilianus [62]) hingesandt als ein versöhnlicherer Mann. Und dieser von den Vergebungen der Feinde unberührt und deshalb mit größerer Milde den Reuigen entgegenkommend, stellte die vorige Ruhe wieder her und übergab sie, ohne weiter etwas zu wagen, dem Trebellius Maximus die Provinz. Trebellius, noch weniger unternehmend und ohne alle Erfahrung im Felddienst, hielt durch eine gewisse Freundlichkeit in der Verwaltung die Provinz zusammen. Schon lernten auch die Barbaren schmeichelnden Lastern verzeihen, und das Dazwischentreten des Bürgerkrieges [63]) ließ der Unthätigkeit triftige Entschuldigung. Aber mit Meuterei hatte man zu kämpfen, da der an Feldzüge gewöhnte Soldat im Müßiggange übermüthig geworden war. Trebellius, entehrt und sich auch selbst erniedrigend, indem er sich durch Flucht und Versteck der Erbitterung des Heeres entzog, behielt nachher nur noch aus Gnade den Oberbefehl, und wie nach gegenseitigem Vertrage bedung sich das Heer Ungebundenheit, der Feldherr persönliche Sicherheit aus; und so blieb dieser Aufstand ohne Blutvergießen. Auch Vettius Bolanus [64]) setzte bei der Fortdauer der bürgerlichen Kämpfe Britannien nicht durch kriegerische Haltung in Bewegung. Gleiche Lässigkeit den Feinden gegenüber, gleicher Muthwille im Lager, nur daß sich der schuldlose und wegen keiner Vergehungen verhaßte Bolanus statt des Ansehens wenigstens Liebe erworben hatte.

17. Als aber mit dem übrigen Reiche Vespasianus auch Britannien an sich brachte, da gab es große Feldherrn, treffliche Heere, es sank die Hoffnung der Feinde. Und Schrecken sogleich verbreitete Petilius Cerialis durch einen Angriff auf den Gau der Briganten [65]), welcher als der volkreichste der ganzen Provinz gilt. Es gab häufige Schlachten, nicht selten mit vielem Blutvergießen, und bald durchzog er siegend oder doch kämpfend einen großen Theil des Brigantengebietes. Und Cerialis würde jedes anderen Nachfolgers Bemühungen und Ruf erdrückt haben * * [66]). Es war des Unternehmens Last Julius Frontinus [67]) gewachsen, ein großer Mann, soweit es vergönnt war, und er unterwarf mit Waffengewalt das mächtige und kampflustige Silurenvolk, wobei er außer der Feinde Tapferkeit auch örtliche Schwierigkeiten zu bewältigen hatte.

18. Diese Lage Britanniens, diesen Wechsel des Waffenglücks fand Agricola, als er erst mitten im Sommer [68]) hinüberkam, da der Soldat, wie nach schon beendigtem Feldzuge, der Sorglosigkeit, der Feind dagegen neuer Hoffnung auf einen günstigen Augenblick sich überließ. Der Ordoviker [69]) Gau hatte nicht lange vor der Ankunft desselben eine in seinem Gebiete stehende

universam obtriverat, eoque initio erecta provincia; et
quibus bellum volentibus erat, probare exemplum ac recentis legati animum opperiri, cum Agricola, quamquam
transvecta aestas, sparsi per provinciam numeri, prae-
sumpta apud militem illius anni quies, tarda et contraria
bellum inchoaturo, et plerisque custodiri suspecta potius
videbatur, ire obviam discrimini statuit; contractisque
legionum vexillis et modica auxiliorum manu, quia in
aequum degredi Ordovices non audebant, ipse ante agmen,
quo ceteris par animus simili periculo esset, erexit
aciem. Caesaque prope universa gente, non ignarus in-
standum famae ac, prout prima cessissent, terrorem ceteris
fore, Monam insulam, cuius possessione revocatum Pau-
linum rebellione totius Britanniae supra memoravi, redi-
gere in potestatem animo intendit. Sed, ut in dubiis
consiliis, naves deerant; ratio et constantia ducis trans-
vexit. Depositis omnibus sarcinis lectissimos auxiliarium,
quibus nota vada et patrius nandi usus, quo simul seque
et arma et equos regunt, ita repente immisit, ut obstupe-
facti hostes, qui classem, qui navis, qui mare exspectabant,
nihil arduum aut invictum crediderint sic ad bellum
venientibus. Ita petita pace ac dedita insula clarus ac
magnus haberi Agricola, quippe cui ingredienti.provin-
ciam, quod tempus alii per ostentationem et officiorum
ambitum transigunt, labor et periculum placuisset. Nec
Agricola prosperitate rerum in vanitatem usus expeditio-
nem aut victoriam vocabat victos continuisse; ne laureatis
quidem gesta prosecutus est. Sed ipsa dissimulatione
famae famam auxit aestimantibus, quanta futuri spe tam
magna tacuisset.|

19. Ceterum animorum provinciae prudens, simulque doctus per aliena experimenta parum profici armis,
si iniuriae sequerentur, causas bellorum statuit excidere.

Reiterabtheilung fast gänzlich aufgerieben, und durch diesen Anfang gerieth die Provinz in Aufregung; und diejenigen, welchen der Krieg erwünscht war, schenkten dem gegebenen Beispiel Beifall und warteten nur noch die Gesinnung des neuen Legaten ab, als Agricola, obschon der Sommer schon verstrichen, die Truppenabtheilungen in der Provinz umher zerstreut waren, der Soldat für dieses Jahr sich auf Ruhe schon eingerichtet hatte, lauter hemmende und widrige Umstände für den Beginn eines Krieges, und es den Meisten gerathener schien, nur ein wachsames Auge auf das Verdächtige zu richten, beschloß, der Gefahr entgegenzugehen; nachdem er also die einzelnen Abtheilungen der Legionen und eine ziemliche Schaar von Hilfstruppen zusammengezogen hatte, führte er, weil die Ordovicer es nicht wagten, in die Ebene herabzuziehen, er selbst voran, um den Uebrigen bei der gemeinsamen Gefahr auch gleichen Muth einzuflößen, das Heer die Höhen hinauf. Nachdem er so beinahe die ganze Völkerschaft vernichtet hatte, faßte er den Entschluß, die Insel Mona, von deren Besitznahme, wie oben erwähnt, Paulinus durch den Aufstand ganz Britanniens abgerufen worden war, zu unterwerfen, wohl wissend, daß man den Ruf festhalten müsse und daß dem ersten Erfolge gemäß der Schrecken sich über die Andern verbreiten werde. Aber es fehlte, wie natürlich, wenn man noch keinen festen Plan hat, an Schiffen; die Umsicht und Beharrlichkeit des Heerführers bewerkstelligte die Ueberfahrt. Er ließ die Auserlesensten unter den Hilfstruppen, die mit Untiefen bekannt und von Hause aus an's Schwimmen gewöhnt waren, wobei sie sich selbst, ihre Waffen und Rosse zugleich regieren, nach Ablegung alles Gepäcks einen so plötzlichen Angriff machen, daß die bestürzten Feinde, welche nur an eine Flotte, an Schiffe, an das Meer dachten, nichts mehr für zu schwer oder unüberwindlich hielten für eine so anrückende Kriegsmacht. Als auf diese Weise um Frieden gebeten und die Insel übergeben worden war, da galt als ein berühmter, als ein großer Mann Agricola, er, welcher gleich beim ersten Eintritt in die Provinz in der Zeit, welche Andere mit eitelem Gepränge oder unter Huldigungsbeeiferung zu verbringen pflegen, dafür Beschwerde und Gefahr vorgezogen hatte. Dennoch nannte Agricola nicht einen Feldzug oder einen Sieg die Zügelung der schon Besiegten, das Gelingen seines Unternehmens zu leerer Prahlerei benutzend; nicht einmal den Bericht seiner Thaten schmückte er mit dem Lorbeer [70]. Aber gerade durch diese Verläugnung des Ruhms vermehrte er seinen Ruhm, indem man wol denken konnte, wieviel der noch von der Zukunft erwarte, welcher so Großes verschwiegen.

19. Uebrigens beschloß er, mit der Stimmung der Provinz bekannt und zugleich durch fremde Erfahrung belehrt, wie wenig Waffenglück zum Ziele führe, wenn es Unbilden zur Folge habe, die Ursachen der Kriege in der

A se suisque orsus primum domum suam coercuit, quod plerisque haud minus arduum est quam provinciam regere. Nihil per libertos servosque publicae rei, non studiis privatis nec ex commendatione aut precibus centurionem, milites ascire, sed optimum quemque fidissimum putare. Omnia scire, non omnia exsequi; parvis peccatis veniam, magnis severitatem commodare, nec poena semper, sed saepius paenitentia contentus esse; officiis et administrationibus potius non peccaturos praeponere, quam damnare, cum peccassent. Frumenti et tributorum exactionem aequalitate munerum mollire, circumcisis, quae in quaestum reperta ipso tributo gravius tolerabantur. Namque per ludibrium assidere clausis horreis et emere ultro frumenta ac ludere pretio cogebantur. Devortia itinerum et longinquitas regionum indicebatur, ut civitates, proximis hibernis, in remota et avia deferrent, donec, quod omnibus in promptu erat, paucis lucrosum fieret.

20. Haec primo statim anno comprimendo egregiam famam paci circumdedit, quae vel incuria vel intolerantia priorum haud minus quam bellum timebatur. Sed ubi aestas advenit, contracto exercitu multus in agmine, laudare modestiam, disiectos coercere, loca castris ipse capere, aestuaria ac silvas ipse praetemptare; et nihil interim apud hostis quietum pati, quo minus subitis excursibus popularetur; atque ubi satis terruerat, parcendo rursus irritamenta pacis ostentare. Quibus rebus multae civitates, quae in illum diem ex aequo egerant, datis obsidibus iram posuere, et praesidiis castellisque circumdatae, et tanta ratione curaque, ut nulla ante Britanniae nova pars.

21. Illacessita transiit sequens*) hiems, saluberrimis consiliis absumpta. Namque ut homines dispersi ac rudes eoque in bellum faciles quieti et otio per voluptates assuescerent, hortari privatim, adiuvare publice, ut templa fora domos extruerent, laudando promptos et castigando

---

*) Die Handschrr. und alten Ausgg. haben: *nova pars illacessita transierit. Sequens* etc.

Wurzel zu vertilgen. Mit sich und den Seinen beginnend, hielt er zuerst sein Dienstpersonal in strenger Zucht, was gar Vielen nicht minder schwer fällt, als eine Provinz zu regieren. Da gab es kein amtliches Geschäft, was er durch Freigelassene oder Sklaven hätte verrichten lassen; da wurde kein Centurio und Soldat aus Privatrücksichten, noch auf Empfehlung oder Fürbitte in seine Nähe gezogen [71]), sondern es galt der Beste ihm als der Zuverlässigste. Um Alles wissend ahndete er nicht Alles; kleine Fehler verzeihend, übte er Strenge gegen Große, und auch dann strafte er nicht immer, oft genügte ihm Reue; Geschäfte und Aemter übertrug er lieber gleich solchen, welche kein Vergehen besorgen ließen, als daß er die verurtheilte, welche sich vergangen hatten. Die Eintreibung der Getreidelieferungen und Steuern milderte er durch Gleichmäßigkeit der Leistungen, indem er Alles abschnitt, was, zum Nebengewinn ersonnen, drückender als die Steuern selbst empfunden wurde. Wurden sie doch gezwungen, wie zum Hohn bei den verschlossenen Kornböden [72]) zu sitzen und Getreide sogar zu kaufen und mit dem Preise Spiel zu treiben. Abwege und weit gelegene Gegenden wurden den Gemeinden angewiesen, um, obschon die Winterlager in der nächsten Nähe waren, ihre Lieferungen in entlegene und vom Wege entfernte Punkte zu machen, damit das, was für alle leicht war, einigen Wenigen Gewinn brächte.

20. Dadurch, daß er dieses gleich im ersten Jahre abstellte, brachte er den Frieden, welcher bei der Sorglosigkeit oder Maßlosigkeit seiner Vorgänger nicht weniger als der Krieg gefürchtet wurde, in trefflichen Ruf. Als aber der Sommer [73]) kam, zog er das Heer zusammen, war viel bei dem Marsche, lobte die Mannszucht der Soldaten, hielt die sich Zerstreuenden zusammen, wählte selbst die Lagerplätze, war selbst der erste immer, Fluthlager und Wälder zu untersuchen; und dabei gestattete er doch den Feinden keine Ruhe, sondern unternahm plötzlich verheerende Streifzüge; hatte er aber hinreichenden Schrecken verbreitet, so zeigte er auch wieder durch Schonung den lockenden Reiz des Friedens. So geschah es, daß viele Stämme, welche bis zu dieser Zeit unabhängig gewesen waren, Geiseln stellten und ihre Erbitterung ablegten, worauf sie mit Schanzen und Castellen umgeben wurden, und zwar mit so großer Umsicht und Sorgfalt, wie vorher kein neueroberter Theil Britanniens.

21. Unangefochten verging der folgende Winter und wurde zu den heilsamsten Anordnungen verwendet. Um nämlich die zerstreut wohnenden, rohen und eben deshalb zum Kriege geneigten Menschen durch Genüsse an Ruhe und Muße zu gewöhnen, bewog er sie durch persönliche Aufforderung und öffentliche Unterstützung, daß sie Tempel, Marktplätze und Häuser aufführten, wobei er die Thätigen lobte und den Saumseligen Verweise gab.

segnes. Ita honoris aemulatio pro necessitate erat. Iam vero principum filios liberalibus artibus erudire, et ingenia Britannorum studiis Gallorum anteferre, ut qui modo linguam Romanam abnuebant, eloquentiam concupiscerent. Inde etiam habitus nostri honor et frequens toga; paulatimque discessum ad delenimenta vitiorum, porticus et balineas et conviviorum elegantiam; idque apud imperitos humanitas vocabatur, cum pars servitutis esset.

22. Tertius expeditionum annus novas gentis aperuit, vastatis usque ad Tanaum — aestuario nomen est — nationibus. Qua formidine territi hostes quamquam conflictatum saevis tempestatibus exercitum lacessere non ausi; ponendisque insuper castellis spatium fuit. Adnotabant periti non alium ducem opportunitates locorum sapientius legisse: nullum ab Agricola positum castellum aut vi hostium expugnatum aut pactione ac fuga desertum; crebrae eruptiones; nam adversus moras obsidionis annuis copiis firmabantur. Ita intrepida ibi hiems et sibi quisque praesidio, irritis hostibus eoque desperantibus, quia soliti plerumque damna aestatis hibernis eventibus pensare tum aestate atque hieme iuxta pellebantur. Nec Agricola umquam per alios gesta avidus intercepit; seu centurio seu praefectus, incorruptum facti testem habebat. Apud quosdam acerbior in conviciis narrabatur; ut erat comis bonis, ita adversus malos iniucundus. Ceterum ex iracundia nihil supererat, secretum ut silentium eius non timeres: honestius putabat offendere quam odisse.

23. Quarta aestas obtinendis, quae percucurrerat, insumpta; ac si virtus exercituum et Romani nominis gloria pateretur, inventus in ipsa Britannia terminus. Namque Clota et Bodotria, diversi maris aestibus per immensum revectae, angusto terrarum spatio dirimuntur, quod tum praesidiis firmabatur; atque omnis propior sinus tenebatur, summotis velut in aliam insulam hostibus.

So diente des Ehrgeizes Wetteifer statt des Zwanges. Dazu aber ließ er die Söhne der Großen den in freien Künsten unterrichten, wobei er dem Talente der Britannier den Vorzug vor dem Fleiße der Gallier gab, so daß sie, die unlängst noch der römischen Sprache sich weigerten, nun nach Redekunst heftig verlangten. Seitdem kam unsere Tracht auch in ehrenvolle Aufnahme und immer gebräuchlicher wurde die Toga; und allmählich verstand man sich selbst zu den Lockungen der Laster, zu Säulenhallen, Bädern, der Gelage feinem Glanze; und das wurde bei den Kurzsichtigen Bildung genannt, während es doch eigentlich schon Knechtschaft war.

22. Das dritte Jahr der Feldzüge eröffnete zu neuen Völkern die Bahn, da bis zum Tanaus [74]) hin — so heißt ein Flutblager — alle Gaue ver= wüstet wurden. Durch dieses Schreckniß bestürzt, wagten die Feinde nicht das obwohl von wüthenden Stürmen hart mitgenommene Heer zu beun= ruhigen; und man gewann sogar noch Zeit Castelle anzulegen. Sachkundige machten die Bemerkung, kein anderer Heerführer habe vortheilhaft gelegene Plätze weiser ausgewählt: kein von Agricola angelegtes Castell wurde durch Feindesgewalt erstürmt oder durch Capitulation und Flucht preisgegeben; Ausfälle folgten auf Ausfälle; denn gegen anhaltende Belagerungen wurde man durch Vorräthe auf das ganze Jahr gesichert. So war der Winter dort ohne Schrecken, und jeder vermochte sich selbst zu schützen, während der Feind, dem nichts gelingen wollte, alle Hoffnung aufgab, weil er, sonst gewohnt, im Sommer erlittenen Verlust durch glücklichen Erfolg im Winter wieder auszugleichen, jetzt auf gleiche Weise im Winter wie im Sommer geschlagen wurde. Dabei aber eignete sich Agricola nie, was Andere vollführt, ruhm= süchtig zu; jeder, Centurio oder Präfect [75]), hatte an ihm einen unparteiischen Zeugen seiner That. Einige wollten wissen, er sei bei heftigem Tadel zu bitter gewesen; so freundlich gegen Gute, eben so hart war er gegen Schlechte. Aber kein Groll blieb in ihm zurück, so daß man bei ihm ein verschlossenes Schweigen nicht zu fürchten brauchte: für edler hielt er zu beleidigen, als zu hassen.

23. Den vierten Sommer [76]) wandte er zur Behauptung des durch= zogenen Gebietes an; und gestattete der Heere Tapferkeit und des Römer= namens Ruhm eine Grenze, so war sie in Britannien selbst gefunden. Denn Clota und Bodotria [77]), durch die Brandung entgegengesetzter Meeres= strömung tief in's Land hineingebuchtet, werden nur durch einen schmalen Erdstrich geschieden, welcher damals durch verschanzte Posten gedeckt wurde; auch besetzte man alles näher gelegene Buchtenland, so daß die Feinde gleich= sam auf eine andere Insel zurückgewiesen waren.

24. Quinto expeditionum anno nave prima transgressus ignotas ad id tempus gentis crebris simul ac prosperis proeliis domuit, eamque partem Britanniae, quae Hiberniam aspicit, copiis instruxit, in spem magis quam ob formidinem, si quidem Hibernia medio inter Britanniam atque Hispaniam sita et Gallico quoque mari opportuna valentissimam imperii partem magnis invicem usibus miscuerit. Spatium eius, si Britanniae comparetur, angustius, nostri maris insulas superat. Solum caelumque et ingenia cultusque hominum haud multum a Britannia differt: in ** melius aditus portusque per commercia et negotiatores cogniti. Agricola expulsum seditione domestica unum ex regulis gentis exceperat, ac specie amicitiae in occasionem retinebat. Saepe ex eo audivi legione una et modicis auxiliis debellari obtinerique Hiberniam posse, idque etiam adversus Britanniam profuturum, si Romana ubique arma et velut e conspectu libertas tolleretur.

25. Ceterum aestate, qua sextum officii annum incohabat, amplexus civitates trans Bodotriam sitas, quia motus universarum ultra gentium et infesta hostilis exercitus itinera timebat*), portus classe exploravit, quae ab Agricola primum assumpta in partem virium sequebatur, egregia specie, cum simul terra simul mari bellum impelleretur, ac saepe isdem castris pedes equesque et nauticus miles, mixti copiis et laetitia, sua quisque facta, suos casus attollerent, ac modo silvarum ac montium profunda, modo tempestatum ac fluctuum adversa, hinc terra et hostis, hinc victus Oceanus militari iactantia compararentur. Britannos quoque, ut ex captivis audiebatur, visa classis obstupefaciebat, tamquam aperto maris sui secreto ultimum victis perfugium clauderetur. Ad manus et arma conversi Caledoniam incolentes populi, paratu magno, maiore fama, uti mos est de ignotis, oppugnare ultro castellum adorti, metum ut provocantes addiderant; regrediendumque citra Bodotriam et excedendum potius quam pellerentur, ignavi specie prudentium admonebant, cum interim cognoscit hostis pluribus agminibus irrupturos. Ac ne superante numero

---

*) *timebat* mit Ritter für *timebant;* v. *timebantur.*

24. Im fünften Jahre seiner Feldzüge setzte er mit dem ersten Schiffe[79] über und bezwang in wiederholten und zugleich glücklichen Schlachten bis zu der Zeit unbekannte Völker, und besetzte den Theil Britanniens, der Hibernien zugewendet liegt, mit Truppen, von Hoffnung mehr als Furcht geleitet, inwiefern Hibernien, mitten zwischen Britannien und Hispanien und auch dem Meere Galliens bequem gelegen, dem bedeutendsten Theile des Reichs[70] eine sehr vortheilhafte Verbindung gewähren dürfte. Der Umfang desselben, mit Britannien verglichen weniger bedeutend, übertrifft doch den der Inseln unseres Meeres[80]. Boden und Klima, Charakter und Lebensweise der Bewohner entfernen sich nicht sehr von Britannien ... besser sind die Anfurthen und Häfen durch Handelsverkehr und Kaufleute bekannt. Agricola hatte einen der kleinen Könige des Volks, den eine Empörung der Seinigen vertrieben, aufgenommen, und behielt ihn unter dem Scheine der Freundschaft zu gelegentlicher Benutzung bei sich. Oft hörte ich von ihm, mit Einer Legion und mäßiger Hilfsmannschaft ließe sich Hibernien überwältigen und behaupten, und selbst Britannien gegenüber dürfte dies von Nutzen sein, wenn Römerwaffen allenthalben, und aus den Augen gleichsam die Freiheit käme.

25. In dem Sommer aber, mit welchem er das sechste Jahr seiner Verwaltung begann, hatte er seine Pläne auf die Gaue jenseits Bodotria gerichtet; und da er Aufstände sämmtlicher jenseitigen Völkerschaften fürchtete und zugleich, es möchten Märsche eines feindlichen Heeres dort mit Gefahren verbunden sein, ließ er die Häfen mit der Flotte untersuchen, welche, von Agricola zuerst zur Verstärkung der Streitkräfte benutzt, folgte, ein herrliches Schauspiel, wie zu Lande zugleich und auf dem Meere der Krieg heranwogte, und oft in demselben Lager Fußvolk und Reiter sowie Seesoldaten, Vorräthe und Heiterkeit theilend, jeder seine Thaten, seine Abenteuer hervorhob, und bald Tiefen der Wälder und Gebirge, bald der Stürme und Fluthen Ungestüm, hier über Land und Feinde, dort über den Ocean der Sieg[81] mit soldatischer Ruhmredigkeit verglichen wurden. Auch die Britannier versetzte, wie man von Gefangenen hörte, der Anblick der Flotte in Bestürzung, gleich als wenn nun ihres Meeres Abgeschlossenheit eröffnet, und so die letzte Zuflucht den Besiegten abgeschnitten wäre. Die Caledonien bewohnenden Völker zu Gewalt und Waffen gewandt, unter großer Zurüstung und noch größerem Gerücht, wie es gewöhnlich ist bei Unbekannten, hatten offensiv vorgehend ein Castell zu bestürmen begonnen und so als herausfordernde Furcht verbreitet; und über Bodotria zurückzugehn und lieber zu weichen als sich zurückwerfen zu lassen, riethen schon Feigherzige unter dem Scheine der Klugheit, als er inzwischen erfuhr, daß die Feinde mit mehr Heersäulen hereinzubrechen willens seien. Um nun von ihrer überlegenen Zahl und

11*

et peritia locorum circumiretur, diviso et ipse in tris partes exercitu incessit.

26. Quod ubi cognitum hosti, mutato repente consilio universi nonam legionem, ut maxime invalidam, nocte aggressi, inter somnum ac trepidationem, caesis vigilibus, irrupere. Iamque in ipsis castris pugnabatur, cum Agricola, iter hostium ab exploratoribus edoctus et vestigiis insecutus, velocissimos equitum peditumque assultare tergis pugnantium iubet, mox ab universis adici clamorem; et propinqua luce fulsere signa. Ita ancipiti malo territi Britanni; et Romanis rediit animus, ac securi pro salute de gloria certabant. Ultro quin etiam erupere, et fuit atrox in ipsis portarum angustiis proelium, donec pulsi hostes, utroque exercitu certante, his, ut tulisse opem, illis, ne eguisse auxilio viderentur. Quod nisi paludes et silvae fugientes texissent, debellatum illa victoria foret.

27. Cuius conscientia ac fama ferox exercitus nihil virtuti suae invium, et penetrandam Caledoniam inveniendumque tandem Britanniae terminum continuo proeliorum cursu fremebant. Atque illi modo cauti ac sapientes prompti post eventum ac magniloqui erant. Iniquissima haec bellorum conditio est: prospera omnes sibi vindicant, adversa uni imputantur. At Britanni non virtute, sed occasione et arte*) ducis rati, nihil ex arrogantia remittere, quo minus iuventutem armarent, coniuges ac liberos in loca tuta transferrent, coetibus ac sacrificiis conspirationem civitatium sancirent. Atque ita irritatis utrimque animis discessum.

28. Eadem aestate cohors Usipiorum, per Germanias conscripta et in Britanniam transmissa, magnum ac memorabile facinus ausa est. Occiso centurione ac militibus, qui ad tradendam disciplinam immixti manipulis exemplum et rectores habebantur, tris liburnicas adactis per vim gubernatoribus ascendere; et uno remigante, suspectis duobus

---

*) *non virtutem, sed occasionem et artem* Freinsheim.

Ortskenntniß nicht Ueberflügelung zu besorgen, begann er ebenfalls mit drei= fach getheiltem Heere den Marsch.

26. Als dieses dem Feinde bekannt geworden, änderte er plötzlich seinen Plan, wandte sich zur Nachtzeit insgesammt gegen die neunte Legion als die schwächste und drang während des Schlafes und in der Bestürzung, nach= dem die Wachen niedergestoßen, zu ihr ein. Schon kämpfte man mitten im Lager, als Agricola, von dem Marsche der Feinde durch Kundschafter unter= richtet und auf dem Fuße ihnen folgend, den Schnellsten von der Reiterei und dem Fußvolke den Kämpfenden in den Rücken zu fallen, sodann allen zusammen den Schlachtruf zu erheben befahl; und als der Morgen däm= merte, erglänzten auch die Feldzeichen. So von zwei Seiten bedrängt, ergriff Schrecken die Britannier, den Römern aber kehrte der Muth wieder, und um Rettung nun nicht mehr besorgt kämpften sie für den Ruhm. Ja, sie brachen nun selbst hinaus, und ein fürchterlicher Kampf erhob sich besonders in den engen Thoren, bis die Feinde geworfen waren, indem beide Heeres= abtheilungen mit einander wetteiferten, die eine, daß sie wirklich Hilfe ge= bracht, die andere, daß sie der Unterstützung nicht bedurft zu haben schiene. Hätten nicht Sümpfe und Wälder die Fliehenden gedeckt, so wäre der Krieg durch diesen Sieg beendet worden.

27. Kampfmuthig im Bewußtsein desselben und durch seinen Eindruck riefen wilden Muths die Kriegerschaaren, nichts sei mehr ihrer Tapferkeit unzugänglich, eindringen müsse man in Caledonien und endlich im ununter= brochenen Siegeslauf der Schlachten Britanniens Grenzmarken finden. Und so waren auch jene unlängst noch so Vorsichtigen und Weisen nach gelungener That unternehmend und ruhmredig. Das ist die unbilligste Seite des Krie= ges: Glück eignen Alle sich zu, Unglück wird Einem zur Last gelegt. Doch die Britannier, es nicht der Tapferkeit zuschreibend, sondern den Umständen und der Klugheit des Feldherrn, mäßigten so wenig ihren stolzen Sinn, daß sie vielmehr die Jugend bewaffneten, Weiber und Kinder an sichere Orte brachten, durch Zusammenkünfte und Opfer der Verschwörung der Gaue heiligende Weihe gaben. So also schied man beiderseits mit erbitterter Gesinnung.

28. In demselben Sommer unternahm eine Cohorte von Usipiern [52]), welche in Germanien ausgehoben und nach Britannien hinübergesandt war, ein großartiges und der Erwähnung würdiges Wagstück. Nach Ermordung des Centurio und der Soldaten, welche zur Unterweisung im Dienste unter die Manipeln gemischt als Muster und Lenker dienten, bestiegen sie drei Liburnen [53]), die Steuermänner gewaltsam mit fortziehend; und während nur einer derselben das Rudern leitete, da die zwei andern als verdächtig

eoque interfectis, nondum vulgato rumore ut miraculum
praevehebantur. Mox hac atque illa rapti et cum*) plerisque Britannorum sua defensantium proelio congressi,
ac saepe victores, aliquando pulsi, eo ad extremum inopiae
venere, ut infirmissimos suorum, mox sorte ductos vesce-
rentur. Atque ita circumvecti Britanniam, amissis per
inscitiam regendi navibus, pro praedonibus habiti, primum
a Suebis, mox a Frisiis intercepti sunt. Ac fuere, quos
per commercia venumdatos et in nostram usque ripam
mutatione ementium adductos indicium tanti casus illustravit.

29. Initio aestatis Agricola domestico vulnere ictus,
anno ante natum filium amisit. Quem casum neque, ut
plerique fortium virorum, ambitiose, neque per lamenta
rursus ac maerorem muliebriter tulit. Et in luctu bellum
inter remedia erat.

Igitur praemissa classe, quae pluribus locis praedata
magnum et incertum terrorem faceret, expedito exercitu,
cui ex Britannis fortissimos et longa pace exploratos addiderat, ad montem Graupium pervenit, quem iam hostis
insederat. Nam Britanni, nihil fracti pugnae prioris eventu
et ultionem aut servitium expectantes, tandemque docti
commune periculum concordia propulsandum, legationibus
et foederibus omnium civitatium vires exciverant. Iamque super triginta milia armatorum aspiciebantur, et
adhuc affluebat omnis iuventus et quibus cruda ac viridis
senectus, clari bello et sua quisque decora gestantes, cum
inter plures duces virtute et genere praestans, nomine
Calgacus, apud contractam multitudinem proelium poscen-
tem in hunc modum locutus fertur:

30. 'Quotiens causas belli et necessitatem nostram
intueor, magnus mihi animus est hodiernum diem con-
sensumque vestrum initium libertatis toti Britanniae fore.
Nam et universi servitutis expertes, et nullae ultra terrae,
ac ne mare quidem securum imminente nobis classe Romana. Ita proelium atque arma, quae fortibus honesta,
eadem etiam ignavis tutissima sunt. Priores pugnae,
quibus adversus Romanos varia fortuna certatum est,

*) *mox ad aquā. atque ut illa raptis secum* die Hdschrr.

umgebracht worden waren, segelten sie, noch ehe sich das Gerücht davon ver=
breitet hatte, wie eine Wundererscheinung vorüber. Bald dahin und dorthin
verschlagen und mit vielen Britanniern, die ihr Eigenthum gegen sie schützen
mußten, im Kampfe zusammentreffend, dabei oftmals Sieger, doch nicht
selten auch geschlagen, geriethen sie zuletzt in solche Noth, daß sie erst die
Entkräftetsten aus ihrer Mitte, dann die, welche das Loos getroffen, verzehr=
ten. Als sie nun so Britannien umschifft[54]) und aus Unkunde der Leitung
Schiffe verloren hatten, wurden sie, für Seeräuber gehalten, theils von
Sueben, theils von Friesen[55]) aufgefangen. Einige von ihnen kamen, im
Handel feilgeboten und von einer in die andere Hand verkauft, bis an unser
Ufer[56]), wo sie mit der Erzählung eines solchen Abenteuers Aufsehen erregten.

29. Im Anfang des Sommers[57]) traf den Agricola ein Schlag im eigenen
Hause; er verlor den ein Jahr vorher geborenen Sohn. Dieses Unglück er=
trug er nicht wie so viele Kriegshelden blos aus Ehrgeiz standhaft, aber auch
nicht wieder auf eine unmännliche Weise, wehklagend und sich härmend.
Mit zur Linderung des Schmerzes diente der Krieg.

Nachdem er daher die Flotte vorausgeschickt, um durch Plünderung an
mehreren Orten großes und ungewisses Schrecken zu verbreiten, gelangte er
mit leichtgerüstetem Heere, dem er die tapfersten und durch langen Frieden
schon erprobten Britannier beigesellt hatte, bis zum Berge Grampius[58]),
welchen bereits die Feinde besetzt hatten. Denn die Britannier, keineswegs
entmuthigt durch den Ausgang der vorigen Schlacht, sondern Rache oder
Knechtschaft nur vor Augen habend, und endlich belehrt, daß gemeinsame
Gefahr nur durch Eintracht abzuwehren sei, hatten durch Gesandtschaften und
Bündnisse die Streitkräfte aller Gaue aufgeboten. Schon sah man über
dreißigtausend Bewaffnete, und immer noch strömte die junge Mannschaft
sammt und sonders und wer eines frischen und kräftigen Alters noch sich freute,
wer berühmt geworden im Kriege, mit seinem Ehrenschmucke prangend ein
jeder, herbei, als unter mehreren Feldherren durch Tapferkeit und Geburt
ausgezeichnet einer mit Namen Calgacus vor der versammelten, eine Schlacht
fordernden Menge auf diese Weise gesprochen haben soll:

30. „So oft ich die Ursachen dieses Krieges und unsere Bedrängniß be=
trachte, habe ich große Zuversicht, es werde der heutige Tag und euere Ein=
müthigkeit der Freiheit Anfang für ganz Britannien sein. Denn wir alle
wissen noch nichts von Knechtschaft, und dabei ist hinter uns kein Land mehr,
ja das Meer selbst nicht mehr sicher, da die Römerflotte uns bedroht. Somit
sind Kampf und Waffen, für Tapfere ehrenvoll, das Sicherste zugleich auch
für die Feigen. Die bisherigen Schlachten, in welchen mit wechselndem
Glück wider die Römer gekämpft wurde, ließen Hoffnung noch auf unseres

spem ac subsidium in nostris manibus habebant, quia
nobilissimi totius Britanniae, iique*) in ipsis penetralibus
siti nec servientium litora aspicientes, oculos quoque a
contactu dominationis inviolatos habebamus. Nos terrarum
ac libertatis extremos recessus ipse ac sinus famae in
hunc diem defendit, atque omne ignotum pro magnifico
est. Sed nunc terminus Britanniae patet**). Nulla iam
ultra gens, nihil nisi fluctus et saxa, et infestiores Romani,
quorum superbiam frustra per obsequium ac modestiam
effugeris. Raptores orbis, postquam cuncta vastantibus
defuere terrae, iam et mare scrutantur; si locuples hostis
est, avari, si pauper, ambitiosi, quos non Oriens, non
Occidens satiaverit. Soli omnium opes atque inopiam
pari affectu concupiscunt. Auferre, trucidare, rapere falsis
nominibus imperium, atque ubi solitudinem faciunt, pacem
appellant.'

31. 'Liberos cuique ac propinquos suos natura caris-
simos esse voluit. Hi per dilectus alibi servituri auferun-
tur; coniuges sororesque, etiamsi hostilem libidinem effu-
giant, nomine amicorum atque hospitum polluuntur. Bona
fortunaeque in tributum, ager atque annus in frumentum,
corpora ipsa ac manus silvis ac paludibus emuniendis
inter verbera ac contumelias conteruntur. Nata servituti
mancipia semel veneunt, atque ultro a dominis aluntur;
Britannia servitutem suam quotidie emit, quotidie pascit.
Ac sicut in familia recentissimus quisque servorum etiam
conservis ludibrio est, sic in hoc orbis terrarum vetere
famulatu novi nos et viles in excidium petimur. Neque
enim arva nobis aut metalla aut portus sunt, - quibus
exercendis reservemur. Virtus porro ac ferocia subiectorum
ingrata imperantibus; et longinquitas ac secretum ipsum
quo tutius, eo suspectius. Ita sublata spe veniae tandem
sumite animum, tam quibus salus quam quibus gloria
carissima est. Brigantes femina duce exurere coloniam,
expugnare castra, ac, nisi felicitas in socordiam vertisset,
exuere iugum potuere: nos integri et indomiti et in

---

*) *iique* mit Kritz für *eoque*. Wex: *eiusque*.
**) Die Worte: *nunc terminus Britanniae patet*, welche bisher
nach *defendit* standen, sind nach Schoemann hier eingesetzt worden.

Armes Hilfe, weil wir, die Edelsten in ganz Britannien, und zugleich im Herzen des Landes selbst wohnend und frei vom Anblick dienstbarer Ufer[89]), auch das Auge unentweiht noch hatten von der Tyrannei Befleckung. Uns, der Erde Grenzbewohner und der Freiheit letztes Bollwerk, hat eben unsere abgeschiedene Ferne und der bergende Schooß des Rufes bis auf diesen Tag vertheidigt, und alles Unbekannte gilt für groß. Aber jetzt steht Britanniens Grenze offen da. Jenseits ist kein Volk mehr, nichts als Fluthen und Klippen, und feindlicher noch die Römer, deren Uebermuth man vergeblich durch Fügsamkeit und Gehorsam zu entfliehen wähnt. Räuber des Erdkreises, durchsuchen sie, da den Alles verwüstenden das Land gebricht, nun auch das Meer; wenn begütert der Feind ist, sind sie voll Habsucht, ist er arm, voll Ehrsucht, nicht der Orient, nicht der Occident ist sie zu sättigen im Stande. Sie sind die Einzigen unter allen, welche wie der Reichthum, so auch die Armuth mit gleicher Leidenschaft reizt. Plündern, morden, rauben nennen Herrschaft sie mit falschen Namen, und wo so sie eine Wüste schufen, Frieden.“

31. „Kinder und Verwandte als das Theuerste zu achten hat einem Jeden die Natur geboten. Diese werden durch Aushebungen, um anderswo zu dienen, uns entrissen; Gattinnen und Schwestern, entgehen sie auch des Feindes Lüsten, werden von denen geschändet, welche sich Freunde und Gastfreunde nennen. Gut und Vermögen wird zum Zweck der Steuern, der jährliche Ertrag der Felder zu Getreidelieferungen, unsere Leiber selbst und Arme zum Wegebahnen durch Wälder und Sümpfe unter Schlägen und Beschimpfungen verbraucht. Zur Knechtschaft geborene Sklaven kommen Einmal zum Verkauf und werden noch obendrein von ihren Herren ernährt; Britannien kauft täglich seine Knechtschaft, täglich nährt es sie. Ja, wie bei dem Hausgesinde der zuletzt eingetretene Sklav seinen Mitsklaven selbst ein Spott ist, so sind in dieser alten Knechtsgemeinschaft des Erdkreises wir als neu und werthlos dem Verderben bestimmt. Denn nicht Fruchtgefilde, noch Bergwerke oder Häfen besitzen wir, für die man uns zur Arbeit aufbewahren möchte. Ferner sind Tapferkeit und wilder Muth der Unterworfenen bei den Gebietern mißliebig; und gerade die Entfernung und Abgeschiedenheit, je mehr sie schützt, desto verdächtiger. So der Hoffnung auf Schonung beraubt, fasset endlich Muth, ihr sowohl, denen Wohlfahrt, wie ihr, denen Ruhm das Theuerste ist. Die Briganten, unter eines Weibes[90]) Leitung, konnten eine Colonie niederbrennen, ein Lager erobern und, hätte das Glück sie nicht zur Lässigkeit verleitet, das Joch abwerfen: so wollen denn wir, ungeschwächt und unbezwun-

libertatem, non in poenitentiam arma*) laturi, primo statim
congressu ostendamus, quos sibi Caledonia viros seposuerit.'

32. 'An eandem Romanis in bello virtutem quam in
pace lasciviam adesse creditis? Nostris illi dissensionibus
ac discordiis clari vitia hostium in gloriam exercitus sui
vertunt, quem contractum ex diversissimis gentibus ut
secundae res tenent, ita adversae dissolvent, nisi si Gallos
et Germanos et — pudet dictu — Britannorum plerosque,
licet dominationi alienae sanguinem commodent, diutius
tamen hostes quam servos, fide et affectu teneri putatis.
Metus ac terror est, infirma vincla caritatis; quae ubi
removeris, qui timere desierint, odisse incipient. Omnia
victoriae incitamenta pro nobis sunt: nullae Romanos coniuges accendunt, nulli parentes fugam exprobraturi sunt;
aut nulla plerisque patria aut alia est. Paucos numero,
trepidos ignorantia, caelum ipsum ac mare et silvas, ignota
omnia, circumspectantes, clausos quodammodo ac vinctos
dii nobis tradiderunt. Ne terreat vanus aspectus et auri
fulgor atque argenti, quod nec tegit nec vulnerat. In
ipsa hostium acie inveniemus nostras manus: agnoscent
Britanni suam causam, recordabuntur Galli priorem libertatem, deserent illos ceteri Germani, tamquam nuper Usipii
reliquerunt. Nec quicquam ultra formidinis: vacua castella,
senum coloniae, inter male parentes et iniuste imperantes
aegra mancipia et discordantia. Hic dux, hic exercitus;
ibi tributa et metalla et ceterae servientium poenae, quas
in aeternum perferre aut statim ulcisci in hoc campo est.
Proinde ituri in aciem et maiores vestros et posteros cogitate.'

33. Excepere orationem alacres, ut barbaris moris,
cantu fremituque et clamoribus dissonis. Iamque agmina
et armorum fulgores audentissimi cuiusque procursu; simul
instruebatur acies, cum Agricola, quamquam laetum et
vix munimentis coercitum militem accendendum adhuc
ratus, ita disseruit:

'Octavus annus est, commilitones, ex quo virtute et
auspiciis imperii Romani, fide atque opera vestra Britanniam vicistis. Tot expeditionibus, tot proeliis, seu fortitudine

---

*) *arma* nach Wex eingesetzt.

gen und entschlossen, für die Freiheit, nicht für die Reue die Waffen zu tragen, gleich beim ersten Zusammentreffen zeigen, was für Männer Caledonien sich aufbewahrt hat!"

32. „Oder glaubt ihr, daß den Römern ebenso im Kriege Tapferkeit, wie im Frieden Zügellosigkeit eigen sei? Durch unsere Spaltungen und Zwistigkeiten emporgehoben, benutzen sie die Fehler ihrer Feinde zum Ruhme ihres Heeres, welches, aus aller Welt Völkern zusammengezogen, ebenso Unglück auflösen wird, wie Glück nur es zusammenhält; ihr müßtet denn wähnen, daß Gallier und Germanen und, o der Schande! so viele Britannier, obwohl fremder Herrschaft mit ihrem Blute dienend, länger doch Feinde als Sklaven, von Treue und Anhänglichkeit gefesselt werden. Furcht ist es und Schrecken, schwache Bande der Zuneigung; nimm sie hinweg, und die zu fürchten aufgehört, werden anfangen zu hassen. Alle Antriebe zum Siege sind auf unserer Seite: keine Gattinnen entflammen die Römer, keine Eltern werden die Flucht zum Vorwurf machen; die meisten haben entweder gar kein Vaterland, oder ein anderes. Gering an Zahl, zagend aus Unkunde, nach dem Himmel selbst, dem Meere und den Wäldern, lauter unbekannten Dingen, ängstlich spähend, sind sie gleichsam eingeschlossen und gefesselt von den Göttern uns überliefert. Nicht schrecke euch der täuschende Anblick, des Goldes Glanz und des Silbers, das weder schützt noch verwundet. Mitten in der Feinde Schlachtreihe werden wir unsere Schaaren finden: erkennen werden die Britannier ihre eigene Sache, gedenken die Gallier ihrer vorigen Freiheit, entweichen von jenen die übrigen Germanen, wie unlängst die Usipier sie verlassen haben. Und nichts ist weiter dann zu fürchten: entblößt sind die Castelle, Greise in den Colonieen, zwischen übelwollenden Unterthanen und ungerechten Herrschern unpäßliche und zwieträchtige Sklaven. Hier ist ein Feldherr, hier ein Heer; dort Steuern und Bergwerksdienst und die übrigen Knechtesstrafen, die in Ewigkeit zu erdulden oder augenblicklich zu rächen dieses Feld entscheidet. Wohlan denn, so gedenket zum Kampf ausziehend eurer Vorfahren und Nachkommen!"

33. Frohen Muthes nahmen sie die Rede nach Barbarenweise mit Gesang, Getöse und verworrenem Geschrei auf. Schon sah man die Schaaren sich bewegen und die Waffen blinken beim Hervorstürmen der Verwegensten; zugleich ordnete sich der Schlachthaufe, als Agricola, der die wenngleich freudig gestimmten und kaum in den Verschanzungen zurückzuhaltenden Krieger noch anfeuern zu müssen glaubte, also redete:

Das achte Jahr ist es nun, Kampfgenossen, seit ihr unter des Römerreiches Kraft und Walten, mittelst eurer Treue und Bemühung Britannien siegreich bekämpft habt. Auf so vielen Feldzügen, in so vielen Schlachten, mochte es

adversus hostis seu patientia ac labore paene adversus
ipsam rerum naturam opus fuit, neque me militum neque
vos ducis poenituit. Ergo egressi, ego veterum legatorum,
vos priorum exercituum terminos, finem Britanniae non
fama nec rumore, sed castris et armis tenemus. Inventa
Britannia et subacta. Equidem saepe in agmine, cum vos
paludes montesve et flumina fatigarent, fortissimi cuiusque
voces audiebam: 'quando dabitur hostis, quando acies?'
Veniunt, e latebris suis extrusi, et vota virtusque in aperto,
omniaque prona victoribus, atque eadem victis adversa.
Nam ut superasse tantum itineris, silvas evasisse, transisse
aestuaria pulchrum ac decorum in frontem, ita fugientibus
periculosissima quae hodie prosperrima sunt. Neque enim
nobis aut locorum eadem notitia aut commeatuum eadem
abundantia, sed manus et arma, et in his omnia. Quod
ad me attinet, iam pridem mihi decretum est neque exercitus neque ducis terga tuta esse. Proinde et honesta
mors turpi vita potior, et incolumitas ac decus eodem
loco sita sunt; nec inglorium fuerit in ipso terrarum ac
naturae fine cecidisse.'

34. 'Si novae gentes atque ignota acies constitisset,
aliorum exercituum exemplis vos hortarer: nunc vestra
decora recensete, vestros oculos interrogate. Hi sunt,
quos proximo anno unam legionem furto noctis aggressos
clamore debellastis; hi ceterorum Britannorum fugacissimi,
ideoque tam diu superstites. Quo modo silvas saltusque
penetrantibus fortissimum quodque animal contra ruere,
pavida et inertia ipso agminis sono pellebantur, sic acer-
rimi Britannorum iam pridem ceciderunt, reliquus est
numerus ignavorum et metuentium. Quos quod tandem
invenistis, non restiterunt, sed deprehensi sunt; novissimae
res et extremus metus corpora defixere [aciem*] in his
vestigiis, in quibus pulchram et spectabilem victoriam
ederetis. Transigite cum expeditionibus, imponite quinquaginta annis magnum diem, approbate rei publicae
numquam exercitui imputari potuisse aut moras belli aut
causas rebellandi.'

---

*) In den Hdschrr. steht: *et extremo metu corpora defixere aciem.*

der Tapferkeit wider den Feind, oder der Ausdauer und Anstrengung fast wider die Natur selbst bedürfen, brauchte weder ich mich der Soldaten, noch brauchtet ihr des Feldherrn euch zu schämen. So sind wir denn hinaus-geschritten, ich über früherer Legaten, ihr über voriger Heere Ziel, und stehen, nicht der Sage und dem Gerüchte nach, sondern mit dem Lager und den Waffen auf Britanniens Grenze. Entdeckt ist nun Britannien und auch be-zwungen. Oftmals hörte ich ja auf dem Marsche, wenn euch Sümpfe oder Berge und Flüsse ermüdeten, alle Tapfern rufen: „Wann wird's Feinde geben, wann eine Schlacht?" Da kommen sie nun, aus ihren Schlupfwin-keln herausgedrängt, und freie Bahn habt ihr mit euren Wünschen und eurer Tapferkeit; rasch führt die Sieger Alles vorwärts, sowie Alles feindlich sich gestaltet für Besiegte. Denn wie solche Märsche bestanden, Waldungen durch-drungen, Flußlager durchwadet zu haben, rühmlich ist und ehrenvoll nach vorwärts, so bringt, was ein so günstiges Ansehen heute noch hat, den Fliehen-den die äußerste Gefahr. Nicht besitzen wir ja dieselbe Ortskenntniß, noch an Zufuhr denselben Ueberfluß, sondern Arme nur und Waffen, und in diesen Alles. Was mich betrifft, so stand es schon längst fest bei mir, daß weder für das Heer noch für den Feldherrn Rückzug sicher sei. So ist denn ehren-voller Tod schmachvollem Leben vorzuziehn, und Rettung und Ehre finden wir auf derselben Stätte; ja, nicht rühmlos wäre es, an der äußersten Grenze der Erde und Natur zu fallen."

34. „Ständen uns neue Völker und eine uns fremde Schlachtordnung gegenüber, so würde ich andrer Heere Beispiele euch zur Ermuthigung nennen; so aber gedenket nur eurer eigenen Lorbeeren, fragt eure eigenen Augen. Es sind die Leute, welche ihr im vorigen Jahre, als sie heimlich in der Nacht eine einzige Legion angriffen, mit dem bloßen Schlachtgeschrei besiegt habt, sie, unter allen übrigen Britanniern die feigsten Flüchtlinge, und deshalb nur so lange noch am Leben. Wie uns, als wir in Wälder und Schluchten eindrangen, die muthigsten Thiere entgegenstürzten, während die furchtsamen und feigen schon durch des Zuges bloßen Schall verscheucht wurden, so sind die tapfersten Britannier schon längst gefallen, übrig ist ein Haufe von Feigen und Furchtsamen. Daß ihr sie endlich gefunden habt, geschah nicht, weil sie zum Widerstand Halt machten, sondern weil sie ertappt worden: die schreck-lichste Noth und die äußerste Furcht haben ihre Leiber auf diese Stätte fest-gebannt, daß ihr hier einen schönen und glänzenden Sieg erringen solltet. So schließet denn ab mit euren Feldzügen, krönet fünfzig Jahre⁹¹) mit einem großen Tage, beweiset dem Vaterlande, daß die lange Dauer des Krieges und des Kampfes stete Erneuerung nie des Heeres Schuld gewesen sei."

35. Et alloquente adhuc Agricola militum ardor eminebat, et finem orationis ingens alacritas consecuta est, statimque ad arma discursum. Instinctos ruentesque ita disposuit, ut peditum auxilia, quae octo milium erant, mediam aciem firmarent, equitum tria milia cornibus affunderentur. Legiones pro vallo stetere, ingens victoriae decus citra Romanum sanguinem bellanti, et auxilium, si pellerentur. Britannorum acies in speciem simul ac terrorem editioribus locis constiterat ita, ut primum agmen in aequo, ceteri per acclive iugum connexi velut insurgerent; media campi covinnarius eques strepitu ac discursu complebat. Tum Agricola superante hostium multitudine veritus, ne simul in frontem, simul in*) latera suorum pugnaretur, diductis ordinibus, quamquam porrectior acies futura erat, et arcessendas plerique legiones admonebant, promptior in spem et firmus adversis, dimisso equo pedes ante vexilla constitit.

36. Ac primo congressu eminus certabatur; simulque constantia, simul arte Britanni ingentibus gladiis et brevibus cetris missilia nostrorum vitare vel excutere, atque ipsi magnam vim telorum superfundere, donec Agricola Batavorum cohortes ac Tungrorum duas cohortatus est, ut rem ad mucrones ac manus adducerent; quod et ipsis vetustate militiae exercitatum et hostibus inhabile, parva scuta et enormes gladios gerentibus. Nam Britannorum gladii sine mucrone complexum armorum et in arto pugnam non tolerabant. Igitur ut Batavi miscere ictus, ferire umbonibus, ora foedare, et stratis qui in aequo adstiterant, erigere in colles aciem coepere, ceterae cohortes aemulatione et impetu connisae proximos quosque caedere; ac plerique seminecs aut integri festinatione victoriae relinquebantur. Interim equitum turmae, ut fugere covinnarii, peditum se proelio miscuere, et quamquam recentem terrorem intulerant, densis tamen hostium agminibus et inaequalibus locis haerebant; minimeque aequa nostris

*) *simul et* die Hdschrr.

35. Noch während Agricola zu ihnen sprach, trat die Kampflust der Soldaten hervor, und dem Ende der Rede folgte laut jauchzende Bewegung, und augenblicklich eilte man zu den Waffen. Die begeisterungsvoll Herbeistürmenden ordnete er so, daß die Hilfstruppen des Fußvolks, die aus achttausend Mann bestanden, ein festes Mitteltreffen bildeten, die der Reiterei, dreitausend an der Zahl, sich an die Flanken warfen. Die Legionen blieben vor dem Walle stehn, zu des Sieges glorreicher Verherrlichung, gewann er ihn ohne Römerblut, zur Unterstützung, würden jene geschlagen. Der Britannier Schlachtordnung war, zur Schau zugleich und zum Schrecken, auf Anhöhen also aufgestellt, daß das Vordertreffen auf der Ebene stand, die Uebrigen längs dem Abhange des Höhenzuges wie in Einer Kette sich erhoben; des Feldes Mitte füllten in lärmendem Durcheinanderjagen die wagenlenkenden Reisigen. Da ließ Agricola, wegen des Feindes überlegener Menge besorgt, es möchten zugleich von vorn und zugleich von den Flanken der die Seinen angegriffen werden, die Reihen weiter auseinandertreten, obschon die Schlachtlinie so sich zu sehr ausdehnen mußte, und viele die Legionen herbeizuholen rieten, und stellte sich selbst immer der Hoffnung mehr zugewandt und fest in Gefahr, sein Pferd weggebend, zu Fuß vor die Fahnen.

36. Beim ersten Anrücken ward nun aus der Ferne gestritten; mit ebenso großer Kaltblütigkeit als Geschicklichkeit wußten die Britannier mittelst ihrer ungeheueren Schwerter und kurzen Schilde den Wurfgeschossen der Unsrigen auszuweichen oder sie abzuschlagen, und uns dann sogar selbst mit einem Pfeilregen zu überschütten, bis Agricola die batavischen und zwei tungrische[92]) Cohorten aufrief, zur Degenspitze und zum Handgemenge überzugehen, worin sie durch langen Dienst geübt, die Feinde aber, da sie kleine Schilde und unförmlich große Schwerter führten, ungeschickt waren. Denn die spitzenlosen Schwerter der Britannier hielten, wenn man Mann gegen Mann und in engem Raume stritt, nicht aus. Als daher die Bataver einhieben, mit den Schildbuckeln darauf los stießen, die Gesichter übel zurichteten und, nachdem sie die auf der Ebene ihnen gegenüber Stehenden niedergestreckt, die Hügel hinanzurücken begannen, da stürmten die übrigen Cohorten in Wetteifer und im Sturmschritt los und hieben alle ihnen zunächst Stehenden nieder; ja gar viele wurden in der Hast des Sieges halbtodt oder selbst unverwundet von ihnen liegen gelassen. Inzwischen mischten sich die Reitergeschwader[93]), als die Wagenkämpfer die Flucht ergriffen hatten, in den Kampf des Fußvolks, und obschon sie einen plötzlichen Schrecken verursacht hatten, wurden sie doch durch die dichtgedrängten feindlichen Schaaren[94]) und des Bodens Unebenheit gehemmt; und keineswegs hatte sich jetzt für die Unsrigen der

iam pugnae facies erat *), cum aegre clivo instantes **) simul equorum corporibus impellerentur; ac saepe vagi currus, exterriti sine rectoribus equi, ut quemque formido tulerat, transversos aut obvios incursabant.

37. Et Britanni, qui adhuc pugnae expertes summa collium insederant et paucitatem nostrorum vacui spernebant, degredi paulatim et circumire terga vincentium coeperant, ni id ipsum veritus Agricola quattuor equitum alas, ad subita belli retentas, venientibus opposuisset, quantoque ferocius accucurrerant, tanto acrius pulsos in fugam disiecisset. Ita consilium Britannorum in ipsos versum, transvectaeque praecepto ducis a fronte pugnantium alae aversam hostium aciem invasere. Tum vero patentibus locis grande et atrox spectaculum: sequi, vulnerare, capere, atque eosdem, oblatis aliis, trucidare. Iam hostium, prout cuique ingenium erat, catervae armatorum paucioribus terga praestare, quidam inermes ultro ruere ac se morti offerre; passim arma et corpora et laceri artus et cruenta humus, et aliquando etiam victis ira virtusque. Postquam silvis appropinquaverunt, collecti primos sequentium, incautos et locorum ignaros ***), circumveniebant. Quod ni frequens ubique Agricola validas et expeditas cohortes indaginis modo, et, sicubi artiora erant, partem equitum dimissis equis, simul rariores silvas equitem persultare iussisset, acceptum aliquod vulnus per nimiam fiduciam foret. Ceterum ubi compositos firmis ordinibus sequi rursus videre, in fugam versi, non agminibus, ut prius, nec alius alium respectantes; rari et vitabundi in vicem longinqua atque avia petiere. Finis sequendi nox et satietas fuit. Caesa hostium ad decem milia; nostrorum trecenti sexaginta cecidere, in quis Aulus Atticus, praefectus cohortis, iuvenili ardore et ferocia equi hostibus illatus.

38. Et nox quidem gaudio praedaque laeta victoribus.

---

*) So nach Wex für das handschriftliche: *mieque equestres ea enim pugnae facies erat.*

**) Die handschriftl. Lesart ist: *egra diu aut stante.*

***) *ite primos sequentium incautos collecti et locorum ignari* die Hdschrr.

Kampf günstig gestaltet, da sie, während sie nur mit Noth die Anhöhe hin-
aufdrangen, zugleich von den Leibern der Rosse weggedrängt wurden; und
oft stürmten unberschweifende Wagen, scheue, ihrer Reiter ledige Pferde, wie
jedes die Furcht trieb, von der Seite oder von vorn auf sie[95]) los.

37. Die Britannier, welche, bis jetzt noch nicht an der Schlacht theil-
nehmend, die Höhen der Hügel besetzt hatten und die geringe Zahl der
Unsrigen sorglos verachteten, wollten, allmählich herabziehend, die Sieger[96])
schon im Rücken umgeben, hätte nicht Agricola, dieses gerade befürchtend,
vier gegen unvermuthete Vorfälle als Rückhalt aufgestellte Reitergeschwader
den Anrückenden entgegengeworfen und sie, je ungestümer sie herangestürmt
kamen, desto heftiger zurückgeschlagen und in die Flucht gesprengt. So nun
wurde der Anschlag der Britannier gegen sie selbst gekehrt, indem die Reitergeschwader auf Befehl des Feldherrn vor der Fronte der Kämpfenden her-
umschwenkten und die Schlachtlinie der Feinde im Rücken angriffen. Da sah
man auf der weiten Ebene ein großartiges und furchtbares Schauspiel:
nachsetzen, verwunden, Gefangene machen, und diese, kamen andere in den
Wurf, ermorden. Bald, wie gerade eines Jeden Natur es mit sich brachte,
ergriffen ganze Schaaren der Feinde mit den Waffen in der Hand vor We-
nigeren die Flucht, Manche waffenlos stürzten sich freiwillig dem Tode in
die Arme; allenthalben Waffen und Leichen und verstümmelte Gliedmaßen
und blutiges Erdreich; nicht selten auch bei den Besiegten noch Wuth und
Tapferkeit. Als sie sich den Wäldern genähert hatten, sammelten sie sich und
umzingelten die ersten der unvorsichtigen und der Gegend nicht kundigen
Verfolger. Hätte nicht Agricola, überall selbst bei der Hand, kräftige und
leichtgerüstete Cohorten nach Art eines Jagdtreibens ausziehen und, wo
dichtere Waldung war, einen Theil der Reiter absitzen, die lichteren Stellen
aber zu Pferde durchstreifen lassen, so würde man aus übergroßer Zuversicht
noch einen nicht unbedeutenden Verlust erlitten haben. Als sie aber in Ordnung wieder und in geschlossenen Gliedern die Verfolgenden erblickten,
wandten sie sich zur Flucht, nicht mehr in Haufen wie zuvor, noch Einer nach
dem Andern sich umschauend; einzeln und sich gegenseitig ausweichend suchten
sie entfernte und abgelegene Gegenden zu erreichen. Ein Ende der Verfolgung machte die Nacht und der Ueberdruß. Getödtet waren von Feindes
Seite an zehntausend; von den Unsrigen fielen dreihundert und sechszig,
unter ihnen Aulus Atticus, der Präfect einer Cohorte, den jugendliche Hitze
und seines Pferdes Wildheit mitten unter die Feinde geführt.

38. Die Nacht nun war für die triumphirenden und der Beute sich

Britanni palantes mixtoque virorum mulierumque ploratu trahere vulneratos, vocare integros, deserere domos ac per iram ultro incendere, eligere latebras et statim relinquere, miscere in vicem consilia aliqua, deinde separare; aliquando frangi aspectu pignorum suorum, saepius concitari: satisque constabat saevisse quosdam in coniuges ac liberos, tamquam misererentur. Proximus dies faciem victoriae latius aperuit: vastum ubique silentium, secreti*) colles, fumantia procul tecta, nemo exploratoribus obvius. Quibus in omnem partem dimissis, ubi incerta fugae vestigia neque usquam conglobari hostes compertum, et exacta iam aestate spargi bellum nequibat, in finis Borestorum exercitum deducit. Ibi acceptis obsidibus, praefecto classis circumvehi Britanniam praecipit. Datae ad id vires, et praecesserat terror. Ipse peditem atque equites lento itinere, quo novarum gentium animi ipsa transitus mora terrerentur, in hibernis locavit. Et simul classis secunda tempestate ac fama Trutulensem portum tenuit, unde proximo Britanniae latere lecto omni redierat.

39. Hunc rerum cursum, quamquam nulla verborum iactantia epistolis Agricolae auctum, ut Domitiano moris erat, fronte laetus, pectore anxius excepit. Inerat conscientia derisui fuisse nuper falsum e Germania triumphum, emptis per commercia, quorum habitus et crinis in captivorum speciem formarentur; at nunc veram magnamque victoriam tot milibus hostium caesis ingenti fama celebrari. Id sibi maxime formidolosum, privati hominis nomen supra principis attolli; frustra studia fori et civilium artium decus in silentium acta, si militarem gloriam alius occuparet; cetera utcumque facilius dissimulari, ducis boni imperatoriam virtutem esse. Talibus curis exercitus, quodque saevae cogitationis indicium erat, secreto suo satiatus, optimum in praesentia statuit reponere odium,

---

*) *deserti* Ernesti.

freuenden Sieger mit Jubel erfüllt. Die Britannier, umberirrend, Männer und Weiber ihren Klageruf vermischend, schleppten Verwundete fort, riefen den Unverwundeten zu, verließen ihre Wohnungen und steckten in der Wuth sie selbst in Brand, suchten sich Schlupfwinkel aus und verließen sie im selbigen Augenblicke, überlegten gemeinsam dies und jenes, dann wieder für sich ein jeder: bisweilen brach ihnen das Herz beim Anblick ihrer Lieben, öfter entflammte er sie zur Wuth; und es war bekannt genug, daß Einige, wie aus Erbarmen, gegen Weib und Kind wütheten. Der folgende Tag er- öffnete erst weiter umher des Sieges ganzen Anblick: öde Stille überall, vereinsamte Hügel, rauchende Hütten in der Ferne, keine Seele auf den Wegen der Kundschafter. Da man durch diese, die nach allen Richtungen waren ausgesendet worden, in Erfahrung brachte, daß unbestimmt die Spu- ren der Flucht seien und nirgends sich der Feind zusammenrotte, Vereinzelung des Kampfes aber nach des Sommers Ablauf nicht mehr thunlich war, so führte er das Heer in der Borester[7] Land. Nachdem er hier Geiseln empfangen, befahl er dem Präfecten der Flotte, um Britannien herum zu schiffen. Es wurde dazu die nöthige Mannschaft mitgegeben, und Schrecken war schon vorangeeilt. Er selbst vertheilte Fußvolk und Reiter in langsamen Märschen, um schon durch die bloße Dauer des Durchzugs die neubezwunge- nen Stämme zu schrecken, in die Winterquartiere. Da lief auch schon die Flotte, vom Wetter, wie vom Rufe begünstigt, in den trutulensischen Hafen[**] ein, indem sie, Britanniens nächste Küste von hier aus ganz umsahrend, ebendahin auch wieder beimgesegelt war.

39. Diesen Thatenlauf, wiewohl er durch keinen Wortprunk in Agricola's Berichten übertrieben worden war, vernahm Domitianus, nach seiner Weise, mit heiterer Stirn, beklommenem Herzen. Mußte er sich doch dabei bewußt sein, wie unlängst erst zum Gespött geworden sein über Germanien erdichte- ter Triumph[9*], indem er Leute erhandelt hatte, um durch Kleidung und Haar ihnen das Ansehn von Gefangenen zu geben, während jetzt ein wahrer und bedeutender Sieg nach Erlegung so vieler tausend Feinde weit und breit vom Rufe verherrlicht werde. Das habe er am meisten zu fürchten, wenn eines Privatmanns Name über den des Fürsten erhoben würde; umsonst seien des Forums Leben und die Künste, die den Bürger zieren, zum Schweigen gebracht, wenn den Kriegsruhm sich ein Anderer aneigne; über alles Andere könne man allenfalls leichter hinwegsehen, aber ein tüchtiger Feldherr habe Imperatorskraft. Von solchen Sorgen beunruhigt und, was immer grausame Gedanken bei ihm verrieth, sich seinem Hange zur Einsam- keit hingebend, hielt er im Augenblick für's beste, seinen Haß ruhen zu

12*

donec impetus famae et favor exercitus languesceret; nam etiam tum Agricola Britanniam obtinebat.

40. Igitur triumphalia ornamenta et illustris statuae honorem, et quicquid pro triumpho datur, multo verborum honore cumulata, decerni in senatu iubet, addique insuper opinionem, Syriam provinciam Agricolae destinari, vacuam tum morte Atilii Rufi consularis et maioribus reservatam. Credidere plerique libertum ex secretioribus ministeriis missum ad Agricolam codicillos, quibus ei Syria dabatur, tulisse, cum praecepto, ut, si in Britannia foret, traderentur, eumque libertum in ipso freto Oceani obvium Agricolae, ne appellato quidem eo ad Domitianum remeasse, sive verum istud, sive ex ingenio principis fictum ac compositum est. Tradiderat interim Agricola successori suo provinciam quietam tutamque. Ac ne notabilis celebritate et frequentia occurrentium introitus esset, vitato amicorum officio noctu in urbem, noctu in Palatium, ita ut praeceptum erat, venit, exceptusque brevi osculo et nullo sermone turbae servientium immixtus est. Ceterum uti militare nomen, grave inter otiosos, aliis virtutibus temperaret, tranquillitatem atque otium penitus auxit, cultu modicus, sermone facilis, uno aut altero amicorum comitatus, adeo uti plerique, quibus magnos viros per ambitionem aestimare mos est, viso aspectoque Agricola quaererent famam, pauci interpretarentur.

41. Crebro per eos dies apud Domitianum absens accusatus, absens absolutus est. Causa periculi non crimen ullum aut querela laesi cuiusquam, sed infensus virtutibus princeps et gloria viri ac pessimum inimicorum genus, laudantes. Et ea insecuta sunt rei publicae tempora, quae sileri Agricolam non sinerent: tot exercitus in Moesia Daciaque et Germania et Pannonia temeritate aut per ignaviam ducum amissi, tot militares viri*) cum tot cohortibus expugnati et capti; nec iam de limite imperii et ripa, sed de hibernis legionum et possessione dubitatum. Ita cum damna damnis continuarentur atque omnis

_____

*) vici Gronov.

laffen, bis des Rufes erste Begeisterung und des Heeres Gunst anfinge zu erkalten: denn noch hatte Agricola Britannien.

40. Triumphschmuck [100]) also, eine lorbeerbekränzte Ehrenstatue und was statt des Triumphes sonst noch bewilligt wird, ließ er ihm unter einem Schwall von ehrenden Ausdrücken im Senate ertheilen, und dabei auch noch die Vermuthung verbreiten, Syrien sei als Provinz für Agricola bestimmt, welches, erledigt damals durch den Tod des Consularen Atilius Rufus, bedeutenderen Männern vorbehalten war. Gar viele sind der Ueberzeugung gewesen, ein Freigelassener aus der vertrauteren Diener Zahl sei an Agricola gesandt worden und habe das Handschreiben, worin ihm Syrien über= tragen wurde, bei sich geführt, mit der Weisung, wenn er noch in Britannien wäre, es ihm einzuhändigen, und eben dieser Freigelassene sei dem Agricola gerade im Kanal begegnet und, ohne ihn nur zu grüßen, zu Domitianus zurückgekehrt, mag das nun wahr oder im Geiste des Fürsten ersonnen und erdichtet sein. Inzwischen hatte Agricola die Provinz seinem Nachfolger [101]) in völliger Ruhe und Sicherheit übergeben. Und damit sein Einzug nicht durch Glanz und Menge der Entgegenkommenden Aufsehn erregte, wich er der Bewillkommnung seiner Freunde aus und kam Nachts in die Stadt, Nachts in den Palast, wie ihm befohlen war, woselbst er mit einem flüch= tigen Kusse [102]) empfangen und ohne ein Wort nur zu vernehmen, sich im Schwarme der Hofschranzen verlor. Um jedoch seinen Kriegsruhm, den für Friedsame so drückenden, durch andere Tugenden zu mildern, führte er ein im höchsten Grade ruhiges und stilles Leben, in seinem äußeren Auftreten anspruchslos, zugänglich im Gespräch, nur von einem oder dem andern seiner Freunde begleitet, so daß gar viele, die große Männer nach der Umgebung Glanz zu messen pflegen, wenn sie Agricola sahen und betrachteten, nach seinem Rufe fragten, wenige nur ihn sich erklären konnten.

41. Häufig wurde er in diesen Tagen vor Domitianus abwesend ange= klagt, abwesent freigesprochen. Was Gefahr ihm brachte, war keine Be= schuldigung oder Klage von Seiten irgend eines Beleidigten, sondern des Fürsten Haß gegen Verdienst, der Ruhm des Mannes selbst und die schlimmste Klasse von Feinden, die Lobredner. Und es folgte ja auch eine Zeit für den Staat, die von Agricola zu schweigen nicht gestattete: so viele Heere in Mösien und in Dacien, in Germanien und Pannonien [103]) gingen durch Unbesonnenheit oder Feigheit der Feldherrn verloren, so viele kriegs= erfahrene Männer mußten mit so vielen Cohorten sich ergeben und gefangen nehmen lassen; und schon war man nicht mehr blos für Grenzwälle und und Ufer [104]) des Reichs, sondern für die Winterläger der Legionen und den Besitz selbst in Sorgen. Als sich so daher Verlust an Verlust reihte und

annus funeribus et cladibus insigniretur, poscebatur ore
vulgi dux Agricola, comparantibus cunctis vigorem et
constantiam et expertum bellis animum cum inertia et
formidine ceterorum*). Quibus sermonibus satis constat
Domitiani quoque aures verberatas, dum optimus quisque
libertorum amore et fide, pessimi malignitate et livore
pronum deterioribus principem exstimulabant. Sic Agricola simul suis virtutibus, simul vitiis aliorum in ipsam
gloriam praeceps agebatur.

42.   Aderat iam annus, quo proconsulatum Asiae et
Africae sortiretur, et occiso Civica nuper nec Agricolae
consilium deerat nec Domitiano exemplum.   Accessere
quidam cogitationum principis periti, qui iturusne esset
in provinciam ultro Agricolam interrogarent.   Ac primo
occultius quietem et otium laudare, mox operam suam in
approbanda excusatione offerre, postremo non iam obscuri
suadentes simul terrentesque pertraxere ad Domitianum.
Qui paratus simulatione, in arrogantiam compositus et
audiit preces excusantis et, cum annuisset, agi sibi gratias
passus est, nec erubuit beneficii invidia.   Salarium tamen,
proconsulari solitum offerri et quibusdam a se ipso concessum, Agricolae non dedit, sive offensus non petitum,
sive ex conscientia, ne, quod vetuerat, videretur emisse.
Proprium humani ingenii est odisse quem laeseris; Domitiani vero natura, praeceps in iram, et quo obscurior,
eo inrevocabilior, moderatione tamen prudentiaque Agricolae leniebatur, quia non contumacia neque inani iacta-
tione libertatis famam fatumque provocabat.   Sciant, quibus moris est illicita mirari, posse etiam sub malis
principibus magnos viros esse, obsequiumque ac modestiam,
si industria ac vigor adsint, eo laudis excedere, quo plerique per abrupta, sed in nullum rei publicae usum, ambi-
tiosa morte inclaruerunt.

43.   Finis vitae eius nobis luctuosus, amicis tristis,
extraneis etiam ignotisque non sine cura fuit.   Vulgus

*) ceterorum II. Grotius für eorum.

bedeutenderer Männer Tod und große Niederlagen jedes Jahr[105]) bezeichneten, da verlangte die Stimme des Volks Agricola zum Feldherrn, indem
Jedermann seine Kraft, seine Festigkeit, seinen in Kriegen erprobten Muth
mit der Schlaffheit und Furchtsamkeit aller Uebrigen verglich. Hinreichend
bekannt ist, daß solche Reden auch des Domitianus Ohren empfindlich ver-
letzten, indem die besten seiner Freigelassenen aus Liebe und Treue, die
schlechtesten aus Bosheit und Neid den dem Schlechteren immer geneigten
Fürsten dadurch anreizten. So öffnete sich für Agricola durch seine eigenen
Tugenden sowohl als durch die Laster Anderer in seinem eigenen Ruhme
des Verderbens Abgrund.

42. Schon war das Jahr[106]) gekommen, wo er um das Proconsulat von
von Asien und Afrika loosen sollte, und Civica's[107]) neuliche Ermordung ließ
es weder dem Agricola an Warnung, noch dem Domitianus an einem Beispiel fehlen. Da näherten sich Einige, die um des Fürsten Gedanken wußten,
geradezu den Agricola zu fragen, ob er wol in die Provinz gehen würde.
Und anfangs preisen sie versteckter seine Ruhe und seine Muße, dann bieten
sie ihm ihre Dienste zur Unterstützung seiner Ablehnung an, endlich, ihre
Absicht nicht mehr bemäntelnd, nöthigen sie rathend zugleich und schreckend
ihn zu Domitianus hin. Dieser, ein Meister in der Verstellung, hörte seine
Hoheitsmiene annehmend die Bitten des Ablehnenden an und ließ, als er
Gewährung zugenickt, sich noch Dank sagen, ohne zu erröthen über das Ge-
hässige seiner Gnade. Das Ehrengeschenk jedoch, das einem Proconsularen
geboten zu werden pflegt und das Einigen von ihm selbst auch bewilligt
worden war, gab er dem Agricola nicht, vielleicht beleidigt, daß er nicht
darum ersucht war, vielleicht aus schuldbewußter Consequenz, daß, was er
selbst nicht gewollt, er nicht erkauft zu haben schiene. Eigen ist es der
menschlichen Natur, den zu hassen, welchen man beleidigt hat; des Domitians
jähzorniger Sinn war vollends, je versteckter, so auch desto unversöhnlicher;
allein die Mäßigung und Klugheit Agricola's besänftigte ihn, weil derselbe
nicht durch Trotz und leere Freiheitsprahlerei, um Nachruhm zu erzwingen,
das Schicksal herausforderte. Ja, wissen mögen alle, welche gesetzwidrige
Handlungen zu bewundern pflegen, daß auch unter bösen Fürsten große
Männer leben können, und daß Fügsamkeit und Bescheidenheit, wenn Thätigkeit und Kraft dabei nicht fehlen, zu eben dem und höherem Ruhme gelangen,
wodurch so viele auf gefährlichem Wege, aber ohne irgendwie dem Staate
damit zu nützen, mit einem prahlerischen Tode sich einen Namen gemacht
haben.

43. Das Ende seines Lebens[108]), für uns schmerzlich, für Fremde be-
trübend, blieb selbst bei Fernerstehenden und Unbekannten nicht ohne Theil-

quoque et hic aliud agens populus et ventitavere ad
domum et per fora et circulos locuti sunt, nec quisquam
audita morte Agricolae aut laetatus est aut statim oblitus.
Et augebat miserationem constans rumor veneno interceptum. Nobis nihil comperti, quod*) affirmare ausim.
Ceterum per omnem valitudinem eius, crebrius quam ex
more principatus per nuntios visentis, et libertorum primi
et medicorum intimi venere, sive cura illud sive inqui-
sitio erat. Supremo quidem die momenta ipsa deficientis
per dispositos cursores nuntiata constabat, nullo credente
sic accelerari, quae tristis audiret. Speciem tamen doloris
animo vultuque prae se tulit, securus iam odii, et qui
facilius dissimularet gaudium quam metum. Satis constabat lecto testamento Agricolae, quo coheredem optimae
uxori et piissimae filiae Domitianum scripsit, laetatum eum
velut honore iudicioque. Tam caeca et corrupta mens
assiduis adulationibus erat, ut nesciret a bono patre non
scribi heredem nisi malum principem.

44. Natus erat Agricola Caio Caesare tertium consule idibus Iuniis; excessit quarto et quinquagesimo anno,
decimo kalendas Septembris Collega Priscoque consulibus.
Quod si habitum quoque eius posteri noscere velint, de-
centior quam sublimior fuit; nihil metus et impetus in
vultu: gratia oris supererat. Bonum virum facile crederes,
magnum libenter. Et ipse quidem, quamquam medio in
spatio integrae aetatis ereptus, quantum ad gloriam,
longissimum aevum peregit. Quippe et vera bona, quae
in virtutibus sita sunt, impleverat, et consulari ac trium-
phalibus ornamentis praedito quid aliud adstruere fortuna
poterat? Opibus nimiis non gaudebat: speciosae con-
tigerant. Filia atque uxore superstitibus potest videri
etiam beatus incolumi dignitate, florente fama, salvis
affinitatibus et amicitiis futura effugisse. Nam sicuti
durare in hanc beatissimi saeculi lucem ac principem
Traianum videre quodam augurio votisque apud nostras

*) *quod* fehlt in den Hdschrr.; Andere setzen *ut* ein.

nahme. Selbst der Pöbel und dieses gleichgültige Volk sammelte sich oft vor seinem Hause und sprach von ihm auf den Plätzen und in Gruppen umher, und es war gewiß Niemand, der bei der Nachricht von dem Tode Agricola's sich gefreut oder sogleich ihn vergessen hätte. Ja, vermehrt wurde das Bedauern durch das stehende Gerücht, es habe Gift ihn hingerafft. Wir brachten nichts darüber in Erfahrung, was ich zu behaupten wagen möchte. Doch während seiner ganzen Krankheit kamen, häufiger als es des Hofes Sitte ist, der durch Boten sich erkundigt, die vornehmsten Freigelassenen und die vertrautesten Aerzte: war das nun Theilnahme oder Kundschaftung. Am letzten Tage wenigstens wurden, wie man wußte, die Stadien des Todeskampfes durch ausgestellte Eilboten[109]) gemeldet, und Niemand konnte glauben wollen, daß man mit etwas, was er mit Betrübniß hätte vernehmen können, sich so beeilt haben würde. Dennoch trug er den Schein des Schmerzes in Stimmung und Miene zur Schau, von nun an frei von seines Hasses Sorge, und leichter Freude überhaupt als Furcht verhehlend. Es war bekannt genug, daß, als er das Testament Agricola's gelesen, in welchem dieser zum Miterben seiner trefflichen Gemahlin und zärtlich liebenden Tochter den Domitianus gemacht hatte, er sich darüber gefreut habe, gleich als sei es ihm zur Ehre und aus Ueberzeugung geschehen. So blind und verderbt von unaufhörlichen Schmeicheleien war sein Geist, daß er nicht wußte, es werde von einem guten Vater nur ein böser Fürst zum Erben eingesetzt[110]).

44. Geboren war Agricola unter Cajus Cäsars drittem Consulat[111]) am dreizehnten Junius; er starb im vierundfünfzigsten Jahre, am dreiundzwanzigsten August, unter dem Consulat des Collega und Priscus. Wünscht die Nachwelt vielleicht auch sein Aeußeres zu kennen, so war es mehr edel als imponirend; nichts Furchterweckendes und Energieverrathendes lag in seinem Blicke, unbeschreibliche Anmuth in seinen Zügen. Den guten Mann erkannte man leicht, den großen gern. Er für seine Person hat, wiewohl er mitten in seinen besten Jahren weggerafft wurde, was den Ruhm anlangt, das fernste Lebensziel erreicht. Besaß er doch von wahren Gütern, die auf Tugenden sich gründen, das vollste Maaß, und das Glück, — was konnte es dem Consularen und dem mit den Triumphinsignien Geschmückten noch mehr gewähren? An übermäßigem Vermögen hatte er keine Freude; ansehnliches war ihm zu Theil geworden. Da Tochter und Gattin ihn überlebten, kann er sogar glücklich erscheinen, daß bei ungeschmälerter Würde, unverwelktem Ruhme, ungefährdet Verwandte und Freunde sehend, der Zukunft er entging. Denn wenn er auch die Ahnung, den Glanz dieser so beglückten Zeit zu erleben und als Fürsten den Trajanus zu sehen, mit einer Art weissagenden Wunsches gegen uns zu äußern pflegte, so ward ihm doch

auris ominabatur, ita festinatae mortis grande solacium tulit evasisse postremum illud tempus, quo Domitianus non iam per intervalla ac spiramenta temporum, sed continuo et velut uno ictu rem publicam exhausit.

45. Non vidit Agricola obsessam curiam et clausum armis senatum, et eadem strage tot consularium caedes, tot nobilissimarum feminarum exilia et fugas. Una adhuc victoria Carus Metius censebatur, et intra Albanam arcem sententia Messalini strepebat, et Massa Baebius tum reus erat. Mox nostrae duxere Helvidium in carcerem manus, nos Maurici Rusticique visus, nos innocenti sanguine Senecio perfudit. Nero tamen subtraxit oculos suos iussitque scelera, non spectavit; praecipua sub Domitiano miseriarum pars erat videre et aspici, cum suspiria nostra subscriberentur, cum denotandis tot hominum palloribus sufficeret saevus ille vultus et rubor, quo se contra pudorem muniebat.

Tu vero felix, Agricola, non vitae tantum claritate, sed etiam opportunitate mortis. Ut perhibent qui interfuerunt novissimis sermonibus tuis, constans et libens fatum excepisti, tamquam pro virili portione innocentiam principi donares. Sed mihi filiaeque eius praeter acerbitatem parentis erepti auget maestitiam, quod assidere valitudini, fovere deficientem, satiari vultu complexuque non contigit. Excepissemus certe mandata vocesque, quas penitus animo figeremus. Noster hic dolor, nostrum vulnus, nobis tam longae absentiae conditione ante quadriennium amissus est. Omnia sine dubio, optime parentum, assidente amantissima uxore superfuere honori tuo; paucioribus tamen lacrimis comploratus es, et novissima in luce desideravere aliquid oculi tui.

46. Si quis piorum manibus locus, si, ut sapientibus placet, non cum corpore extinguuntur magnae animae, placide quiescas, nosque, domum tuam, ab infirmo desiderio et muliebribus lamentis ad contemplationem virtutum tuarum voces, quas nec lugeri nec plangi fas est. Admiratione te potius quam temporalibus laudibus et, si natura suppeditet, aemulatu decoremus. Is verus honos, ea

bei feines Todes Eile der große Troft, noch entkommen zu fein der letzten Schreckenszeit, wo Domitianus nicht mehr in Zwischenräumen und Erholung gönnenden Pausen, sondern fortwährend und gleichsam mit Einem Streiche den Staat zu Grunde richtete.

45. Nicht fah Agricola die Curie belagert, mit Waffen den Senat umzingelt [112], mit demselben Schlage so viele Consularen hingemordet, so viele der edelsten Frauen verbannt und auf der Flucht. Noch konnte man nach Einem Siege nur über Carus Metius urtheilen [113], noch innerhalb der albanischen Burg [114] erscholl das Bluturtheil des Messalinus, und Massa Bäbius war damals noch angeklagt. Bald führten unsere eigenen Hände [115] den Helvidius in's Gefängniß, zerriß des Mauricus und Rusticus [116] Anblick, zerriß Senecio's unschuldiges Blut das Herz. Nero wandte doch den Blick noch ab, befahl die Greuel, aber fah sie nicht mit an; unter Domitianus gehörte ganz besonders das zum Elend, daß man ihn sehen und von ihm sich beobachten laffen mußte, als unsere Seufzer aufgezeichnet wurden [117], als die Todtenbläffe fo vieler Menschen zu beobachten es aushielt jener mordlustige Blick und jene Röthe, womit er gegen Scham sich waffnete.

Ja, du warst glücklich, Agricola, nicht blos durch deines Lebens ungetrübten Glanz, nein auch durch deines Todes rechte Zeit. Wie die erzählen, welche deinen letzten Gesprächen beiwohnten, unterwarfst du dich standhaft und willig deinem Schicksal, als wolltest du, soweit du selbst es vermöchtest, Schuldlosigkeit dem Fürsten schenken [118]. Mir aber und seiner Tochter mehrt, außer dem bittern Schmerze um den entrissenen Vater, das auch noch den Gram, daß an seinem Krankenbette zu sitzen, den im Tode Ermattenden zu pflegen, an seinem Blicke und an seiner Umarmung uns zu fättigen nicht vergönnt war. Gelauscht hätten wir gewiß auf jeden Auftrag und jedes Wort, um es tief unserem Herzen einzuprägen. Das ist unser Schmerz, das unsere Wunde, daß wir fo lange von ihm entfernt fein mußten, um ihn vier Jahre früher zu verlieren. Alles, ohne Zweifel, ist dir, bester aller Väter, zu deiner Ehre reichlich zu Theil geworden, da zur Seite dir die liebevollste Gattin faß; aber mit zu wenigen Thränen war die Klage um dich verbunden, und noch beim letzten Lebensblick vermißten etwas [119] deine Augen.

46. Gibt es für die Manen frommer Menschen eine Stätte, geben, wie die Weisen glauben, nicht mit dem Körper große Seelen unter, fo ruhe sanft, und rufe uns, dein Haus, von kleinmüthiger Sehnsucht und unmännlicher Klage auf zur Betrachtung deiner Tugenden, die zu betrauern und zu bejammern sich nicht ziemt. Durch Bewunderung vielmehr als zeitliches Lob und, vermögen es unsere Kräfte, durch Nacheiferung wollen wir dich verherrlichen. Das ist die wahre Ehrenbezeugung, das die fromme Liebe der am

coniunctissimi cuiusque pietas. Id filiae quoque uxorique praeceperim, sic patris, sic mariti memoriam venerari, ut omnia facta dictaque eius secum revolvant, formamque ac figuram animi magis quam corporis complectantur, non quia intercedendum putem imaginibus, quae marmore aut aere finguntur; sed ut vultus hominum, ita simulacra vultus imbecilla ac mortalia sunt, forma mentis aeterna, quam tenere et exprimere non per alienam materiam et artem, sed tuis ipse moribus possis. Quicquid ex Agricola amavimus, quicquid mirati sumus, manet mansurumque est in animis hominum, in aeternitate temporum, fama rerum. Nam multos veterum velut inglorios et ignobiles oblivio obruet; Agricola posteritati narratus et traditus superstes erit.

engften dir Verbundenen. Das möchte ich auch der Tochter und der Gattin
empfehlen, so des Vaters, so des Gatten Andenken zu heiligen, daß sie sich
Alles, was er gethan und geredet, wieder vor die Seele rufen, und mehr die
Form und Gestalt seines Geistes, als seines Körpers umfassen, nicht als ob
ich gegen Bildnisse aus Marmor oder Erz geformt mich erklären zu müssen
glaubte; sondern wie das Menschenantlitz selbst, so sind auch seine Nach=
bildungen hinfällig und vergänglich, ewig dagegen das Bild des Geistes,
welches festzuhalten und darzustellen nicht fremder Stoff und Kunst, sondern
nur eigenen Lebens sittliche Gestalt vermag. Alles was wir an Agricola
geliebt, was wir bewundert haben, das lebt jetzt und immerdar in der
Menschen Herzen, in der Zeiten Ewigkeit durch den Ruf der Geschichte.
Denn wol mag viele der Alten als ruhmlos und als unbekannt Vergessen=
heit begraben; Agricola, für die Nachwelt ein Vermächtniß der Geschichte,
wird unsterblich sein.

P. CORNELII TACITI

DE ORIGINE SITU MORIBUS AC POPULIS

GERMANIAE

LIBER.

1. Germania omnis a Gallis Raetisque et Pannoniis Rheno et Danubio fluminibus, a Sarmatis Dacisque mutuo metu aut montibus separatur: cetera Oceanus ambit, latos sinus et insularum immensa spatia complectens, nuper cognitis quibusdam gentibus ac regibus, quos bellum aperuit. Rhenus, Raeticarum Alpium inaccesso ac prae-, cipiti vertice ortus, modico flexu in occidentem versus septentrionali Oceano miscetur. Danubius, molli et clementer edito montis Abnobae iugo effusus, pluris populos adit, donec in Ponticum mare sex meatibus erumpat: septimum os paludibus hauritur.

2. Ipsos Germanos indigenas crediderim, minimeque aliarum gentium adventibus et hospitiis mistos, quia nec terra olim sed classibus advehebantur qui mutare sedes quaerebant, et immensus ultra utque sic dixerim adversus Oceanus raris ab orbe nostro navibus aditur. Quis porro, praeter periculum horridi et ignoti maris, Asia aut Africa aut Italia relicta Germaniam peteret, informem terris, asperam caelo, tristem cultu aspectuque, nisi si patria sit?

Des
P. Cornelius Tacitus
Schrift über Ursprung, Lage, Sitten und Völkerschaften
Germaniens.

1. Germanien insgesammt wird von den Galliern, Rätern und Panno-
niern durch den Rhein- und Donaustrom, von den Sarmaten und Daciern
durch wechselseitige Furcht oder durch Gebirge[1]) geschieden: das Uebrige um-
grenzt der Ocean, weitausgedehnte Landspitzen[2]) und Inseln von unermeßlichem Umfange umfassend, mit einigen erst unlängst bekannt gewordenen
Völkern und Königen, zu denen der Krieg den Weg eröffnet hat. Der Rhein,
auf einem unzugänglichen und jähen Gipfel der rätischen Alpen entspringend,
wendet sich in mäßiger Biegung westwärts und vermischt sich mit dem nörd-
lichen Ocean. Die Donau, einer sanften und gemach aufsteigenden Höhe des
Abnobagebirges[3]) entströmend, berührt mehrere Völker, bis sie in sechs
Armen in's schwarze Meer hinausbricht; ein siebenter verliert sich in
Sümpfen.

2. Die Germanen selbst möchte ich für Ureinwohner halten, und am
wenigsten durch anderer Völker Einwanderungen und gastliche Verbindungen
vermischt, weil einestheils ja nicht zu Lande ehedem, sondern auf Schiffen
diejenigen kamen, welche ihren Wohnsitz zu vertauschen suchten, anderntheils
der weitbin unermeßliche und, um mich so auszudrücken, für uns auf der
Kehrseite sich befindende Ocean von unserem Erdtheile aus nur selten zu
Schiffe besucht wird. Wer möchte auch, ganz abgesehen von der Gefahr eines
grausenhaften und unbekannten Meeres, Asien oder Afrika oder Italien
verlassen und nach Germanien ziehn, so anmuthlosen Bodens, rauhen Himmels, zur Bewohnung und für's Auge trübselig für jeden, dem es nicht
Vaterland ist?

Celebrant carminibus antiquis, quod unum apud illos memoriae et annalium genus est, Tuistonem deum terra editum, et filium Mannum, originem gentis conditoresque. Manno tris filios assignant, e quorum nominibus proximi Oceano Ingaevones, medii Herminones, ceteri Istaevones vocentur. Quidam, ut in licentia vetustatis, pluris deo ortos plurisque gentis appellationes, Marsos, Gambrivios, Suebos, Vandalios, affirmant, eaque vera et antiqua nomina. Ceterum Germaniae vocabulum recens et nuper additum, quoniam qui primi Rhenum transgressi Gallos expulerint ac nunc Tungri, tunc Germani vocati sint. Ita nationis nomen in*) gentis evaluisse paulatim, ut omnes primum a victore ob metum, mox etiam a se ipsis invento nomine Germani vocarentur.

3. Fuisse apud eos et Herculem memorant, primumque omnium virorum fortium ituri in proelia canunt. Sunt illis haec quoque carmina, quorum relatu, quem barditum vocant, accendunt animos, futuraeque pugnae fortunam ipso cantu augurantur. Terrent enim trepidantve, prout sonuit acies, nec tam voces illae quam virtutis concentus videntur. Affectatur praecipue asperitas soni et fractum murmur obiectis ad os scutis, quo plenior et gravior vox repercussu intumescat.

Ceterum et Ulixem quidam opinantur longo illo et fabuloso errore in hunc Oceanum delatum adisse Germaniae terras, Asciburgiumque, quod in ripa Rheni situm hodieque incolitur, ab illo constitutum nominatumque; aram quin etiam Ulixi consecratam, adiecto Laertae patris nomine, eodem loco olim repertam, monumentaque et tumulos quosdam Graecis litteris inscriptos in confinio Germaniae Raetiaeque adhuc extare. Quae neque confirmare argumentis neque refellere in animo est; ex ingenio suo quisque demat vel addat fidem.

4. Ipse eorum opinionibus accedo, qui Germaniae populos nullis aliis aliarum nationum conubiis infectos

---

*) *in* Acidalius für: *non.*

Sie feiern in alten Liedern, was bei ihnen die einzige Art von Ueber-
lieferung und Jahrbüchern ist, den der Erde entsprossenen Gott Tuisto und
dessen Sohn Mannus als Urväter ihres Volkes und Gründer. Dem Mannus schreiben sie drei Söhne zu, nach deren Namen die dem Ocean zunächst
Wohnenden Ingävonen, die in der Mitte Herminonen, die übrigen Istävo-
nen heißen sollen. Einige behaupten, wie es bei der Freiheit, die das Alterthum gewährt, zu geben pflegt, es habe noch mehr Söhne jener Gott gehabt,
und somit gebe es auch noch mehr Völkernamen, Marser, Gambrivier,
Sueben, Vandalen, und das seien die wahren und die alten Namen. Dagegen sei der Name Germanien neu und erst unlängst hinzugekommen, weil
ja die, welche zuerst den Rhein überschritten und die Gallier vertrieben hätten
und Tungrer heißen, damals Germanen [1]) genannt worden wären. So
habe sich der Name eines Stammes allmählich zum Namen des ganzen
Volkes erweitert, so daß nämlich alle zuerst von den Siegern, um Furcht
einzujagen, hierauf auch von ihnen selbst, da der Name einmal erfunden war,
Germanen genannt wurden.

3. Auch Herkules [2]), erzählt man, sei bei ihnen gewesen, und ihn als den
vornehmsten unter allen Helden besingen sie, wenn sie zu Schlachten ausziehen wollen. Dann haben sie auch solche Lieder, durch deren Anstimmung,
Barditus von ihnen genannt, sie ihren Muth entflammen, und den Ausgang
des bevorstehenden Kampfes schon aus dem bloßen Klange voraussahen.
Denn sie schrecken oder zagen auch, je nachdem die Schlachtreihe schallte, und
es scheint dieses nicht sowohl aus Worten zu bestehen, als vielmehr ein Ein-
klang zum Ausdruck der Tapferkeit zu sein. Abgesehen ist es dabei besonders
auf Rauhigkeit des Tones und dumpfes Getöse, indem man den Schild vor
den Mund hält, damit die Stimme desto voller und kräftiger durch das Zu-
rückprallen derselben anwachse.

Uebrigens meinen Einige, auch Ulixes sei auf jener langen und fabelhaften
Irrfahrt, in diesen Ocean verschlagen, nach den Landen Germaniens gekommen,
und Asciburgium, das, am Ufer des Rheins gelegen, noch heute bewohnt
wird, sei von ihm gegründet und benannt worden; ja, selbst ein dem Ulixes
geweihter Altar mit beigefügtem Namen seines Vaters Laertes sei an eben
jenem Orte ehedem gefunden worden, sowie es noch jetzt auf der Grenze von
Germanien und Rätien Denkmale und einige Grabhügel mit griechischer
Inschrift gebe. Dieses alles bin ich mit Gründen weder zu bestätigen noch
zu widerlegen willens; jeder mag nach seinem Belieben ihm den Glauben
entziehen oder schenken.

4. Ich selbst trete der Meinung derer bei, die glauben, daß Germaniens
Völkerschaften, durch keine fremde Heirathsverbindungen mit andern Stämmen

propriam et sinceram et tantum sui similem gentem extitisse arbitrantur. Unde habitus quoque corporum,
quamquam in tanto hominum numero, idem omnibus;
truces et caerulei oculi, rutilae comae, magna corpora et
tantum ad impetum valida: laboris atque operum non
eadem patientia; minimeque sitim aestumque tolerare,
frigora atque inediam caelo solove assuerunt.

5. Terra etsi aliquanto specie differt, in universum tamen aut silvis horrida aut paludibus foeda, humidior qua
Gallias, ventosior qua Noricum ac Pannoniam aspicit,
satis ferax, frugiferarum arborum impatiens, pecorum
fecunda, sed plerumque improcera. Ne armentis quidem
suus honor aut gloria frontis; numero gaudent, eaeque
solae et gratissimae opes sunt. Argentum et aurum pro-
pitiine an irati dii negaverint, dubito. Nec tamen affir-
maverim nullam Germaniae venam argentum aurumve
gignere: quis enim scrutatus est? Possessione et usu
haud perinde afficiuntur. Est videre apud illos argentea
vasa, legatis et principibus eorum muneri data, non in
alia vilitate quam quae humo finguntur; quamquam
proximi ob usum commerciorum aurum et argentum in
pretio habent formasque quasdam nostrae pecuniae agno-
scunt atque eligunt. Interiores simplicius et antiquius
permutatione mercium utuntur. Pecuniam probant veterem
et diu notam, serratos bigatosque. Argentum quoque
magis quam aurum sequuntur, nulla affectatione animi,
sed quia numerus argenteorum facilior usui est promiscua
ac vilia mercantibus.

6. Ne ferrum quidem superest, sicut ex genere
telorum colligitur. Rari gladiis aut maioribus lanceis
utuntur. Hastas, vel ipsorum vocabulo frameas gerunt
angusto et brevi ferro, sed ita acri et ad usum habili, ut
eodem telo, prout ratio poscit, vel comminus vel eminus
pugnent. Et eques quidem scuto frameaque contentus
est; pedites et missilia spargunt, pluraque singuli, atque
in immensum vibrant, nudi aut sagulo leves. Nulla
cultus iactatio; scuta tantum lectissimis coloribus distin-
guunt. Paucis loricae, vix uni alterive cassis aut galea.

besleckt, von Anbeginn ein eigenes, unvermischtes und sich selbst nur ähn=
liches Volk gewesen seien. Daher denn auch die Leibesbildung, trotz der
großen Menschenzahl, bei allen dieselbe; wildblickende, blaue Augen, röth=
liches Haar, große und nur zum Angriff kräftige Gestalten, während sie nicht
so leicht Anstrengung und Arbeit aushalten; am wenigsten sind sie Durst
und Hitze, wohl aber Kälte und Hunger durch Klima oder Boden gewöhnt
zu ertragen.

5. Das Land, obgleich von nicht geringer Verschiedenheit im Ansehn, ist
doch im Allgemeinen entweder von rauhen Waldungen oder häßlichen
Sümpfen bedeckt, feuchter nach Gallien, windiger nach Noricum und Pan=
nonien hin, an Korn fruchtbar, für Obstbäume untauglich, an Vieh reich,
doch ist es meistens unansehnlich. Nicht einmal das Rindvieh hat sein sonst
gewöhnliches Ansehn und der Stirne Zier; der Menge freuen sie sich, und
es ist dies ihr einziger und liebster Reichthum. Ob Silber und Gold die
Götter ihnen aus Huld oder im Zorn versagt haben, weiß ich nicht. Doch
möchte ich nicht behaupten, daß keine Ader Germaniens Silber oder Gold
enthalte: denn wer hat nachgeforscht? Besitz desselben und Gebrauch zieht
sie nicht sonderlich an. Man sieht bei ihnen silberne Gefäße, ihren Gesandten
und Häuptlingen zum Geschenk gegeben, in gleichem Unwerth als aus Erde
geformte, wiewohl unsere nächsten Nachbarn wegen des Gebrauchs im Han=
del Gold und Silber zu schätzen wissen, und gewisse Gepräge unseres Geldes
kennen und darnach greifen. Die mehr im Innern Wohnenden bedienen
sich einfacher und alterthümlicher des Waarentausches. Von Geld nehmen
sie nur altes und lange bekanntes an, das mit ausgezahntem Rande und
dem Zwiegespann⁶). Auch gehen sie mehr dem Silber als dem Golde nach,
nicht aus irgend einer besondern Vorliebe, sondern weil ihnen die Menge
der Silbermünzen zum Gebrauch bequemer ist, da sie gemeine und wohlfeile
Waaren erhandeln.

6. Nicht einmal Eisen ist in Ueberfluß vorhanden, wie sich aus der Art
ihrer Waffen⁷) schließen läßt. Nur einzelne bedienen sich der Schwerter oder
größerer Lanzen. Speere oder nach ihrem eigenen Ausdruck, Framen führen
sie mit einer schmalen und kurzen, doch so scharfen und zum Gebrauch ge=
schickten Eisenspitze, daß sie mit derselben Waffe, je nachdem es die Umstände
erfordern, in der Nähe und aus der Ferne kämpfen. Und zwar begnügt sich
der Reiter mit Schild und Frame; das Fußvolk schleudert auch Wurfge=
schosse, jeder mehrere, und sie werfen sie ungeheuer weit, weil sie halb nackt
oder mit einem kleinen Kriegsmantel leicht bekleidet sind. Gar nicht prahlen
sie mit Waffenschmuck; nur die Schilde bemalen sie mit den grellsten Farben.
Wenige haben Panzer, kaum einer oder der andere einen Helm oder eine

Equi non forma, non velocitate conspicui; sed nec variare gyros in morem nostrum docentur; in rectum aut uno flexu dextros agunt, ita coniuncto orbe, ut nemo posterior sit. In universum aestimanti plus penes peditem roboris; eoque misti proeliantur, apta et congruente ad equestrem pugnam velocitate peditum, quos ex omni iuventute delectos ante aciem locant. Definitur et numerus: centeni ex singulis pagis sunt, idque ipsum inter suos vocantur, et quod primo numerus fuit, iam nomen et honor est. Acies per cuneos componitur. Cedere loco, dummodo rursus instes, consilii quam formidinis arbitrantur. Corpora suorum etiam in dubiis proeliis referunt. Scutum reliquisse praecipuum flagitium, nec aut sacris adesse aut concilium inire ignominioso fas; multique superstites bellorum infamiam laqueo finierunt.

7. Reges ex nobilitate, duces ex virtute sumunt. Nec regibus infinita aut libera potestas, et duces exemplo potius quam imperio, si prompti, si conspicui, si ante aciem agant, admiratione praesunt. Ceterum neque animadvertere neque vincire, ne verberare quidem nisi sacerdotibus permissum, non quasi in poenam nec ducis iussu, sed velut deo imperante, quem adesse bellantibus credunt; effigiesque et signa quaedam detracta lucis in proelium ferunt. Quodque praecipuum fortitudinis incitamentum est, non casus neque fortuita conglobatio turmam aut cuneum facit, sed familiae et propinquitates; et in proximo pignora, unde feminarum ululatus audiri, unde vagitus infantium. Hi cuique sanctissimi testes, hi maximi laudatores. Ad matres, ad coniuges vulnera ferunt; nec illae numerare aut exigere plagas pavent, cibosque et hortamina pugnantibus gestant.

8. Memoriae proditur quasdam acies inclinatas iam et labantes a feminis restitutas constantia precum et obiectu pectorum et monstrata comminus captivitate, quam longe impatientius feminarum suarum nomine timent,

Sturmhaube. Ihre Pferde zeichnet weder Schönheit noch Schnelligkeit aus; aber sie werden auch nicht nach unserer Weise zu künstlichen Wendungen abgerichtet; geradeaus oder in Einer Wendung rechtwärts reiten sie, in so geschlossener Schwenkungslinie, daß Niemand zurückbleibt. Im Ganzen genommen besteht im Fußvolk ihre größere Stärke, und deswegen kämpfen sie auch gemischt, wobei die Schnelligkeit der Fußgänger, welche sie, aus der ganzen Mannschaft auserlesen, vor die Schlachtreihe stellen, dem Reiterkampfe eng sich anzuschließen weiß. Bestimmt ist auch ihre Anzahl: immer hundert sind aus jedem Gaue, und danach nennen sie sich auch unter einander, und was anfangs bloße Zahlbestimmung war, ist jetzt Name und Ehrentitel. Die Schlachtordnung wird in Keilen aufgestellt. Vom Platze zu weichen, wenn man nur wieder vordringt, halten sie mehr für Klugheit als für Furchtsamkeit. Die Leichen der Ihrigen schaffen sie auch in unentschiedenen Schlachten zurück. Den Schild im Stiche gelassen zu haben ist die größte Schmach, und dem Entehrten weder bei Opfern gegenwärtig zu sein, noch in eine Versammlung zu kommen verstattet; ja, viele, welche aus den Kriegen sich gerettet, endeten ihre Schande mit dem Strange.

7. Könige wählen sie nach dem Adel, Feldherrn nach der Tapferkeit. Wie die Könige keine unumschränkte oder willkürliche Gewalt haben, so führen auch die Feldherrn mehr durch Beispiel als Befehlen, sind sie wacker, vor Andern kenntlich, vor der Schlachtreihe thätig, mit Bewunderung das Commando. Uebrigens ist weder hinzurichten, noch zu fesseln, noch selbst zu schlagen irgend Einem gestattet außer den Priestern, und nicht wie zur Strafe, noch auf des Feldherrn Geheiß, sondern wie wenn es die Gottheit gebete, von welcher sie glauben, daß sie den Kämpfenden gegenwärtig sei, weshalb sie auch Bildnisse und gewisse Zeichen, die sie aus den Hainen holen*), mit in die Schlacht nehmen. Was aber ein ganz besonderer Sporn zur Tapferkeit ist, ist das, daß nicht der Zufall oder ungefähre Zusammenrottung das Geschwader oder den Keil bildet*), sondern Familien und Verwandtschaften; und ganz in der Nähe haben sie dann ihre Liebespfänder[10]), so daß der Weiber Geheul, das Gewimmer der Kinder vernommen werden kann. Dies sind jedem die heiligsten Zeugen, die größten Lobredner. Zu den Müttern, zu den Gattinnen kommen sie mit ihren Wunden, und diese scheuen sich nicht, sie zu zählen und zu untersuchen, sowie sie Speisen und Ermunterung den Kämpfenden zutragen.

8. Es wird erzählt, daß manche schon weichende und wankende Schlachtordnung von Weibern wieder hergestellt worden sei durch Beharrlichkeit ihres Flehens, durch das Entgegenhalten ihrer Brust, durch ihre Hinweisung auf nahe Gefangenschaft, deren Gedanke sie um ihrer Weiber willen weit

adeo ut efficacius obligentur animi civitatum, quibus inter obsides puellae quoque nobiles imperantur. Inesse quin etiam sanctum aliquid et providum putant, nec aut consilia earum aspernantur, aut responsa neglegunt. Vidimus sub divo Vespasiano Veledam, diu apud plerosque numinis loco habitam; sed et olim Albrunam et compluris alias venerati sunt, non adulatione, neque tamquam facerent deas.

9. Deorum maxime Mercurium colunt, cui certis diebus humanis quoque hostiis litare fas habent. Martem concessis animalibus placant [et Herculem]. Pars Sueborum et Isidi sacrificat. Unde causa et origo peregrino sacro, parum comperi, nisi quod signum ipsum in modum liburnae figuratum docet advectam religionem. Ceterum nec cohibere parietibus deos neque in ullam humani oris speciem assimulare ex magnitudine caelestium arbitrantur. Lucos ac nemora consecrant deorumque nominibus appellant secretum illud, quod sola reverentia vident.

10. Auspicia sortesque ut qui maxime observant. Sortium consuetudo simplex. Virgam frugiferae arbori decisam in surculos amputant eosque notis quibusdam discretos super candidam vestem temere ac fortuito spargunt. Mox, si publice consuletur, sacerdos civitatis, sin privatim, ipse pater familiae, precatus deos caelumque suspiciens, ter singulos tollit, sublatos secundum impressam ante notam interpretatur. Si prohibuerunt, nulla de eadem re in eundem diem consultatio; sin permissum, auspiciorum adhuc fides exigitur. Et illud quidem etiam hic notum, avium voces volatusque interrogare; proprium gentis equorum quoque praesagia ac monitus experiri. Publice aluntur isdem nemoribus ac lucis, candidi et nullo mortali opere contacti, quos pressos sacro curru sacerdos ac rex vel princeps civitatis comitantur hinnitusque ac fremitus observant. Nec ulli auspicio maior fides, non solum apud plebem, sed apud proceres, apud sacerdotes; se enim ministros deorum, illos conscios putant. Est et alia observatio auspiciorum, qua gravium bellorum eventus

empfindlicher noch reinigt, so daß diejenigen Gaue sich stärker gebunden fühlen, von denen man unter den Geiseln auch edle Jungfrauen fordert. Ja sie sehen in ihnen sogar etwas Heiliges und Prophetisches, und verschmähen deshalb weder ihren Rath, noch lassen sie ihre Aussprüche unbeachtet. Gesehen haben wir unter Divus Vespasianus Veleda, welche lange bei gar vielen für eine Gottheit galt; aber auch vor Zeiten haben sie Albruna und mehrere andere noch verehrt, nicht aus Schmeichelei und nicht als wollten sie dieselben zu Göttinnen erst machen.

9. Unter den Göttern verehren sie am meisten den Mercurius [11]), dem sie an bestimmten Tagen auch Menschenopfer darzubringen für erlaubt halten. Den Mars sühnen sie mit den gestatteten Thieren. Ein Theil der Sueben opfert auch der Isis. Woher dieser ausländische Opferdienst seinen Grund und Ursprung habe, ist mir nicht recht bekannt geworden, nur daß das Sinnbild schon, wie eine Liburne [12]) gestaltet, lehrt, der Gottesdienst sei aus der Fremde her. Uebrigens halten sie weder mit Wänden die Götter zu umschließen, noch auf irgend eine menschenähnliche Weise sie abzubilden, der Größe der Himmlischen gemäß. Haine und Gehölze weihen sie ihnen, und geben der Götter Namen jenem geheimnißvollen Wesen, wofür nur ihre Ehrfurcht Augen hat.

10. Wahrzeichen und Loose beachten sie wie nur irgend jemand in der Welt. Die Art zu loosen ist einfach. Sie zerschneiden einen von einem Fruchtbaume abgehauenen Zweig in kleine Reiser, und streuen diese, mit gewissen Merkzeichen versehen, regellos und wie's der Zufall will, über ein weißes Laken hin. Dann hebt bei öffentlichen Befragungen der Priester des Gaues, in Privatangelegenheiten der Familienvater selbst nach verrichtetem Gebet und gen Himmel emporblickend dreimal ein jedes auf, und deutet so dieselben nach dem vorher eingeschnittenen Zeichen. Wenn diese dawider sind, ist über die gleiche Sache für diesen Tag keine Berathung mehr; ist es aber gestattet, so wird noch von Wahrzeichen Beglaubigung erfordert. Das nun ist auch hier bekannt, daß man der Vögel Stimmen und Flug zu Rathe zieht, dem Volke eigenthümlich aber, auch von Pferden Vorbedeutungen und Mahnungen auszuforschen. Sie werden öffentlich in eben jenen Gehölzen und Hainen gehegt, weiß von Farbe und von keiner irdischen Arbeit berührt; sie spannt man vor den heiligen Wagen, und es begleiten sie der Priester und der König oder des Gaues Oberhaupt und beobachten ihr Wiehern und Schnauben. Keinem Wahrzeichen schenkt man größeren Glauben, nicht allein beim Volke, sondern auch bei den Großen, bei den Priestern; denn sich halten sie für Diener, jene für Vertraute der Götter. Es gibt aber auch noch eine andere Beobachtung von Wahrzeichen, womit man den Ausgang schwerer

exploratur. Eius gentis, cum qua bellum est, captivum quoquo modo interceptum cum electo popularium suorum, patriis quemque armis, committunt: victoria huius vel illius pro praeiudicio accipitur.

11. De minoribus rebus principes consultant, de maioribus omnes, ita tamen, ut ea quoque, quorum penes plebem arbitrium est, apud principes pertractentur. Coeunt, nisi quid fortuitum et subitum incidit, certis diebus, cum aut incohatur luna aut impletur; nam agendis rebus hoc auspicatissimum initium credunt. Nec dierum numerum, ut nos, sed noctium computant; sic constituunt, sic condicunt: nox ducere diem videtur. Illud ex libertate vitium, quod non simul, nec ut iussi conveniunt, sed et alter et tertius dies cunctatione coeuntium absumitur. Ut turbae placuit, considunt armati. Silentium per sacerdotes, quibus tum et coercendi ius est, imperatur. Mox rex vel princeps, prout aetas cuique, prout nobilitas, prout decus bellorum, prout facundia est, audiuntur, auctoritate suadendi magis quam iubendi potestate. Si displicuit sententia, fremitu aspernantur; sin placuit, frameas concutiunt. Honoratissimum assensus genus est armis laudare.

12. Licet apud concilium accusare quoque, et discrimen capitis intendere. Distinctio poenarum ex delicto. Proditores et transfugas arboribus suspendunt, ignavos et imbelles et corpore infames caeno ac palude, iniecta insuper crate, mergunt. Diversitas supplicii illuc respicit, tamquam scelera ostendi oporteat, dum puniuntur, flagitia abscondi. Sed et levioribus delictis pro modo poena; equorum pecorumque numero convicti mulctantur. Pars mulctae regi vel civitati, pars ipsi, qui vindicatur, vel propinquis eius exsolvitur. Eliguntur in isdem conciliis et principes, qui iura per pagos vicosque reddunt. Centeni singulis ex plebe comites consilium simul et auctoritas adsunt.

13. Nihil autem neque publicae neque privatae rei

kriege erforscht. Sie stellen aus dem Volke, mit welchem der Krieg geführt wird, den ersten besten Gefangenen, dessen sie sich bemächtigt, mit einem aus ihren Landsleuten Auserkohrenen, jeden in seinen vaterländischen Waffen, zum Zweikampf zusammen: der Sieg des einen oder des andern wird als Vorentscheidung angesehen.

11. Ueber geringere Sachen rathschlagen die Häupter, über wichtigere alle, so jedoch, daß auch das, worüber das Volk zu bestimmen hat, von den Häuptern gehörig in Erwägung gezogen wird. Sie kommen, wenn nicht ein zufälliges und plötzliches Ereigniß vorfällt, an bestimmten Tagen, entweder beim Neumond oder beim Vollmond, zusammen; denn sie halten das zu Verhandlungen für den günstigsten Anfangspunkt. Auch zählen sie nicht, wie wir, nach Tagen, sondern nach Nächten; so setzen sie Termine fest, so sagen sie darauf zu: die Nacht erscheint als Führerin des Tages. Das ist eine nachtheilige Folge der Freiheit, daß sie nicht zugleich und nicht wie Leute, denen es anbefohlen ist, zusammenkommen, sondern daß ein zweiter und dritter Tag über dem Zögern der sich Versammelnden hingeht. Sobald es dem Haufen gut dünkt, setzen sie sich bewaffnet nieder. Schweigen wird von den Priestern, welche dann auch das Strafrecht haben, geboten. Dann läßt sich der König oder ein Häuptling, wie Alter, wie Adel, wie Kriegsehre, wie Wohlredenheit einen Jeden von letzteren berechtigt, vernehmen, mehr mit dem Ansehn der Ueberredung, als mit der Macht des Befehls. Mißfiel der Antrag, so verwerfen sie ihn mit Gemurr; fand er Beifall, so schlagen sie die Framen zusammen. Die ehrenvollste Art der Beistimmung ist Lob mit Waffen.

12. Erlaubt ist vor der Versammlung auch zu klagen, und auf Todes= strafe anzutragen. Der Unterschied der Strafen richtet sich nach dem Ver= gehen. Verräther und Ueberläufer hängen sie an Bäumen auf, Feiglinge, Kriegsscheue, am Körper Geschändete versenken sie, noch Flechtwerk darüber werfend, in Schlamm und Sumpf. Die Verschiedenheit dieser Bestrafung deutet darauf hin, daß man Verbrechen durch die Strafe an das Licht bringen, Schändlichkeiten verhüllen müsse. Doch auch auf leichtere Vergehen steht eine angemessene Strafe; die Ueberführten müssen mit einer Anzahl von Pferden und Rindern büßen. Ein Theil der Buße wird dem Könige oder der Gemeinde, der andere dem Beleidigten selbst oder seinen Verwand= ten entrichtet. Ferner wählt man auch in diesen Versammlungen die Häupter, welche in den Gauen und Dörfern Recht sprechen. Jedem steht ein Geleit von Hunderten aus dem Volke als Rath zugleich und zu größerem Ansehn zur Seite.

13. Nichts aber, weder von öffentlichen noch Privatgeschäften verrichten

nisi armati agunt. Sed arma sumere non ante cuiquam
moris quam civitas suffecturum probaverit. Tum in ipso
concilio vel principum aliquis vel pater vel propinqui
scuto frameaque iuvenem ornant. Haec apud illos toga,
hic primus inventae honos: ante hoc domus pars videntur,
mox rei publicae. Insignis nobilitas aut magna patrum
merita principis dignationem etiam adulescentulis assignant: ceteris robustioribus ac iam pridem probatis
aggregantur, nec rubor inter comites aspici. Gradus
quin etiam ipse comitatus habet iudicio eius, quem sectantur; magnaque et comitum aemulatio, quibus primus apud
principem suum locus, et principum, cui plurimi et acer-
rimi comites. Haec dignitas, hae vires; magno semper
electorum iuvenum globo circumdari in pace decus, in
bello praesidium. Nec solum in sua gente cuique, sed
apud finitimas quoque civitates id nomen, ea gloria est,
si numero ac virtute comitatus emineat; expetuntur enim
legationibus et muneribus ornantur et ipsa plerumque
fama bella profligant.

14. Cum ventum in aciem, turpe principi virtute
vinci, turpe comitatui virtutem principis non adaequare.
Iam vero infame in omnem vitam ac probrosum super-
stitem principi suo ex acie recessisse. Illum defendere,
tueri, sua quoque fortia facta gloriae eius assignare praecipuum sacramentum est. Principes pro victoria pugnant,
comites pro principe. Si civitas, in qua orti sunt, longa
pace et otio torpeat, plerique nobilium adulescentium
petunt ultro eas nationes, quae tum bellum aliquod gerunt,
quia et ingrata genti quies et facilius inter ancipitia
clarescunt, magnumque comitatum non nisi vi belloque
tuentur. Exigunt enim principis sui liberalitate illum
bellatorem equum, illam cruentam victricemque frameam.
Nam epulae, et quamquam incompti, largi tamen appa-
ratus, pro stipendio cedunt. Materia munificentiae per
bella et raptus. Nec arare terram aut exspectare annum
tam facile persuaseris quam vocare hostem et vulnera

sie anders als bewaffnet. Doch die Waffen zu tragen erlaubt die Sitte keinem früher, als bis die Gemeinde ihn für waffenfähig erklärt hat. Dann schmückt in der Versammlung selbst entweder der Häupter eins oder der Vater oder Verwandte den Jüngling mit dem Schilde und der Frame. Das ist ihre Toga, das ihr erster Jugendschmuck: vorher erscheinen sie nur als des Hauses, dann als des Gemeinwesens Glieder. Hohe Herkunft oder große Verdienste der Väter verschaffen auch den unreifen Jünglingen die Anerkennung des Häuptlings: sie werden den übrigen schon kräftigeren und längere Zeit bereits bewährten beigesellt, und keiner schämt sich, im Gefolge zu erscheinen. Ja, es gibt sogar in der Gefolgschaft selbst Rangstufen nach der Bestimmung dessen, welchem man sich angeschlossen hat; und groß ist sowohl des Gefolges Wetteifer, wer den ersten Platz bei seinem Häuptlinge behaupte, als auch der Häuptlinge, wer das zahlreichste und das muthigste Gefolge habe. Darin besteht ihre Würde, darin ihre Macht; immer von einer großen Schaar auserlesener Jünglinge umgeben zu sein, gereicht im Frieden zur Ehre, im Kriege zum Schutz. Und nicht blos in ihrem eignen Stamme, sondern auch bei benachbarten Völkerschaften erwerben sie sich damit einen Namen, damit Ruhm, wenn sie sich durch die Menge und Tapferkeit ihres Gefolges hervorthun; denn an sie wendet man sich mit Gesandtschaften und ehrt sie mit Geschenken, und sehr oft beseitigen sie Kriege schon durch ihren bloßen Ruf.

14. Kommt es zur Schlacht, so ist es schimpflich für den Häuptling, an Tapferkeit übertroffen zu werden, schimpflich für das Gefolge, der Tapferkeit des Häuptlings nicht gleichzukommen. Das aber vollends ist für das ganze Leben eine Schande und eine Schmach, seinen Häuptling überlebend aus der Schlacht zurückgekommen zu sein. Ihn zu vertheidigen, zu schützen, selbst seine eigenen Heldenthaten seinem Ruhme zuzurechnen, ist die erste Dienstpflicht. Die Häuptlinge kämpfen für den Sieg, das Gefolge für den Häuptling. Wenn der Gau, in welchem sie geboren, in langer Friedensruhe erschlafft, so ziehen gar viele Jünglinge von Adel unaufgefordert zu den Stämmen hin, die gerade irgend einen Krieg dann führen, weil theils die Ruhe diesem Volke zuwider ist, theils auch sie leichter in Gefahren zu Ruhm gelangen, und ein bedeutendes Gefolge sich nur gewaltsam und durch Krieg unterhalten läßt. Denn von ihres Häuptlings Freigebigkeit verlangen sie ja jenes Streitroß, jene blutige und sieggewohnte Frame. Denn die Schmausereien, die zwar von einfacher, aber doch reichlicher Zurüstung sind, zählen nur als Sold. Mittel zu solchem Aufwand bieten Kriege und Raub. Und nicht so leicht möchte man sie dazu überreden, das Land zu pflügen oder den Ertrag des Jahres abzuwarten, als den Feind herauszufordern und sich

mereri. Pigrum quin immo et iners videtur sudore ad-
quirere quod possis sanguine parare.

15. Quotiens bella non ineunt, multum venatibus,
plus per otium transigunt, dediti somno ciboque, fortissimus quisque ac bellicosissimus nihil agens; delegata domus et penatium et agrorum cura feminis senibusque et
infirmissimo cuique ex familia ipsi hebent, mira diversitate
naturae, cum iidem homines sic ament inertiam et oderint
quietem. Mos est civitatibus ultro ac viritim conferre
principibus vel armentorum vel frugum, quod pro honore
acceptum etiam necessitatibus subvenit. Gaudent praecipue
finitimarum gentium donis, quae non modo a singulis, sed
et publice mittuntur, electi equi, magna arma, phalerae
torquesque. Iam et pecuniam accipere docuimus.

16. Nullas Germanorum populis urbes habitari satis
notum est, ne pati quidem inter se iunctas sedes. Colunt
discreti ac diversi, ut fons, ut campus, ut nemus placuit.
Vicos locant non in nostrum morem conexis et cohaeren-
tibus aedificiis; suam quisque domum spatio circumdat,
sive adversus casus ignis remedium, sive inscitia aedifi-
candi. Ne caementorum quidem apud illos aut tegularum
usus; materia ad omnia utuntur, informi et citra speciem
aut delectationem. Quaedam loca diligentius illinunt terra
ita pura ac splendente, ut picturam ac lineamenta colorum
imitetur. Solent et subterraneos specus aperire, eosque
multo insuper fimo onerant, suffugium hiemi et receptaculum frugibus, quia rigorem frigorum eiusmodi locis
molliunt, et si quando hostis advenit, aperta populatur,
abdita autem et defossa aut ignorantur, aut eo ipso fallunt
quod quaerenda sunt.

17. Tegumen omnibus sagum fibula aut, si desit,
spina consertum: cetera intecti totos dies iuxta focum
atque ignem agunt. Locupletissimi veste distinguuntur,
non fluitante, sicut Sarmatae ac Parthi, sed stricta et
singulos artus exprimente. Gerunt et ferarum pelles,
proximi ripae neglegenter, ulteriores exquisitius, ut quibus

Wunden zu verdienen. Ja, es scheint ihnen faul sogar und träge, sich mit
Schweiß das zu erwerben, was man mit Blut gewinnen kann. .

15. So oft sie nicht in den Krieg ziehen, bringen sie viel Zeit mit Jagen,
mehr aber noch im Müßiggange hin, dem Schlafen und Essen ergeben, die
Tapfersten gerade und Kriegslustigsten ganz unbeschäftigt; die Sorge für die
Familie, das Hauswesen und die Felder den Frauen und Greisen und überhaupt den Schwächsten in der Familie überlassend, leben sie selbst in den
Tag hinein, in sonderbarem Widerspruche ihrer Natur, da dieselben Menschen so sehr die Trägheit lieben und die Ruhe hassen. Es ist Sitte, daß die
Gaue freiwillig und zwar Mann für Mann den Häuptlingen entweder Vieh
oder Früchte darbringen, was, als Ehrengabe angenommen, auch den Bedürfnissen abhilft. Sie freuen sich besonders an Geschenken von benachbarten
Völkern, die nicht blos von Einzelnen, sondern auch im Namen des Landes
geschickt werden, auserlesene Pferde, große Waffen, Pferdeschmuck und Hals-
ketten. Bereits haben wir sie auch Geld anzunehmen gelehrt.

16. Daß die Völker der Germanen keine Städte bewohnen, ist hinreichend
bekannt, ja daß sie nicht einmal mit einander verbundene Wohnsitze dulten.
Abgesondert und in verschiedener Richtung bauen sie sich an, wie ein Quell,
ein Feld, ein Gehölz ihnen eben gefiel. Dörfer legen sie nicht nach unsrer
Weise an, daß die Gebäude verbunden sind und zusammenhängen, sondern
Jeder umgibt sein Haus mit einem Raume, sei es zum Schutze wider Feuers-
gefahr, sei es aus Unwissenheit in der Baukunst. Nicht einmal Bruchsteine
oder Ziegel sind bei ihnen in Gebrauch; zu Allem bedienen sie sich des Holzes,
ungestalteten und ohne Rücksicht auf Schönheit oder Anmuth. Einige Räume
bestreichen sie sorgfältiger mit einer so reinen und glänzenden Erde, daß sie
wie Malerei und Farbenzeichnung aussieht. Sie pflegen auch unterirdische
Höhlen auszugraben, und belasten diese noch dazu mit vielem Dünger, zur
Zufluchtsstätte für den Winter und zum Behältniß für die Früchte, weil sie
die Strenge der Kälte durch solche Anlagen mildern, und, wenn einmal der
Feind kommt, er nur das Offenliegende verheert, während das Verborgene
und Vergrabene entweder unbemerkt bleibt, oder eben deshalb entgeht, weil
man es suchen muß.

17. Zur Bedeckung haben alle einen Kittel, der mit einer Spange oder in
deren Ermangelung mit einem Dorn zusammengehalten wird: übrigens un-
bedeckt bringen sie ganze Tage am Heerde und am Feuer zu. Die Wohl-
habendsten zeichnen sich durch ihre Kleidung aus, die nicht, wie die der Sarmaten und Parther, weit ist, sondern eng anschließt und jedes Glied hervortreten läßt. Sie tragen auch Felle wilder Thiere, die dem Rheinufer zunächst
Wohnenden nachlässig, die Entfernteren mit größerer Auswahl, weil sie ja

nullus per commercia cultus. Eligunt feras, et detracta velamina spargunt maculis pellibusque belluarum, quas exterior Oceanus atque ignotum mare gignit. Nec alius feminis quam viris habitus, nisi quod feminae saepius lineis amictibus velantur eosque purpura variant, partemque vestitus superioris in manicas non extendunt, nudae brachia ac lacertos; sed et proxima pars pectoris patet.

18. Quamquam severa illic matrimonia, nec ullam morum partem magis laudaveris. Nam prope soli barbarorum singulis uxoribus contenti sunt, exceptis admodum paucis, qui non libidine, sed ob nobilitatem pluribus nuptiis ambiuntur.

Dotem non uxor marito, sed uxori maritus offert. Intersunt parentes ac propinqui ac munera probant, munera, non ad delicias muliebres quaesita, nec quibus nova nupta comatur, sed boves et frenatum equum et scutum cum framea gladioque. In haec munera uxor accipitur, atque in vicem ipsa armorum aliquid viro affert. Hoc maximum vinculum, haec arcana sacra, hos coniugales deos arbitrantur. Ne se mulier extra virtutum cogitationes extraque bellorum casus putet, ipsis incipientis matrimonii auspiciis admonetur venire se laborum periculorumque sociam, idem in pace, idem in proelio passuram ausuramque. Hoc iuncti boves, hoc paratus equus, hoc data arma denuntiant; sic vivendum, sic pereundum; accipere se quae liberis inviolata ac digna reddat, quae nurus accipiant rursusque ad nepotes referantur.

19. Ergo septa pudicitia agunt, nullis spectaculorum illecebris, nullis conviviorum irritationibus corruptae. Litterarum secreta viri pariter ac feminae ignorant. Paucissima in tam numerosa gente adulteria, quorum poena praesens et maritis permissa. Accisis crinibus, nudatam, coram propinquis expellit domo maritus ac per omnem vicum verbere agit. Publicatae enim pudicitiae nulla venia; non forma, non aetate, non opibus maritum invenerit. Nemo enim illic vitia ridet, nec corrumpere et corrumpi seculum vocatur. Melius quidem adhuc eae civitates, in

durch Handel keinen Putz sonst haben. Sie wählen sich dazu besonderes Wild, ziehen ihm das Fell ab, und besetzen es hie und da mit Flecken und Häuten von Thieren, welche der äußerste Ocean und ein unbekanntes Meer erzeugt. Und nicht anders ist der Frauen als der Männer Tracht, nur daß die Frauen sich häufiger in Leinwand kleiden, diese mit Purpurstreifen zieren, und den oberen Theil der Kleidung nicht in Aermel auslaufen lassen, Unterarm wie Oberarm entblößt; aber auch der nächste Theil der Brust bleibt frei.

18. Gleichwohl sind streng dort die Ehen, und in keinem Punkte möchten ihre Sitten mehr zu loben sein. Denn sie sind fast die einzigen unter den Barbaren, die mit Einem Weibe sich begnügen, äußerst wenige ausgenommen, welche nicht aus Sinnenlust, sondern um ihres Adels willen zu mehreren Eheverbindungen angegangen werden.

Mitgift bringt nicht das Weib dem Manne, sondern der Mann dem Weibe zu. Zugegen sind Eltern und Verwandte, und mustern die Geschenke, Geschenke nicht zu Weibertändeleien auserlesen, noch zum Putz der Neuvermählten, sondern Rinder und ein aufgezäumtes Roß und einen Schild nebst Frame und Schwert. Gegen solche Geschenke wird die Gattin in Empfang genommen, wie sie selbst nun auch ihrem Manne ein Waffenstück bringt. Dieses gilt ihnen als das stärkste Band, dieses als geheimnißvolle Weihe, dieses als Ehebundsgötter. Damit sich nicht die Frau aller Gedanken an männliche Tugenden und aller Kriegsgeschicksale enthoben wähne, wird sie schon durch die Eintrittsfeier der beginnenden Ehe daran erinnert, sie komme als Gefährtin der Beschwerden und Gefahren, bestimmt im Frieden und im Kampfe Gleiches zu dulden, Gleiches zu wagen. Dieses kündigen die zusammengejochten Rinder, dieses das aufgeschirrte Roß, dieses die überreichten Waffen an; so müsse sie leben, so sterben; sie empfange, was sie ihren Kindern unentweiht und preiswürdig übergeben, was ihre Schwiegertöchter empfangen und dann wieder auf ihre Enkel kommen solle.

19. So leben sie denn in wohlbeschirmter Keuschheit, durch keine Lockungen der Schauspiele, keine Reizungen der Gastmähler verführt. Der Briefe Heimlichkeiten [13] sind so gut den Männern wie den Frauen unbekannt. Sehr selten für ein so zahlreiches Volk sind Ehebrüche, deren Bestrafung unverzüglich erfolgt und den Gatten überlassen ist. Mit abgeschnittenem Haupthaar, entkleidet, jagt sie vor den Augen der Verwandten der Ehemann aus dem Hause und treibt sie unter Schlägen durch das ganze Dorf. Preisgegebener Keuschheit gewährt man wahrlich keine Verzeihung; nicht durch Schönheit, nicht durch Jugend, nicht durch Reichthum fände eine solche einen Mann. Denn hier lacht Niemand über Laster, und verführen und sich verführen lassen heißt dort nicht Zeitgeist. Noch besser freilich steht es bei den-

quibus tantum virgines nubunt, et cum spe votoque uxoris semel transigitur. Sic unum accipiunt maritum quomodo unum corpus unamque vitam, ne ulla cogitatio ultra, ne longior cupiditas, ne tamquam maritum, sed tamquam matrimonium ament. Numerum liberorum finire aut quemquam ex agnatis necare flagitium habetur, plusque ibi boni mores valent quam alibi bonae leges.

20. In omni domo nudi ac sordidi in hos artus, in haec corpora, quae miramur, excrescunt. Sua quemque mater uberibus alit, nec ancillis aut nutricibus delegantur. Dominum ac servum nullis educationis deliciis dignoscas; inter eadem pecora, in eadem humo degunt, donec aetas separet ingenuos, virtus agnoscat. Sera iuvenum venus, eoque inexhausta pubertas. Nec virgines festinantur; eadem iuventa, similis proceritas; pares validaeque miscentur, ac robora parentum liberi referunt. Sororum filiis idem apud avunculum, qui apud patrem honor. Quidam sanctiorem artioremque hunc nexum sanguinis arbitrantur et in accipiendis obsidibus magis exigunt, tamquam et animum firmius et domum latius teneant. Heredes tamen successoresque sui cuique liberi, et nullum testamentum. Si liberi non sunt, proximus gradus in possessione fratres, patrui, avunculi. Quanto plus propinquorum, quo maior affinium numerus, tanto gratiosior senectus, nec ulla orbitatis pretia.

21. Suscipere tam inimicitias seu patris seu propinqui quam amicitias necesse est. Nec implacabiles durant; luitur enim etiam homicidium certo armentorum ac pecorum numero, recipitque satisfactionem universa domus, utiliter in publicum, quia periculosiores sunt inimicitiae iuxta libertatem.

Convictibus et hospitiis non alia gens effusius indulget. Quemcumque mortalium arcere tecto nefas habetur; pro fortuna quisque apparatis epulis excipit. Cum defecere, qui modo hospes fuerat, monstrator hospitii et comes; proximam domum non invitati adeunt. Nec interest;

jenigen Volksstämmen, in welchen nur Jungfrauen sich verheirathen, und es mit der Hoffnung und dem Gelübde der Gattin bei Einem Male sein Bewenden hat. So empfangen sie nur Einen Mann, wie Einen Leib nur und Ein Leben, damit kein Gedanke darüber hinaus, nicht weiter irgend ein Verlangen reicht, damit nicht sowol den Ehemann sie in ihm lieben, als die Ehe. Die Zahl der Kinder zu beschränken oder irgend einen von den Nachgeborenen zu tödten wird für ein Verbrechen gehalten, und mehr vermögen hier gute Sitten, als anderswo gute Gesetze.

20. In jeglichem Hause wachsen sie halbnackt und schmutzig zu solchem Gliederbau, zu der Leibesgestalt empor, über die wir staunen. Jeden nährt seine eigene Mutter an ihrer Brust, und sie werden nicht Mägden oder Ammen überwiesen. Den Herren und den Knecht kann man durch keine Art weichlicherer Erziehung unterscheiden; unter demselben Vieh, an demselben Erdboden halten sie sich auf, bis das Alter die Freigeborenen absondert, Tüchtigkeit sie kenntlich macht. Spät lernt der Jüngling den Liebesgenuß kennen, und darum ist unerschöpft die Manneskraft. Auch mit den Jungfrauen eilt man nicht; gleich ist ihre Jugendkraft, ähnlich ihre Hochgestalt; gleich an Alter und Rüstigkeit verehelichen sie sich, und von der Kraftfülle der Eltern zeugen auch die Kinder. Der Schwestern Söhne werden ebenso gehalten beim Oheim wie beim Vater. Einige halten diese Blutsverwandtschaft für noch heiliger und enger und dringen beim Empfang von Geiseln mehr darauf, als sei das sowohl für das Herz ein festeres, als für das Haus ein umfassenderes Band. Zu Erben jedoch und Nachfolgern hat Jeder seine eigenen Kinder, und Testamente gibt es gar nicht. Sind keine Kinder vorhanden, so haben die nächsten Ansprüche auf den Besitz Brüder und Oheime von väterlicher und mütterlicher Seite. Je mehr Angehörige, je größer die Zahl der Anverwandten, desto angesehener ist das Alter, und Kinderlosigkeit bringt nicht den mindesten Gewinn.

21. Feindschaften sei es des Vaters oder eines Angehörigen eben so wie Freundschaften derselben zu übernehmen, ist Nothwendigkeit. Jedoch dauern sie nicht unversöhnlich fort; denn selbst der Todtschlag wird mit einer bestimmten Zahl von Rindern oder Schafen gesühnt, und es läßt sich das ganze Haus die Genugthuung gefallen, ein Glück für's allgemeine Wohl, weil um so gefährlicher ja Feindschaften neben Freiheit sind.

Gelage und Gastlichkeit liebt wol kein anderes Volk so ohne Grenzen. Einen Menschen, wer es auch sei, von seinem Hause wegzuweisen, wird für frevelhaft gehalten; nach Vermögen bewirthet ihn ein Jeder an reichlich besetzter Tafel. Ist diese aufgezehrt, so ist der, welcher soeben Wirth gewesen, nun Wegweiser zu gastlicher Aufnahme und Begleiter; ungeladen gehen sie

pari humanitate accipiuntur. Notum ignotumque quantum ad ius hospitis nemo discernit. Abeunti, si quid poposcerit, concedere moris, et poscendi in vicem eadem facilitas. Gaudent muneribus, sed nec data imputant nec acceptis obligantur. Victus inter hospites comis.

22. Statim e somno, quem plerumque in diem extrahunt, lavantur, saepius calida, ut apud quos plurimum hiems occupat. Lauti cibum capiunt; separatae singulis sedes et sua cuique mensa. Tum ad negotia nec minus saepe ad convivia procedunt armati. Diem noctemque continuare potando nulli probrum. Crebrae, ut inter vinolentos, rixae raro conviciis, saepius caede et vulneribus transiguntur. Sed et de reconciliandis in vicem inimicis et iungendis affinitatibus et asciscendis principibus, de pace denique ac bello plerumque in conviviis consultant, tamquam nullo magis tempore aut ad simplices cogitationes pateat animus aut ad magnas incalescat. Gens non astuta nec callida aperit adhuc secreta pectoris licentia ioci. Ergo detecta et nuda omnium mens; postera die retractatur, et salva utriusque temporis ratio est: deliberant, dum fingere nesciunt, constituunt, dum errare non possunt.

23. Potui humor ex hordeo aut frumento, in quandam similitudinem vini corruptus: proximi ripae et vinum mercantur. Cibi simplices, agrestia poma, recens fera aut lac concretum. Sine apparatu, sine blandimentis expellunt famem. Adversus sitim non eadem temperantia. Si indulseris ebrietati suggerendo quantum concupiscunt, haud minus facile vitiis quam armis vincentur.

24. Genus spectaculorum unum atque in omni coetu idem. Nudi iuvenes, quibus id ludicrum est, inter gladios se atque infestas frameas saltu iaciunt. Exercitatio artem paravit, ars decorem, non in quaestum tamen aut mercedem: quamvis audacis lasciviae pretium est voluptas spectantium. Aleam, quod mirere, sobrii inter seria exer-

in das nächste Haus. Und es ändert das auch nichts; mit gleicher Freundlichkeit nimmt man sie beide auf. Zwischen einem Bekannten und Unbekannten macht, was das Recht des Gastes anlangt, Niemand einen Unterschied. Dem Scheidenden ist Sitte, was er etwa fordert, zu gewähren, und
auch von ihm dagegen etwas zu fordern nimmt man eben so wenig Anstand.
Man freut sich an Geschenken, rechnet aber weder das Geben derselben an,
noch fühlt man sich durch ihre Annahme verpflichtet. Der Verkehr unter
Gastfreunden ist liebreich.

22. Gleich nach dem Schlafe, den sie sehr oft bis in den Tag hinein ausdehnen, baden sie sich, in der Regel warm, da ja bei ihnen meistens Winter
ist. Nach dem Bade nehmen sie Speise zu sich; jeder hat seinen besondern
Sitz und seinen eigenen Tisch. Dann gehen sie an ihre Geschäfte und nicht
minder oft zu Gelagen in Waffen. Tag und Nacht in Einem fort zu zechen,
gereicht keinem zur Schande. Die unter Berauschten natürlich häufigen
Zänkereien enden selten blos mit Schimpfreden, häufiger mit Mord und
Blutvergießen. Aber auch über Aussöhnung mit Feinden, über Abschluß
von Eheverbindungen und Häuptlingswahlen, ja über Krieg und Frieden
ratschlagen sie meistentheils bei Gelagen, als ob zu keiner Zeit so sehr für
aufrichtige Gesinnung das Herz empfänglich oder für erhabene voll Begeisterung sei. Das weder verschmitzte noch geriebene Volk enthüllt noch die Ge-
heimnisse seiner Brust in der Ungebundenheit des Scherzes. So liegt die
Gesinnung Aller unverhüllt und offen vor; am folgenden Tage wird die Be-
sprechung wieder vorgenommen, und beiderlei Zeiten geschieht ihr Recht: sie
überlegen, wenn sie nicht fähig sind, sich zu verstellen, beschließen, wenn sie
sich nicht täuschen können.

23. Zum Getränk dient ihnen ein Aufguß auf Gerste oder Korn, zu
einiger Aehnlichkeit des Weines verfälscht: die nächsten am Rheinufer erhandeln auch Wein. Ihre Speisen sind einfach, wildes Obst, frisches Wildpret
oder geronnene Milch. Ohne Zurüstung, ohne Leckereien vertreiben sie den
Hunger. Dem Durst gegenüber beobachten sie nicht dieselbe Mäßigkeit.
Wollte man ihrer Trinksucht willfahren, indem man ihnen gäbe, so viel sie
begehrten, so würden sie mindestens eben so leicht durch Laster, als durch
Waffen zu besiegen sein.

24. Von Schauspielen haben sie nur Eine Art und in jeder Gesellschaft
dieselbe. Nackt stürzen sich Jünglinge, denen das Vergnügen macht, im
Sprunge zwischen Schwerter und feindlich drohende Framen. Die Uebung
hat Gewandtheit, die Gewandtheit Anstand erzeugt, doch nicht um Gewinn
oder Lohn: so gewagt auch der Muthwille ist, es belohnt ihn nur das Vergnügen der Zuschauer. Das Würfelspiel treiben sie, worüber man sich

cent, tanta lucrandi perdendive temeritate, ut, cum omnia defecerunt, extremo ac novissimo iactu de libertate ac de corpore contendant. Victus voluntariam servitutem adit; quamvis iuvenior, quamvis robustior alligari se ac venire patitur. Ea est in re prava pervicacia; ipsi fidem vocant. Servos condicionis huius per commercia tradunt, ut se quoque pudore victoriae exolvant.

25. Ceteris servis non in nostrum morem, descriptis per familiam ministeriis, utuntur: suam quisque sedem, suos penates regit. Frumenti modum dominus aut pecoris aut vestis ut colono iniungit, et servus hactenus paret: cetera domus officia uxor ac liberi exequuntur. Verberare servum ac vinculis et opere coercere rarum: occidere solent, non disciplina et severitate, sed impetu et ira, ut inimicum, nisi quod impune est. Liberti non multum supra servos sunt, raro aliquod momentum in domo, numquam in civitate, exceptis dumtaxat iis gentibus, quae regnantur. Ibi enim et super ingenuos et super nobiles ascendunt. Apud ceteros impares libertini libertatis argumentum sunt.

26. Fenus agitare et in usuras extendere ignotum, ideoque magis servatur, quam si vetitum esset. Agri pro numero cultorum ab universis vicis occupantur, quos mox inter se secundum dignationem partiuntur. Facilitatem partiendi camporum spatia praebent. Arva per annos mutant, et superest ager. Nec enim cum ubertate et amplitudine soli laborare contendunt, ut pomaria conserant et prata separent et hortos rigent: sola terrae seges imperatur. Unde annum quoque ipsum non in totidem digerunt species: hiems et ver et aestas intellectum ac vocabula habent, autumni perinde nomen ac bona ignorantur.

27. Funerum nulla ambitio: id solum observatur, ut corpora clarorum virorum certis lignis crementur. Struem rogi nec vestibus nec odoribus cumulant; sua cuique arma, quorundam ·igni et equus adiicitur. Sepulcrum caespes erigit; monumentorum arduum et operosum honorem ut

wundern möchte, nüchtern ganz wie ein ernsthaftes Geschäft, mit solcher Verwegenheit im Gewinnen und Verlieren, daß sie, wenn Alles verloren ist, auf den äußersten und letzten Wurf ihre Freiheit und Person setzen. Der Ueberwundene begibt sich gutwillig in die Knechtschaft; ist er auch jünger, ist er stärker, er läßt sich anbinden und verkaufen. So groß ist ihr Starrsinn bei solcher Verkehrtheit; sie selbst nennen es Worthalten. Sklaven dieser Art verhandeln sie, um zugleich auch sich von der Schande ihres Sieges zu befreien.

25. Die übrigen Sklaven brauchen sie nicht so wie wir, daß die Geschäfte unter die Dienerschaft vertheilt sind: jeder schaltet über eine eigene Wohnung, über einen eigenen Heerd. Eine bestimmte Menge Getreide, Vieh oder Kleidungsstücke legt ihm der Herr wie einem Lehnsmann auf, und nur in soweit gehorcht der Sklav: die übrigen Geschäfte des Hauses verrichten Frau und Kinder [14]. Einen Sklaven zu geißeln und durch Bande und Arbeit zu züchtigen, ist selten: zu tödten pflegt man sie, nicht der Zucht und Strenge wegen, sondern in der Aufwallung und im Zorne, wie einen Feind, nur daß es ungestraft geschieht. Freigelassene stehen nicht viel über den Sklaven, haben selten einiges Gewicht im Hause, nie in der Gemeinde, lediglich die Völkerschaften ausgenommen, welche unter Königsherrschaft stehn. Denn da erheben sie sich selbst über Freigeborene, selbst über den Adel. Bei den Uebrigen ist eben das Nachstehen der Freigelassenen ein Beweis der Freiheit [15].

26. Geld anlegen und es wuchern lassen, ist unbekannt, und wird darum mehr beobachtet, als wenn es verboten wäre. Die Aecker werden der Anzahl der Bebauer gemäß von Dörfern [16] im Ganzen in Besitz genommen, und man vertheilt dieselben sofort nach dem Range unter sich. Erleichtert wird das Theilungsgeschäft durch die weiten Räume der Felder. Mit den Saatfeldern wechselt man alljährlich, und es ist dazu an Acker Ueberfluß. Denn bei des Bodens Fruchtbarkeit und weiter Ausdehnung strengen sie sich nicht an Fleiß anzuwenden, um Obstpflanzungen anzulegen, Wiesen abzusondern und Gärten zu bewässern: nichts als die Saat wird der Erde anbefohlen. Daher theilen sie denn auch das Jahr selbst nicht in ebensoviele Abschnitte ein: für Winter, Frühling und Sommer gibt es Begriff und auch Benennung, des Herbstes Name ist, wie seine Gaben, unbekannt.

27. Bei Leichenbegängnissen findet kein eitler Prunk statt: das allein wird beobachtet, daß man Leichen berühmter Männer mit besonderen Holzarten verbrennt. Des Scheiterhaufens Bau überladen sie weder mit Decken noch mit Spezereien; Jedem werden seine Waffen, Einigen auch ihr Roß in's Feuer mitgegeben. Die Grabstätte hebt ein Rasenhügel; der Denkmäler

gravem defunctis aspernantur. Lamenta ac lacrimas cito, dolorem et tristitiam tarde ponunt. Feminis lugere honestum est, viris meminisse.

Haec in commune de omnium Germanorum origine ac moribus accepimus. Nunc singularum gentium instituta ritusque, quatenus differant, quae nationes e Germania in Gallias commigraverint, expediam.

28. Validiores olim Gallorum res fuisse summus auctor divus Iulius tradit; eoque credibile est etiam Gallos in Germaniam transgressos. Quantulum enim amnis obstabat, quo minus, ut quaeque gens evaluerat, occuparet permutaretque sedes promiscuas adhuc et nulla regnorum potentia divisas? Igitur inter Hercyniam silvam Rhenumque et Moenum amnes Helvetii, ulteriora Boii, Gallica utraque gens, tenuere. Manet adhuc Boihemi nomen signatque loci veterem memoriam, quamvis mutatis cultoribus. Sed utrum Aravisci in Pannoniam ab Osis, Germanorum natione, an Osi ab Araviscis in Germaniam commigraverint, cum eodem adhuc sermone, institutis, moribus utantur, incertum est, quia pari olim inopia ac libertate eadem utriusque ripae bona malaque erant. Treveri et Nervii circa affectationem Germanicae originis ultro ambitiosi sunt, tamquam per hanc gloriam sanguinis a similitudine et inertia Gallorum separentur. Ipsam Rheni ripam haud dubie Germanorum populi colunt, Vangiones, Triboci, Nemetes. Ne Ubii quidem, quamquam Romana colonia esse meruerint ac libentius Agrippinenses conditoris sui nomine vocentur, origine erubescunt, transgressi olim et experimento fidei super ipsam Rheni ripam collocati, ut arcerent, non ut custodirentur.

29. Omnium harum gentium virtute praecipui Batavi non multum ex ripa, sed insulam Rheni amnis colunt, Chattorum quondam populus et seditione domestica in eas sedes transgressus, in quibus pars Romani imperii fierent. Manet honos et antiquae societatis insigne; nam nec tributis contemnuntur nec publicanus atterit: exempti oneribus et collationibus et tantum in usum proeliorum sepositi velut tela atque arma bellis reservantur. Est in eodem obsequio et Mattiacorum gens. Protulit enim

hochragende und mühevolle Ehre verschmähen sie als drückend nur den Ab=
geschiedenen. Wehklagen und Thränen lassen sie bald, Schmerz und Trauer
spät aufhören. Frauen ziemt Trauerklage, Männern Erinnerung.

Dieses haben wir im Allgemeinen von sämmtlicher Germanen Ursprung
und Sitten erfahren. Jetzt will ich die Einrichtungen und Gebräuche der
einzelnen Volksstämme, sofern sie von einander verschieden sind, und welche
Völkerschaften aus Germanien nach Gallien gewandert, auseinandersetzen.

28. Daß mächtiger einst die Gallier gewesen seien, meldet der vornehmste
Gewährsmann Divus Julius[17]; und daher ist es auch glaublich, daß Gallier
nach Germanien hinüberwanderten. Denn wie wenig könnte doch ein Strom
es hindern, daß, wenn Volksstämme stark geworden waren, sie noch gemein=
same und durch keine Reichsgewalt geschiedene Wohnsitze einnahmen und
mit den früheren vertauschten? So ließen sich zwischen dem herzynischen
Walde, den Flüssen Rhein und Main die Helvetier, weiterhin die Bojer
nieder, beides gallische Völkerschaften. Noch lebt der Name Bojemum fort,
und weist auf des Landes alte Zeiten hin, obwohl seine Bewohner gewechselt
haben. Ob aber die Aravisker von den Osen, als einem germanischen
Stamme, nach Pannonien, oder die Osen von den Araviskern nach Ger=
manien gewandert seien, da sie noch gleiche Sprache, Einrichtungen und
Sitten haben, ist ungewiß, weil ehedem bei gleicher Dürftigkeit und Freiheit
die Vorzüge und Mängel beider Ufer[18] einander gleich waren. Die Tre=
verer[19] und Nervier wetteifern sogar in der Zueignung germanischen Ur=
sprungs, als ob sie durch diesen Ruhm der Blutsverwandtschaft von der
Aehnlichkeit und Schlaffheit der Gallier getrennt würden. Das Rheinufer
selbst bewohnen unstreitig germanische Völker, Vangionen, Triboker, Neme=
ter. Selbst die Ubier[20], obwohl sie durch ihre Verdienste eine Römercolonie
geworden und sich lieber Agrippinenser nach dem Namen ihrer Gründerin
nennen, erröthen nicht über ihren Ursprung, ein Volk, das schon vor Zeiten
herübergekommen ist und, da es sich treu bewährt, dicht am Rheinufer an=
gesiedelt wurde, um abzuwehren, nicht um bewacht zu werden.

29. Unter allen diesen Völkern die ersten an Tapferkeit, die Bataver, be=
wohnen von der Ufergegend wenig, sondern die Insel des Rheinstroms, einst
ein Zweig der Chatten und erst wegen inneren Zwiespalts in diese Gegend
ausgewandert, wo sie ein Theil des römischen Reichs werden sollten. Noch
hat die Ehre und Auszeichnung alter Bundesgenossenschaft Bestand; denn
nicht erniedrigt sie Tribut, nicht saugt sie ein Staatspächter aus: frei von
Lasten und Beisteuern, und nur zur Verwendung in Schlachten aufgespart,
werden sie wie Wehr und Waffen für Kriege aufgehoben[21]. In gleicher Ab=
hängigkeit steht auch der Stamm der Mattiaker[22]. Denn es hat ja des

magnitudo populi Romani ultra Rhenum ultraque veteres terminos imperii reverentiam. Ita sede finibusque in sua ripa, mente animoque nobiscum agunt, cetera similes Batavis, nisi quod ipso adhuc terrae suae solo et caelo acrius animantur.

Non numeraverim inter Germaniae populos, quamquam trans Rhenum Danubiumque consederint, eos, qui decumates agros exercent. Levissimus quisque Gallorum et inopia audax dubiae possessionis solum occupavere. Mox limite acto promotisque praesidiis sinus imperii et pars provinciae habentur.

30. Ultra hos Chatti initium sedis ab Hercynio saltu incohant, non ita effusis ac palustribus locis, ut ceterae civitates, in quas Germania patescit: durant siquidem colles, paulatim rarescunt, et Chattos suos saltus Hercynius prosequitur simul ac deponit. Duriora genti corpora, stricti artus, minax vultus et maior animi vigor. Multum, ut inter Germanos, rationis ac sollertiae: praeponere electos, audire praepositos, nosse ordines, intelligere occasiones, differre impetus, disponere diem, vallare noctem, fortunam inter dubia, virtutem inter certa numerare, quodque rarissimum nec nisi Romanae disciplinae concessum, plus reponere in duce quam in exercitu. Omne robur in pedite, quem super arma ferramentis quoque et copiis onerant. Alios ad proelium ire videas, Chattos ad bellum; rari excursus et fortuita pugna; equestrium sane virium id proprium, cito parare victoriam, cito cedere; velocitas iuxta formidinem, cunctatio propior constantiae est.

31. Et aliis Germanorum populis usurpatum, raro et privata cuiusque audentia, apud Chattos in consensum vertit, ut primum adoleverint, crinem barbamque submittere, nec nisi hoste caeso exuere votivum obligatumque virtuti oris habitum. Super sanguinem et spolia revelant frontem, seque tum demum pretia nascendi retulisse dignosque patria ac parentibus ferunt: ignavis et imbellibus manet squalor. Fortissimus quisque ferreum insuper

Römervolkes Größe über den Rhein und die alten Grenzen hinaus die Ehr=
furcht vor seiner Herrschaft auszudehnen gewußt. So leben sie, was Wohnsitz
und Gebiet betrifft, auf ihrem Uferlande, mit Herz und Sinn für uns, im
Uebrigen den Batavern ähnlich, nur daß sie schon durch Boden und Klima
ihres Landes noch geweckteren Muthes sind.

Nicht möchte ich, wiewohl sie sich jenseits des Rheines und der Donau
niedergelassen haben, diejenigen zu Germaniens Völkern zählen, welche die
dekumatischen Ländereien[23]) bebauen. Das loseste, aus Armuth unter=
nehmende Gesindel der Gallier besetzte sie, da zweifelhaft der Grundbesitz.
Nachher zog man den Grenzwall und schob die Posten weiter vor, so daß es
nun als Vorsprung des Reichs und Theil der Provinz betrachtet wird.

30. Ueber diese[24]) hinaus beginnt zuerst mit dem hercynischen Walde der
Chatten Gebiet, und nicht so flach und sumpfig sind diese Gegenden, wie die
übrigen Gaue in Germaniens Ebenen: Hügel nämlich ziehen sich ganz hin=
durch, werden nur allmählich seltner, und es begleitet seine Chatten der
hercynische Wald, und verläßt sie auch erst an ihrer Grenze[25]). Dieses Volk
hat einen festeren Körperbau, gedrungene Glieder, einen drohenden Blick und
größere Regsamkeit des Geistes. Groß ist, für Germanen, ihr Verstand und
ihre Gewandtheit: sie stellen Männer ihrer Wahl an die Spitze, leisten den
an die Spitze Gestellten Gehorsam, kennen Reih und Glied, nehmen Ge=
legenheiten wahr, verschieben den Angriff, machen ihre Eintheilung für den
Tag, Umwallung für die Nacht, halten Glück für etwas Ungewisses, Tapfer=
keit für's Gewisse, und legen, was so selten und sonst römischer Kriegszucht
nur gegeben, mehr Gewicht auf den Heerführer, als auf das Heer. Ihre
ganze Stärke besteht im Fußvolk, welches sie außer den Waffen auch noch
mit Eisengeräth und Mundvorrath belasten. Andere sieht man in die Schlacht
ziehn, die Chatten in den Krieg; selten sind Streifzüge und zufälliger Kampf:
das ist freilich eine Eigenthümlichkeit der Reitermacht, schnell den Sieg zu
erkämpfen, schnell sich zurückzuziehn; aber Schnelligkeit ist der Furcht ver=
wandt, Bedachtsamkeit steht festem Muthe näher.

31. Eine Sitte, die auch bei andern Völkern der Germanen vorkommt,
aber nur selten und als Beweis der Thatenlust Einzelner, die ist bei den
Chatten allgemein geworden, sobald sie in's Jünglingsalter getreten sind.
Haupthaar und Bart wachsen zu lassen, und erst nach Erlegung eines Fein=
des die der Tapferkeit gelobte und verpflichtete Gestaltung ihres Antlitzes
wieder abzulegen[26]). Ueber Blut und Waffenbeute enthüllen sie die Stirn,
und meinen nun erst die Schuld ihres Daseins abgetragen zu haben und
ihres Vaterlandes, so wie ihrer Eltern würdig zu sein. Feigen und Kriegs=
scheuen bleibt ihr Wust. Die Tapfersten tragen überdies einen eisernen

anulum — ignominiosum id genti — velut vinculum ge-
stat, donec se caede hostis absolvat. Plurimis Chattorum
hic placet habitus, iamque canent insignes et hostibus
simul suisque monstrati. Omnium penes hos initia pugna-
rum, haec prima semper acies, visu nova; nam ne in pace
quidem vultu mitiore mansuescunt. Nulli domus aut ager
aut aliqua cura: prout ad quemque venere, aluntur, pro-
digi alieni, contemptores sui, donec exsanguis senectus
tam durae virtuti impares faciat.

32. Proximi Chattis certum iam alveo Rhenum,
quique terminus esse sufficiat, Usipi ac Tencteri colunt.
Tencteri super solitum bellorum decus equestris disciplinae
arte praecellunt; nec maior apud Chattos peditum laus
quam Tencteris equitum. Sic instituere maiores; posteri
imitantur. Hi lusus infantium, haec iuvenum aemulatio;
perseverant senes. Inter familiam et penates et iura
successionum equi traduntur; excipit filius, non ut cetera,
maximus natu, sed prout ferox bello et melior.

33. Iuxta Tencteros Bructeri olim occurrebant; nunc
Chamavos et Angrivarios immigrasse narratur, pulsis
Bructeris ac penitus excisis vicinarum consensu nationum,
seu superbiae odio seu praedae dulcedine seu favore quodam erga nos deorum; nam ne spectaculo quidem proelii
invidere. Super sexaginta milia non armis telisque Romanis, sed, quod magnificentius est, oblectationi oculisque
ceciderunt. Maneat, quaeso, duretque gentibus, si non
amor nostri, at certe odium sui, quando urgentibus imperii fatis nihil iam praestare fortuna maius potest quam
hostium discordiam.

34. Angrivarios et Chamavos a tergo Dulgibini et
Chasuarii cludunt aliaeque gentes haud perinde memoratae;
a fronte Frisii excipiunt. Maioribus minoribusque Frisiis
vocabulum est ex modo virium. Utraeque nationes usque
ad Oceanum Rheno praetexuntur, ambiuntque immensos
insuper lacus et Romanis classibus navigatos. Ipsum quin
etiam Oceanum illa temptavimus, et superesse adhuc Her-
culis columnas fama vulgavit, sive adiit Hercules, seu

Ring — eine Schande bei diesem Volke — gleich einer Fessel, bis sie sich durch Erlegung eines Feindes davon erlösen. Sehr vielen Chatten gefällt dieses Aeußere und sie haben oft schon bei grauem Haar noch diese Auszeichnung, und sind deshalb wie bei den Feinden, so bei ihren Landsleuten auch hochangesehen. In allen Schlachten machen sie den Anfang, sie sind stets die erste Schlacht-reihe, ein befremdender Anblick; nimmt ihr Antlitz doch im Frieden selbst kein milderes Ansehn an. Keiner hat eine Wohnung oder ein Feld oder irgend ein Geschäft: zu wem sie gerade kommen, von dem werden sie ernährt, Verschwender fremden Guts, des eigenen Verächter, bis kraftloses Alter sie zu so rauher Kriegsmannsweise unfähig macht.

32. Den Chatten zunächst wohnen am Rhein, wo schon sicher ist sein Bett und als Grenzscheide genügt, die Usiper und Tenckerer [27]. Letztere zeichnen sich außer dem gewöhnlichen Ruhme in Kriegen noch besonders durch kunst-mäßig geübte Reiterei aus, und nicht größer ist die Berühmtheit des chat-tischen Fußvolks, als die der teucterischen Reiter. So ordneten es die Vor-fahren an; die Nachkommen machen es ebenso. Darin bestehen die Spiele der Kinder, darin der Jünglinge Wettstreit, und noch die Greise halten daran fest. Wie Gesinde, Familiensitz und alle Rechte der Nachfolge, gehen auch die Pferde über. Sie erhält ein Sohn, nicht gerade, wie das Uebrige, der älteste, sondern wer der muthigste im Kriege und der ausgezeichnetere war.

33. Neben den Tenckerern stieß man ehedem auf die Bructerer [28]; jetzt sollen da die Chamaver und Angrivarier eingewandert sein, nachdem die Bructerer von den vereinten Nachbarvölkern geschlagen und gänzlich aus-gerottet worden, sei es aus Haß gegen ihren Uebermuth oder aus Beutelust oder vermöge einer gewissen Gunst der Götter gegen uns; denn selbst dem Kampfe zuzusehn mißgönnten sie uns nicht. Ueber sechzigtausend fielen nicht durch Waffen und Geschosse, sondern, was noch glanzvoller, zur Ergötzlichkeit und Augenweide Roms. Bleibe doch, so flehe ich, diesen Völkern, und bestehe fort, wenn Liebe nicht zu uns, doch gegen einander Haß, weil bei des Reiches drohendem Verhängniß ja nichts Größeres das Schicksal uns gewähren kann, als der Feinde Zwietracht.

34. An die Angrivarier und Chamaver schließen sich im Rücken die Dul-gibiner [29] und Chasuarier und andere minder erwähnte Völkerschaften an; vorn stoßen an sie die Friesen. Groß- und Kleinfriesen heißen sie nach Maß-gabe ihrer Macht. Beide Stämme ziehen sich den Rhein entlang bis an den Ocean, und außerdem um ungeheure Seen noch herum, die auch von Römerflotten schon beschifft sind. Haben wir uns doch hier selbst auf dem Ocean schon versucht, und die Sage hat erzählt, es seien hier noch Säulen des Herkules, mag wirklich Herkules hierher gekommen sein, oder sind wir

quidquid ubique magnificum est, in claritatem eius referre consensimus. Nec defuit audentia Druso, Germanico; sed obstitit Oceanus in se simul atque in Herculem inquiri. Mox nemo temptavit, sanctiusque ac reverentius visum de actis deorum credere quam scire.

35. Hactenus in occidentem Germaniam novimus: in septentrionem ingenti flexu redit. Ac primo statim Chaucorum gens, quamquam incipiat a Frisiis ac partem litoris occupet, omnium, quas exposui, gentium lateribus obtenditur, donec in Chattos usque sinuetur. Tam immensum terrarum spatium non tenent tantum Chauci, sed et implent, populus inter Germanos nobilissimus, quique magnitudinem suam malit iustitia tueri. Sine cupiditate, sine impotentia, quieti secretique nulla provocant bella, nullis raptibus aut latrociniis populantur. Id praecipuum virtutis ac virium argumentum est, quod, ut superiores agant, non per iniurias assequuntur. Prompta tamen omnibus arma ac, si res poscat, exercitus, plurimum virorum equorumque; et quiescentibus eadem fama.

36. In latere Chaucorum Chattorumque Cherusci nimiam ac marcentem diu pacem inlacessiti nutrierunt; idque iucundius quam tutius fuit, quia inter inpotentes et validos falso quiescas; ubi manu agitur, modestia ac probitas nomina superioris sunt. Ita qui olim boni aequique Cherusci, nunc inertes ac stulti vocantur: Chattis victoribus fortuna in sapientiam cessit. Tracti ruina Cheruscorum et Fosi, contermina gens; adversarum rerum ex aequo socii sunt, cum in secundis minores fuissent.

37. Eundem Germaniae sinum proximi Oceano Cimbri tenent, parva nunc civitas, sed gloria ingens. Veterisque famae lata vestigia manent utraque ripa castra ac spatia, quorum ambitu nunc quoque metiaris molem manusque gentis et tam magni exitus fidem.

Sescentesimum et quadragesimum annum urbs nostra agebat, cum primum Cimbrorum audita sunt arma, Caecilio

nun einmal darin übereingekommen, alles Große, wo es irgend sein mag, auf seine Verherrlichung zurückzuführen. Auch fehlte es dazu an Kühnheit nicht dem Drusus und Germanicus[30]; aber es widerstand der Ocean den Nachforschungen über sich wie über den Herkules. Nachher hat Niemand wieder es versucht, und es schien heiliger und ehrfurchtsvoller, was der Götter Thaten anbetrifft, zu glauben als zu wissen.

35. Soweit kennen wir Germanien nach Westen hin: gegen Mitternacht springt es in einem ungeheuern Bogen vor. Zuerst gleich zieht sich der Chauken[31] Volk, obwohl es bei den Friesen schon beginnt und einen Theil der Küste einnimmt, an der Seite aller der Völker, die ich aufgezählt, entlang, und biegt sich endlich bis in's Chattenland hinein. Einen so unermeß= lichen Länderraum haben die Chauken nicht blos inne, sondern füllen ihn auch aus, eine Völkerschaft, die unter den Germanen die angesehenste ist, und dabei ihre Größe doch lieber durch Gerechtigkeit zu behaupten sucht. Ohne Habgier, ohne Herrschsucht, still und für sich, reizen sie zu keinem Kriege, erlauben sich keine Plünderungen und Räubereien. Das gerade ist der vorzüglichste Beweis ihrer Tapferkeit und ihrer Stärke, daß sie ihre Ueberlegenheit nicht durch Ungerechtigkeiten zu erlangen suchen. Doch haben alle ihre Waffen in Bereitschaft und, wenn es die Umstände erfordern, ein Heer, der Männer und der Rosse eine große Menge; und auch wenn sie sich ruhig verhalten, bleibt ihr Ruf derselbe.

36. Zur Seite der Chauken und Chatten nährten lange die Cherusker[32] unangefochten einen zu sehr sich gehen lassenden und schlaffen Frieden, und das war mehr behaglich für sie als sicher, weil ja mitten unter Herrsch= süchtigen und Starken Ruhe trügt; wo es auf die Faust ankommt, sind Mäßigung und Rechtschaffenheit nur Namen für den Ueberlegenen. So werden die Cherusker, die vordem die braven und rechtschaffenen hießen, jetzt die feigen und thörichten genannt: den Chatten, welche Sieger waren, rechnete man das Glück als Weisheit an. Mit hineingezogen in den Sturz der Cherusker wurden auch die Fosen[33], ein benachbarter Stamm, im Mis= geschick zu gleichem Theil Gefährten, während sie im Glück die Schwächeren gewesen.

37. Dieselbe Landspitze von Germanien zunächst am Ocean bewohnen die Cimbern, jetzt eine kleine Völkerschaft, aber sehr groß an Ruhm. Als weite Spuren ihres alten Rufes sind noch vorhanden an beiden Ufern[34] aus= gedehnte Lagerplätze, aus deren Umfang man noch jetzt des Volkes ungeheuere Masse ermessen kann und die Glaublichkeit eines so bedeutenden Auszugs.

In ihrem sechshundertundvierzigsten Jahre[35] befand sich unsere Stadt, als man zuerst von den Waffen der Cimbern hörte, unter des Cäcilius

Metello ac Papirio Carbone consulibus. Ex quo si ad alterum imperatoris Traiani consulatum computemus, ducenti ferme et decem anni colliguntur. Tam diu Germania vincitur. Medio tam longi aevi spatio multa invicem damna. Non Samnis, non Poeni, non Hispaniae Galliaeve, ne Parthi quidem saepius admonuere. Quippe regno Arsacis acrior est Germanorum libertas. Quid enim aliud nobis quam caedem Crassi, amisso et ipse Pacoro infra Ventidium deiectus oriens obiecerit? At Germani Carbone et Cassio et Scauro Aurelio et Servilio Caepione, Cn. quoque Maulio fusis vel captis quinque simul consulares exercitus populo Romano, Varum trisque cum eo legiones etiam Caesari abstulerunt; nec impune C. Marius in Italia, divus Iulius in Gallia, Drusus ac Nero et Germanicus in suis eos sedibus perculerunt. Mox ingentes C. Caesaris minae in ludibrium versae. Inde otium, donec occasione discordiae nostrae et civilium armorum expugnatis legionum hibernis etiam Gallias affectavere; ac rursus inde pulsi proximis temporibus triumphati magis quam victi sunt.

38. Nunc de Suebis dicendum est, quorum non una, ut Chattorum Tencterorumve, gens; maiorem enim Germaniae partem optinent, propriis adhuc nationibus nominibusque discreti, quamquam in commune Suebi vocentur. Insigne gentis obliquare crinem nodoque substringere. Sic Suebi a ceteris Germanis, sic Sueborum ingenui a servis separantur. In aliis gentibus seu cognatione aliqua Sueborum seu, quod saepe accidit, imitatione, rarum et intra iuventae spatium: apud Suebos usque ad canitiem horrentem capillum retro sequuntur, ac saepe in ipso solo vertice religant; principes et ornatiorem habent. Ea cura formae, sed innoxiae; neque enim ut ament amenturve, in altitudinem quandam et terrorem adituri bella compti, ut hostium oculis ornantur.

39. Vetustissimos se nobilissimosque Sueborum Semnones memorant. Fides antiquitatis religione firmatur. Stato tempore in silvam, auguriis patrum et prisca formidine

Metellus und Papirius Carbo Consulat. Rechnen wir von da bis auf das zweite Consulat des Kaisers Trajanus[36]), so kommen ungefähr zweihundert und zehn Jahre heraus. So lange wird an Germanien besiegt. Innerhalb dieses so langen Zeitraums gab es wechselseitig viele Verluste. Nicht der Samniter, nicht die Punier, nicht Hispanien oder Gallien, selbst nicht die Parther haben häufigere Mahnungen uns gegeben. Gewaltiger natürlich als des Arsaces Thron[37]) ist der Germanen Freiheit. Denn was dürfte uns das unter einen Ventidius[38]) gebeugte Morgenland wol weiter als des Crassus Niederlage vorzuhalten haben, wobei es noch dazu selbst den Pacorus verlor? Die Germanen dagegen raubten dem Volke Roms, als sie den Carbo[39]), Cassius, Scaurus Aurelius, Servilius Cäpio und auch Cn. Manlius geschlagen oder gefangen genommen hatten, zugleich fünf consularische Heere, den Varus und mit ihm drei Legionen sogar dem Cäsar[40]); und nicht ohne Verlust schlug sie C. Marius in Italien[41]), Divus Julius in Gallien, Drusus, Nero und Germanicus in ihrer eigenen Heimath nieder. Nachher wurde des C. Cäsar[42]) mächtiges Drohen zum Gespött. Nun trat Ruhe ein, bis sie auf Veranlassung unserer Zwietracht und unserer Bürgerkriege die Winterlager der Legionen eroberten und selbst auf Gallien es absahn[43]); und auch als man von da sie wiederum vertrieben, hat man in den letzten Zeiten[44]) mehr über sie triumphirt, als sie besiegt.

38. Nun ist von den Sueben[45]) zu reden, welche nicht, wie die Chatten und Tencterer, Eine Völkerschaft bilden; denn sie haben den größeren Theil Germaniens inne, und zerfallen wieder in besondere Stämme mit eigenen Namen, obwohl sie im Allgemeinen Sueben genannt werden. Abzeichen des Volkes ist es, das Haar schräg zu kämmen und in einen Knoten zusammenzuschürzen. So unterscheiden sich die Sueben von den übrigen Germanen, so unter ihnen wieder selbst die Freigeborenen von den Sklaven. Bei andern Völkerschaften geschieht dieses, sei's in Folge von Verwandtschaft mit den Sueben, oder, was ja häufig der Fall ist, aus Nachahmung, doch selten und nur in der Jugendzeit: bei den Sueben streicht man, bis es grau sogar, das struppige Haar rückwärts, und knüpft es häufig sogar auf dem bloßen Scheitel zusammen; die Großen tragen es auch wohl geschmückter. Darin besteht ihre Sorge für Schönheit, doch für eine unverfängliche; denn nicht um zu lieben und geliebt zu werden, sondern gleichsam für des Feindes Auge schmücken sie sich so, wenn in den Krieg sie ziehen wollen, zu einer gewissen Hoheit und zum Schrecken aufgeputzt.

39. Für die ältesten und edelsten der Sueben geben sich die Semnonen[46]) aus. Der Glaube an ihr Alter wird durch ihre Religion bestärkt. Zu einer festgesetzten Zeit kommen in einem durch Weihe der Väter und alterthümliche

sacram, omnes eiusdem sanguinis populi legationibus coeunt, caesoque publice homine celebrant barbari ritus horrenda primordia. Est et alia luco reverentia: nemo nisi vinculo ligatus ingreditur, ut minor et potestatem numinis prae se ferens. Si forte prolapsus est, attolli et insurgere haud licitum; per humum evolvuntur. Eoque omnis superstitio respicit, tamquam inde initia gentis, ibi regnator omnium deus, cetera subiecta atque parentia. Adicit auctoritatem fortuna Semnonum: centum pagis habitant, magnoque corpore efficitur, ut se Sueborum caput credant.

40. Contra Langobardos paucitas nobilitat: plurimis ac valentissimis nationibus cincti non per obsequium, sed proeliis et periclitando tuti sunt. Reudigni deinde et Aviones et Anglii et Varini et Eudoses et Suardones et Nuithones fluminibus aut silvis muniuntur. Nec quicquam notabile in singulis, nisi quod in commune Nerthum, id est Terram matrem colunt eamque intervenire rebus hominum, invehi populis arbitrantur. Est in insula Oceani castum nemus, dicatumque in eo vehiculum, veste contectum; attingere uni sacerdoti concessum. Is adesse penetrali deam intellegit vectamque bubus feminis multa cum veneratione prosequitur. Laeti tunc dies, festa loca, quaecumque adventu hospitioque dignatur. Non bella ineunt, non arma sumunt; clausum omne ferrum; pax et quies tunc tantum nota, tunc tantum amata, donec idem sacerdos satiatam conversatione mortalium deam templo reddat. Mox vehiculum et vestes et, si credere velis, numen ipsum secreto lacu abluitur. Servi ministrant, quos statim idem lacus haurit. Arcanus hinc terror sanctaque ignorantia, quid sit illud, quod tantum perituri vident.

41. Et haec quidem pars Sueborum in secretiora Germaniae porrigitur. Propior — ut, quomodo paulo ante Rhenum, sic nunc Danubium sequar — Hermundurorum civitas, fida Romanis, eoque solis Germanorum non in ripa commercium, sed penitus atque in splendidissima Raetiae provinciae colonia. Passim et sine custode trans-

heilige Scheu geheiligten Walde alle Völkerschaften desselben Geblüts durch
Abgeordnete zusammen, und beginnen mit öffentlichem Menschenopfer des
barbarischen Brauches schauderhafte Feier. Auch auf eine andere Weise noch
bezeugt man dem Haine seine Ehrerbietung: niemand tritt anders als mit
einer Fessel angethan hinein, sich als unterwürfig und der Gottheit Allmacht
zu bekennen. Ist er etwa einmal hingefallen, so ist ihm nicht erlaubt, sich
aufhelfen zu lassen und aufzustehn; auf dem Boden wälzt man sich hinaus.
Darauf bezieht sich überhaupt der ganze Aberglaube, daß von hier des Volkes
Ursprung ausgegangen, hier der über Alles waltende Gott, alles Uebrige
aber unterthan und dienstbar sei. Dem allen verschafft noch mehr Ansehn die
Macht der Semnonen: in hundert Gauen wohnen sie, und schon die Größe
ihrer Körperschaft bewirkt, daß sie sich für das Haupt der Sueben halten.

40. Die Langobarden⁴⁷) dagegen adelt ihre geringe Anzahl: von sehr
vielen und sehr kräftigen Völkerstämmen rings umgeben, sind sie nicht durch
Unterwürfigkeit, sondern durch Schlachten und Gefährdungen geschützt.
Die Reudigner⁴⁸) sodann, Avionen, Angeln, Variner, Eudosen, Suardonen
und Nuithonen sind durch Flüsse oder Wälder geschirmt. Einzeln haben
sie nichts bemerkenswerthes, als daß sie insgesammt die Nerthus, das ist die
Mutter Erde, verehren und glauben, sie greife in die Verhältnisse der Men=
schen ein, fahre umher bei den Völkern. Es befindet sich auf einem Eilande⁴⁹)
des Oceans ein heiliger Hain, und in diesem ein geweihtes Fuhrwerk, mit
einer Decke umhüllt; es zu berühren ist allein dem Priester verstattet. Dieser
merkt die Anwesenheit der Göttin im Heiligthume, und begleitet sie, wenn
sie mit Kühen nun dahinfährt, in tiefer Ehrfurcht. Das sind dann Freuden=
tage, und an jedem Orte Feste, den sie ihres Besuches und gastlichen Ver=
weilens würdigt. Nicht ziehen sie in Kriege, greifen nicht zu den Waffen:
verschlossen ist alles Eisen; dann kennt, dann liebt man Friede nur und
Ruhe, bis derselbe Priester, wenn sie an dem Verkehr mit Sterblichen ge=
sättigt, die Göttin der geweihten Stätte wiedergibt. Sofort werden Fuhr=
werk und Decken und, wer's glauben will, die Gottheit selbst in einem ver=
borgenen See gewaschen. Sklaven verrichten den Dienst, und es verschlingt
sie dann sogleich derselbe See. Daher ein geheimnißvolles Grauen und
heilige Scheu zu wissen, was das sei, was nur dem Tode Geweihte schauen.

41. Dieser Theil der Sueben nun erstreckt sich in das entlegnere Gebiet⁵⁰)
Germaniens hinein. Näher — um, wie kurz zuvor dem Rheine, so jetzt der
Donau zu folgen — wohnt der Hermunduren⁵¹) Völkerschaft, den Römern
treu ergeben, weshalb sie auch die einzigen Germanen sind, die nicht am
Ufer blos, sondern im Innern und selbst in der glänzendsten Coloniestadt⁵²)
der rätischen Provinz Handelsverkehr treiben. Allenthalben und ohne Wächter

eunt; et cum ceteris gentibus arma modo castraque nostra ostendamus, his domos villasque patefecimus non concupiscentibus. In Hermunduris Albis oritur, flumen inclitum et notum olim; nunc tantum auditur.

42. Iuxta Hermunduros Naristi ac deinde Marcomani et Quadi agunt. Praecipua Marcomanorum gloria viresque, atque ipsa etiam sedes, pulsis olim Boiis, virtute parta. Nec Naristi Quadive degenerant. Eaque Germaniae velut frons est, quatenus Danubio peragitur. Marcomanis Quadisque usque ad nostram memoriam reges manserunt ex gente ipsorum, nobile Marobodui et Tudri genus: iam et externos patiuntur; sed vis et potentia regibus ex auctoritate Romana. Raro armis nostris, saepius pecunia iuvantur, nec minus valent.

43. Retro Marsigni, Gothini, Osi, Buri terga Marcomanorum Quadorumque claudunt. E quibus Marsigni et Buri sermone cultuque Suebos referunt; Gothinos Gallica, Osos Pannonica lingua coarguit non esse Germanos, et quod tributa patiuntur. Partem tributorum Sarmatae, partem Quadi ut alienigenis imponunt. Gothini, quo magis pudeat, et ferrum effodiunt. Omnesque hi populi pauca campestrium, ceterum saltus et vertices montium iugumque insederunt. Dirimit enim scinditque Suebiam continuum montium iugum, ultra quod plurimae gentes agunt, ex quibus latissime patet Ligiorum nomen in plures civitates diffusum. Valentissimas nominasse sufficiet, Harios, Helveconas, Manimos, Elisios, Nahanarvalos. Apud Nahanarvalos antiquae religionis lucus ostenditur. Praesidet sacerdos muliebri ornatu, sed deos interpretatione Romana Castorem Pollucemque memorant. Ea vis numini, nomen Alcis. Nulla simulacra, nullum peregrinae superstitionis vestigium; ut fratres tamen, ut iuvenes venerantur. Ceterum Harii super vires, quibus enumeratos paulo ante populos antecedunt, truces insitae feritati arte ac tempore lenocinantur. Nigra scuta, tincta corpora; atras ad proelia noctes legunt, ipsaque formidine atque umbra feralis

kommen sie herüber⁵³); und während wir den übrigen Stämmen nur unsere Waffen und Lager zeigen, haben wir diesen, auch ohne ihr Verlangen, unsere Wohnungen und Landhäuser eröffnet. Im Lande der Hermunduren entspringt die Elbe, ein berühmter und einst bekannter⁵⁴) Fluß; jetzt hört man nur von ihm.

42. Neben den Hermunduren wohnen die Narister⁵⁵) und dann die Marcomanen und Quaden. Ausgezeichnet ist der Marcomanen Ruhm und Stärke, und selbst ihren Wohnsitz, aus dem sie die Bojer einst vertrieben, haben sie sich erst durch Tapferkeit errungen. Auch die Narister und Quaden arten nicht aus. Das ist, so zu sagen, Germaniens Stirn, so weit die Donau sie bildet. Die Marcomanen und Quaden hatten bis auf unsere Tage noch Könige aus ihrem eigenen Volke, Marobods⁵⁶) und Tubers edles Geschlecht: jetzt lassen sie sich auch Ausländer gefallen; doch Gewalt und Macht haben sie als Könige nur durch römischen Einfluß. Selten werden sie von unsern Waffen, häufiger mit unserm Gelde unterstützt, doch sind sie darum nicht weniger mächtig.

43. Weiter rückwärts⁵⁷) schließen sich hinten an die Marcomanen und Quaden die Marsigner, die Gothiner, Osen und Burer an. Unter diesen verrathen die Marsigner und Burer durch Sprache und Tracht suebische Abkunft; bei den Gothinern beweist die gallische, bei den Osen die pannonische Mundart, daß sie keine Germanen sind, auch daß sie sich Tribut gefallen lassen. Einen Theil desselben legen ihnen die Sarmaten, einen andern die Quaden als Fremden auf. Die Gothiner fördern, weshalb sie um so mehr sich schämen sollten, auch Eisen zu Tage. Ueberhaupt bewohnen alle diese Völker nur wenig ebene Gegenden, im Uebrigen Waldgebirge, Bergspitzen und den Gebirgszug. Denn es theilt und durchschneidet Suebien eine fortlaufende Bergkette⁵⁸), jenseits welcher noch sehr viele Völkerschaften hausen, unter denen sich der über mehrere Stämme verbreitete Name der Ligier⁵⁹) am weitesten ausdehnt. Es wird genügen, die bedeutendsten zu nennen, die Harier, die Helveconen, Manimer, Elisier, Nahanarvalen. Bei den Nahanarvalen wird ein altem Gottesdienst geweihter Hain gezeigt. Die Aufsicht führt ein Priester in Frauentracht, doch nennen sie die Götter nach römischer Deutung Castor und Pollur. Das ist das Wesen der Gottheit, ihr Name Alker. Keine Bildnisse, keine Spur ausländischen Glaubens: als Brüder jedoch, als Jünglinge werden sie verehrt. Die Harier ferner, außer dem, daß sie mit ihrer Macht die kurz zuvor aufgezählten Völkerschaften übertreffen, voller Trotzmuth, kommen ihrer angebornen Wildheit noch durch Kunst und Zeit zu Hilfe. Schwarz sind ihre Schilde, gefärbt auch ihre Leiber: finstere Nächte wählen sie zu den Schlachten, und jagen schon durch die Furchtbarkeit

15 *

exercitus terrorem inferunt, nullo hostium sustinente novum ac velut infernum adspectum; nam primi in omnibus proeliis oculi vincuntur.

Trans Ligios Gothones regnantur, paulo iam adductius quam ceterae Germanorum gentes, nondum tamen supra libertatem. Protinus deinde ab Oceano Rugii et Lemovii; omniumque harum gentium insigne rotunda scuta, breves gladii et erga reges obsequium.

44. Suionum hinc civitates ipso in Oceano praeter viros armaque classibus valent. Forma navium eo differt, quod utrimque prora paratam semper appulsui frontem agit. Nec velis ministrant nec remos in ordinem lateribus adiungunt; solutum, ut in quibusdam fluminum, et mutabile, ut res poscit, hinc vel illinc remigium. Est apud illos et opibus honos, eoque unus imperitat, nullis iam exceptionibus, non precario iure parendi. Nec arma, ut apud ceteros Germanos, in promiscuo, sed clausa sub custode, et quidem servo, quia subitos hostium incursus prohibet Oceanus, otiosa porro armatorum manus facile lasciviunt. Enimvero neque nobilem neque ingenuum, ne libertinum quidem armis praeponere regia utilitas est.

45. Trans Suionas aliud mare, pigrum ac prope immotum, quo cingi cludique terrarum orbem hinc fides, quod extremus cadentis iam solis fulgor in ortum edurat, adeo clarus, ut sidera hebetet. Sonum insuper emergentis audiri formasque deorum et radios capitis aspici persuasio adiicit. Illuc usque, et fama vera, tantum natura. Ergo iam dextro Suebici maris litore Aestiorum gentes adluuntur, quibus ritus habitusque Sueborum, lingua Britannicae propior. Matrem deum venerantur. Insigne superstitionis formas aprorum gestant: id pro armis omniumque tutela securum deae cultorem etiam inter hostis praestat. Rarus ferri, frequens fustium usus. Frumenta ceterosque fructus patientius quam pro solita Germanorum inertia laborant. Sed et mare scrutantur, ac soli omnium sucinum, quod

und das Schattenhafte ihres todtenähnlichen Heeres Schrecken ein, indem
kein Feind den ungewöhnlichen und gleichsam infernalischen Anblick aushält;
denn zuerst in allen Schlachten wird das Auge ja besiegt.

Jenseits der Ligier werden die Gothonen[60]) von Königen beherrscht, schon
etwas strenger als die übrigen Völkerschaften der Germanen, doch noch nicht
über die Linie der Freiheit hinaus. Unmittelbar weiter dann am Ocean die
Rugier und Lemovier[61]); und allen diesen Völkern sind runde Schilde eigen,
kurze Schwerter und Folgsamkeit gegen die Könige.

44. Die hierauf im Ocean selbst folgenden Völkerstämme der Suionen[62])
sind außer Männern und Waffen auch durch Flotten mächtig. Die Gestalt
der Schiffe unterscheidet sich dadurch, daß Schnäbel an beiden Enden eine
immer zum Landen bereite Front bilden[63]). Man bedient sie weder mit
Segeln, noch befestigt man die Ruder reihenweis an den Seiten; lose, wie
auf einigen Flüssen, und beweglich, wie es die Umstände erfordern, nach der
einen oder andern Seite ist das Ruderwerk. Es steht bei ihnen auch Reich=
thum in Ehren, und darum gebietet Einer, schon ohne alle Beschränkung,
ohne das Recht, daß man ihm gehorche, erst erbitten zu müssen. Auch sind
die Waffen nicht, wie bei den übrigen Germanen, in freiem Gebrauch, son=
dern eingeschlossen unter einem Hüter, und zwar einem Sklaven, weil plötz=
lichen Einfällen der Ocean wehrt, ferner eine müssige Schaar Bewaffneter
leicht übermüthig wird. Das natürlich, daß man weder einen Edeln, noch
einen Freigebornen, ja nicht einmal einen Freigelassenen über die Waffen
setzt, ist Königsinteresse.

45. Jenseits der Suionen ist noch ein anderes Meer, träge und fast ohne
alle Bewegung, und daß von diesem der Erdkreis umgürtet und eingeschlossen
werde[64]), kann man darum glauben, weil der letzte Glanz der schon unter=
sinkenden Sonne bis zum Aufgange derselben fortdauert, so hell, daß er die
Sterne verdunkelt. Ueberdies fügt noch die Einbildung hinzu, man vernehme
bei ihrem Emporsteigen ein Geräusch und sehe Gestalten von Göttern und
ihres Hauptes Strahlen. Bis dahin nur, und die Meinung ist wahr, reicht
die Schöpfung. Also nun am rechten Ufer werden die Völkerstämme der
Aestier vom suebischen Meere[65]) bespült, bei denen Gebräuche und äußere
Erscheinung suebisch sind, die Sprache mehr der britannischen sich nähert.
Sie verehren die Mutter der Götter. Als Abzeichen ihres Glaubens tragen
sie Bilder von Ebern: dieses gewährt als Waffe und Schutzwehr gegen Alles
dem Verehrer der Göttin selbst unter Feinden Sicherheit. Selten ist des
Eisens, häufig der Knittel Gebrauch. Getreide und andere Früchte bauen sie
mit größerer Geduld und Ausdauer, als man nach der gewohnten Trägheit
der Germanen erwarten sollte. Aber auch das Meer durchsuchen sie, und

ipsi glesum vocant, inter vada atque in ipso litore legunt. Nec quae natura quaeve ratio gignat, ut barbaris, quaesitum compertumve; diu quin etiam inter cetera eiectamenta maris iacebat, donec luxuria nostra dedit nomen. Ipsis in nullo usu: rude legitur, informe perfertur, pretiumque mirantes accipiunt. Sucum tamen arborum esse intelligas, quia terrena quaedam atque etiam volucria animalia plerumque interlucent, quae implicata humore mox durescente materia cluduntur. Fecundiora igitur nemora lucosque, sicut orientis secretis, ubi tura balsamaque sudantur, ita occidentis insulis terrisque inesse crediderim, quae vicini solis radiis expressa atque liquentia in proximum mare labuntur ac vi tempestatum in adversa litora exundant. Si naturam sucini admoto igni tentes, in modum taedae accenditur alitque flammam pinguem et olentem; mox ut in picem resinamve lentescit.

Suionibus Sithonum gentes continuantur. Cetera similes uno differunt, quod femina dominatur. In tantum non modo a libertate, sed etiam a servitute degenerant.

46. Hic Suebiae finis. Peucinorum Venetorumque et Fennorum nationes Germanis an Sarmatis ascribam, dubito, quamquam Peucini, quos quidam Bastarnas vocant, sermone, cultu, sede ac domiciliis ut Germani agunt. Sordes omnium, ac torpor procerum; connubiis mistis nonnihil in Sarmatarum habitum foedantur. Veneti multum ex moribus traxerunt; nam quicquid inter Peucinos Fennosque silvarum ac montium erigitur, latrociniis pererrant. Hi tamen inter Germanos potius referuntur, quia et domos figunt et scuta gestant et pedum usu ac pernicitate gaudent, quae omnia diversa Sarmatis sunt in plaustro equoque viventibus. Fennis mira feritas, foeda paupertas: non arma, non equi, non penates; victui herba, vestitui pelles, cubile humus; sola in sagittis spes, quas inopia ferri ossibus asperant. Idemque venatus viros pariter ac feminas alit; passim enim comitantur partem-

sind die Einzigen unter Allen, die den Bernstein, den sie selbst Glesum nennen, in den Untiefen umher und am Ufer selbst sammeln. Doch die Natur und Entstehungsart desselben haben natürlich diese Barbaren ununtersucht und unerforscht gelassen: ja, lange lag er unter den übrigen Auswürfen des Meeres, bis unsere Ueppigkeit ihm einen Namen machte. Sie selbst benutzen ihn zu nichts: roh wird er gesammelt, formlos hergebracht, und staunend nehmen sie den Preis dafür in Empfang. Daß er aber ein Baumharz ist, läßt sich erkennen, weil sehr häufig Thiere des Landes und sogar geflügelte durchschimmern, welche, in die Flüssigkeit hineingerathen, dann, wenn sich der Stoff verhärtet, darin eingeschlossen werden. Ich möchte daher glauben, daß es, wie in den unbekannteren Gegenden des Morgenlandes, wo Weih= rauch und Balsam ausschwitzt, so auch auf den Inseln und in den Ländern des Abendlandes fruchtbarere Gehölze und Haine gebe, wo Stoffe von den Strah= len der nachbarlichen Sonne ausgesogen und so flüssig gemacht in das nächste Meer dort fließen und durch die Gewalt der Stürme an die anstoßende Küste angeschwemmt werden. Wenn man die Natur des Bernsteins prüft, indem man Feuer daran hält, so entzündet er sich wie Kien und gibt eine qualmende und wohlriechende Flamme: nachher wird er zäh wie Pech oder Harz.

An die Suionen reihen sich die Völkerstämme der Sithonen⁶⁶) an. Im Uebrigen ihnen ähnlich, unterscheiden sie sich durch den einen Umstand, daß ein Weib die Herrschaft hat. So tief sind sie nicht nur unter die Freiheit, sondern selbst unter die Knechtschaft noch hinabgesunken.

46. Dies ist Suebiens Ende. Ob ich die Stämme der Peuciner, Veneter und Fennen⁶⁷) zu den Germanen oder zu den Sarmaten rechnen soll, weiß ich nicht, obwohl die Peuciner, welche Einige Bastarner nennen, in Sprache, Lebensweise, Wohnart und Behausung sich wie Germanen zeigen. Schmutzig sind alle, zudem die Großen stumpfsinnig; durch Wechselheirathen mit den Sarmaten haben sie von deren Misgestalt etwas angenommen. Die Veneter haben viel von ihren Sitten angenommen; denn was von Wäldern und Bergen zwischen den Peucinern und Fennen sich erhebt, durchstreifen sie in Raubzügen. Jedoch werden sie besser noch zu den Germanen gezählt, weil sie sowohl feste Wohnungen haben, als auch Schilde führen und, gern zu Fuß, selbst schnelle Läufer sind, was alles bei den Sarmaten anders ist, die auf Wagen und zu Pferde ihr Leben führen. Die Fennen sind ausnehmend wild und schmutzig arm: sie haben keine Waffen, keine Pferde, keinen Heerd; zur Nahrung dienen ihnen Kräuter, zur Kleidung Felle, zum Lager der Erd= boden; ihr Wohl und Wehe sind Pfeile, welchen sie aus Mangel an Eisen eine knöcherne Spitze geben. Dieselbe Jagd nährt Männer und Weiber zu= gleich; denn überall sind diese mit dabei, und fordern ihren Antheil an der

que praedae petunt. Nec aliud infantibus ferarum im-
briumque suffugium, quam ut in aliquo ramorum nexu
contegantur: huc redeunt iuvenes, hoc senum receptaculum.
Sed beatius arbitrantur quam ingemere agris, illaborare
domibus, suas alienasque fortunas spe metuque versare.
Securi adversus homines, securi adversus deos rem diffi-
cillimam assecuti sunt, ut illis ne voto quidem opus
esset. — Cetera iam fabulosa, Hellusios et Oxionas ora
hominum vultusque, corpora atque artus ferarum gerere,
quod ego ut incompertum in medium relinquam.

Beute. Auch haben die Kinder keine andere Zuflucht gegen wilde Thiere und Regengüsse, als daß man sie in irgend einem Zweiggeflecht verbirgt: dahin kehren auch die Jünglinge zurück, das ist der Greise Obdach. Aber sie halten das für beglückender, als sich mit den Aeckern abzuquälen, sich in Häusern abzumühen, um eigenes und fremdes Gut zwischen Furcht und Hoffnung hin und her zu schweben. Sorglos gegenüber den Menschen, sorglos gegenüber den Göttern haben sie das Schwerste erreicht, daß sie eines Wunsches nicht einmal bedürfen. — Alles Weitere nun ist bloße Fabel, daß zum Beispiel die Hellusier und Oxionen Gesicht und Augen von Menschen, Leib und Gliedmaßen wilder Thiere haben, was ich als unverbürgt unentschieden lasse.

P. CORNELII TACITI

DIALOGUS

DE ORATORIBUS.

1. Saepe ex me requiris, Iuste Fabi, cur, cum priora saecula tot eminentium oratorum ingeniis gloriaque floruerint, nostra potissimum aetas deserta et laude eloquentiae orbata vix nomen ipsum oratoris retineat. Neque enim ita appellamus nisi antiquos; horum autem temporum diserti causidici et advocati et patroni et quidvis potius quam oratores vocantur. Cui percunctationi tuae respondere et tam magnae quaestionis pondus excipere, ut aut de ingeniis nostris male existimandum sit, si idem assequi non possumus, aut de iudiciis, si nolumus, vix hercule auderem, si mihi mea sententia proferenda ac non disertissimorum, ut nostris temporibus, hominum sermo repetendus esset, quos candem hanc quaestionem pertractantes iuvenis admodum audivi. Ita non ingenio, sed memoria et recordatione opus est, ut, quae a praestantissimis viris et excogitata subtiliter et dicta graviter accepi, cum singuli diversas vel easdem, sed probabiles causas afferrent, dum formam sui quisque et animi et ingenii redderent, isdem nunc numeris isdemque rationibus persequar, servato ordine disputationis. Neque enim defuit, qui diversam quoque partem susciperet, ac multum vexata et irrisa vetustate nostrorum temporum eloquentiam antiquorum ingeniis anteferret.

Des

P. Cornelius Tacitus

Gespräch über

die Redner.

1. Oft fragst du mich, mein Justus Fabius[1]), warum, da doch die früheren Zeiten an Geist und Ruhm so vieler bedeutender Redner reich gewesen, vorzugsweise unser Zeitalter so verlassen, und ohne Lob in der Beredtsamkeit, kaum noch auch nur den Namen Redner kenne. Denn also nennen wir ja nur die Alten; wogegen die der Rede kundigen in diesen Zeiten Sachwalter, Advokaten und Anwälte, ja alles Andere, nur nicht Redner heißen. Auf diese deine Frage zu antworten und einer so gewichtigen Untersuchung Last auf mich zu nehmen, so daß ich entweder über unsere Fähigkeiten ein nachtheiliges Urtheil zu fällen hätte, wenn wir dieselbe Höhe nicht erreichen können, oder über unseren Geschmack, wenn wir es nicht wollen, würde ich wahrhaftig kaum wagen, wenn ich meine eigene Meinung vorzutragen und nicht vielmehr ein Gespräch der für unsere Zeiten der Rede kundigsten Männer zu wiederholen hätte, welche ich als noch sehr junger Mann eben diese Frage erörtern hörte. So bedarf ich nicht des eigenen Geistes, sondern nur des Gedächtnisses und der Erinnerung, um, was ich von den ausgezeichnetsten Männern fein gedacht und gewichtvoll ausgesprochen vernommen, indem sie entgegengesetzte oder auch dieselben, aber dadurch, daß ein Jeder seiner Sinnesart und seines Geistes eigenthümlichen Ausdruck damit wiedergab, doch auch etwas beweisende Ursachen anführten, jetzt in derselben Weise und mit Anführung derselben Gründe zu verfolgen, der Unterredung Gang genau beachtend. Denn nicht fehlte es an einem Manne, welcher auch das Gegentheil zu vertheidigen suchte und, indem er das Alterthum vielfach angriff und verspottete, die Beredtsamkeit unserer Zeiten den Talenten der Alten vorzog.

2. Nam postero die quam Curiatius Maternus Catonem recitaverat, cum offendisse potentium animos diceretur, tamquam in eo tragoediae argumento sui oblitus tantum Catonem cogitasset, eaque de re per urbem frequens sermo haberetur, venerunt ad eum M. Aper et Iulius Secundus, celeberrima tum ingenia fori nostri, quos ego in iudiciis non utrosque modo studiose audiebam, sed domi quoque et in publico assectabar mira studiorum cupiditate et quodam ardore iuvenili, ut fabulas quoque eorum et disputationes et arcana semotae dictionis penitus exciperem, quamvis maligne plerique opinarentur, nec Secundo promptum esse sermonem et Aprum ingenio potius et vi naturae quam institutione et litteris famam eloquentiae consecutum. Nam et Secundo purus et pressus et, in quantum satis erat, profluens sermo non defuit, et Aper omni eruditione imbutus contemnebat potius litteras quam nesciebat, tamquam maiorem industriae et laboris gloriam habiturus, si ingenium eius nullis alienarum artium adminiculis inniti videretur.

3. Igitur ut intravimus cubiculum Materni, sedentem ipsum quemque pridie recitaverat librum intra manus habentem deprehendimus.

Tum Secundus, 'Nihilne te', inquit, 'Materne, fabulae malignorum terrent, quo minus offensas Catonis tui ames? an ideo librum istum apprehendisti, ut diligentius retractares et, sublatis si qua pravae interpretationi materiam dederunt, emitteres Catonem non quidem meliorem, sed tamen securiorem?'

Tum ille, 'Leges quid Maternus sibi debuerit, et agnosces quae audisti. Quodsi qua omisit Cato, sequenti recitatione Thyestes dicet; hanc enim tragoediam disposui iam et intra me ipse formavi. Atque ideo maturare libri huius editionem festino, ut dimissa priore cura novae cogitationi toto pectore incumbam.'

'Adeo te tragoediae istae non satiant,' inquit Aper, 'quo minus omissis orationum et causarum studiis omne tempus modo circa Medeam, ecce nunc circa Thyestem consumas, cum te tot amicorum causae, tot coloniarum et

2. Nämlich den Tag nachher, als Curiatius Maternus²) seinen Cato vorgelesen hatte, da es hieß, er habe bei den Mächtigen damit angestoßen, weil
bei einem Trauerspiele dieses Inhalts er, sich selbst vergessend, an nichts als
Cato nur gedacht, und viel darüber in der Stadt gesprochen wurde, kamen
zu ihm Marcus Aper und Julius Secundus, damals die berühmtesten
Geister unseres Forums, die ich beide nicht nur in gerichtlichen Verhandlungen fleißig hörte, sondern auch in ihrem Hause und sobald sie öffentlich erschienen mit unbeschreiblicher Lernbegier und einer gewissen Leidenschaftlichkeit der Jugend aufsuchte, um auch ihre Gespräche, ihre Streitreden, die
Heimlichkeiten ihrer vertraulichen Unterredungen ganz in mich aufzunehmen,
obwohl mißgünstiger Weise gar viele meinten, Secundus besitze keine Fertigkeit im Reden, und Aper sei mehr durch Talent und natürliche Kraft, als
durch Bildung und durch Wissenschaft zum Rufe der Beredtsamkeit gelangt.
Nicht fehlte es doch dem Secundus an einem reinen, gedrängten und hinläng-
lich fließenden Vortrage, und Aper, mit jedem Zweige der Bildung wohl bekannt, verschmähte mehr die Wissenschaft, als daß er in ihr fremd gewesen
wäre, um von eigener Thätigkeit und Anstrengung noch größeren Ruhm zu
ernten, wenn ein Kopf, wie er, von Seiten anderweitiger Kunst der Unterstützung gar nicht zu bedürfen schiene.

3. Als wir nun in des Maternus Zimmer traten, trafen wir ihn selbst
sitzend an und mit dem Buche, welches er am Tage vorher vorgelesen hatte,
in der Hand.

Da sprach Secundus: „Schreckt dich denn der Uebelwollenden Gerede gar
nicht davon ab, Maternus, an dem Anstoß Wohlgefallen zu finden, den dein
Cato gab? Oder hast du deshalb dein Buch da zur Hand genommen, um
es sorgfältiger von neuem zu bearbeiten und den Cato nach Tilgung dessen,
was zu einer schiefen Deutung Anlaß gab, nicht besser zwar, doch sicherer in
die Welt zu senden?"

Hierauf erwiederte jener: „Du wirst es lesen, was Maternus sich selbst
schuldig war, und wiederfinden, was du gehört. Und hat Cato etwas noch
vergessen, so wird es in der nächsten Vorlesung Thyestes sagen; denn dieses
Trauerspiel habe ich schon angelegt und in mir selbst gestaltet. Und deshalb
eile ich nun, die Herausgabe dieses Buches zu beschleunigen, um nach Besei-
tigung der früheren Arbeit mich mit ganzer Seele dem Gedanken an die
neue hinzugeben."

„So wenig," sagte Aper, „kannst du dieser Trauerspiele ein Genüge finden,
alle deine Zeit, um Reden und Prozesse gar nicht mehr dich kümmernd, so
eben erst einer Medea und nun gar auch einem Thyestes zuzuwenden, während
dich doch so vieler Freunde Prozesse, so vieler Pflanzstädte und Municipien

municipiorum clientelae in forum vocent, quibus vix suffeceris, etiamsi non novum tibi ipse negotium importasses, Domitium et Catonem, id est nostras quoque historias et Romana nomina Graecorum fabulis aggregares.'

4. Et Maternus: 'Perturbarer hac tua severitate, nisi frequens et assidua nobis contentio iam prope in consuetudinem vertisset. Nam nec tu agitare et insequi poetas intermittis, et ego, cui desidiam advocationum obiicis, quotidianum hoc patrocinium defendendae adversus te poeticae exerceo. Quo laetor magis oblatum nobis iudicem, qui me vel in futurum vetet versus facere, vel, quod iam pridem opto, sua quoque auctoritate compellat, ut omissis forensium causarum angustiis, in quibus mihi satis superque sudatum est, sanctiorem illam et augustiorem eloquentiam colam.'

5. 'Ego vero' inquit Secundus, 'antequam me iudicem Aper recuset, faciam quod probi et moderati iudices solent, ut in iis cognitionibus [se] excusent, in quibus manifestum est, alteram apud eos partem gratia praevalere. Quis enim nescit, neminem mihi coniunctiorem esse et usu amicitiae et assiduitate contubernii quam Saleium Bassum, cum optimum virum tum absolutissimum poetam? Porro si poetica accusatur, non alium video reum locupletiorem.'

'Securus sit' inquit Aper 'et Saleius Bassus et quisquis alius studium poeticae et carminum gloriam fovet, cum causas agere non possit. Ego enim, quatenus arbitrum litis huius inveni, non patiar, Maternum societate plurium defendi, sed ipsum solum apud eum arguam, quod natus ad eloquentiam virilem et oratoriam, qua parere simul et tueri amicitias, asciscere necessitudines, complecti provincias possit, omittit studium, quo non aliud in civitate nostra vel ad utilitatem fructuosius vel ad dignitatem amplius vel ad urbis famam pulchrius vel ad totius imperii atque omnium gentium notitiam illustrius excogitari potest. Nam si ad utilitatem vitae omnia consilia factaque nostra dirigenda sunt, quid est tutius, quam eam exercere artem, qua semper armatus praesidium amicis, opem alienis, salutem periclitantibus, invidis vero et

Clientschaften auf das Forum rufen, denen du kaum genügen möchtest, wenn du dir auch nicht selbst noch das neue Geschäft aufgebürdet hättest, einen Domitius[3]) und Cato, das ist, auch unsere Geschichten und römische Namen den Fabeln der Griechen beizugesellen."

4. Maternus entgegnete: „Es würde diese deine Strenge mich betroffen machen, wäre uns nicht der häufige und unabläßige Streit schon fast zur Gewohnheit geworden. Denn du unterläßest nicht, die Dichter mitzunehmen und zu verfolgen, ich dagegen, dem du Lässigkeit im Rechtsbeistande vorwirfst, übe ja doch täglich damit eine Rechtsvertretung, daß ich die Dichtkunst gegen dich vertheidige. Um so mehr freue ich mich, daß sich uns ein Richter dargeboten hat, der mir entweder verbiete, in Zukunft noch Verse zu machen, oder, was ich schon längst wünsche, auch durch sein Ansehen mich antreibe, die engen Schranken gerichtlicher Verhandlungen zu verlassen, in welchen ich mehr denn zu viel mich abgemüht, und jene heiligere und erhabenere Beredtsamkeit[4]) zu üben."

5. „Nun ich will", sprach Secundus, „ehe sich Aper weigert, mich als Richter anzuerkennen, thun, was rechtschaffene und Maß haltende Richter pflegen, indem sie solche Erkenntnisse von sich ablehnen, bei welchen es am Tage liegt, daß die eine Partei überwiegend in Gunst bei ihnen steht. Denn wem ist's wol unbekannt, daß Niemand enger mir verbunden ist durch freundschaftlichen Umgang und ununterbrochene Lebensgemeinschaft als Salejus Bassus, er, der trefflichste Mensch und zugleich der vollendetste Dichter? Wird nun aber die Dichtkunst angeklagt, so kenn' ich keinen Andern, welcher, angeschuldigt, eine sicherere Vertheidigung gewährte.[5])"

„Unbesorgt", erwiederte Aper, „sei Salejus Bassus und wer sonst das Studium der Dichtkunst und den Ruhm der Lieder liebt, sobald er Prozesse zu führen nicht im Stande ist. Denn da ich einmal einen Schiedsrichter in diesem Streite gefunden habe, so will ich nicht zugeben, daß Maternus in Gemeinschaft mit mehreren vertheidigt werde, sondern ihn ganz allein vor jenem[6]) anklagen, daß er, zu männlicher und sachwaltender Beredtsamkeit geboren, mit welcher er sich Freunde erwerben und erhalten, zu Verbindungen gelangen, ganze Provinzen sich verpflichten könnte, eine Beschäftigung aufgibt, als welche man sich keine andere in unserem Staate an Nutzen reicher, an Würde erhabener, an Ruf in der Hauptstadt schöner, an Berühmtheit im ganzen Reiche und bei allen Völkern glanzvoller denken kann. Denn wenn doch auf den Nutzen für das Leben alle unsere Anschläge und Handlungen bezogen werden müssen, was ist dann sicherer, als diejenige Kunst zu üben, mit welcher stets gewaffnet man dem Freunde Schutz, dem Fremden Hilfe, Rettung dem Gefährdeten, den Neidern aber und den Feinden auch noch Furcht

inimicis metum et terrorem ultro feras, ipse securus et
quadam velut perpetua potentia ac potestate munitus?
cuius vis et utilitas rebus prospere fluentibus aliorum perfugio et tutela intelligitur; sin proprium periculum incre-
puit, non hercule lorica et gladius in acie firmius muni-
mentum, quam reo et periclitanti eloquentia praesidium
simul ac telum, quo propugnare pariter et incessere vel
in iudicio sive in senatu sive apud principem possis. Quid
aliud infestis patribus nuper Eprius Marcellus quam eloquentiam suam opposuit? qua accinctus et minax diser-
tam quidem, sed inexercitatam et eiusmodi certaminum
rudem Helvidii sapientiam elusit. Plura de utilitate non
dico, cui parti minime contradicturum Maternum meum
arbitror.

6. Ad voluptatem oratoriae eloquentiae transeo, cuius
iucunditas non uno aliquo momento, sed omnibus prope
diebus ac prope omnibus horis contingit. Quid enim dul-
cius libero et ingenuo animo et ad voluptates honestas
nato quam videre plenam semper et frequentem domum
suam concursu splendidissimorum hominum? idque scire
non pecuniae, non orbitati, non officii alicuius administra-
tioni, sed sibi ipsi dari? ipsos quin immo orbos et locu-
pletes et potentes venire plerumque ad iuvenem et pau-
perem, ut aut sua aut amicorum discrimina commendent.
Ullane tanta ingentium opum ac magnae potentiae voluptas, quam spectare homines veteres et senes et totius
orbis gratia subnixos in summa rerum omnium abundantia confitentes, id quod optimum sit se non habere? Iam
vero qui togatorum comitatus et egressus, quae in publico
species, quae in iudiciis veneratio, quod gaudium consur-
gendi assistendique inter tacentes et in unum conversos!
coire populum et circumfundi coronam et accipere affec-
tum, quemcumque orator induerit! Vulgata dicentium
gaudia et imperitorum quoque oculis exposita percenseo;
illa secretiora et tantum ipsis orantibus nota maiora sunt.
Sive accuratam meditatamque profert orationem, est
quoddam sicut ipsius dictionis, ita gaudii pondus et constantia; sive novam et recentem curam non sine aliqua
trepidatione animi attulerit, ipsa sollicitudo commendat

und Schrecken bringt, selbst unbesorgt und gleichsam mit einer bleibenden
Macht und Gewalt umschirmt? Ihr Einfluß und ihr Nutzen wird, wenn
es uns glücklich geht, darin erkannt, daß sie Andern zur Zuflucht und zum
Schutz gereicht: meldet sich aber eigene Gefahr an, dann ist wahrhaftig kein
Panzer oder Schwert eine sicherere Schutzwehr in der Feldschlacht, als dem
Angeklagten und Gefährdeten die Beredtsamkeit Wehr zugleich und Waffe
ist. sei's im Gericht, im Senate oder vor dem Fürsten gleicherweise sich zu
vertheidigen und anzugreifen. Was hat unlängst Eprius Marcellus[7]) den
erbitterten Vätern des Senates Anderes entgegengestellt, als seine Beredtsamkeit? Mit dieser gerüstet und drohend wußte er die zwar beredte, aber
ungeübte und in solchen Kämpfen unerfahrene Weisheit des Helvidius un-
wirksam zu machen. Mehr von ihrem Nutzen sag' ich nicht, und von dieser
Seite, glaub' ich, wird am wenigsten mir mein Maternus widersprechen."

6. „Zum Genusse gehe ich über, welchen die sachwaltende Beredtsamkeit gewährt, deren Annehmlichkeit uns nicht in einem einzelnen Momente,
sondern fast an jedem Tage und fast zu jeder Stunde zu Theil wird. Denn
was ist wol angenehmer für den freigeborenen, nicht gemeinen und zu edeln
Genüssen geschaffenen Menschen, als sein Haus stets voll und besucht zu sehn
durch den Zusammenfluß der ausgezeichnetsten Männer? und zu wissen, daß
das nicht unserem Gelde, nicht unserer Kinderlosigkeit, nicht der Besorgung
irgend einer Amtspflicht, sondern uns selbst nur gelte? ja, daß jene Kinderlosen, Reichen und Mächtigen gar oft zu dem jungen und armen Manne
kommen, um ihm ihre eigenen oder ihrer Freunde Fährlichkeiten zu empfehlen.
Gewähren wol unermeßliche Schätze, ausgezeichnete Macht irgend einen solchen
Genuß wie den, Leute, die schon alt und grau geworden und die auf die
Gunst der ganzen Welt zu bauen haben, im größten Ueberfluß an allen Gütern das Bekenntniß ablegen zu sehn, daß sie das, was das Beste sei, nicht
besitzen? Und nun, welche Begleitung von Männern in der Toga*), und mit
ihnen welcher Austritt aus dem Hause, welches Ansehn bei dem öffentlichen
Erscheinen, welche Verehrung in den Gerichten, welche Freude, sich zu erheben
und aufzutreten unter Schweigenden, die auf den Einzigen nur 'gerichtet
sind! wenn das Volk sich sammelt, in einem Kreise sich zusammendrängt und
jegliche Stimmung annimmt, in welche sich der Redner versetzt hat! Nur
die ganz gemeinen und auch den Blicken der Unerfahrenen kenntlichen Freuden der Redenden zähle ich hiemit auf; jene geheimeren und nur den Rednern selbst bekannten sind größer. Trägt er eine sorgfältig und lange durch-
dachte Rede vor, gewiß, es hat, sowie der Vortrag selbst, so auch die Freude
ein gewisses Gewicht und eine gewisse Sicherheit; tritt er nicht ohne einige
Bangigkeit der Seele mit einer neuen, eben erst erwogenen Sache auf, so

eventum et lenocinatur voluptati. Sed extemporalis audaciae atque ipsius temeritatis vel praecipua iucunditas
est; nam in ingenio quoque, sicut in agro, quamquam
alia diu serantur atque elaborentur, gratiora tamen quae
sua sponte nascuntur.

7. Equidem, ut de me ipso fatear, non eum diem
laetiorem egi, quo mihi latus clavus oblatus est, vel quo
homo novus et in civitate minime favorabili natus quaesturam aut tribunatum aut praeturam accepi, quam eos,
quibus mihi pro mediocritate huius quantulaecumque in
dicendo facultatis aut reum prospere defendere aut apud
centumviros causam aliquam feliciter orare aut apud principem ipsos illos libertos et procuratores principum tueri
et defendere datur. Tum mihi supra tribunatus et prae-
turas et consulatus ascendere videor, tum habere quod,
si non in animo oritur, nec codicillis datur nec cum
gratia venit. Quid? fama et laus cuius artis cum oratorum gloria comparanda est? qui tam inlustres [et] in
urbe non solum apud negotiosos et rebus intentos, sed
etiam apud vacuos et adolescentes, quibus modo et recta
indoles est et bona spes sui? Quorum nomina prius parentes liberis suis ingerunt? Quos saepius vulgus quoque
imperitum et tunicatus hic populus transeuntes nomine
vocat et digito demonstrat? Advenae quoque et peregrini
iam in municipiis et coloniis suis auditos, cum primum
urbem attigerunt, requirunt ac velut agnoscere concupiscunt.

8. Ausim contendere, Marcellum hunc Eprium, de quo
modo locutus sum, et Crispum Vibium — libentius enim
novis et recentibus quam remotis et obliteratis exemplis
utor — non minus esse in extremis partibus terrarum,
quam Capuae aut Vercellis, ubi nati dicuntur. Nec hoc
illius bis*), alterius ter milies sestertium praestat, quamquam ad has ipsas opes possunt videri eloquentiae beneficio venisse, sed ipsa eloquentia, cuius numen et caelestis
vis multa quidem omnibus saeculis exempla edidit, ad

---

*) So nach Bötticher für: *illis.*

dient selbst diese Besorgniß dem Erfolge zur Empfehlung und gibt dem Ver=
gnügen höheren Reiz. Eine ganz besondere Wonne aber gewährt die Kühn=
heit, ja selbst die Verwegenheit im Extemporiren; denn auch im Geiste ist,
wie auf dem Felde, wiewohl man übrigens sich lange mit Bestellung und
Bearbeitung beschäftigen möge, doch das angenehmer, was von selbst wächst."

7. „Ich meines Theils, um von mir selbst ein Bekenntniß abzulegen,
habe den Tag, an welchem mir der breite Purpurbesatz *) verliehen wurde,
oder den, an welchem ich, ein Neuling [10]) und in einer keineswegs zur Gunst
behülflichen Stadt geboren, die Quästur, das Tribunat oder die Prätur er=
hielt, nicht fröhlicher verlebt, als diejenigen, an denen mir vermöge dieser
meiner Rednergabe, so gering sie auch sein mag, einen Angeklagten glücklich
zu vertheidigen, oder vor den Centumvirn [11]) eine Sache erfolgreich durchzu=
führen, oder vor dem Fürsten sogar jene fürstlichen Kämmerer und Procura=
toren zu beschützen und zu vertheidigen vergönnt ist. Dann schein' ich mir
mich über Tribunate, Präturen und Consulate zu erheben, dann zu besitzen,
was, wenn es nicht im Geiste sich erzeugt, weder durch Patente verliehen,
noch durch Gunst zu Theil wird. Wie? von welcher Kunst läßt sich der Ruf
und das Lob mit dem Ruhme der Redner vergleichen? Wer ist so angesehn
in Rom, nicht allein bei Geschäftsleuten und thätig in der Welt Verkehren=
den, sondern auch bei Unbeschäftigten und Jünglingen, wenn sie nur die
rechte Anlage besitzen und etwas Gutes von sich hoffen? Wessen Namen
prägen Eltern ihren Kindern früher ein? Wen nennt auch der unwissende
Haufe und dieses mit der Tunica bekleidete Volk im Vorübergehen häufiger
mit Namen und zeigt mit dem Finger auf ihn hin? Auch Fremde und Aus=
länder, sobald sie in Rom angekommen sind, fragen nach ihnen, von denen
sie in ihren Municipien und Colonien schon gehört, und wünschen sie gleich=
sam wiederzuerkennen."

8. „Ich möchte zu behaupten wagen, daß dieser Marcellus Eprius, von
welchem ich so eben sprach, und Crispus Vibius [12]) — denn lieber bediene
ich mich neuerer und in frischem Andenken stehender, als älterer und schon
in Vergessenheit gerathener Beispiele — nicht minder in den äußersten Thei=
len der Erde leben, als zu Capua oder Vercellä, wo sie geboren sein sollen.
Und dies bewirkten nicht des Einen zwei=, des Andern dreihundert Millionen
Sesterze, obwohl man allerdings annehmen kann, daß sie zu diesen Schätzen
vermittelst der Beredtsamkeit gekommen sind, sondern die Beredtsamkeit
selbst, deren Göttermacht und himmlische Kraft zwar zu allen Zeiten viele
Beispiele hervorgebracht hat, bis zu welchem Glücke Menschen durch des

quam usque fortunam homines ingenii viribus pervenerint, sed haec, ut supra dixi, proxima et quae non auditu cognoscenda, sed oculis spectanda habemus. Nam quo sordidius et abiectius nati sunt, quoque notabilior paupertas et angustiae rerum nascentes eos circumsteterunt, eo clariora et ad demonstrandam oratoriae eloquentiae utilitatem illustriora exempla sunt, quod sine commendatione natalium, sine substantia facultatum, neuter moribus egregius, alter habitu quoque corporis contemptus, per multos iam annos potentissimi sunt civitatis ac, donec libuit, principes fori, nunc principes in Caesaris amicitia agunt feruntque cuncta, atque ab ipso principe cum quadam reverentia diliguntur, quia Vespasianus, venerabilis senex et patientissimus veri, bene intellegit, ceteros quidem amicos suos iis niti, quae ab ipso acceperint quaeque ipsi accumulare et in alios congerere promptum est, Marcellum autem et Crispum attulisse ad amicitiam suam quod non a principe acceperint nec accipi possit. Minimum inter tot ac tanta locum optinent imagines ac tituli et statuae, quae neque ipsa tamen negleguntur, tam hercule quam divitiae et opes, quas facilius invenies qui vituperet quam qui fastidiat. His igitur et honoribus et ornamentis et facultatibus refertas domos eorum videmus, qui se ab ineunte adulescentia causis forensibus et oratorio studio dederunt.

9. Nam carmina et versus, quibus totam vitam Maternus insumere optat — inde enim omnis fluxit oratio — neque dignitatem ullam auctoribus suis conciliant, neque utilitates alunt; voluptatem autem brevem, laudem inanem et infructuosam consequuntur. Licet haec ipsa et quae deinceps dicturus sum aures tuae, Materne, respuant, cui bono est, si apud te Agamemnon aut Iason diserte loquitur? quis ideo domum defensus et tibi obligatus redit? quis Saleium nostrum, egregium poetam vel, si hoc honorificentius est, praeclarissimum vatem, deducit aut salutat aut prosequitur? Nempe si amicus eius, si propinquus, si denique ipse in aliquod negotium inciderit, ad hunc Secundum recurret aut ad te, Materne, non quia poeta es, neque ut pro eo versus facias; hi enim Basso

Geistes Kräfte gelangten, diese aber, wie ich vorhin sagte, doch zunächst, so daß wir davon nicht erst durch Erzählung zu vernehmen brauchen, sondern sie mit eignen Augen schauen. Denn je gemeiner und niedriger sie geboren wurden, und je auffallendere Armuth und Beschränktheit sie bei ihrer Geburt umgab, desto leuchtendere und in die Augen fallendere Beispiele sind sie, den Nutzen der sachwaltenden Beredtsamkeit zu beweisen, weil sie ohne Empfeh= lung durch ihre Abkunft, ohne Mittel zu besitzen, keiner von beiden ein Mu= ster von Sittlichkeit, der Eine sogar durch sein Aeußeres verächtlich, schon viele Jahre hindurch die Mächtigsten im Staate sind und, so lange es ihnen gefiel, die Ersten auf dem Forum, jetzt die Ersten in des Cäsars Freundschaft Alles bewegen und mit sich fortreißen, und dabei auch vom Fürsten selbst mit einer gewissen Ehrerbietung ausgezeichnet werden, da ja Vespasianus, dieser ehrwürdige und gegen Wahrheit so duldsame Greis, recht gut einsieht, daß wol seine übrigen Freunde sich auf das stützen, was sie von ihm selbst empfangen haben und was er leichtlich selbst zusammenhäufen und auf an= dere übertragen kann, Marcellus aber und Crispus etwas seiner Freund= schaft zugebracht, was sie vom Fürsten nicht empfangen haben und man von ihm auch nicht empfangen könne. Den geringsten Platz unter so Vielem und so Großem nehmen Ahnenbilder [14]), Inschriften und Statuen ein; doch ver= achtet man auch diese nicht, so wenig gewiß, als Reichthum und Vermögen, und leichter dürfte Jemand, der dies tadelte, sich finden, als der es ver= schmähte. Also von diesen Ehren, Auszeichnungen und Glücksgütern voll erblicken wir die Häuser derer, welche sich von früher Jugend an gericht= lichen Angelegenheiten und dem Studium der Beredtsamkeit gewidmet haben."

9. „Denn Gedichte und Verse, worauf sein ganzes Leben Maternus zu verwenden wünscht — daher entsprang ja unsere ganze Rede — verschaffen denen, von welchen sie ausgegangen sind, weder irgend eine Würde, noch fördern sie in irgend einer Art den Nutzen; der Genuß aber ist kurz, das Lob leer und unfruchtbar, das sie erlangen. Mag dieses nun gleich, Maternus, sowie was ich weiter zu sagen in Begriff bin, dein Ohr beleidigt zurückwei= sen, was hilft es, wenn bei dir Agamemnon oder Jason schön zu sprechen wissen? Wer kehrt dadurch vertheidigt und dir verpflichtet nach Hause zu= rück? Wer gibt unserem Salejus, dem vortrefflichen Dichter, oder, wenn dies ehrenvoller ist, dem hochberühmten Sänger, das Geleit, begrüßt ihn oder geht ihm zur Seite? Gewiß wird er doch, wenn ein Freund von ihm, wenn ein Verwandter, wenn er gar selbst in 'einen Handel verwickelt wor= den ist, zu Secundus hier seine Zuflucht nehmen, oder zu dir, Maternus, nicht weil du Dichter bist, noch daß du für ihn Verse machest; denn diese

domi nascuntur, pulchri quidem et iucundi, quorum tamen hic exitus est, ut cum toto anno, per omnes dies, magna noctium parte unum librum excudit et elucubravit, rogare ultro et ambire cogatur, ut sint qui dignentur audire, et ne id quidem gratis; nam et domum mutuatur et auditorium extruit et subsellia conducit et libellos dispergit. Et ut beatissimus recitationem eius eventus prosequatur, omnis ista laus intra unum aut alterum diem, velut in herba vel flore praecepta, ad nullam certam et solidam pervenit frugem, nec aut amicitiam inde refert aut clientelam aut mansurum in animo cuiusquam beneficium, sed clamorem vagum et voces inanes et gaudium volucre. Laudavimus nuper ut miram et eximiam Vespasiani liberalitatem, quod quingenta sestertia Basso donasset. Pulchrum id quidem, indulgentiam principis ingenio mereri: quanto tamen pulchrius, si ita res familiaris exigat, se ipsum colere, suum genium propitiare, suam experiri liberalitatem? Adice quod poetis, si modo dignum aliquid elaborare et efficere velint, relinquenda conversatio amicorum et iucunditas urbis, deserenda cetera officia et, ut ipsi dicunt, in nemora et lucos, id est in solitudinem, recedendum est.

10. Ne opinio quidem et fama, cui soli serviunt et quod unum esse pretium laboris sui fatentur, aeque poetas quam oratores sequitur, quoniam mediocris poetas nemo novit, bonos pauci. Quando enim rarissimarum recitationum fama in totam urbem penetrat? nedum ut per tot provincias innotescat. Quotus quisque, cum ex Hispania vel Asia, ne quid de Gallis nostris loquar, in urbem venit, Saleium Bassum requirit? Atque adeo si quis requirit, ut semel vidit, transit et contentus est, ut si picturam aliquam vel statuam vidisset. Neque hunc meum sermonem sic accipi volo, tamquam eos, quibus natura sua oratorium ingenium denegavit, deterream a carminibus, si modo in hac studiorum parte oblectare otium et nomen inserere possunt famae. Ego vero omnem eloquentiam omnesque eius partes sacras et venerabiles

wachſen dem Baſſus im eigenen Hauſe, ſchön allerdings und lieblich, doch
mit dem Erfolge nur, daß, wenn er im ganzen Jahre, alle Tage lang und
von den Nächten auch noch einen großen Theil ein einziges Buch herausge-
ſchmiedet und herausſtudirt hat, er ſich noch obendrein genöthigt ſieht, zu
bitten und darum ſich zu bewerben, daß ſich nur Leute finden, welche ihn zu
hören würdigen[14]), und auch das nicht einmal umſonſt; denn da miethet er
erſt ein Haus, richtet einen Hörſaal ein, borgt Bänke[15]) und vertheilt Ein-
ladungskarten. Und falls nun auch der herrlichſte Erfolg ſeiner Vorleſung
zu Theil wird, dieſes ganze Lob, im Zeitraum eines einzigen oder zweier
Tage gleichſam im grünen Halme oder in der Blüthe ſchon geerntet, kommt
zu keiner üchern und gediegenen Frucht, und er trägt weder einen Freund,
noch einen Schützling oder eine im Herzen irgend eines Menſchen bleibende
Verbindlichkeit davon, ſondern unſtetes Geſchrei, leeren Zuruf und eine
flüchtige Freude. Gerrieſen haben wir vor kurzem als ausgezeichnet und
außerordentlich Vespaſian's Freigebigkeit, daß er dem Baſſus fünfhundert-
tauſend Seſterze[16]) zum Geſchenk gemacht. Schön iſt es allerdings, durch
ſein Talent des Fürſten Huld ſich zu verdienen: wie viel ſchöner jedoch,
wenn es die häusliche Lage nöthig macht, ſich ſelbſt zu dienen, ſeinem eigenen
Genius zu huldigen, ſeine eigene Freigebigkeit an ſich zu erfahren? Dazu
nimm noch dieſes, daß die Dichter, wenn ſie etwas Tüchtiges ausarbeiten
und zu Stande bringen wollen, dem Verkehr mit ihren Freunden und den
Annehmlichkeiten der Stadt entſagen, alle übrigen Pflichtverhältniſſe auf-
geben und, wie ſie ſelbſt ſagen, in Wälder und Haine, das iſt in die Ein-
ſamkeit ſich zurückziehen müſſen."

10. „Nicht einmal die öffentliche Meinung und der Ruf, dem allein ſie
dienen und von welchem ſie bekennen, daß er aller ihrer Anſtrengung einziger Lohn ſei, iſt den Dichtern gleich willfährig wie den Rednern, weil einmal den mittelmäßigen Dichter Niemand kennt, den guten wenige. Denn
wann dringt auch der trefflichſten Vorleſungen Ruf nur durch die ganze
Stadt? geſchweige, daß 'er in ſo vielen Provinzen bekannt werden ſollte.
Wie wenige, wenn ſie aus Spanien oder Aſien, um von unſern Galliern gar
nichts zu ſagen, nach der Stadt kommen, fragen nach Salejus Baſſus?
Und wenn ja auch Einer nach ihm fragt, hat er einmal ihn geſehn, ſo geht
er vorüber und läßt daran ſich genügen, wie wenn er ein Gemälde oder eine
Statue geſehen hätte. Doch will ich dieſe meine Rede nicht ſo verſtanden
wiſſen, als ob ich diejenigen, denen ihre Natur das Rednertalent verſagt
hat, von den Liedern zurückſchrecken wollte, woſern ſie nur in dieſem Zweige
der Wiſſenſchaft ihre Muße angenehm zu beſchäftigen und ihren Namen in
Ruf zu bringen im Stande ſind. Ja, ich halte gewiß die ganze Kunſt der

puto, nec solum cothurnum vestrum aut heroici carminis
sonum, sed lyricorum quoque iucunditatem et elegorum
lascivias et iamborum amaritudinem et epigrammatum
lusus et quamcumque aliam speciem eloquentia habeat, anteponendam ceteris aliarum artium studiis credo.
Sed tecum mihi, Materne, res est, quod, cum natura tua
in ipsam arcem eloquentiae ferat, errare mavis et summa
adepturus in levioribus subsistis. Ut si in Graecia natus
esses, ubi ludicras quoque artis exercere honestum est,
ac tibi Nicostrati robur ac vires dii dedissent, non pa-
terer immanes istos et ad pugnam natos lacertos levitate
iaculi aut iactu disci vanescere, sic nunc te ab auditoriis
et theatris in forum et ad causas et ad vera proelia vo-
co, cum praesertim ne ad illud quidem confugere possis,
quod plerisque patrocinatur, tamquam minus obnoxium
sit offendere poetarum quam oratorum studium. Efferve-
scit enim vis pulcherrimae naturae tuae, nec pro amico
aliquo, sed, quod periculosius est, pro Catone offendis.
Nec excusatur offensa necessitudine officii aut fide advo-
cationis aut fortuitae ac subitae dictionis impetu: medi-
tatus videris aut *) elegisse personam notabilem et cum
auctoritate dicturam. Sentio quid responderi possit: hinc
ingentis assensus, haec in ipsis auditoriis praecipue lau-
dari et mox omnium sermonibus ferri. Tolle igitur quietis et securitatis excusationem, cum tibi sumas adversa-
rium superiorem. Nobis satis sit, privatas et nostri saeculi controversias tueri, in quibus expressis si quando
necesse sit pro periclitante amico potentiorum aures
offendere, et probata sit fides et libertas excusata.'

11. Quae cum dixisset Aper acrius, ut solebat, et
intento ore, remissus et subridens Maternus 'parantem'
inquit 'me non minus diu accusare oratores quam Aper
laudaverat — fore enim arbitrabar, ut a laudatione eorum digressus detrectaret poetas atque carminum studium
prosterneret — arte quadam mitigavit, concedendo iis,

*) et?

Rede und alle ihre Zweige für heilig und ehrwürdig, und glaube, daß nicht
nur euer Kothurn oder des Heldengedichtes erhabener Klang, ſondern auch
der lyriſchen Gedichte Lieblichkeit, die Ueppigkeit der Elegieen, der Jamben
Bitterkeit, das Spiel der Epigramme und welche andere Geſtalt noch die
Beredſamkeit haben mag, den übrigen Beſchäftigungen mit andern Künſten
vorzuziehen ſei. Aber mit dir, Maternus, habe ich es zu thun, weil du, obwohl deine Natur gerade zum Gipfel der Beredſamkeit hinſtrebt, lieber in
der Irre umhergehen willſt und, obſchon das Höchſte zu erreichen berufen,
bei dem Unbedeutenderen ſtehen bleibſt. Wie ich, wenn du in Griechenland
geboren wäreſt, wo auch der Kurzweil Künſte zu treiben nicht entehrt, und
dir die Götter eines Nicoſtratus[17] Stärke und Kräfte verliehen hätten, nicht
zugeben würde, daß dieſe gewaltigen und zum Kampfe geſchaffenen Arme
durch die Leichtigkeit des Wurfſpeers oder durch des Discus Wurf erſchlaff-
ten, ſo rufe ich dich jetzt aus den Hörſälen und von den Theatern auf das
Forum, zu Rechtsſtreiten und zu wahren Kämpfen, zumal da du nicht einmal zu dem bekannten Verwandte deine Zuflucht nehmen kannſt, der ſo vielen das Wort redet, als ſei die Beſchäftigung der Dichter weniger als die
der Redner der Gefahr des Anſtoßes ausgeſetzt. Denn es braust die Kraft
deiner herrlichen Natur auf, und nicht für einen Freund, ſondern, was gefährlicher iſt, für einen Cato ſtößeſt du an. Und nicht entſchuldigt wird der
Anſtoß durch die Nothwendigkeit der Pflicht, durch die Gewiſſenhaftigkeit des
Rechtsbeiſtandes oder durch das Ungeſtüm der vom Augenblicke eingegebenen
und plötzlich entſtandenen Rede: du haſt nach allem Anſchein darüber nach-
gedacht und dir eine merkwürdige Perſon auserkoren, um ſie auf eine ge-
wichtvolle Weiſe reden zu laſſen. Ich fühle wohl, was man dagegen erwiedern kann: eben hieraus erwachſe jener ungemeſſene Beifall, dieſes gerade
werde ſchon in den Hörſälen vorzüglich gelobt und befinde ſich bald in dem
Munde Aller. Nun, ſo entſchuldige dich wenigſtens nicht mit der Sorge für
deine Ruhe und Sicherheit, da du dir einen höheren Gegner[18] wählſt. Uns genüge es, Privatſtreitigkeiten und ſolche, die unſerer Zeit angehören, zu übernehmen, in welchen, müſſen wir einmal, damit hervorzutreten genöthigt, für
einen gefährdeten Freund das Ohr der Mächtigeren beleidigen, unſere Gewiſſenhaftigkeit Beifall, unſere Freimüthigkeit Entſchuldigung finden kann.“

11. Als Aper dieſes mit ungewöhnlicher Lebhaftigkeit, ſowie er pflegte,
und geſpannten Blicks geſprochen hatte, antwortete Maternus gelaſſen und
ſanft lächelnd: „Obwohl ich mich anſchickte, die Redner nicht minder ausführlich anzuklagen, als Aper ſie gelobt hatte, — denn ich vermuthete, er
würde, abſchweifend von ihrem Lobe, die Dichter herabſetzen und die Beſchäftigung mit der Dichtkunſt ganz verwerfen — hat er mich doch durch

qui causas agere non possent, ut versus facerent. Ego autem sicut in causis agendis efficere aliquid et eniti fortasse possum, ita recitatione tragoediarum et ingredi famam auspicatus sum, cum quidem in Neroneis improbam et studiorum quoque sacra profanantem Vatinii potentiam fregi, et hodie si quid in nobis notitiae ac nominis est, magis arbitror carminum quam orationum gloria partum. Ac iam me deiungere a forensi labore constitui, nec comitatus istos et egressus aut frequentiam salutationum concupisco, non magis quam aera et imagines, quae etiam me nolente in domum meam irruperunt. Nam statum hucusque ac securitatem melius innocentia tueor quam eloquentia, nec vereor, ne mihi umquam verba in senatu nisi pro alterius discrimine facienda sint.

12. Nemora vero et luci et secretum ipsum, quod Aper increpabat, tantam mihi afferunt voluptatem, ut inter praecipuos carminum fructus numerem, quod non in strepitu nec sedente ante ostium litigatore nec inter sordes ac lacrimas reorum componuntur, sed secedit animus in loca pura atque innocentia fruiturque sedibus sacris. Haec eloquentiae primordia, haec penetralia; hoc primum habitu cultuque commoda mortalibus in illa casta et nullis contacta vitiis pectora influxit; sic oracula loquebantur. Nam lucrosae huius et sanguinantis eloquentiae usus recens et malis moribus natus, atque, ut tu dicebas, Aper, in locum teli repertus. Ceterum felix illud et, ut more nostro loquar, aureum saeculum, et oratorum et criminum inops, poetis et vatibus abundabat, qui bene facta canerent, non qui male admissa defenderent. Nec ullis aut gloria maior aut augustior honor, primum apud deos, quorum proferre responsa et interesse epulis ferebantur, deinde apud illos diis genitos sacrosque reges, inter quos neminem causidicum, sed Orphea et Linum ac, si introspicere altius velis, ipsum Apollinem accepimus. Vel si haec fabulosa nimis et composita videntur, illud certe mihi concedes, Aper, non minorem honorem Homero quam Demostheni apud posteros, nec angustioribus terminis famam Euripidis aut Sophoclis quam

einen Kunstgriff milder gestimmt, indem er denen, welche nicht im Stande wären, Prozesse zu führen, Verse zu machen gestattete. Ich aber, mag ich auch vielleicht im Führen von Prozessen etwas leisten und emporkommen können, habe doch durch Verleitung von Trauerspielen theils gleich anfangs den Weg des Ruhmes zu betreten gesucht, als ich an den Neroneen[19]) die schändliche und auch der Wissenschaft Heiligthum entweihende Gewalt des Vatinius brach, theils glaube ich, wenn ich heute einige Berühmtheit und einen gewissen Namen besitze, mehr durch der Gesänge als der Reden Ruhm dieses gewonnen zu haben. Und so habe ich bereits beschlossen, von des Forums Arbeit mich ganz loszumachen, und es verlangt mich gar nicht nach jenen Begleitungen und Auszügen[20]) oder nach dem Schwarme der Begrüßen= den, eben so wenig als nach ehernen Statuen und Bildern, die auch wider meinen Willen sich den Weg in mein Haus gebahnt haben. Meine Stellung und meine Sicherheit behaupte ich bis jetzt durch Redlichkeit besser als durch Beredtsamkeit, und besorge auch nicht, je anders im Senate als für eines Anderen Rettung reden zu müssen[21]).

12. „Wälder aber und Haine und eben die Abgeschiedenheit, auf welche Aper schalt, gewähren mir so großes Vergnügen, daß ich es zu den haupt= sächlichsten Früchten meiner Dichtungen zähle, daß sie nicht im Geräusch, nicht während schon vor der Thür der Prozessirende sitzt, nicht unter Trauer und Thränen der Beklagten verfaßt werden, sondern der Geist sich zurückzieht in reine, unbefleckte Räume und eines geweihten Aufenthalts sich erfreut. Dieses war der erste Anfang der Beredtsamkeit, dieses ihr innerstes Heilig= thum: in dieser Gestalt und Einleitung zuerst den Sterblichen ein Segen, ergoß sie sich in jene reinen, von keinen Lastern noch berührten Seelen: so sprachen die Orakel[22]). Denn der Gebrauch dieser gewinnsüchtigen und bluttriefenden Beredtsamkeit ist neu und aus verderbten Sitten entsprungen, ja, wie du selbst sagtest, Aper, an Geschosses Statt erfunden. Dagegen hatte jenes glückliche und, nach unserer Weise zu reden, goldene Zeitalter, arm an Rednern wie an Verbrechen, an Dichtern und Sängern Ueberfluß, edle Tha= ten zu besingen, nicht Missethaten zu vertheidigen. Auch genoß Niemand größeren Ruhm oder erhabenere Ehre, zuerst bei den Göttern, deren Aus= sprüche sie verkündet und deren Mahlen sie beigewohnt haben sollen, dann bei jenen von Göttern erzeugten[23]) und heiligen Königen, unter denen wir von keinem Sachwalter, sondern von einem Orpheus[24]) und Linus und, will man höher hinaufblicken, von Apollo selbst vernommen haben. Oder scheint dieses zu fabelhaft und erdichtet, so wirst du mir doch gewiß das zugeben, Aper, daß keine geringere Ehre Homerus bei der Nachwelt habe als Demo= sthenes, und daß in nicht engere Grenzen der Ruf des Euripides oder So=

Lysiae aut Hyperidis includi. Plures hodie reperies, qui
Ciceronis gloriam quam qui Virgilii detrectent; nec ullus
Asinii aut Messallae liber tam illustris est quam Medea
Ovidii aut Varii Thyestes.

13. Ac ne fortunam quidem vatum et illud felix
contubernium comparare timuerim cum inquieta et anxia
oratorum vita. Licet illos certamina et pericula sua ad
consulatus evexerint, malo securum et quietum Virgilii
secessum, in quo tamen neque apud divum Augustum
gratia caruit neque apud populum Romanum notitia.
Testes Augusti epistulae, testis ipse populus, qui auditis
in theatro Virgilii versibus surrexit universus et forte
praesentem spectantemque Virgilium veneratus est sic
quasi Augustum. Ne nostris quidem temporibus Secundus Pomponius Afro Domitio vel dignitate vitae vel per-
petuitate famae cesserit. Nam Crispus iste et Marcellus,
ad quorum exempla me vocas, quid habent in hac sua
fortuna concupiscendum? quod timent, an quod timentur?
quod, cum quotidie aliquid rogentur, ii quibus praestant
indignantur? quod alligati cum adulatione nec imperantibus umquam satis servi videntur nec nobis satis liberi?
Quae haec summa eorum potentia est? Tantum posse
liberti solent. Me vero dulces, ut Virgilius ait, Musae,
remotum a sollicitudinibus et curis et necessitate quotidie
aliquid contra animum faciendi, in illa sacra illosque fon-
tes ferant, nec insanum ultra et lubricum forum famamque pallentem trepidus experiar. Non me fremitus salu-
tantium nec anhelans libertus excitet, nec incertus futuri
testamentum pro pignore scribam, nec plus habeam quam
quod possim cui velim relinquere, quandoque enim fatalis
et meus dies veniet, statuarque tumulo non maestus et
atrox, sed hilaris et coronatus, et pro memoria mei nec
consulat quisquam nec roget.'

14. Vixdum finierat Maternus, concitatus et velut
instinctus, cum Vipstanus Messalla cubiculum eius ingressus est, suspicatusque ex ipsa intentione singulorum altio-

phocles, als der des Lysias 25) oder Hyperides eingeschlossen sei. Mehre wirst
du heut zu Tage finden, welche des Cicero, als solche, die des Virgilius
Ruhm 26) verkleinern: und kein einziges Buch des Asinius 27) oder Messalla
ist so berühmt, wie die Medea des Ovidius oder des Varius Thyestes."

13. „Auch nicht einmal das Glück der Sänger und jenes selige Stillleben
möchte ich zu vergleichen mich scheuen mit dem unruhigen und angstvollen
Leben der Redner. Mögen immerhin ihre Kämpfe und Gefahren sie zu
Consulaten erhoben haben; lieber ist mir eines Virgilius sorgenfreie und
friedliche Abgeschiedenheit, in welcher es ihm ja doch weder bei Divus Augustus an Gunst, noch bei dem römischen Volke an Berühmtheit fehlte. Zeugen davon sind des Augustus Briefe, Zeuge das Volk ja selbst, welches, als
es des Virgilius Verse im Theater vernommen, insgesammt sich erhob 28)
und den gerade gegenwärtigen und unter den Zuschauern befindlichen Virgilius ganz so verehrte, wie den Augustus. Nicht einmal in unseren Zeiten
dürfte ein Secundus Pomponius 29) einem Afer Domitius an Würde im
Leben, an Dauerhaftigkeit des Ruhmes nachstehen. Denn jener Crispus und
Marcellus, auf deren Beispiel du mich verweisest, was haben sie denn in
diesem ihrem Glücke so Begehrenswerthes? daß sie sich fürchten, oder daß sie
gefürchtet werden? daß, indem sie täglich um etwas gebeten werden, diejenigen, denen sie gewähren, deshalb ungehalten gegen sie sind? daß sie, zusam-
mengekoppelt mit der Schmeichelei, weder den Gebietenden jemals genug
Sklaven, noch uns frei genug zu sein scheinen? Worin besteht denn ihre so
große Macht? Soviel pflegen auch Freigelassene zu vermögen. Nein, mich
mögen die holden Musen, wie Virgilius sagt 30), fern von Bekümmernissen
und Sorgen und von der Nöthigung, täglich etwas gegen die Neigung zu
thun, zu jenen heiligen Stätten und jenen Quellen führen, und nicht mög'
ich fürder noch das tolle und schlüpfrige Forum und den mit bleichem Zagen
erfüllenden Ruf zitternd zu versuchen haben. Nicht möge mich der Lärm der
zur Begrüßung Kommenden, nicht athemlos ein Freigelassener aus dem
Schlafe wecken, nicht mög' ich, ungewiß der Zukunft, ein Testament nur um
des Unterpfandes willen 31) schreiben, und nicht mehr besitzen als ich dem
nur, dem ich es bestimme, hinterlassen kann, denn einst wird der vom Geschick bestimmte und mir gehörige Tag kommen; auch mög' ich dann auf
meinem Grabeshügel nicht trauervoll und finster abgebildet werden, sondern
heiter und bekränzt, und Niemand brauche wegen des Andenkens meines Namens erst anzufragen und zu bitten."

14. Kaum hatte Maternus geendet, in aufgeregter Stimmung und wie
begeistert, als Vipstanus Messalla 32) in sein Zimmer eintrat, und schon aus
der Spannung Aller vermuthend, daß ein Gespräch von tieferer Bedeutung

rem inter eos esse sermonem, 'num parum tempestivus' inquit 'interveni secretum consilium et causae alicuius meditationem tractantibus?'

'Minime, minime' inquit Secundus, 'atque adeo vellem maturius intervenisses; delectasset enim te et Apri nostri accuratissimus sermo, cum Maternum, ut omne ingenium ac studium suum ad causas agendas converteret, exhortatus est, et Materni pro carminibus suis laeta, utque poetas defendi decebat, audentior et poetarum quam oratorum similior oratio.'

'Me vero' inquit 'et sermo ipse infinita voluptate affecisset, atque id ipsum delectat, quod vos, viri optimi et temporum nostrorum oratores, non forensibus tantum negotiis et declamatorio studio ingenia vestra exercetis, sed eiusmodi etiam disputationes assumitis, quae et ingenium alunt et eruditionis ac litterarum iucundissimum oblectamentum cum vobis, qui illa disputatis, afferunt, tum etiam iis, ad quorum aures pervenerint. Itaque hercle non minus probari video. in te, Secunde, quod Iulii Asiatici*) vitam componendo spem hominibus fecisti plurium eiusmodi librorum, quam in Apro, quod nondum ab scholasticis controversiis recessit et otium suum mavult novorum rhetorum more quam veterum oratorum consumere.'

15. Tum Aper: 'non desinis, Messalla, vetera tantum et antiqua mirari, nostrorum autem temporum studia irridere atque contemnere? Nam hunc tuum sermonem saepe excepi, cum oblitus et tuae et fratris tui eloquentiae neminem hoc tempore oratorem esse contenderes, atque id**) eo, credo, audacius, quod malignitatis opinionem non verebaris, cum eam gloriam, quam tibi alii concedunt, ipse tibi denegares.'

'Neque illius' inquit 'sermonis mei poenitentiam ago, neque aut Secundum aut Maternum aut te ipsum, Aper, quamquam interdum in contrarium disputes, aliter sentire credo. Ac velim impetratum ab aliquo vestrum, ut causas huius infinitae differentiae scrutetur ac reddat, quas mecum ipse plerumque conquiro. Et quod quibusdam

---

*) *Africani* Nipperdey.
**) Die handschriftl. Lesart für *atque id* ist: *antiquis*.

unter ihnen geführt werde, sprach: „Wei nicht recht zu gelegener Zeit bin ich dazugekommen, wie ihr eine geheime Berathung pflegt und einen Rechtsstreit mit einander überlegt?"

„Gar nicht, gar nicht," antwortete Secundus, „ja, ich hätte sogar ge= wünscht, du wärest früher dazugekommen; denn ergötzt hätte dich sowohl un= seres Aper's äußerst gründliche Auseinandersetzung, indem er den Maternus aufzufordern suchte, sein ganzes Talent und seinen ganzen Fleiß Prozeßfüh= rungen zuzuwenden, als auch des Maternus heitere und, wie Dichter zu vertheidigen geziemte, kühnere und Dichtern mehr als Rednern angemessene Schutzrede für seine Gedichte."

„Ja freilich", erwiederte er, „hätte mich die Unterredung selbst mit un= endlichem Vergnügen erfüllt, und schon daran habe ich ja meine Freude, daß ihr, so treffliche Männer und die Redner unserer Zeit, nicht blos in den Ge= schäften des Forums und in declamatorischen Studien euern Geist übt, sondern auch solche Disputationen mit zu Hilfe nehmt, welche dem Geiste Nahrung geben und sowohl euch, die ihr jetzt also disputirt, als auch denen, zu deren Ohren es etwa gelangt, die angenehmste Ergötzung in gelehrter und wissenschaftlicher Bildung gewähren. Daher sehe ich denn auch wirklich, daß es an dir, Secundus, nicht minder gelobt wird, daß du durch die Le= bensbeschreibung des Julius Asiaticus der Welt auf mehr dergleichen Schrif= ten Hoffnung gemacht hast, als an Aper, daß er noch immer nicht von Schul= streitsätzen läßt und seine Muße lieber nach moderner Redekünstler als nach alter Redner Weise verwenden will.³³)"

15. Darauf sprach Aper: „Hörst du denn gar nicht auf, Messalla, nur das Alte und die Vorzeit zu bewundern, dagegen die Bestrebungen unserer Zeiten zu verspotten und zu verachten? Denn solche Rede habe ich oft von dir vernommen, daß du, deiner und deines Bruders³⁴) Beredtsamkeit ver= gessend, behauptetest, Niemand sei in dieser Zeit ein Redner, und das, wie ich glaube, um so zuversichtlicher, da du der Misgunst Vorwurf nicht besorg= test, indem du selbst den Ruhm dir absprachest, welchen Andere dir zuge= stehen."

„Ich bereue auch", erwiederte jener, „diese meine Rede nicht, noch glaub' ich, daß Secundus, daß Maternus oder auch du selbst, mein Aper, wiewohl du für das Gegentheil bisweilen streitest, anders denkst. Und ich möchte es wol von einem unter euch erlangen, daß er den Ursachen dieser unendlichen Verschiedenheit nachforschte und sie darstellte, über welche ich selbst so oft nachsinne. Was dabei Einigen zum Trost gereicht, das macht für mich die

solatio est, mihi auget quaestionem, quia video etiam Graiis accidisse, ut longius absit Aeschine et Demosthene Sacerdos iste Nicetes, et si quis alius Ephesum vel Mytilenas concentu scholasticorum et clamoribus quatit, quam Afer aut Africanus aut vos ipsi a Cicerone aut Asinio recessistis.'

16. 'Magnam' inquit Secundus 'et dignam tractatu quaestionem movisti. Sed quis eam iustius explicabit quam tu, ad cuius summam eruditionem et praestantissimum ingenium cura quoque et meditatio accessit?'

Et Messalla 'aperiam' inquit 'cogitationes meas, si illud a vobis ante impetravero, ut vos quoque sermonem hunc nostrum adiuvetis.'

'Pro duobus' inquit Maternus 'promitto; nam et ego et Secundus exequemur eas partes, quas intellexerimus te non tam omisisse quam nobis reliquisse. Aprum enim solere dissentire et tu paulo ante dixisti et ipse satis manifestus est iam dudum in contrarium accingi, nec aequo animo perferre hanc nostram pro antiquorum laude concordiam.'

'Non enim' inquit Aper 'inauditum et indefensum saeculum nostrum patiar hac vestra conspiratione damnari. Sed hoc primum interrogabo, quos vocetis antiquos, quam oratorum aetatem significatione ista determinetis. Ego enim cum audio antiquos, quosdam veteres et olim natos intellego; ac mihi versantur ante oculos Ulixes ac Nestor, quorum aetas mille fere et trecentis annis saeculum nostrum antecedit: vos autem Demosthenem et Hyperidem profertis, quos satis constat Philippi et Alexandri temporibus floruisse, ita tamen ut utrique superstites essent. Ex quo apparet, non multo plures quam quadringentos annos interesse inter nostram et Demosthenis aetatem. Quod spatium temporis si ad infirmitatem corporum nostrorum referas, fortasse longum videatur, si ad naturam saeculorum ac respectum immensi huius aevi, perquam breve et in proximo est. Nam si, ut Cicero in Hortensio scribit, is est magnus et verus annus, quo eadem positio caeli siderumque, quae cum maxime est, rursum existet, isque annus horum quos nos vocamus annorum duodecim

Frage nur noch wichtiger, eben weil ich sehe, daß es auch den Griechen so gegangen ist, daß weiter noch von Aeschines [35]) und von Demosthenes sich jener Sacerdos Nicetes entfernt und wer sonst noch Ephesus oder Mytilene [36]) vom eintönigen Beifallsgeschrei der Schüler erzittern läßt, als Afer oder Africanus [37]) oder ihr selbst von Cicero oder Asinius abgewichen seid."

16. „Eine wichtige und der Erörterung würdige Frage", sprach Secundus, „hast du angeregt. Wer aber wird sie befriedigender lösen als du, zu dessen außerordentlicher Gelehrsamkeit und ausgezeichnetem Geiste sich auch Studium und Nachdenken gesellten?"

Darauf sagte Messalla: „Ich will wol meine Gedanken eröffnen, wenn ich euch zuvor das Versprechen abgewonnen haben werde, daß auch ihr diese unsere Auseinandersetzung unterstützen wollt."

„Für zwei", entgegnete Maternus, „verspreche ich es; denn ich sowohl wie Secundus, wir werden die Punkte ausführen, von denen wir bemerken, daß du sie nicht sowohl übergangen, als uns übrig gelassen habest. Was Aper betrifft, so hast du kurz vorher es schon gesagt, daß es seine Gewohnheit sei, anderer Meinung zu sein, und er selbst gibt es ja deutlich genug zu erkennen, daß er sich schon längst zum Widerspruch rüste, und diese unsere Einstimmigkeit zum Lobe der Alten nicht gutwillig sich gefallen lassen wolle."

„Nein, gewiß werde ich nicht zugeben", sagte Aper, „daß ungehört und unvertheidigt unser Zeitalter durch dieses Komplot von euerer Seite verurtheilt werde. Aber zuerst gleich muß ich die Frage aufwerfen, wen ihr denn die Alten nennt, welches Zeitalter der Redner ihr mit diesem Ausdrucke bezeichnet. Ich nämlich meinerseits, wenn ich von den Alten höre, verstehe darunter eine gewisse Anzahl von Männern der Vorzeit und von solchen, die längst dagewesen sind; und da schweben mir dann Ulixes und Nestor vor Augen, deren Zeitalter ungefähr tausendunddreihundert Jahre vor unserer Zeit vorhergeht; ihr dagegen führt einen Demosthenes und Hyperides an, von denen doch bekannt genug, daß sie zu des Philippus und des Alexander Zeiten blühten, und so noch, daß sie beide überlebten. Hieraus ist ersichtlich, daß nicht viel mehr als vierhundert Jahre zwischen unserer und des Demosthenes Zeit in der Mitte liegen, ein Zeitraum, welcher in Beziehung auf unsere leibliche Gebrechlichkeit vielleicht lang scheinen mag, in Rücksicht auf die Beschaffenheit der Jahrhunderte und auf diese ganze unermeßliche Zeit sehr kurz ist und ganz nahe liegt. Denn wenn, wie Cicero in seinem Hortensius [38]) schreibt, das ein großes und eigentliches Jahr ist, in welchem die dermalige Stellung des Himmels und der Gestirne wieder eintreten wird, und dieses Jahr von denen, welche wir so nennen, zwölftausend neunhundert

milia nongentos quinquaginta quattuor complectitur, in-
cipit Demosthenes vester, quem vos veterem et antiquum
fingitis, non solum eodem anno quo nos, sed ferme eodem
mense extitisse.

17. Sed transeo ad Latinos oratores, in quibus non
Menenium, ut puto, Agrippam, qui potest videri antiquus,
nostrorum temporum disertis anteponere soletis, sed Ciceronem et Caesarem et Caelium et Calvum et Brutum
et Asinium et Messallam: quos quidem cur antiquis temporibus potius ascribatis quam nostris, non video. Nam
ut de Cicerone ipso loquar, Hirtio nempe et Pansa consulibus, ut Tiro, libertus eius, scripsit, septimum idus
Decembres occisus est, quo anno divus Augustus in locum
Pansae et Hirtii se et Q. Pedium consules suffecit. Statue sex et quinquaginta annos, quibus mox divus Augustus rem publicam rexit; adice Tiberii tres et viginti,
et prope quadriennium Gai, ac bis quaternos denos Claudii et Neronis annos, atque istum Galbae et Othonis et
Vitellii longum et unum annum, ac sextam iam felicis
huius principatus stationem, qua Vespasianus rem publicam fovet: centum et viginti anni ab interitu Ciceronis
in hunc diem colliguntur, unius hominis aetas. Nam ipse
ego in Britannia vidi senem, qui se fateretur ei pugnae
interfuisse, qua Caesarem inferentem arma Britanniae
arcere litoribus et pellere aggressi sunt. Ita si eum, qui
armatus C. Caesari restitit, vel captivitas vel voluntas vel
fatum aliquod in urbem pertraxisset, idem et Caesarem
ipsum et Ciceronem audire potuit et nostris quoque
actionibus interesse. Proximo quidem congiario ipsi vi-
distis plerosque senes, qui se a divo quoque Augusto
semel atque iterum accepisse congiarium narrabant. Ex
quo colligi potest et Corvinum ab illis et Asinium audiri
potuisse; nam Corvinus in medium usque Augusti principatum, Asinius paene ad extremum duravit. Ne divida-
tis saeculum, et antiquos ac veteres vocetis oratores, quos
eorundem hominum aures agnoscere ac velut coniungere
et copulare potuerunt.

18. Haec ideo praedixi, ut, si qua ex horum oratorum fama gloriaque laus temporibus adquiritur, eandem

und vierundfünfzig umfaßt, so beginnt das Dasein eueres Demosthenes, welchen ihr euch als der Vorwelt und dem Alterthum angehörig denkt, nicht allein in demselben Jahre mit dem unsrigen, sondern fast in demselben Monate.

17. „Doch ich gehe zu den lateinischen Rednern über, unter denen ihr nicht den Menenius Agrippa[39]), wie ich glaube, der doch noch als ein Alter erscheinen kann, den beredten Männern unserer Zeit vorzuziehen pflegt, sondern den Cicero, Cäsar, Cälius, Calvus, Brutus, Asinius und Messalla; warum ihr diese vielmehr den alten Zeiten als den unsrigen beizählt, sehe ich nicht ein. Denn, um gerade nur von Cicero zu reden, so ist er doch unter dem Consulat des Hirtius und Pansa, wie der Freigelassene desselben, Tiro[40]) geschrieben hat, am siebenten December ermordet worden, in dem Jahre, in welchem Divus Augustus sich und den Qu. Pedius zum Ersatz des Pansa und Hirtius zu Consuln machte. Rechne nun die sechsundfünfzig Jahre[41]), während welcher alsdann Divus Augustus den Staat regierte, füge die dreiundzwanzig des Tiberius hinzu und fast vier Jahre des Gajus, sowie die zweimal vierzehn des Claudius und Nero, und dann auch noch jenes eine lange Jahr des Galba, Otho und Vitellius und bereits das sechste nun dieser segensreichen Regierung, mit welcher Vespasianus den Staat beglückt; so kommen von Cicero's Tode bis auf diesen Tag hundertundzwanzig Jahre[42]) zusammen, ein einziges Menschenalter. Denn ich selbst habe in Britannien einen Greis gesehen, welcher versicherte, er sei mit bei der Schlacht gewesen, in welcher man den Britannien mit Krieg überziehenden Cäsar von den Gestaden abzuwehren und zurückzuschlagen unternahm. Hätte nun diesen, welcher die Waffen gegen C. Cäsar getragen, sei es Gefangenschaft oder freier Wille oder irgend ein Geschick nach Rom gezogen, so hätte er zugleich den Cäsar selbst und den Cicero hören und auch unseren Verhandlungen beiwohnen können. Bei der letzten Spendung habt ihr ja selbst gar manche Greise gesehen, welche erzählten, daß sie auch von Divus Augustus schon ein und das andere Mal eine Spende erhalten hätten. Daraus kann man abnehmen, daß sowohl Corvinus[43]) als Asinius von ihnen konnten gehört worden sein; denn Corvinus lebte bis zur Mitte von Augustus' Herrschaft, Asinius beinahe bis an das Ende derselben. So theilet doch ein Jahrhundert nicht, und nennet nicht immer alt und der Vorzeit gehörig Redner, welche das Ohr ebenderselben Menschen noch erkennen und gleichsam aneinanderreihen und vereinigen konnte."

18. „Dieses habe ich deshalb vorausgeschickt, um, wenn etwa aus dem Rufe und dem Ruhme dieser Redner für jene Zeiten ein Lob erwachsen soll,

docerem in medio sitam et propiorem nobis, quam Servio Galbae aut C. Carboni, quosque alios merito antiquos vocaverimus: sunt enim horridi et impoliti et rudes et informes et quos utinam nulla parte imitatus esset Calvus vester aut Caelius aut ipse Cicero. Agere enim fortius iam et audentius volo, si illud ante praedixero, mutari cum temporibus formas quoque et genera dicendi. Sic Catoni seni comparatus C. Gracchus plenior et uberior, sic Graccho politior et ornatior Crassus, sic utroque distinctior et urbanior et altior Cicero, Cicerone mitior Corvinus et dulcior et in verbis magis elaboratus. Nec quaero, quis disertissimus: hoc interim probasse contentus sum, non esse unum eloquentiae vultum, sed in illis quoque, quos vocatis antiquos, plures species deprehendi, nec statim deterius esse quod diversum est, vitio autem malignitatis humanae vetera semper in laude, praesentia in fastidio esse. Num dubitamus inventos, qui prae Catone Appium Caecum magis mirarentur? Satis constat, ne Ciceroni quidem obtrectatores defuisse, quibus inflatus et tumens nec satis pressus, sed supra modum exultans et superfluens et parum antiquus videretur. Legistis utique et Calvi et Bruti ad Ciceronem missas epistulas, ex quibus facile est deprehendere, Calvum quidem Ciceroni visum exanguem et attritum, Brutum autem otiosum atque diiunctum; rursusque Ciceronem a Calvo quidem male audisse tamquam solutum et enervem, a Bruto autem, ut ipsius verbis utar, tamquam fractum atque elumbem. Si me interrogas, omnes mihi videntur verum dixisse: sed mox ad singulos veniam, nunc mihi cum universis negotium est.

19. Nam quatenus antiquorum admiratores hunc velut terminum antiquitatis constituere solent, quem usque ad Cassium Severum faciunt, quem primum affirmant flexisse ab illa vetere atque directa dicendi via, non infirmitate ingenii nec inscitia litterarum transtulisse se ad illud dicendi genus contendo, sed iudicio et intellectu. Vidit namque, ut paulo ante dicebam, cum condicione temporum et diversitate aurium formam quoque ac speciem orationis esse mutandam. Facile perferebat prior

zu beweisen, daß dasselbe in der Mitte liege und selbst näher uns noch als dem Servius Galba[14]) oder C. Carbo und welche wir sonst noch mit Recht alte zu nennen pflegen: denn sie sind in der That rauh und ungeglättet, roh und formlos, und es wäre wol zu wünschen, daß sie in keiner Hinsicht euer Calvus oder Cälius oder auch selbst Cicero nachgeahmt hätte. Denn kräftiger und kühner will ich von nun an meine Sache führen, wenn ich das noch be= vorwortet haben werde, daß sich mit den Zeiten auch die Gestaltungen und Gattungen der Rede ändern. So ist mit dem älteren Cato[15]) verglichen C. Gracchus voller und gehaltreicher, so Crassus gefeilter und schmuckvoller als Gracchus, so Cicero lichtvoller, feiner und erhabener als beide, Corvinus milder, sanfter und im Ausdrucke durchgebildeter als Cicero. Auch frage ich gar nicht danach, wer der beredteste sei: nur das einstweilen bewiesen zu haben, begnüge ich mich, daß die Beredtsamkeit nicht immer gleich aussehe, sondern auch an denen, die ihr Alte nennt, mehrere Gattungen derselben an= getroffen werden, und was verschieden, nicht auch darum sogleich schlechter sei, aber vermöge der Untugend menschlicher Mißgunst das Alte stets gelobt, das Gegenwärtige verachtet werde. Bezweifeln wir etwa, daß es Leute ge= geben habe, die den Appius Cäcus[16]) mehr bewunderten als den Cato? Es ist bekannt genug, daß es nicht einmal dem Cicero an Verkleinerern[47]) fehlte, denen er aufgeblasen und schwülstig und nicht gedrängt genug, son= dern über das rechte Maß hinausschweifend und überströmend und zu wenig von ächter alter Art schien. Gelesen habt ihr ja gewiß die Briefe des Cal= vus und Brutus an Cicero, aus denen leicht abzunehmen ist, daß wie Cal= vus dem Cicero saftlos und matt[18]), Brutus aber nachlässig und unzusam= menhängend geschienen, so auf der andern Seite auch Cicero von Calvus nicht vortheilhaft beurtheilt worden sei als schlaff und nervlos, von Brutus aber, um mich seiner eigenen Worte zu bedienen, als verrenkt und lendenlahm. Fragst du mich nach meiner Meinung, so scheinen sie mir alle die Wahrheit gesagt zu haben: doch nachher erst werde ich zu den einzelnen kommen; jetzt habe ich es noch mit allen insgesammt zu thun."

19. „Sofern denn nun die Bewunderer der Alten gleichsam diesen Grenz= stein für das Alterthum zu setzen pflegen, den sie bis auf Cassius Severus[19]) gehen lassen, von welchem sie versichern, daß er zuerst von jenem alten und graden Wege der Rede abgewichen sei, so behaupte ich, daß er nicht aus Geistesschwäche, noch aus Unkunde der Wissenschaft zu dieser Art der Rede sich gewandt, sondern mit Ueberlegung und Einsicht. Er sah nämlich wohl, daß, wie ich kurz vorher sagte, mit den Zeitverhältnissen und dem sich än= dernden Geschmack auch die Gestalt und Weise der Rede umgeändert werden müsse. Leicht ließ sich das Volk in jener früheren Zeit, unwissend wie es

ille populus, ut imperitus et rudis, impeditissimarum orationum spatia, atque id ipsum laudabat, si dicendo quis diem eximeret. Iam vero longa principiorum praeparatio et narrationis alte repetita series et multarum divisionum ostentatio et mille argumentorum gradus, et quicquid aliud aridissimis Hermagorae et Apollodori libris praecipitur, in honore erat; quod si quis odoratus philosophiam videretur et ex ea locum aliquem orationi suae insereret, in caelum laudibus ferebatur. Nec mirum; erant enim haec nova et incognita, et ipsorum quoque oratorum paucissimi praecepta rhetorum aut philosophorum placita cognoverant. At hercule pervulgatis iam omnibus, cum vix in cortina quisquam assistat, quin elementis studiorum, etsi non instructus, at certe imbutus sit, novis et exquisitis eloquentiae itineribus opus est, per quae orator fastidium aurium effugiat, utique apud eos iudices, qui vi et potestate, non iure aut legibus cognoscunt, nec accipiunt tempora, sed constituunt, nec expectandum habent oratorem, dum illi libeat de ipso negotio dicere, sed saepe ultro admonent atque alio transgredientem revocant et festinare se testantur.

20. Quis nunc feret oratorem de infirmitate valitudinis suae praefantem? qualia sunt fere principia Corvini. Quis quinque in Verrem libros expectabit? Quis de exceptione et formula perpetietur ista immensa volumina, quae pro M. Tullio et Aulo Caecina legimus? Praecurrit hoc tempore iudex dicentem, et nisi aut cursu argumentorum aut colore sententiarum aut nitore et cultu descriptionum invitatus et corruptus est, aversatur dicentem. Vulgus quoque assistentium et affluens et vagus auditor assuevit iam exigere laetitiam et pulchritudinem orationis, nec magis perfert in iudiciis tristem et impexam antiquitatem, quam si quis in scaena Roscii aut Turpionis Ambivii exprimere gestus velit. Iam vero iuvenes et in ipsa studiorum incude positi, qui profectus sui causa oratores sectantur, non solum audire, sed etiam referre domum ali-

war und ungebildet, die Breite der ſchwerfälligſten Reden gefallen, ja, lobte das eben, wenn Jemand den ganzen Tag wegredete⁵⁰). Da ſtand denn freilich in Ehren eine lange Vorbereitung des Eingangs, eine weit ausge= holte Verkettung der Erzählung, das zur Schautragen vieler Eintheilungen, die tauſendfältige Steigerung der Beweiſe und was ſonſt noch in den äußerſt trockenen Schriften eines Hermagoras⁵¹) und Apollodorus vorgeſchrieben wird; und wenn nun vollends Jemand in die Philoſophie auch nur einen Blick gethan zu haben ſchien und aus dieſer dann irgend einen Satz in ſeine Rede mit einfließen ließ, ſo wurde er mit Lobſprüchen bis in den Himmel erhoben. Kein Wunder! denn das waren ja neue und unbekannte Dinge, und von den Rednern ſelbſt kannten ſehr wenige nur die Regeln der Rhe= toren oder die Lehrſätze der Philoſophen. Aber jetzt fürwahr, wo dieſes Alles ſchon Gemeingut iſt, wo kaum im äußerſten Kreiſe der Zuhörer⁵²) Je= mand ſteht, der nicht mit den Grundbegriffen der Wiſſenſchaft, wenn auch nicht vertraut, doch wenigſtens bekannt wäre, bedarf es neuer und ganz be= ſonderer Wege der Beredtſamkeit, damit der Redner auf denſelben der Lange= weile der Zuhörer entgehe, zumal bei ſolchen Richtern, welche nach Macht und Gewalt, nicht nach Recht und Geſetz erkennen, auch das Maß der Zeit ſich nicht gefallen laſſen, ſondern ſelbſt feſtſetzen, und nicht auf den Redner glauben warten zu müſſen, bis es ihm beliebe, von der Sache ſelbſt zu reden, ſondern oft ſogar noch Erinnerungen geben, ihn, will er abſchweifen, zurück= rufen und Eile zu haben verſichern."

20. „Wer wird jetzt wol einen Redner ertragen, welcher von der Schwäch= lichkeit ſeiner Geſundheit in der Einleitung redet? Und von dieſer Art ſind doch meiſtentheils die Eingänge des Corvinus. Wer wird die fünf Bücher gegen Verres abwarten⁵³)? Wer wird ſich jene ungeheuern Bände über Ein= rede und Formel gefallen laſſen, welche wir für M. Tullius und Aulus Cä= cina⁵⁴) leſen? Voraus eilt in jetziger Zeit der Richter dem Redenden, und wendet ſich hinweg von ihm, wenn er nicht entweder durch den Strom der Beweiſe, oder durch die eigenthümliche Färbung der Gedanken oder durch den Glanz und Schmuck der Schilderungen angezogen und beſtochen iſt. Auch der große Haufe der Umherſtehenden und der blos kommende und gleich wieder gehende Zuhörer iſt ſchon gewohnt, von einer Rede heitern Schmuck und Schönheit zu verlangen, und erträgt eben ſo wenig in den Ge= richten die unerquickliche und ungeſchmückte Alterthümlichkeit, wie wenn Je= mand auf der Bühne die Geberden eines Roscius⁵⁵) oder Turpio Ambivius ausdrücken wollte. Jünglinge nun vollends und ſolche, die in ihrer wiſſen= ſchaftlichen Bildung recht eigentlich noch auf dem Ambos liegen, die ihrer Fortbildung wegen ſich an die Redner anſchließen, die wollen etwas Glän=

quid illustre et dignum memoria volunt, traduntque in vicem ac saepe in colonias et provincias suas scribunt, sive sensus aliquis arguta et brevi sententia effulsit, sive locus exquisito et poetico cultu enituit. Exigitur enim iam ab oratore etiam poeticus decor, non Accii aut Pacuvii veterno inquinatus, sed ex Horatii et Virgilii et Lucani sacrario prolatus. Horum igitur auribus et iudiciis obtemperans nostrorum oratorum aetas pulchrior et ornatior extitit; neque ideo minus efficaces sunt orationes nostrae, quia ad aures iudicantium cum voluptate perveniunt. Quid enim, si infirmiora horum temporum templa credas, quia non rudi caemento et informibus tegulis extruuntur, sed marmore nitent et auro radiantur?

21. Equidem fatebor vobis simpliciter, me in quibusdam antiquorum vix risum, in quibusdam autem vix somnum tenere. Nec unum de populo, Canutium aut Arrium Furniumve, nominabo, quosque alios in eodem valitudinario haec ossa et haec macies probant*). Ipse mihi Calvus, cum unum et viginti, ut puto, libros reliquerit, vix in una et altera oratiuncula satisfacit. Nec dissentire ceteros ab hoc meo iudicio video: quotus enim quisque Calvi in Asitium aut in Drusum legit? At hercle in omnium studiosorum manibus versantur accusationes, quae in Vatinium inscribuntur, ac praecipue secunda ex iis oratio; est enim verbis ornata et sententiis, auribus iudicum accommodata, ut scias, ipsum quoque Calvum intellexisse, quid melius esset, nec voluntatem ei, quin sublimius et cultius diceret, sed ingenium ac vires defuisse. Quid ex Caelianis orationibus? nempe eae placent, sive universae sive partes earum, in quibus nitorem et altitudinem horum temporum agnoscimus. Sordes autem illae verborum et hians compositio et inconditi sensus redolent antiquitatem; nec quemquam adeo antiquarium puto, ut Caelium ex ea parte laudet, qua antiquus est. Concedamus sane C. Caesari, ut propter magnitudinem cogitationum et occupationes rerum minus in eloquentia effecerit, quam divinum eius ingenium

---

*) Nach I. Fr. Gronov. Der Text der Stelle ist verdorben.

zendes und des Gehaltens Werthes nicht nur hören, sondern auch mit nach
Hause nehmen, und sie theilen es sich gegenseitig mit und schreiben es oft in
ihre Pflanzstädte und Provinzen[56]), sei es, daß ein Gedanke durch Schärfe
und Kürze des Ausdrucks aufgeblitzt, oder eine Stelle durch besonderen und
dichterischen Schmuck sich ausgezeichnet. Denn jetzt verlangt man von dem
Redner auch dichterische Schönheit, nicht mit dem Roste eines Accius oder
Pacuvius[57]) besudelt, sondern aus dem Heiligthume eines Horatius, Virgi=
lius und Lucanus entnommen. Also dem Geschmacke und dem Urtheil
solcher Männer huldigend ist das Zeitalter unserer Redner ein schöneres und
schmuckreicheres geworden; und doch sind deshalb unsere Reden nicht weniger
wirksam, weil sie das Ohr der Richtenden auf eine angenehme Weise berüh=
ren. Denn was sollte man wol davon denken, wenn Jemand deshalb die
Tempel unserer Zeit für weniger fest halten wollte, weil sie nicht von rohem
Bruchstein und unförmlichen Ziegeln erbaut werden, sondern von Marmor
glänzen und von Gold strahlen?"

21. „Ich will's euch ganz aufrichtig gestehen, daß ich mich bei einigen der
Alten kaum des Lachens, bei andern kaum des Schlafes erwehren kann.
Und ich will gar nicht etwa einen aus dem großen Haufen, einen Canutius,
Arrius oder Furnius[58]) nennen, und wen sonst noch diese Gerippe und diese
Magerkeit sogleich als Leute aus demselben Krankenhause zu erkennen geben.
Selbst Calvus, obgleich er, wie ich glaube, einundzwanzig Bücher hinterlas=
sen hat, genügt mir kaum in einer und der andern kleinen Rede. Auch sehe
ich nicht, daß andere mit meinem Urtheile nicht einverstanden wären: denn
der wievielste liest wol noch des Calvus Rede gegen Asitius und Drusus?
Aber fürwahr, in aller Lernbegierigen Händen befinden sich doch die Ankla=
gen, welche „gegen Vatinius"[59]) überschrieben sind, und vorzüglich die zweite
Rede unter diesen; denn sie ist leben auch in Ausdruck und Gedanken schön,
und für das Ohr der Richter wohl berechnet, so daß man sieht, auch selbst
ein Calvus habe wohl gewußt, was besser sei, und nicht am Willen habe es
ihm gefehlt, sich erhabener und gewählter auszubrücken, sondern an Talent
und Kraft. Wie steht es um des Cälius Reden? unter diesen gefallen doch
auch wol die, theils ganz, theils in einzelnen Partieen, in welchen wir die
Schönheit und Erhabenheit der jetzigen Zeit erkennen. Jene niedrigen Aus=
drücke dagegen, jener lückenhafte Zusammenhang, jene ungeordneten Gedan=
ken schmecken nach dem Alterthum; und ich halte niemanden in dem Grade
für einen Alterthümler, daß er den Cälius von der Seite loben sollte, von
welcher er sich als einen Alten zeigt. Gern wollen wir es dem C. Cäsar[60])
nachsehen, daß er wegen der Größe seiner Entwürfe und wegen seiner
Staatsgeschäfte weniger in der Beredtsamkeit geleistet hat, als sein göttlicher

postulabat, tam hercle quam Brutum philosophiae suae relinquamus; nam in orationibus minorem esse fama sua etiam admiratores eius fatentur, nisi forte quisquam aut Caesaris pro Decio*) Samnite aut Bruti pro Deiotaro rege ceterosque eiusdem lentitudinis ac teporis libros legit, nisi qui et carmina eorundem miratur. Fecerunt enim et carmina et in bibliothecas rettulerunt, non melius quam Cicero, sed felicius, quia illos fecisse pauciores sciunt. Asinius quoque, quamquam propioribus temporibus natus sit, videtur mihi inter Menenios et Appios studuisse; Pacuvium certe et Accium non solum tragoediis, sed etiam orationibus suis expressit; adeo durus et siccus est. Oratio autem, sicut corpus hominis, ea demum pulchra est, in qua non eminent venae nec ossa numerantur, sed temperatus ac bonus sanguis implet membra et exsurgit toris ipsosque nervos rubore tegit et decore commendat. Nolo Corvinum insequi, quia non per ipsum stetit, quo minus laetitiam nitoremque nostrorum temporum exprimeret: viderimus, in quantum iudicio eius vis aut animi aut ingenii suffecerit.

22. Ad Ciceronem venio, cui eadem pugna cum aequalibus suis fuit, quae mihi vobiscum est. Illi enim antiquos mirabantur, ipse suorum temporum eloquentiam anteponebat; nec ulla re magis oratores aetatis eiusdem praecurrit quam iudicio. Primus enim excoluit orationem, primus et verbis delectum adhibuit et compositioni artem; locos quoque laetiores attentavit et quasdam sententias invenit, utique in iis orationibus, quas iam senior et iuxta finem vitae composuit, id est, postquam magis profecerat usuque et experimentis didicerat, quod optimum dicendi genus esset. Nam priores eius orationes non carent vitiis antiquitatis: lentus est in principiis, longus in narrationibus, otiosus circa excessus, tarde commovetur, raro incalescit; pauci sensus apte et cum quodam lumine terminantur. Nihil excerpere, nihil referre possis, et velut in rudi aedificio, firmus sane paries et duraturus, sed non satis expolitus et splendens. Ego autem oratorem, sicut locupletem ac lautum patrem familiae, non tantum eo volo

---

*) *Decidio?*

Geist erheischte, ebenso fürwahr, wie wir den Brutus bei seiner Philosophie lassen wollen; denn daß er in den Reden hinter seinem Rufe zurückbleibe, gestehen auch seine Bewunderer ein, es müßte denn kein Anderer entweder Cäsars Rede für den Samniter [Decius[61]) oder die des Brutus für den König Dejotarus und die übrigen, die ebenso schleppend sind und matt, lesen, außer wer auch die Gedichte dieser Männer bewundert. Denn auch Gedichte haben sie ja gemacht und in die Bibliotheken gebracht, nicht besser als Cicero[62]), aber glücklicher, weil von ihren Versen Wenigere etwas wissen. Auch Asinius, obgleich in einer uns schon näheren Zeit geboren, scheint mir doch unter den Meneniern und Appiern studirt zu haben; wenigstens hat er den Pacuvius und Accius nicht nur in seinen Trauerspielen, sondern auch in seinen Reden wiedergegeben; so hart und trocken ist er. Aber, wie der menschliche Körper, so ist nur diejenige Rede schön, in welcher die Adern nicht hervortreten und die Knochen sich nicht zählen lassen, sondern ein ruhiges und gesundes Blut die Glieder füllt, emporschwillt in den Muskeln und die Nerven selbst mit Röthe bedeckt und durch Anmuth empfiehlt. Den Corvinus will ich nicht angreifen, weil es nicht an ihm lag, wenn er die heitere Fülle und den Glanz unserer Zeit nicht darstellte: wir dürften wol nur darauf sehn, wie weit seines Geistes und Talentes Kraft seinem Geschmacke entsprochen habe."

22. „Auf Cicero komme ich, der denselben Kampf, wie ich mit euch, mit seinen Zeitgenossen hatte. Denn diese bewunderten die Alten, er selbst gab der Beredtsamkeit seiner Zeit den Vorzug; und in keiner anderen Hinsicht eilte er so sehr den Rednern derselben Zeit voraus als im Geschmack. Denn er war der erste, der die Rede ausbildete, der erste, der im Ausdruck Auswahl und in der Ausführung Kunst anwandte; auch in blühenderen Stellen versuchte er sich und erfand dann und wann gedankenreiche Wendungen, zumal in den Reden, die er schon in höherem Alter und gegen das Ende seines Lebens verfaßte, das ist, nachdem er weiter vorgeschritten war und durch Uebung und Erfahrung gelernt hatte, welches die beste Art der Rede sei. Denn seine früheren Reden sind nicht frei von den Fehlern des Alterthums: er ist schleppend in den Eingängen, breit in den Erzählungen, ergeht sich in müßigen Abschweifungen, geräth langsam in Bewegung, wird selten warm; nur wenige Perioden enden passend und mit einem Lichtblick. Nichts kann man davon sich nehmen, nichts mit nach Hause bringen, und wie an einem rohen Gebäude ist die Wand zwar fest und dauerhaft, aber nicht geglättet genug und glänzend. Ich verlange aber, daß der Redner, wie ein wohlhabender und prachtliebender Hausvater, nicht blos mit einem solchen Dache

tecto tegi, quod imbrem ac ventum arceat, sed etiam
quod visum et oculos delectet, non ea solum instrui supel-
lectile, quae necessariis usibus sufficiat, sed sit in apparatu eius et aurum et gemmae, ut sumere in manus et
aspicere saepius libeat. Quaedam vero procul arceantur
ut iam obliterata et olentia: nullum sit verbum velut
rubigine infectum, nulli sensus tarda et inerti structura
in morem annalium componantur; fugitet foedam et in-
sulsam scurrilitatem, variet compositionem, nec omnes
clausulas uno et eodem modo determinet.

23. Nolo inridere ʻrotam Fortunae' et ʻius Verrinum'
et illud tertio quoque sensu in omnibus orationibus pro
sententia positum ʻesse videatur.' Nam et haec invitus
rettuli et plura omisi, quae tamen sola mirantur atque
exprimunt ii, qui se antiquos oratores vocant. Neminem
nominabo, genus hominum significasse contentus: sed vobis utique versantur ante oculos isti, qui Lucilium pro
Horatio et Lucretium pro Virgilio legunt, quibus eloquentia Aufidii Bassi aut Servilii Noniani ex comparatione
Sisennae aut Varronis sordet, qui rhetorum nostrorum
commentarios fastidiunt [oderunt], Calvi mirantur. Quos
more prisco apud iudicem fabulantes non auditores sequuntur, non populus audit, vix denique litigator perpe-
titur: adeo maesti et inculti illam ipsam, quam iactant,
sanitatem non firmitate, sed ieiunio consequuntur. Porro
ne in corpore quidem valitudinem medici probant, quae
animi anxietate contingit; parum est aegrum non esse:
fortem et laetum et alacrem volo. Prope abest ab infirmitate, in quo sola sanitas laudatur. Vos vero, disertissimi, ut potestis, ut facitis, illustrate saeculum nostrum
pulcherrimo genere dicendi. Nam et te, Messalla, video
laetissima quaeque antiquorum imitantem, et vos, Materne
ac Secunde, ita gravitati sensuum nitorem et cultum verborum miscetis, ea electio inventionis, is ordo rerum, ea,
quotiens causa poscit, ubertas, ea, quotiens permittit, bre-
vitas, is compositionis decor, ea sententiarum planitas est,
sic exprimitis affectus, sic libertatem temperatis, ut etiam-

sich schirme, welches Wind und Wetter abhält, sondern was auch Blick und Auge ergötzt, nicht blos mit solchem Geräthe sich versehe, welches zu den nothwendigen Bedürfnissen hinreicht, sondern in seiner Einrichtung sich Gold auch und Gestein befinde, daß man Wohlgefallen daran habe, es in die Hände zu nehmen und häufiger zu besehen. Manches aber werde fern gehalten als veraltete und verlegene Waare: kein Ausdruck sei vom Roste gleichsam angegangen, keine Periode habe nach der Weise der Annalen eine schwerfällige und schleppende Construction; er fliehe widerwärtige und abgeschmackte Possenreißerei, bringe Mannigfaltigkeit in seine Darstellung und lasse nicht jeden Schlußsatz auf eine und dieselbe Weise endigen.''

23. ,,Ich will nicht spotten über das Rad des Glückes⁶³) und das ius Verrinum und über das in allen Reden in jeder dritten Periode immer als Sentenz gebrauchte esse videatur. Denn selbst dieses habe ich nur ungern erwähnt und Mehreres übergangen, was dennoch die, die sich alterthümliche Redner nennen, allein bewundern und nachahmen. Ich will Niemand namentlich anführen, mich damit begnügen, die ganze Klasse dieser Menschen bezeichnet zu haben: aber gewiß schweben euch diejenigen vor Augen, welche den Lucilius⁶⁴) statt des Horatius, den Lucretius statt des Virgilius lesen, denen die Beredtsamkeit eines Aufidius Bassus⁶⁵) oder Servilius Nonianus in Vergleich mit Sisenna oder Varro nichts ist, welche unserer Rhetoren Denkschriften stolz und gehässig verschmähen, die eines Calvus bewundern. Und wenn diese nun nach alterthümlicher Weise vor dem Richter schwatzen, folgt ihnen kein Zuhörer, hört sie das Volk nicht an, hält sogar kaum der Prozessirende selbst bei ihnen aus: so trübselig und schmucklos gelangen sie selbst zu jener Gesundheit, womit sie sich etwas wissen, nicht durch Kraft, sondern Nüchternheit. Nun beißen aber die Aerzte nicht einmal am Körper einen Zustand gut, der nur eine Folge von Aengstlichkeit des Geistes ist; nicht genug ist es, nicht krank zu sein: ich will, man solle kraftvoll, fröhlich und munter sein. Der ist nicht fern von Schwäche, an dem die bloße Gesundheit gelobt wird. Ihr nun aber, ihr so hoch Beredten, verherrlichet, wie ihr's vermöget, wie ihr's thut, unser Zeitalter durch die schönste Weise der Rede. Denn ich sehe ja, wie du, Messalla, gerade die blühendsten Partieen der Alten nachahmst, und ihr, Maternus und Secundus, vereinigt in dem Grade mit der Würde der Gedanken des Ausdrucks Schönheit und Schmuck, so ausgezeichnet ist bei euch die Feinheit in der Erfindung, die Anordnung des Stoffes, die Fülle, so oft es die Sache erfordert, die Kürze, so oft sie es gestattet, so groß die Schönheit der Ausführung, die Einfachheit der gedankenreichen Wendungen, so ganz versteht ihr euere Gefühle auszudrücken, so sehr dabei auch euerer Freimüthigkeit Maß und Ziel zu setzen,

si nostra iudicia malignitas et invidia tardaverit, verum de vobis dicturi sint posteri nostri.'

24. Quae cum Aper dixisset, 'agnoscitisne' inquit Maternus, 'vim et ardorem Apri nostri? Quo torrente, quo impetu saeculum nostrum defendit! Quam copiose ac varie vexavit antiquos! quanto non solum ingenio ac spiritu, sed etiam eruditione et arte ab ipsis mutuatus est, per quae mox ipsos incesseret! Tuum tamen, Messalla, promissum immutasse non debet. Neque enim defensorem antiquorum exigimus, nec quemquam nostrum, quamquam modo laudati sumus, iis, quos insectatus est Aper, comparamus. Ac ne ipse quidem ita sentit, sed more veteri et a vestris philosophis saepe celebrato sumpsit sibi contradicendi partes. Igitur exprome nobis non laudationem antiquorum — satis enim illos fama sua laudat —, sed causas, cur tantum ab eloquentia eorum recesserimus, cum praesertim centum et viginti annos ab interitu Ciceronis in hunc diem effici ratio temporum collegerit.'

25. Tum Messalla: 'sequar praescriptam a te, Materne, formam. Neque enim diu contradicendum est Apro, qui primum, ut opinor, nominis controversiam movit, tamquam parum proprie antiqui vocarentur, quos satis constat ante centum annos fuisse. Mihi autem de vocabulo pugna non est; sive illos antiquos sive maiores sive quo alio mavult nomine appellet, dummodo in confesso sit, eminentiorem illorum temporum eloquentiam fuisse. Ne illi quidem parti sermonis eius repugno, si comminus fatetur, plures formas dicendi etiam isdem saeculis, nedum diversis, extitisse. Sed quo modo inter Atticos oratores primae Demostheni tribuuntur, proximum autem locum Aeschines et Hyperides et Lysias et Lycurgus optinent, omnium autem concessu haec oratorum aetas maxime probatur, sic apud nos Cicero quidem ceteros eorundem temporum disertos antecessit, Calvus autem et Asinius et Caesar et Caelius et Brutus suo iure et prioribus et sequentibus anteponuntur. Nec refert quod inter se specie differant, cum genere consentiant. Adstrictior Calvus, numerosior Asinius, splendidior Caesar, amarior Caelius, gravior Brutus, vehementior et plenior et valentior Cicero: omnes

daß, wenn auch unsere Ueberzeugung Mißgunst und Neid zurückhalten mag, doch unsere Nachkommen die Wahrheit über euch eingestehen werden."

24. Als Aper so gesprochen, sagte Maternus: „Erkennt ihr unseren Aper an seiner Kraft und seiner Wärme? Mit welchem Strome, welcher Gewalt der Rede hat er unser Zeitalter vertheidigt! Wie einläßlich und wie mannigfach hat er die Alten angegriffen! Mit welchem Geiste nicht allein und Feuer, sondern auch mit welcher Gelehrsamkeit und Kunst hat er von ihnen selbst die Waffen entlehnt, mit welchen er nachher gegen sie zu Felde zöge! Doch dein Versprechen, Messalla, darf er damit nicht rückgängig gemacht haben. Auch verlangen wir ja gar keinen Vertheidiger der Alten, und stellen keinen unter uns, obwohl wir so eben gelobt worden sind, mit denen, welche Aper angefeindet hat, in Vergleich. Ja, er selbst denkt nicht einmal so, sondern hat nur so nach alter und von euren Philosophen*) oft in Anwendung gebrachter Gewohnheit die Rolle des Widerspruchs übernommen. So trage uns denn, nicht eine Lobrede auf die Alten — denn diese lobt ihr eigener Ruf genugsam — sondern die Ursachen vor, warum wir so weit hinter ihrer Beredtsamkeit zurückgeblieben sind, zumal da die Zeitrechnung ergeben hat, daß von Cicero's Tode bis auf diesen Tag nur hundertundzwanzig Jahre herauskommen."

25. Hierauf Messalla: „Ich will der von dir, Maternus, vorgeschriebenen Weise folgen. Denn allerdings bedarf es gegen Aper nicht erst einer langen Widerrede, der erstlich, wie ich glaube, einen bloßen Wortstreit erhoben hat, als ob nicht recht eigentlich diejenigen Alte genannt würden, die doch ganz bekanntlich erst vor hundert Jahren gelebt hätten. Allein ich mag über den Namen nicht streiten; nenne er sie Alte oder Vorfahren oder wie er sonst Lust hat, wenn es nur zugestanden bleibt, daß die Beredtsamkeit jener Zeiten bedeutender gewesen sei. Auch dem Punkte in seiner Rede widerstreite ich nicht, wenn er geradeaus eingesteht, daß es sogar in denselben, geschweige in verschiedenen Zeitaltern mehrere Gestalten der Rede gegeben habe. Aber wie unter den attischen Rednern der erste Rang dem Demosthenes angewiesen wird, den nächsten Platz dagegen Aeschines, Hyperides, Lysias und Lykurgus einnehmen, aber nach dem Zugeständniß Aller diese Periode der Redner am meisten Beifall verdient, so hat sich bei uns Cicero vor den übrigen beredten Männern gleicher Zeit hervorgethan; Calvus aber, Asinius, Cäsar, Cälius und Brutus werden mit vollem Rechte sowohl den früheren als den folgenden vorgezogen. Auch thut es nichts zur Sache, daß sie in der Art unter einander verschieden sind, da sie doch in der Gattung übereinstimmen. Bündiger ist Calvus, gerundeter Asinius, 'glanzvoller Cäsar, beißender Cälius, nachdrucksvoller Brutus, heftiger, voller und gewaltiger Cicero: alle aber

tamen eandem sanctitatem eloquentiae ferunt, ut si omnium pariter libros in manum sumpseris, scias, quamvis
in diversis ingeniis, esse quandam iudicii ac voluntatis
similitudinem et cognationem. Nam quod in vicem se
optrectaverunt et sunt aliqua epistulis eorum inserta, ex
quibus mutua malignitas detegitur, non est oratorum
vitium, sed hominum. Nam et Calvum et Asinium et
ipsum Ciceronem credo solitos et invidere et livere et
ceteris humanae infirmitatis vitiis affici: solum inter hos
arbitror Brutum non malignitate nec invidia, sed simpliciter et ingenue iudicium animi sui detexisse. An ille
Ciceroni invideret, qui mihi videtur ne Caesari quidem invidisse? Quod ad Servium Galbam et C. Laelium
attinet, et si quos alios antiquorum agitare non destitit,
non exigit defensorem, cum fatear quaedam eloquentiae
eorum ut nascenti adhuc nec satis adultae defuisse.

26. Ceterum si omisso optimo illo et perfectissimo genere eloquentiae eligenda sit forma dicendi, malim hercle
C. Gracchi impetum aut L. Crassi maturitatem, quam calamistros Maecenatis aut tinnitus Gallionis: adeo melius
est oratorem vel hirta toga induere, quam fucatis et meretriciis vestibus insignire.*) Neque enim oratorius iste,
immo hercle ne virilis quidem cultus est, quo plerique
temporum nostrorum actores**) ita utuntur, ut lascivia
verborum et levitate sententiarum et licentia compositionis
histrionales modos exprimant. Quodque vix auditu fas
esse debeat, laudis et gloriae et ingenii loco plerique
iactant, cantari saltarique commentarios suos. Unde oritur
illa foeda et praepostera, sed tamen frequens quibusdam exclamatio, ut oratores nostri tenere dicere, histriones diserte
saltare dicantur. Equidem non negaverim, Cassium Severum,
quem solum Aper noster nominare ausus est, si iis comparetur, qui postea fuerunt, posse oratorem vocari, quamquam
in magna parte librorum suorum plus vis habeat quam
sanguinis. Primus enim contempto ordine rerum, omissa
modestia ac pudore verborum, ipsis etiam, quibus utitur

---

*) Ritter schlägt *hirtam togam* und *se insignire* oder *insigniri* vor.
**) *oratores* derselbe.

tragen doch daſſelbe Gepräge einer lauteren[87]) Beredtſamkeit an ſich, ſo daß,
wenn man die Werke Aller zuſammen in die Hand nimmt, man merken
kann, wie ſich, bei ſo großer geiſtiger Verſchiedenheit, darin eine gewiſſe
Aehnlichkeit und Verwandtſchaft im Urtheil und Streben finde. Denn daß
ſie einander zu verkleinern ſuchten und manches allerdings mitunter ſich in
ihren Briefen findet, woraus ſich ein gegenſeitiges Uebelwollen entdecken läßt,
das iſt nicht ein Fehler der Redner, ſondern der Menſchen. So glaube ich,
daß Calvus, Aſinius und Cicero ſelbſt ſich ganz gewöhnlich mit neidiſchen
und ſcheelen Blicken angeſehn und die übrigen Fehler menſchlicher Schwäche
an ſich gehabt haben: nur Brutus allein unter ihnen hat meines Erachtens
nicht aus Uebelwollen und Neid, ſondern aufrichtig und unbefangen ſeine
innerſte Ueberzeugung an den Tag gelegt. Oder ſollte der den Cicero be=
neiden, der mir nicht einmal gegen Cäſar mit Neid erfüllt geweſen zu ſein
ſcheint? Was Servius Galba und C. Lälius[88]) betrifft, und wen er ſonſt
noch von den Alten anzufechten ſo unabläſſig bemüht geweſen iſt, ſo bedarf
es keines Vertheidigers, da ich gern geſtehe, daß manches ihrer Beredtſam=
keit, als noch im Entſtehn und noch nicht gereift genug, gefehlt habe.“

26. „Sollte ich mir übrigens, jene Art der Beredtſamkeit, welche die beſte
iſt und die vollendetſte, bei Seite ſtellend, eine Redeweiſe wählen, ſo wäre
mir wahrlich doch des C. Gracchus Ungeſtüm oder des L. Craſſus Reife
lieber, als des Mäcenas Lockengekräuſel[69]) oder des Gallio Wortgeklingel:
ſoviel beſſer iſt’s, den Redner ſelbſt mit zottiger Toga zu bekleiden, als mit
gefärbten, buhleriſchen Kleidern herauszuputzen. Denn das iſt doch keines
Redners, ja fürwahr, nicht einmal eines Mannes Schmuck, deſſen ſich die
meiſten Sachwalter unſerer Tage auf die Weiſe bedienen, daß ſie durch
Schlüpfrigkeit der Worte, Leichtfertigkeit der Sentenzen, Regelloſigkeit der
Ausführung Schauſpielerart nachahmen. Und das, was man kaum ſollte
hören dürfen, das geben die Meiſten für etwas Lobenswerthes, Ruhmwür=
diges und Geiſtreiches aus, daß man ihre Concepte vorſinge[70]) und vor=
tanze. Daher denn jener abſcheuliche und unſinnige, aber bei gewiſſen
Leuten doch ſehr häufige Ausruf, nach welchem unſere Redner zierlich ſprechen,
unſere Schauſpieler auf beredte Weiſe tanzen ſollen. Ich will gar nicht
leugnen, daß Caſſius Severus, welchen allein unſer Aper zu nennen gewagt
hat, in Vergleich mit denen, die nachher auftraten, doch noch ein Redner ge=
nannt werden könne, obwohl er in einem großen Theile ſeiner Schriften
mehr etwas Gewaltſames verräth, als wahre Lebenskraft. Denn er iſt der
erſte, der mit Verachtung aller Ordnung in den Sachen, mit Beiſeiteſetzung
aller Sittſamkeit und Scham in Worten, ſelbſt mit den Waffen, deren er
ſich bedient, nicht in der rechten Stellung und meiſt ſchon in dem Drange,

armis incompositus et studio feriendi plerumque deiectus, non pugnat, sed rixatur. Ceterum, ut dixi, sequentibus comparatus et varietate eruditionis et lepore urbanitatis et ipsarum virium robore multum ceteros superat, quorum neminem Aper nominare et velut in aciem educere sustinuit. Ego autem expectabam, ut incusato Asinio et Caelio et Calvo aliud nobis agmen produceret, plurisque vel certe totidem nominaret, ex quibus alium. Ciceroni, alium Caesari, singulis deinde singulos opponeremus. Nunc detrectasse nominatim antiquos oratores contentus neminem sequentium laudare ausus est nisi in publicum et in commune, veritus credo, ne multos offenderet, si paucos excerpsisset. Quotus enim quisque scholasticorum non hac sua persuasione fruitur, ut se ante Ciceronem numeret, sed plane post Gabinianum? At ego non verebor nominare singulos, quo facilius propositis exemplis appareat, quibus gradibus fracta sit et deminuta eloquentia.'

27. 'Appara te' inquit Maternus 'et *) potius exolve promissum. Neque enim hoc colligi desideramus, disertiores esse antiquos, quod apud me quidem in confesso est, sed causas exquirimus, quas te solitum tractare paulo ante dixisti, plane mitior et eloquentiae temporum nostrorum minus iratus, antequam te Aper offenderet maiores tuos lacessendo.'

'Non sum' inquit 'offensus Apri nostri disputatione; nam et vos offendi dedecebit, si quid forte aures vestras perstringat, cum sciatis hanc esse eiusmodi sermonum legem, indicium animi citra damnum affectus proferre.'

'Perge' inquit Maternus 'et cum de antiquis loquaris, utere antiqua libertate, a qua vel magis degeneravimus quam ab eloquentia.'

28. Cui Messalla 'non reconditas, Materne, causas requiris, nec aut tibi ipsi aut huic Secundo vel huic Apro ignotas, etiamsi mihi partes assignatis proferendi in medium quae omnes sentimus. Quis enim ignorat et eloquentiam et ceteras artes descivisse ab illa vetere gloria non inopia hominum, sed desidia iuventutis et neglegentia

*) *vel?*

loszustoßen, aus derselben herausgeworfen, nicht kämpft, sondern zankt. Uebrigens ragt er, wie ich sagte, mit den Späteren verglichen, durch Mannigfaltigkeit gelehrter Bildung, durch die Anmuth eines feinen Tones und die Stärke eben jener Kraft weit vor den übrigen hervor, von denen Aper keinen zu nennen und gleichsam in's Treffen herauszuführen sich getraut hat. Ich dagegen erwartete, daß er nach Anschuldigung des Asinius, Cälius und Calvus uns eine andere Schaar vorführen und mehr noch, oder wenigstens eben so viele nennen würde, von denen wir den einen dem Cicero, den andern dem Cäsar und so immer einem jeden Einen entgegenstellen könnten. Nun aber hat er es dabei bewenden lassen, die alten Redner namentlich herabzuwürdigen, und keinen der folgenden anders als insgesammt und im Allgemeinen zu loben gewagt, aus Besorgniß, glaub' ich, viele zu beleidigen, wenn er einige wenige hervorgehoben hätte. Denn wie wenige Schulredner gibt es, die nicht eine so hohe Meinung von sich hegen, daß sie sich über Cicero stellen, jedenfalls auf Gabinianus [71]) gleich sich folgen lassen? Ich hingegen werde mich nicht scheuen, einzelne zu nennen, damit um so leichter an den aufgestellten Beispielen ersichtlich sei, in welchen Abstufungen die Beredtsamkeit entkräftet worden sei und abgenommen habe.“

27. „Schicke dich an“, sprach Maternus, „oder erfülle vielmehr dein Versprechen. Denn dafür verlangen wir gar nicht nach einem Beweise, daß die Alten beredter seien, was bei mir wenigstens etwas Ausgemachtes ist, sondern wir fragen nach den Ursachen, von welchen du eben vorhin bemerktest, daß du sie bei dir zu erwägen pflegtest, milder durchaus gestimmt und auf die Beredtsamkeit unserer Zeiten minder erzürnt, bevor dich Aper durch seine Angriffe auf deine Vorfahren beleidigte.“

„Nicht beleidigt“, sagte er, „bin ich durch unseres Apers Darstellung: denn auch ihr dürft euch nicht beleidigt fühlen, wenn etwa euer Ohr etwas verletzen sollte, da ihr wißt, daß es bei Unterredungen dieser Art Gesetz ist, seine innere Ueberzeugung ohne Beeinträchtigung der Freundschaft auszusprechen.“

„Fahre nur fort“, erwiederte Maternus, „und bediene dich, da du von den Alten redest, auch der Freiheit dieser Alten, von welcher wir wol noch mehr entartet sind als von der Beredtsamkeit.“

28. Ihm entgegnete Messalla: „Nicht verborgen liegen die Ursachen, lieber Maternus, nach denen du fragst, und sie sind auch weder dir selbst, noch dem Secundus hier oder Aper unbekannt, obgleich ihr das Geschäft mir zuweiset, das, was wir alle davon denken, auszusprechen. Denn wer weiß es nicht, daß die Beredtsamkeit so wie die übrigen Künste herabgesunken sind von jenem alten Ruhme, nicht weil es an den Menschen selbst gelegen,

18*

parentum et inscientia praecipientium et oblivione moris antiqui? Quae mala primum in urbe nata, mox per Italiam fusa, iam in provincias manant. Quamquam vestra vobis notiora sunt: ego de urbe et his propriis ac vernaculis vitiis loquar, quae natos statim excipiunt et per singulos aetatis gradus cumulantur, si prius de severitate ac disciplina maiorum circa educandos formandosque liberos pauca praedixero. Iam pridem suus cuique filius, ex casta parente natus, non in cella emptae nutricis, sed gremio ac sinu matris educabatur, cuius praecipua laus erat tueri domum et inservire liberis. Eligebatur autem maior aliqua natu propinqua, cuius probatis spectatisque moribus omnis eiusdem familiae suboles committeretur, coram qua neque dicere fas erat quod turpe dictu, neque facere quod inhonestum factu videretur; ac non studia modo curasque, sed remissiones etiam lususque puerorum sanctitate quadam ac verecundia temperabat. Sic Corneliam Gracchorum, sic Aureliam Caesaris, sic Atiam Augusti matrem praefuisse educationibus ac produxisse principes liberos accepimus. Quae disciplina ac severitas eo pertinebat, ut sincera et integra et nullis pravitatibus detorta unius cuiusque natura toto statim pectore arriperet artes honestas et, sive ad rem militarem sive ad iuris scientiam sive ad eloquentiae studium inclinasset, id solum ageret, id universum hauriret.

29. At nunc natus infans delegatur Graeculae alicui ancillae, cui adiungitur unus aut alter ex omnibus servis, plerumque vilissimus nec cuiquam serio ministerio accommodatus. Horum fabulis et amoribus*) teneri statim et rudes animi imbuuntur; nec quisquam in tota domo pensi habet, quid coram infante domino aut dicat aut faciat. Quin etiam ipsi parentes nec probitati neque modestiae parvulos assuefaciunt, sed lasciviae et dicacitati, per quae paulatim impudentia irrepit et sui alienique contemptus. Iam vero propria et peculiaria huius urbis vitia paene in utero matris concipi mihi videntur, histrionalis favor et

---

*) Nach Ritter für: *erroribus*.

sondern durch die Trägheit der Jugend, die Nachlässigkeit der Eltern, die Unwissenheit der Lehrenden und das Vergessen der alten Sitte? Uebelstände, die zuerst in der Hauptstadt entstanden, dann durch Italien verbreitet, nun auch in die Provinzen sich erstrecken. Indessen das Eure ist ja euch selbst wol besser bekannt[72]): ich will von der Hauptstadt und diesen uns eigenthümlichen und einheimischen Mängeln reden, die gleich bei der Geburt uns empfangen und durch die verschiedenen Altersstufen hindurch sich mehren, wenn ich zuvor über die Strenge und Zucht unserer Vorfahren in Betreff der Erziehung und Bildung der Kinder etwas Weniges werde vorausgeschickt haben. Erstlich wurde jeglichem sein Sohn, von keuscher Mutter geboren, nicht in der Kammer einer erkauften Amme, sondern im Schoße und am Busen der Mutter erzogen, deren vorzüglichster Ruhm es war, das Haus zu hüten und den Kindern sich zu widmen. Auserkoren aber wurde eine bejahrtere Verwandte, deren bewährten und geprüften Sitten man den ganzen jungen Nachwuchs einer und derselben Familie anvertrauen konnte, in deren Gegenwart weder etwas gesprochen werden durfte, was zu sagen unanständig, noch etwas gethan, was unschicklich zu thun; und nicht blos auf die Studien und Beschäftigungen, sondern auch auf die Erholungen und Spiele der Knaben hatte sie einen heiligenden und ehrfurchtgebietenden Einfluß. So hören wir, leiteten Cornelia[73]), der Gracchen, so Cäsars Mutter Aurelia, so die des Augustus, Atia, die Erziehung, und führten dem Staate in ihren Kindern seine ersten Bürger zu. Diese Zucht und Strenge hatte den Erfolg, daß die lautere, unverdorbene, durch keine Art von Verkehrtheit verschrobene Natur eines Jeden sogleich mit aller Innigkeit sich edlere Beschäftigungen zu eigen machte und, sie mochte nun zum Kriegswesen oder zur Rechtswissenschaft oder zum Studium der Beredtsamkeit sich hinneigen, damit ganz allein sich beschäftigte, dies ganz und gar in sich aufnahm.

29. Jetzt dagegen wird gleich nach seiner Geburt das Kind einer griechischen Magd überwiesen, der man einen oder den andern aus der ganzen Sklavenmenge, meistens den werthlosesten, der zu keinem ernsten Geschäft sich eignet, beigesellt. Mit den Geschwätzen und Liebschaften dieser Menschen werden sogleich die zarten und noch unerfahrenen Seelen erfüllt; und kein Mensch im ganzen Hause hält es der Erwägung werth, was er in Gegenwart des jungen Gebieters rede oder thue. Ja, sogar die Eltern selbst gewöhnen die Kleinen weder an Rechtschaffenheit noch Bescheidenheit, sondern an Muthwillen und ein naseweises Wesen, wodurch allmählich Unverschämtheit und Geringschätzung seiner selbst und Anderer sich einschleicht. Und nun die eigenthümlichen und besonderen Untugenden dieser Stadt, die scheinen mir beinahe im Mutterleibe schon sich zu erzeugen, Parteieifer für Schauspieler,

gladiatorum equorumque studia: quibus occupatus et obsessus animus quantulum loci bonis artibus relinquit? Quotum quemque invenies, qui domi quicquam aliud loquatur? Quos alios adulescentulorum sermones excipimus, si quando auditoria intravimus? Nec praeceptores quidem ullas crebriores cum auditoribus suis fabulas habent; colligunt enim discipulos non severitate disciplinae nec ingenii experimento, sed ambitione salutationum et illecebris adulationis. Transeo prima discentium elementa, in quibus et ipsis parum laboratur: nec in auctoribus cognoscendis nec in evolvenda antiquitate nec in notitia vel rerum vel hominum vel temporum satis operae insumitur.

30. Sed expetuntur quos rhetoras vocant, quorum professio quando primum in hanc urbem introducta sit quamque nullam apud maiores nostros auctoritatem habuerit, statim dicturus, referam necesse est animum ad eam disciplinam, qua usos esse eos oratores accepimus, quorum infinitus labor et quotidiana meditatio et in omni genere studiorum assiduae exercitationes ipsorum etiam continentur libris. Notus est vobis utique Ciceronis liber, qui Brutus inscribitur, in cuius extrema parte — nam prior commemorationem veterum oratorum habet — sua initia, suos gradus, suae eloquentiae velut quandam educationem refert: se apud Q. Mucium ius civile didicisse, apud Philonem Academicum, apud Diodotum Stoicum omnes philosophiae partes penitus hausisse; neque iis doctoribus contentum, quorum ei copia in urbe contigerat, Achaiam quoque et Asiam peragrasse, ut omnem omnium artium varietatem complecteretur. Itaque hercle in libris Ciceronis deprehendere licet, non geometriae, non musicae, non grammaticae, non denique ullius artis ingenuae scientiam ei defuisse. Ille dialecticae suptilitatem, ille moralis partis utilitatem, ille rerum motus causasque cognoverat. Ita est enim, optimi viri, ita: ex multa eruditione et plurimis artibus et omnium rerum scientia exundat et exuberat illa admirabilis eloquentia; neque oratoris vis et facultas, sicut ceterarum rerum, angustis et brevibus terminis cluditur, sed is est orator, qui de omni quaestione pulchre et ornate et ad persuadendum apte dicere pro dignitate

Leidenschaft für Fechterspiele und Pferde: hiervon eingenommen und besessen, wie so wenig Raum für edle Beschäftigungen hat der Geist dann noch? Wie wenige wird man finden, die zu Hause von irgend etwas Anderem reden? Welche andere Unterhaltungen junger Leute vernehmen wir, wenn wir einmal die Hörsäle betreten? Nicht einmal die Lehrer führen über irgend Etwas häufiger Gespräche mit ihren Zuhörern; denn sie versammeln ja auch ihre Schüler um sich nicht durch die Strenge ihrer Zucht, nicht durch Proben ihres Geistes, sondern durch die Gunstbuhlerei mit Aufwartungen[71]) und durch den Köder der Schmeichelei. Ich übergehe die ersten Unterrichtsgegenstände der Lernenden, bei welchen selbst man sich es wenig sauer werden läßt; weder auf Bekanntschaft mit den Schriftstellern, noch auf Erforschung des Alterthums, noch auf Kenntniß der Begebenheiten, Menschen und Zeiten wird Fleiß genug verwendet.

30. Vielmehr sucht man die sogenannten Rhetoren auf, von deren Lehrthätigkeit ich sogleich angeben will, wann sie zuerst in dieser Stadt Eingang gefunden und wie sie sogar kein Ansehn bei unsern Vorfahren gehabt; zuvor aber muß ich auf diejenige Bildungsweise zurückgehn, welcher sich, wie uns berichtet wird, die Redner bedienten, deren endlose Anstrengung, tägliches Nachdenken und unablässige Uebungen in allen Zweigen der Wissenschaften schon aus ihren eigenen Werken zu erkennen sind. Bekannt ist euch auf jeden Fall die Schrift des Cicero, die Brutus überschrieben ist, in deren letztem Theile[75]) — denn der erste enthält eine Aufzählung der alten Redner — er seine eigenen Anfänge, seine Bildungsstufen, gleichsam eine Erziehungsgeschichte seiner Beredtsamkeit erzählt, wie er bei Qu. Mucius[76]) das bürgerliche Recht gelernt, bei dem Akademiker Philo, bei dem Stoiker Diodotus alle Theile der Philosophie ganz in [sich aufgenommen und, sich nicht begnügend mit diesen Lehrern, welche ihm in Rom zu Theil geworden, Achaja auch und Asien durchreist, um die ganze Mannigfaltigkeit sämmtlicher Wissenschaften sich zu eigen zu machen. Daher kann man fürwahr es an den Schriften Cicero's merken, daß nicht der Geometrie, nicht der Musik, nicht der Grammatik, noch irgend einer freien Kunst Kenntniß ihm gefehlt habe. Er war mit der Feinheit der Dialectik, er mit dem Nutzen der Sittenlehre, er mit den Bewegungen und Ursachen der Dinge bekannt. Denn so, ihr trefflichen Männer, so verhält sich's: aus großer Gelehrsamkeit, aus einer Menge von Künsten, aus der Erkenntniß aller [Dinge strömt und sprudelt jene bewundernswürdige Beredtsamkeit hervor, und des Redners Kraft und Macht ist nicht wie bei den übrigen Dingen in enge und kleinliche Schranken eingeschlossen, sondern der nur ist ein Redner, welcher über jeden Gegenstand auf eine schöne, schmuckvolle und überzeugende, der Würde der Sache an=

rerum, ad utilitatem temporum, cum voluptate audientium possit.

31. Hoc sibi illi veteres persuaserant, ad hoc efficiendum intellegebant opus esse, non ut in rhetorum scholis declamarent, nec ut fictis nec ullo modo ad veritatem accedentibus controversiis linguam modo et vocem exercerent, sed ut his artibus pectus implerent, in quibus de bonis ac malis, de honesto et turpi, de iusto et iniusto disputatur; haec enim est oratori subiecta ad dicendum materia. Nam in iudiciis fere de aequitate, in deliberationibus de honestate*) disserimus, ita ut plerumque haec in vicem misceantur; de quibus copiose et varie et ornate nemo dicere potest, nisi qui cognovit naturam humanam et vim virtutum pravitatemque vitiorum et intellectum eorum, quae nec in virtutibus nec in vitiis numerantur. Ex his fontibus etiam illa profluunt, ut facilius iram iudicis vel instiget vel leniat, qui scit quid ira, promptius ad miserationem impellat, qui scit quid sit misericordia et quibus animi motibus concitetur. In his artibus exercitationibusque versatus orator, sive apud infestos sive apud cupidos sive apud invidentes sive apud tristes sive apud timentes dicendum habuerit, tenebit venas animorum, et prout cuiusque natura postulabit, adhibebit manum et temperabit orationem, parato omni instrumento et ad omnem usum reposito. Sunt apud quos astrictum et collectum et singula statim argumenta concludens dicendi genus plus fidei meretur: apud hos dedisse operam dialecticae proficiet. Alios fusa et aequalis et ex communibus ducta sensibus oratio magis delectat: ad hos permovendos mutuabimur a Peripateticis aptos et in omnem disputationem paratos iam locos. Dabunt Academici pugnacitatem, Plato altitudinem, Xenophon iucunditatem: ne Epicuri quidem et Metrodori honestas quasdam exclamationes assumere iisque, prout res poscit, uti alienum erit oratori. Neque enim sapientem informamus neque Stoicorum civitatem, sed eum, qui quasdam artes haurire,

---

*) in deliberationibus de utilitate, in laudationibus de honestate Muretus und Ursinus.

gemeſſene, dem Intereſſe der Zeitverhältniſſe entſprechende, die Zuhörer an=
genehm befriedigende Weiſe zu reden im Stande iſt.

31. Davon waren jene Alten überzeugt, dahin es zu bringen, ſahen ſie
ein, ſei es nicht nöthig, in den Schulen der Rhetoren zu deklamiren, in er=
dichteten und in keiner Beziehung ſich der Wahrheit nähernden Streitfragen
die Zunge nur zu üben und die Stimme, ſondern mit den Wiſſenſchaften das
ganze Herz zu erfüllen, in welchen von dem, was gut und böſe, ſittlich ſchön
und häßlich, gerecht und ungerecht, gehandelt wird; denn das iſt der dem
Redner zur Behandlung angewieſene Stoff. In den Gerichten ſprechen wir
ja gewöhnlich von der Billigkeit, bei Berathungen von der Schicklichkeit, und
zwar ſo, daß meiſtentheils dieſes beides wieder mit einander vereinigt wird;
und darüber kann Niemand auf eine reichhaltige, mannigfaltige und ſchmuck=
volle Weiſe reden, der nicht die menſchliche Natur, die Kraft der Tugend,
die Verkehrtheit des Laſters und die Bedeutung deſſen kennt, was weder zu
den Tugenden, noch zu den Laſtern gerechnet wird. Darin hat auch das
ſeinen Grund, daß der leichter den Zorn des Richters reizt oder beſänftigt,
der weiß, was Zorn, ſchneller zum Mitleid ihn bewegt, der weiß, was Mit=
leid iſt und durch welche Gemüthsbewegungen es erregt wird. Der in dieſen
Geſchicklichkeiten und Uebungen bewanderte Redner wird, mag er vor feind=
ſelig oder günſtig Geſtimmten, vor Misgünſtigen, vor Niedergeſchlagenen
oder Beſorgnißvollen zu reden haben, ſtets den Puls der Geiſter fühlen, und
je nachdem es die Natur eines Jeden fordert, die zügelnde Hand gebrauchen
und der Rede den rechten Ton geben, da ihm ja jedes Mittel zu Gebote
ſteht und zum beliebigen Gebrauch bereit liegt. Es gibt Leute, bei welchen
eine kurzgefaßte, gedrängte und gleich alle Beweisgründe zuſammenfaſſende
Darſtellungsweiſe mehr Glauben gewinnt: bei dieſen wird es von Nutzen
ſein, der Dialectik[77]) ſich befleißigt zu haben. Andere ergötzt mehr eine aus=
führlich und gleichmäßig ſich verbreitende und aus dem gemeinen Menſchen=
verſtande hergeleitete Rede: dieſe zu bewegen, werden wir von den Peripa=
tetikern die angemeſſenen und zu jeder Erörterung ſchon hergerichteten Grund=
lagen der Beweisführung entlehnen. Die Akademiker[78]) werden uns Kampf=
rüſtigkeit, Plato Erhabenheit, Xenophon Anmuth geben: ſelbſt von Epikurus
und Metrodorus[79]) manchen Ausruf eines edleren Sinnes aufzunehmen, und
ſich deſſelben, wie es die Sache gerade fordert, zu bedienen, wird für den
Redner nicht unpaſſend ſein. Denn wir denken uns ja nicht einen Weiſen
oder eine Republik von Stoikern, ſondern einen ſolchen, der nur einige Wiſſen=
ſchaften ganz in ſich aufnehmen, von allen aber einen Vorſchmack haben ſoll.

omnes libare debet. Ideoque et iuris civilis scientiam veteres oratores comprehendebant, et grammatica, musica et geometria imbuebantur. Incidunt enim causae, plurimae quidem ac paene omnes, quibus iuris notitia desideratur, pleraeque autem in quibus haec quoque scientia requiritur.

32. Nec quisquam respondeat sufficere, ut ad tempus simplex quiddam et uniforme doceamur. Primum enim aliter utimur propriis, aliter commodatis, longeque interesse manifestum est, possideat quis quae profert, an mutuetur. Deinde ipsa multarum artium scientia etiam aliud agentes nos ornat, atque ubi minime credas, eminet et excellit. Idque non doctus modo et prudens auditor, sed etiam populus intellegit ac statim ita laude prosequitur, ut legitime studuisse, ut per omnes eloquentiae numeros isse [eum*)], ut denique oratorem esse fateatur; quem non posse aliter existere nec extitisse umquam confirmo, nisi eum, qui tamquam in aciem omnibus armis instructus, sic in forum omnibus artibus armatus exierit. Quod adeo neglegitur ab horum temporum disertis, ut in actionibus eorum vis quoque quotidiani sermonis, foeda ac pudenda vitia deprehendantur, ut ignorent leges, non teneant senatus consulta, ius civitatis ultro derideant, sapientiae vero studium et praecepta prudentium penitus reformident, in paucissimos sensus et angustas sententias detrudant eloquentiam velut expulsam regno suo, ut, quae olim omnium artium domina pulcherrimo comitatu pectora implebat, nunc circumcisa et amputata, sine apparatu, sine honore, paene dixerim sine ingenuitate, quasi una ex sordidissimis artificiis discatur. Ergo hanc primam et praecipuam causam arbitror, cur in tantum ab eloquentia antiquorum oratorum recesserimus. Si testes desiderantur, quos potiores nominabo, quam apud Graecos Demosthenem, quem studiosissimum Platonis auditorem fuisse memoriae proditum est? Et Cicero his, ut opinor, verbis refert, quicquid in eloquentia effecerit, id se non rhetorum, sed Academiae spatiis consecutum. Sunt

---

*) eum fügt Ritter hinzu.

Und deshalb umfaßten ja die alten Redner die Kenntniß des bürgerlichen Rechts, und mit Grammatik, Musik und Geometrie machten sie sich wenigstens bekannt. Denn die meisten Prozesse, welche vorkommen, ja fast alle, erfordern Kunde des Rechts, gar viele aber lassen doch auch diese Kenntnisse wünschenswerth erscheinen.

32. Auch antworte Niemand, es reiche hin, daß wir uns für den jedesmaligen Fall einzeln und einförmig in etwas zu unterrichten suchen. Denn erstlich bedienen wir uns auf eine andere Weise des Eigenen als des Erborgten, und es macht offenbar einen großen Unterschied, ob Jemand besitzt, was er vorbringt, oder ob er es entlehnt. Zweitens ist es gerade die Vielseitigkeit der Kenntnisse, die uns, auch wenn wir etwas ganz Anderes verhandeln, zum Schmuck gereicht und selbst da, wo man es am wenigsten vermuthen möchte, sich hervorthut und auszeichnet. Und das ist etwas, was nicht blos der gelehrte und sachkundige Zuhörer, sondern selbst das Volk bemerkt und gleich auf der Stelle so rühmend anerkennt, daß es erklärt, ein solcher habe ordentlich studirt, er habe alle Stufen der Beredtsamkeit durchgemacht, kurz er sei ein Redner; das kann aber nach meiner Ueberzeugung kein anderer werden noch je geworden sein, als derjenige, welcher, wie zur Schlacht mit allen Waffen wohl gerüstet, so mit allen Kenntnissen gewaffnet auf das Forum zieht. Das wird so ganz von den Beredten unserer Zeit vernachlässigt, daß man in ihren Vorträgen auch den Einfluß der alltäglichen Rede, abscheuliche und schimpfliche Verstöße entdeckt, daß sie die Gesetze nicht kennen, die Senatsbeschlüsse nicht inne haben, das bürgerliche Recht sogar verlachen, das Studium der Philosophie aber und die Vorschriften der Männer vom Fach vollends ganz verabscheuen, in sehr wenige Gedanken und einen engen Kreis von Sentenzen die Beredtsamkeit, als wäre sie aus ihrem Reiche vertrieben, niederzwängen, so daß sie, die vordem als Gebieterin aller Wissenschaften im schönsten Geleite die Herzen erfüllte, jetzt beschnitten und verstümmelt, ohne Pracht, ohne Ehre, fast möchte ich sagen ohne Freibürtigkeit, wie eins der niedrigsten Handwerke erlernt wird. Dieses halte ich daher für die erste und vorzüglichste Ursache, weshalb wir uns so sehr von der Beredtsamkeit der alten Redner entfernt haben. Wenn man Zeugen verlangt, welche vornehmere werde ich nennen können, als bei den Griechen Demosthenes, von welchem erzählt wird, daß er ein sehr eifriger Zuhörer Plato's[*]) gewesen, und Cicero[*]), der, wie ich glaube, wörtlich so sich ausdrückt, er habe sich, was er in der Beredtsamkeit geleistet, nicht in den Räumen der Rhetoren, sondern der Academie erworben. Es giebt noch andere

aliae causae, magnae et graves, quas a vobis aperiri aequum est, quoniam quidem ego iam meum munus explẻvi,
et quod mihi in consuetudine est, satis multos offendi,
quos, si forte haec audiverint, certum habeo dicturos me,
dum iuris et philosophiae scientiam tamquam oratori necessariam laudo, ineptiis meis plausisse.'

33. Et Maternus 'mihi quidem' inquit 'susceptum a
te munus adeo peregisse nondum videris, ut inchoasse
tantum et velut vestigia ac lineamenta quaedam ostendisse
videaris. Nam quibus instrui veteres oratores soliti sint,
dixisti, differentiamque nostrae desidiae et inscientiae adversus acerrima et fecundissima eorum studia demonstrasti: cetera expecto, ut quemadmodum ex te didici,
quid aut illi scirent aut nos nesciamus, ita hoc quoque
cognoscam, quibus exercitationibus iuvenes iam et forum
ingressuri confirmare et alere ingenia sua soliti sint. Neque enim tantum arte et scientia, sed longe magis facultate et usu eloquentiam contineri, nec tu, puto, abnues
et hi significare vultu videntur.'

Deinde cum Aper quoque et Secundus idem annuissent, Messalla quasi rursus incipiens: 'quoniam initia et
semina veteris eloquentiae satis demonstrasse videor, docendo quibus artibus antiqui oratores institui erudirique
soliti sint, persequar nunc exercitationes eorum. Quamquam ipsis artibus inest exercitatio, nec quisquam percipere tot reconditas aut tam varias res potest, nisi ut
scientiae meditatio, meditationi facultas, facultati vis eloquentiae accedat. Per quae colligitur, eandem esse rationem et percipiendi quae proferas et proferendi quae perceperis. Sed si cui obscuriora haec videntur isque scientiam
ab exercitatione separat, illud certe concedet, instructum
et plenum his artibus animum longe paratiorem ad eas
exercitationes venturum, quae propriae esse oratorum
videntur.

34. Ergo apud maiores nostros iuvenis ille, qui foro
et eloquentiae parabatur, imbutus iam domestica disciplina, refertus honestis studiis deducebatur a patre vel a
propinquis ad eum oratorem, qui principem in civitate
locum optinebat. Hunc sectari, hunc prosequi, huius

Urfachen, bedeutende und gewichtige, die billig nun von euch eröffnet werden, weil ich ja wenigstens meine Verpflichtung erfüllt und, was mir nun einmal immer begegnet, schon genug Anstoß gegeben habe, Leuten, welche sicherlich, wenn dies ihnen etwa zu Ohren kommen sollte, sagen werden, ich habe, indem ich die Wissenschaft des Rechts und der Philosophie als dem Redner nothwendig preise, nur meinen eigenen Thorheiten Beifall klatschen wollen."

33. Hierauf erwiederte Maternus: „Mir scheint du das übernommene Geschäft so wenig schon vollendet zu haben, daß es mir vorkommt, als habest du erst damit begonnen und gleichsam einige Fingerzeige nur und Umrisse angedeutet. Denn womit die alten Redner sich zu rüsten pflegten, hast du angegeben, und den Unterschied unserer Lässigkeit und Unwissenheit im Gegensatz zu ihren so eifrigen und fruchtbaren Bestrebungen dargethan: das Uebrige erwarte ich noch, um, wie ich von dir gelernt, was entweder jene wußten oder wir nicht wissen, so auch das zu erfahren, durch welche Uebungen der Jüngling damals, wenn er das Forum zu betreten in Begriff war, seinen Geist zu kräftigen und zu nähren pflegte. Denn daß die Beredtsamkeit nicht blos in Kunst und Kenntniß, sondern weit mehr noch in Fertigkeit und Uebung bestehe, das wirst du, denk' ich, nicht leugnen wollen, so wie diese es durch ihren Blick zu erkennen zu geben scheinen."

Als nun auch Aper und Secundus eben das bestätigten, sprach wie von neuem beginnend Messalla: „Weil ich denn die Anfänge und die Keime der alten Beredtsamkeit hinreichend dargethan zu haben scheine, indem ich aus= einandersetzte, in welchen Wissenschaften die Redner unterwiesen und aus= gebildet zu werden pflegten, so will ich nun ihre Uebungen erörtern. In= dessen liegt in den Wissenschaften selbst schon Uebung, und Niemand kann so viele tiefliegende oder so mannigfache Gegenstände erfassen, wenn nicht, wie zum Wissen das Nachdenken, so zu dem Nachdenken Gewandtheit in der Rede und zu dieser wieder die eigentliche Beredtsamkeit selbst sich gesellt. Hieraus folgt, daß beim Auffassen dessen, was man vortragen will, und beim Vortrage des Aufgefaßten dasselbe Verfahren Statt findet. Kommt dieses Jemandem nicht recht einleuchtend vor und trennt er das Wissen von der Uebung, so wird er das doch wenigstens zugeben, daß der mit diesen Wissen= schaften ausgerüstete und erfüllte Geist weit besser vorbereitet zu denjenigen Uebungen kommen werde, welche den Rednern eigen zu sein scheinen."

34. „Also bei unsern Verfahren wurde der Jüngling, welcher für das Forum und für die Beredtsamkeit gebildet wurde, schon eingeweiht durch häusliche Unterweisung, schon lebend ganz für edle Wissenschaft, von seinem Vater oder von Verwandten zu dem Redner hingebracht, der den ersten Rang im Staate einnahm. Ihm suchte er nun immer mehr anzuhangen,

omnibus dictionibus interesse sive in iudiciis sive in contionibus assuescebat, ita ut altercationes quoque exciperet
et iurgiis interesset utque sic dixerim, pugnare in proelio
disceret. Magnus ex hoc usus, multum constantiae, plurimum iudicii iuvenibus statim contingebat, in media luce
studentibus atque inter ipsa discrimina, ubi nemo impune
stulte aliquid aut contrarie dicit, quo minus et iudex re-
spuat et adversarius exprobret, ipsi denique advocati asper-
nentur. Igitur vera statim et incorrupta eloquentia imbuebantur; et quamquam unum sequerentur, tamen omnes
eiusdem aetatis patronos in plurimis et causis et iudiciis
cognoscebant; habebantque ipsius populi diversissimarum
aurium copiam, ex qua facile deprehenderent, quid in quoque vel probaretur vel displiceret. Ita nec praeceptor deerat, optimus quidem et electissimus, qui faciem eloquentiae, non imaginem praestaret, nec adversarii et aemuli
ferro, non rudibus dimicantes: sed auditorium semper plenum, semper novum, ex invidis et faventibus, ut nec bene
dicta dissimularentur. Scitis enim magnam illam et du-
raturam eloquentiae famam non minus in diversis sub-
selliis parari quam suis, inde quin immo constantius sur-
gere, ibi fidelius corroborari. Atque hercule sub eiusmodi praeceptoribus iuvenis ille, de quo loquimur, oratorum
discipulus, fori auditor, sectator iudiciorum, eruditus et
assuefactus alienis experimentis, cui quotidie audienti notae leges, non novi iudicum vultus, frequens in oculis
consuetudo contionum, saepe cognitae populi aures, sive
accusationem susceperat sive defensionem, solus statim et
unus cuicumque causae par erat. Nono decimo aetatis
anno L. Crassus C. Carbonem, unoetvicesimo Caesar Do-
labellam, altero et vicesimo Asinius Pollio C. Catonem,
non multum aetate antecedens Calvus Vatinium iis orationibus insecuti sunt, quas hodie quoque cum admiratione
legimus.

35. At nunc adulescentuli nostri deducuntur in sce-
nas scholasticorum, qui rhetores vocantur, quos paulo
ante Ciceronis tempora extitisse nec placuisse maioribus
nostris ex eo manifestum est, quod Crasso et Domitio
censoribus cludere, ut ait Cicero, 'ludum impudentiae' iussi

ihn zu begleiten, bei Allem, was er redete, sei's in Gerichten oder in Volks
versammlungen, zugegen zu sein, so daß er selbst Wortwechsel auffaßte, an
Streitreden Theil nahm und, so zu sagen, mitten im Kampfe kämpfen lernte.
Viel Erfahrung, große Festigkeit, sehr viel Urtheilskraft wurde ihnen so als
Jünglingen gleich zu Theil, indem an's hellste Licht, ja mitten in Entschei-
dungskämpfe sie mit ihren Studien traten, wo Niemand ungestraft etwas
Thörichtes oder Zweckwidriges sagt, daß es nicht der Richter verwerfen, der
Gegner vorrücken, ja, selbst die Anwalte mißbilligen sollten. So wurden sie
also gleich in die wahre und unverfälschte Beredtsamkeit eingeweiht, lernten,
obwohl sie nur Einem folgten, doch alle Sachwalter ihrer Zeit in sehr vielen
Prozessen und gerichtlichen Verhandlungen kennen, und das Volk selbst zeigte
ihnen in der Beurtheilung die mannigfachste Weise, woraus sie leicht abnehmen konnten, was bei einem Jeden Beifall fand oder mißfiel. Auf diese
Art fehlte es ihnen weder an dem trefflichsten und ausgesuchtesten Lehrer,
der ihnen die wahre Gestalt der Beredtsamkeit, nicht ein bloßes Schatten-
bild derselben zeigte, noch an Gegnern und Nebenbuhlern, die mit dem
Schwerte, nicht mit Fechtstäben kämpften; nein, einen immer vollen, immer
neuen Hörsaal[*] hatten sie, der ebenso aus Uebelwollenden wie aus Gönnern
bestand, so daß auch gut Gesagtes nicht der Kritik entging. Denn ihr wißt
ja, daß jener große und nachhaltige Ruf der Beredtsamkeit nicht weniger
auf den Bänken der Gegner, als der eigenen Partei erworben wird, ja, daß
er dort einen festeren Grund gewinnt und zuverlässiger erstarkt. Ja, fürwahr, unter solchen Lehrern war der Jüngling, von welchem wir hier reden,
wirklicher Redner Schüler, des Forums Zuhörer, der fleißige Besucher der
Gerichte, gebildet und eingeschult durch Anderer Erfahrungen, er, dem, weil
er sie täglich hörte, die Gesetze bekannt, nicht neu der Richter Mienen, vor
Augen stets der Volksversammlungen Gewohnheit, gar mannigfach erprobt
des Volkes Ohr, mochte er eine Anklage übernommen haben oder eine Vertheidigung, allein sogleich und ohne weiteres einer jeden Sache gewachsen.
In seinem neunzehnten[**] Jahre griff L. Crassus den C. Carbo, im einundzwanzigsten[*] Cäsar den Dolabella, im zweiundzwanzigsten Asinius Pollio
den C. Cato, um nicht viel älter Calvus den Vatinius in den Reden an,
die wir noch heute mit Bewunderung lesen."

35. „Jetzt dagegen werden unsere jungen Leutchen auf die Bühnen der
Schulredner geführt, die man Rhetoren nennt, welche erst kurz vor Cicero's
Zeiten aufgekommen sind und unseren Vorfahren nicht gefallen haben, wie
daraus deutlich ist, daß ihnen unter den Censoren Crassus und Domitius
geboten wurde, wie Cicero[*] sagt, „die Schule der Unverschämtheit!" zu

sunt. Sed ut dicere institueram, deducuntur in scholas, [in*)] quibus non facile dixerim utrumne locus ipse an condiscipuli an genus studiorum plus mali ingeniis afferant. Nam in loco nihil reverentiae, sed in quem nemo nisi aeque imperitus intrat; in condiscipulis nihil profectus, cum pueri inter pueros et adulescentuli inter adulescentulos pari securitate et dicant et audiantur; ipsae vero exercitationes magna ex parte contrariae. Nempe enim duo genera materiarum apud rhetoras tractantur, suasoriae et controversiae. Ex his suasoriae quidem, tamquam plane leviores et minus prudentiae exigentes, pueris delegantur, controversiae robustioribus assignantur; quales, per fidem, et quam incredibiliter compositae! Sequitur autem, ut materiae abhorrenti a veritate declamatio quoque adhibeatur. Sic fit, ut tyrannicidarum praemia aut vitiatarum electiones aut pestilentiae remedia aut incesta matrum aut quicquid in schola quotidie agitur, in foro vel raro vel numquam, ingentibus verbis persequantur; cum ad veros iudices ventum * * * rem cogitare, nihil humile vel abiectum eloqui poterat.

36. Magna eloquentia, sicut flamma, materia alitur et motibus excitatur et urendo clarescit. Eadem ratio in nostra quoque civitate antiquorum eloquentiam provexit. Nam etsi horum quoque temporum oratores ea consecuti sunt, quae composita et quieta et beata re publica tribui fas erat, tamen illa perturbatione ac licentia plura sibi assequi videbantur, cum mixtis omnibus et moderatore uno carentibus tantum quisque orator saperet, quantum erranti populo persuaderi poterat. Hinc leges assiduae et populare nomen, hinc contiones magistratuum paene pernoctantium in rostris, hinc accusationes potentium reorum et assignatae etiam domibus inimicitiae, hinc procerum factiones et assidua senatus adversus plebem certamina. Quae singula etsi distrahebant rem publicam, exercebant tamen illorum temporum eloquentiam et magnis cumulare praemiis videbantur, quia quanto quisque plus dicendo poterat, tanto facilius honores assequebatur, tanto

---

*) *in* fehlt in der Hdschrr.

schließen. Doch, wie ich sagen wollte, in diese Schulen führt man sie, und ich weiß in dieser Beziehung nicht, ob ich behaupten soll, daß der Ort selbst, oder die Mitschüler, oder die Art zu studiren dem Geiste größeren Nachtheil bringt. Denn im Orte liegt nichts Ehrfurchtgebietendes, sondern es betritt ihn kein Anderer als ein gleich Unerfahrener; von den Mitschülern läßt sich nichts gewinnen, da Knaben unter Knaben und Jünglinge unter Jünglingen mit gleicher Sorglosigkeit reden und gehört werden; die Uebungen selbst aber sind großentheils zweckwidrig. Es wird ja doch nämlich nur eine zweifache Gattung von Stoffen bei den Rhetoren behandelt, solche, die etwas empfehlen und solche, die etwas bestreiten. Von diesen werden die empfehlenden, als die durchaus leichteren und weniger Einsicht erfordernden, den Knaben über- wiesen, die letzteren den schon Gereifteren übertragen; was für welche, bei meiner Treu! von welcher abenteuerlichen Zusammenstellung! Natürlich wird nun dieser von der Wahrheit so weit entfernte Stoff auch declamatorisch be- handelt. Daher kommt es, daß man sich über Belohnung der Tyrannen- mörder, über die geschändeten Frauenzimmern gelassene Wahl[36]), über Mittel gegen die Pest, über Blutschande mit Müttern, oder was sonst noch täglich in der Schule, auf dem Forum selten oder nie verhandelt wird, in unge- heuerem Wortschwall ergeht; kommt man aber vor wirkliche Richter . . . . .[37]) die Sache denken, so konnte er nichts Niedriges oder Gemeines aussprechen.“

36. „Großartige Beredtsamkeit wird, wie die Flamme, durch den Stoff genährt, durch Aufregung belebt, leuchtet auf im verzehrenden Brennen. Gerade auf diese Art ist auch in unserem Staate der Alten Beredtsamkeit gefördert worden. Denn wiewohl auch die Redner in unseren Zeiten das- jenige erlangt haben, was in einem wohlgeordneten, ruhigen und glücklichen Gemeinwesen gewährt werden durfte, so glaubten sie doch in jener Ver- wirrung und Zügellosigkeit noch mehr erreichen zu können, da, wo Alles durcheinander ging und eines einigen Lenkers ermangelte, ein jeder Redner für so klug galt, als dem in der Irre gehenden Volke eingeredet werden konnte. Daher die beständigen Gesetzesvorschläge und der populäre Name, daher die Volksreden der Beamten, welche auf der Rednerbühne beinahe übernachteten, daher die Anklagen mächtiger Angeschuldigten und die selbst ganzen Häusern geschworenen Feindschaften, daher die Parteiungen der Großen und die unaufhörlichen Kämpfe des Senates gegen das Volk. Wie- wohl dieses Alles den Staat zerriß, so war es doch eben das, was die Be- redtsamkeit in jenen Zeiten übte und sie mit großen Belohnungen zu über- häufen schien, weil, je mehr Jemand durch die Rede vermochte, desto leichter

magis in ipsis honoribus collegas suos anteibat, tanto plus apud principes gratiae, plus auctoritatis apud patres, plus notitiae ac nominis apud plebem parabat. Hi clientelis etiam exterarum nationum redundabant, hos ituri in provincias magistratus reverebantur, hos reversi colebant, hos et praeturae et consulatus vocare ultro videbantur, hi ne privati quidem sine potestate erant, cum et populum et senatum consilio et auctoritate regerent. Quin immo sibi ipsi persuaserant neminem sine eloquentia aut assequi posse in civitate aut tueri conspicuum et eminentem locum. Nec mirum, cum etiam inviti ad populum producerentur, cum parum esset in senatu breviter censere, nisi qui ingenio et eloquentia sententiam suam tuerentur, cum in aliquam invidiam aut crimen vocati sua voce respondendum haberent, cum testimonia quoque in iudiciis non absentes nec per tabellam dare, sed coram et praesentes dicere cogerentur. Ita ad summa eloquentiae praemia magna etiam necessitas accedebat, et quomodo disertum haberi pulchrum et gloriosum, sic contra mutum et elinguem videri deforme habebatur.

37. Ergo non minus rubore quam praemiis stimulabantur, ne clientulorum loco potius quam patronorum numerarentur, ne traditae a maioribus necessitudines ad alios transirent, ne tamquam inertes et non suffecturi honoribus*) aut non impetrarent aut impetratos male tuerentur. Nescio an venerint in manus vestras haec vetera, quae et in antiquariorum bibliothecis adhuc manent et cum maxime a Muciano contrahuntur, ac iam undecim, ut opinor, Actorum libris et tribus Epistularum composita et edita sunt. Ex his intellegi potest, Cn. Pompeium et M. Crassum non viribus modo et armis, sed ingenio quoque et oratione valuisse; Lentulos et Metellos et Lucullos et Curiones et ceteram procerum manum multum in his studiis operae curaeque posuisse, nec quemquam illis temporibus magnam potentiam sine aliqua eloquentia consecutum. His accedebat splendor reorum et

---

*) *honores* Schopen.

er zu Ehrenstellen gelangte, desto mehr in diesen selbst seine Amtsgenossen übverragte, desto größere Gunst bei den Großen, desto größeres Ansehn bei den Vätern, desto größeren Ruhm und Namen sich beim Volke erwarb. Solche Männer hatten denn auch einen Ueberfluß von Clientelen selbst bei auswärtigen Nationen, solchen bewiesen die in die Provinzen abgehenden Beamten ihre Ehrerbietung, solchen ihre Aufmerksamkeit bei ihrer Wieder-kunft, solche schienen Präturen und Consulate von selbst zu berufen, sie waren selbst auch als Privatpersonen nicht ohne Gewalt, da sie Volk und Senat durch Rath und Ansehn leukten. Ja, sie hielten sich sogar selbst überzeugt, daß Niemand ohne Beredtsamkeit einen angesehenen und bedeutenden Platz im Staate erlangen oder behaupten könne. Und das war kein Wunder, da sie selbst wider ihren Willen vor dem Volke auftreten mußten, da es nicht genug war, im Senate kurz seine Stimme abzugeben, wenn man nicht mit Geist und Beredtsamkeit seine Meinung zu behaupten wußte, da man, auf irgend eine Weise angefeindet oder beschuldigt, mit eigener Stimme zu ant-worten hatte, da man selbst Zeugnisse[55]) in Gerichten nicht abwesend und nicht schriftlich, sondern mündlich und in Person abzulegen gezwungen wurde. So kam zu den hohen Belohnungen der Beredtsamkeit auch Nöthigung zu derselben noch in hohem Grade hinzu, und wie es für schön und rühmlich galt, für beredt gehalten zu werden, so im Gegentheil stumm und sprachlos zu erscheinen für schimpflich."

37. „So wurden sie also nicht minder von Ehrgefühl als durch Be-lohnungen angespornt, daß man sie nicht vielmehr zur Schaar ärmlicher Clienten als zu den Patronen zählen möchte, daß die von den Vorfahren ihnen überkommenen Verbindungen nicht auf Andere übergingen, daß sie als schlaff und ihnen nicht gewachsen Ehrenstellen entweder gar nicht erlangten, oder wenn sie dieselben erlangt, sie schlecht verwalteten. Ich weiß nicht, ob die alten Schriften in euere Hände gekommen sind, die sich noch in den Büchersammlungen der Alterthumsfreunde befinden und jetzt gerade von Mucianus[56]) zusammengetragen werden, ja, wie ich glaube, schon in eilf Büchern Verhandlungen und drei Büchern Briefe geordnet und herausgegeben sind. Aus diesen läßt sich ersehen, daß Cn. Pompejus und M. Crassus nicht bloß durch Gewalt und Waffen, sondern auch durch Geist und Rede mächtig gewesen sind; daß die Lentuler, Meteller, Luculler, Curione und die ganze übrige Schaar der Großen viel Mühe und Sorgfalt auf diese Studien ver-wandt, und Niemand überhaupt in jenen Zeiten ohne einige Beredtsamkeit zu großer Macht gelangt ist. Dazu kam die glänzende Stellung der An-

magnitudo causarum, quae et ipsa plurimum eloquentiae
praestant. Nam multum interest, utrumne de furto aut
formula et interdicto dicendum habeas, an de ambitu co-
mitiorum, de expilatis sociis et civibus trucidatis. Quae
mala sicut non accidere melius est isque optimus civitatis
status habendus est, in quo nihil tale patimur, ita, cum
acciderent, ingentem eloquentiae materiam subministra-
bant. Crescit enim cum amplitudine rerum vis ingenii,
nec quisquam claram et illustrem orationem efficere potest, nisi qui causam parem invenit. Non, opinor, Demosthenem orationes illustrant, quas adversus tutores suos
composuit, nec Ciceronem magnum oratorem P. Quinctius
defensus aut Licinius Archias faciunt: Catilina et Milo et
Verres et Antonius hanc illi famam circumdederunt; non
quia tanti fuit rei publicae malos ferre cives, ut uberem
ad dicendum materiam oratores haberent, sed, ut subinde
admoneo, quaestionis meminerimus sciamusque nos de ea
re loqui, quae facilius turbidis et inquietis temporibus extitit. Quis ignorat utilius ac melius esse frui pace quam
bello vexari? Plures tamen bonos proeliatores bella quam
pax ferunt. Similis eloquentiae condicio. Nam quo saepius steterit tamquam in acie quoque plures et intulerit
ictus et exceperit quoque maiores adversarios acrioresque
pugnas sibi ipsa desumpserit, tanto altior et excelsior et
illis nobilitata discriminibus in ore hominum agit, quorum
ea natura est, ut secura nolint.*)

38. Transeo ad formam et consuetudinem veterum
indiciorum, quae etsi nunc aptior est veritati, eloquentiam
tamen illud forum magis exercebat, in quo nemo intra
paucissimas horas perorare cogebatur et liberae comperen-
dinationes erant et modum dicendi sibi quisque sumebat
et numerus neque dierum neque patronorum finiebatur.
Primus haec tertio consulatu Cn. Pompeius astrinxit im-
posuitque veluti frenos eloquentiae, ita tamen ut omnia in

---

*) Ritter: *in acie orator, quoque plures et int. ict. et exc., quo-*
que maior adversarius est et acrior, quocum pugnas sibi ipse des.,
tanto alt. et exc. et illis nobilitatus discr. in ore hom. ag., quor. ea nat.
est, ut . . . . secura relint.

gesagten und die Großartigkeit der Prozesse, was ebenfalls der Beredtsam=
keit sehr großen Vorschub leistet. Denn es macht einen großen Unterschied,
ob man von einem Diebstahle oder einer Rechtsformel und einem Interdict[90])
zu reden hat, oder von Amtserschleichung in den Wahlversammlungen, von
Bundesgenossenplünderung und Bürgermord. Ist es gleich einerseits besser,
daß solche Uebel sich gar nicht zutragen, und der Zustand des Staates als
der beste anzusehen, in welchem wir nichts von der Art zu erleiden haben, so
boten sie doch auch wieder, als sie sich zutrugen, der Beredtsamkeit gewaltigen
Stoff. Denn es wächst mit der Bedeutung der Gegenstände die Geisteskraft,
und Niemand kann einer Rede Ruhm und Auszeichnung verschaffen, wenn
er nicht eine dem entsprechende Sache gefunden hat. Den Demosthenes,
denk' ich, machen nicht die Reden berühmt, welche er gegen seine Vormünder
verfaßt hat, so wenig wie die Vertheidigung des P. Quinctius oder Licinius
Archias den Cicero zu einem großen Redner machen: Catilina, Milo, Verres,
Antonius haben mit so großem Ruhme ihn umgeben; nicht weil es für den
Staat so wichtig gewesen wäre, schlechte Bürger zu erzeugen, damit nur die
Redner reichen Stoff zum Sprechen gewönnen, sondern laßt uns, wie ich
wiederholt erinnere, nur an unsere Frage denken und dessen uns bewußt
bleiben, daß wir von einer Sache reden, welche leichter immer in stürmischen
und unruhigen Zeiten hervortrat. Wer weiß nicht, daß es heilsamer und
besser ist, des Friedens zu genießen, als vom Kriege heimgesucht zu werden?
Aber mehr gute Streiter bringt doch der Krieg hervor als der Friede. Eine
ähnliche Bewandtniß hat es mit der Beredtsamkeit. Denn je häufiger sie
gleichsam in der Schlacht gestanden, je mehr Streiche sie ausgetheilt hat und
empfangen, je bedeutendere Gegner und heftigere Kämpfe sie sich selbst ge=
wählt, desto höher und erhabener und durch jene Gefahren eben geadelt lebt
sie im Munde der Menschen, deren Natur es ist, das Ruhige zu verschmähen."

38. „Ich gehe nun zur Form und zum Brauche der alten Gerichte über.
Ist dies gleich jetzt der Wahrheit günstiger, die Beredtsamkeit[91]) übte doch
jenes Forum mehr, auf welchem Niemand gezwungen wurde, innerhalb
weniger Stunden seinen Vortrag zu beendigen, Vertagungen freistanden, das
Maß seiner Rede Jeder selbst sich setzte, die Zahl weder für die Tage noch
für die Patrone vorgeschrieben ward. Zuerst schränkte dieses in seinem
dritten Consulate[92]) Cn. Pompejus ein und legte der Beredtsamkeit gleichsam
Zügel an, doch so, daß Alles auf dem Forum, Alles nach den Gesetzen, Alles

foro, omnia legibus, omnia apud praetores gererentur;
apud quos quanto maiora negotia olim exerceri solita sint,
quod maius argumentum est, quam quod causae centumvirales, quae nunc primum optinent locum, adeo splendore
aliorum iudiciorum obruebantur, ut neque Ciceronis neque
Caesaris neque Bruti neque Caelii neque Calvi, non denique ullius magni oratoris liber apud centumviros dictus
legatur, exceptis orationibus Asinii, quae pro heredibus
Urbiniae inscribuntur, ab ipso tamen Pollione mediis divi
Augusti temporibus habitae, postquam longa temporum
quies et continuum populi otium et assidua senatus tranquillitas et maximi principis disciplina ipsam quoque eloquentiam sicut omnia pacaverat.

39.   Parvum et ridiculum fortasse videbitur quod
dicturus sum, dicam tamen, vel ideo ut ridear. Quantum
humilitatis putamus eloquentiae attulisse paenulas istas,
quibus astricti et velut inclusi cum iudicibus fabulamur?
Quantum virium detraxisse orationi auditoria et tabularia
credimus, in quibus iam fere plurimae causae explicantur?
Nam quomodo nobiles equos cursus et spatia probant, sic
est aliquis oratorum campus, per quem nisi liberi et soluti ferantur, debilitatur ac frangitur eloquentia. Ipsam
quin immo curam et diligentis stili anxietatem contrariam
experimur, quia saepe interrogat iudex, quando incipias,
et ex interrogatione eius incipiendum est, frequenter probationibus et testibus silentium patrono indicitur*), unus
inter haec dicenti aut alter assistit, et res velut in solitudine agitur. Oratori autem clamore plausuque opus est
et velut quodam theatro, qualia quotidie antiquis oratoribus contingebant, cum tot pariter ac tam nobiles forum
coartarent, cum clientelae quoque ac tribus ac municipiorum etiam legationes ac pars Italiae periclitantibus
assisteret, cum in plerisque iudiciis crederet populus Romanus sua interesse quid iudicaretur. Satis constat C.
Cornelium et M. Scaurum et T. Milonem et L. Bestiam
et P. Vatinium concursu totius civitatis et accusatos et
defensos, ut frigidissimos quoque oratores ipsa certantis

---

*) *patronus indicit* die Hdschrr.

vor den Prätoren verhandelt wurde: und wie viel größere Sachen ehedem vor diesen vorgenommen zu werden pflegten, was gibt dafür einen stärkeren Beweis, als daß die Centumviralsachen[93]), welche jetzt den ersten Rang ein nehmen, so sehr durch den Glanz der anderen Gerichte verdunkelt wurden, daß weder von Cicero[94]), noch von Cäsar, Brutus, Cälius, Calvus, kurz von keinem einzigen großen Redner ein vor den Centumvirn gehaltener Vortrag zu lesen ist, die Reden des Asinius ausgenommen, die den Titel „für die Erben der Urbinia" führen, doch auch von Pollio selbst schon mitten in des Divus Augustus Zeiten gehalten, nachdem schon der lange Friede dieser Zeiten, die ununterbrochene Ruhe des Volks, das unablässig stille Verhalten des Senats und des größten Fürsten Staatszucht, sowie alles Andere, auch selbst die Beredtsamkeit in Ruhe gebracht hatte."

39. „Kleinlich und lächerlich wird, was ich sagen will, vielleicht erscheinen: dennoch will ich's sagen, wär's auch nur, um verlacht zu werden. Wie viel Erniedrigung, meinen wir wol, haben der Beredtsamkeit jene Mäntelchen[95]) gebracht, in welche eingeschnürt und gleichsam eingeschlossen wir uns mit den Richtern unterhalten? Wie viel Kraft, glauben wir, haben der Rede die Hörsäle und Kanzleistuben entzogen, in welchen jetzt beinahe die meisten Sachen durchgenommen werden? Denn sowie edle Rosse Lauf und Renn= bahn ja bewährt, so gibt es für die Redner auch ein Feld, und können sie auf diesem sich nicht frei und ungehemmt bewegen, so wird die Beredtsamkeit gelähmt und gebrochen. Ja, wir erfahren sogar, daß Sorgfalt gerade und Aengstlichkeit in der Wahl des Ausdrucks uns im Wege ist, weil oft der Richter fragt, wann man denn zur Sache komme, und dann seiner Frage ge= mäß der Anfang gemacht werden muß[96]), häufig durch Beweisführungen und Zeugen dem Sachwalter Stillschweigen geboten wird, dabei denn Einer oder der Andere an den Redenden herantritt, und die Sache wie in einer Einöde verhandelt wird. Der Redner aber hat Zuruf und Beifallsbezeugungen und gleichsam ein Theater nöthig, wie dieses Alles täglich den alten Rednern zu Theil wurde, als so viele und zugleich so berühmte Männer das Forum be= engten, als Clientschaften auch und Tribus und selbst Abgeordnete der Land= städte, ja, halb Italien den Gefährdeten zur Seite standen, als bei den meisten Gerichten das römische Volk noch glaubte, es liege ihm etwas an der Entscheidung. Es ist bekannt genug, daß C. Cornelius, M. Scaurus, T. Milo, L. Bestia und P. Vatinius unter dem Zusammenströmen der ganzen Bürgerschaft angeklagt und vertheidigt worden sind, so daß schon der Eifer

populi studia excitare et incendere potuerint. Itaque hercule eiusmodi libri extant, ut ipsi quoque, qui egerunt, non aliis magis orationibus censeantur.

40. Iam vero contiones assiduae et datum ius potentissimum quemque vexandi atque ipsa inimicitiarum gloria, cum se plurimi disertorum ne a P. quidem Scipione aut L. Sulla aut Cn. Pompeio abstinerent, et ad incessendos principes viros, ut est natura invidiae, populi quoque arrectioribus auribus*) uterentur, quantum ardorem ingeniis, quas oratoribus faces admovebant! Non enim de otiosa et quieta re loquimur et quae probitate et modestia gaudeat, sed est magna illa et notabilis eloquentia alumna licentiae, quam stulti libertatem vocabant, comes seditionum, effrenati populi incitamentum, sine obsequio, sine servitute, contumax, temeraria, arrogans, quae in bene constitutis civitatibus non oritur. Quem enim oratorem Lacedaemonium, quem Cretensem accepimus? quarum civitatum severissima disciplina et severissimae leges traduntur. Nec Macedonum quidem ac Persarum aut ullius gentis, quae certo imperio contenta fuerit, eloquentiam novimus. Rhodii quidam, plurimi Athenienses oratores extiterunt, apud quos omnia populus, omnia imperiti, omnia, ut sic dixerim, omnes poterant. Nostra quoque civitas, donec erravit, donec se partibus et dissensionibus et discordiis confecit, donec nulla fuit in foro pax, nulla in senatu concordia, nulla in iudiciis moderatio, nulla superiorum reverentia, nullus magistratuum modus, tulit sine dubio valentiorem eloquentiam, sicut indomitus ager habet quasdam herbas laetiores. Sed nec tanti rei publicae Gracchorum eloquentia fuit, ut pateretur et leges, nec bene famam eloquentiae Cicero tali exitu pensavit.

41. Sic quoque, quod superest antiqui oratoribus, forum non emendatae nec usque ad votum compositae civitatis argumentum est. Quis enim nos advocat, nisi aut nocens aut miser? Quod municipium in clientelam nostram venit, nisi quod aut vicinus populus aut domestica discordia

*) et *histriones auribus* die Hdschrr.

des Partei nehmenden Volkes selbst die kältesten Redner aufregen und ent=
flammen konnte. So sind denn fürwahr die darüber noch vorhandenen
Bücher von der Art, daß auch die, welche sie vorgetragen haben, nach keinen
anderen Reden besser beurtheilt werden können."

40. „Und nun noch die ununterbrochenen Volksversammlungen, das freie
Recht, auch die Mächtigsten anzugreifen, und der eben aus diesen Feind=
schaften hervorgehende Ruhm, da sehr viele der in der Rede Geübten nicht
einmal einen P. Scipio, einen L. Sulla, einen Cn. Pompejus verschonten,
und sie beim Angriffe auf die ersten Männer des Staates, wie das einmal
dem Neide eigen ist, auch auf ein aufmerksameres Ohr des Volkes rechnen
konnten, — welche Glut theilte dieses dem Geiste, welches Feuer dem Redner
mit! Wir reden nämlich nicht von einer stillen und ruhigen Beschäftigung,
die sich der Rechtschaffenheit und Mäßigung freut, sondern es ist jene groß=
artige und ausgezeichnete Beredtsamkeit eine Tochter der Zügellosigkeit, welche
Thoren Freiheit nannten, die Gefährtin der Empörungen, die Aufwieglerin
des zügellosen Volkes, ohne Fügsamkeit, ohne Dienstbarkeit, trotzig, verwegen,
anmaßend, wie sie in gut eingerichteten Staaten gar nicht aufkommt. Denn
von welchem lacedämonischen, von welchem cretensischen Redner haben wir
gehört? und diese Staaten sollen gerade eine sehr strenge Zucht und sehr
strenge Gesetze gehabt haben. Auch selbst bei den Macedoniern und Persern
oder bei irgend einem anderen Volke, welches mit einer bestimmten Regie=
rung zufrieden war, haben wir nichts von Beredtsamkeit erfahren. Bei den
Rhodiern sind einige, sehr viele Redner bei den Atheniensern aufgetreten,
bei denen Alles das Volk, Alles die Unerfahrnen, ja, um mich so auszudrücken,
Alle Alles vermochten. Auch unser Staat, so lange er noch umherirrte, so
lange er sich in Parteiungen, Zwistigkeiten und Zwietracht aufrieb, so lange
noch kein Friede auf dem Forum, keine Einigkeit im Senate, keine Mäßigung
in den Gerichten, keine Ehrfurcht vor den Oberen, keine Zügelung durch die
Beamten, brachte ohne Zweifel eine kräftigere Beredtsamkeit hervor, so wie
ja auch ein noch nicht bearbeiteter Acker manche Pflanzen üppiger empor=
schießen läßt. Aber es war doch weder der Gracchen Beredtsamkeit dem
Staate so viel werth, daß er sich auch ihre Gesetze[7]) hätte gefallen lassen
mögen, noch wog Cicero auf eine glückliche Weise ein solches Ende mit dem
Rufe seiner Beredtsamkeit auf."

41. „So ist auch das, was aus alter Zeit den Rednern noch geblieben ist,
das Forum, nur ein Beweis, daß der Staat noch nicht fehlerfrei und noch
nicht ganz nach Wunsch geordnet ist. Denn wer ruft unsern Beistand an, als
entweder ein Schuldiger oder ein Unglücklicher? Welche Landstadt begibt sich
in unsere Clientschaft, als die, welche entweder ein benachbartes Volk oder

agitat? Quam provinciam tuemur, nisi spoliatam vexa-
tamque? Atqui melius fuisset non queri quam vindicari.
Quod si inveniretur aliqua civitas, in qua nemo peccaret.
supervacuus esset inter innocentes orator sicut inter sanos
medicus. Quomodo enim minimum usus minimumque profectus ars medentis habet in iis gentibus, quae firmissima
valitudine ac saluberrimis corporibus utuntur, sic minor
oratorum obscuriorque gloria est inter bonos mores et in
obsequium regentis paratos. Quid enim opus est longis
in senatu sententiis, cum optimi cito consentiant? Quid
multis apud populum contionibus, cum de re publica non
imperiti et multi deliberent, sed sapientissimus et unus?
Quid voluntariis accusationibus, cum tam raro et tam
parce peccetur? Quid invidiosis et excedentibus modum
defensionibus, cum clementia cognoscentis obviam periclitantibus eat? Credite, optimi et in quantum opus est
disertissimi viri, si aut vos prioribus saeculis aut illi
quos miramur his nati essent, ac deus aliquis vitas ac
tempora vestra repente mutasset, nec vobis summa illa
laus et gloria in eloquentia neque illis modus et tem-
peramentum defuisset: nunc, quoniam nemo eodem tempore assequi potest magnam famam et magnam quietem,
bono saeculi sui quisque citra obtrectationem alterius utatur.'

42. Finierat Maternus, cum Messalla: 'erant quibus
contradicerem, erant de quibus plura dici vellem, nisi iam
dies esset exactus.' 'Fiet' inquit Maternus 'postea arbi-
tratu tuo, et si qua tibi obscura in hoc meo sermone visa
sunt, de iis rursus conferemus.' Ac simul assurgens et
Aprum complexus 'ego' inquit 'te poetis, Messalla anti-
quariis criminabimur.' 'At ego vos rhetoribus et scholasticis' inquit. Cum adrisissent, discessimus.

innere Zwietracht beunruhigt? Welche Provinz beschützen wir, als eine solche, die geplündert und gemißhandelt ist? Nun wär' es aber doch besser gewesen, gar nicht klagen, als sein Recht erst verfechten lassen zu müssen. Wenn daher ein Staat gefunden würde, in welchem Niemand sich verginge, so wäre unter Schuldlosen der Redner, wie unter Gesunden der Arzt überflüssig. Sowie nämlich die Heilkunst am wenigsten Anwendung und am wenigsten Gedeihen bei denjenigen Völkern findet, welche die dauerhafteste Gesundheit und die gesundesten Körper haben, so ist auch geringer und minder glänzend der Redner Ruhm unter gut gesitteten und zum Gehorsam gegen den Regenten willigen Menschen. Denn wozu bedarf es langer Erklärungen im Senate, wenn die Besten schnell einig werden? Wozu vieler Reden vor dem Volke, wenn über das Gemeinwesen nicht Unerfahrene und Viele, sondern der Weiseste und Einer°) rathschlagt? Wozu freiwilliger Anklagen, wenn so selten und so mäßig nur gefehlt wird? Wozu gehässiger und das Maß überschreitender Vertheidigungen, wenn die Milde dessen, der das Erkenntniß fällt, den Gefährdeten entgegenkommt? Glaubet mir, ihr trefflichen und, soweit es nöthig ist, beredtesten Männer, wäret entweder ihr in früheren, oder jene, die wir bewundern, in diesen Zeiten geboren, und hätte ein Gott euer Leben und euere Zeiten plötzlich vertauscht, weder euch würde es an jenem höchsten Lobe und Ruhme in der Beredtsamkeit, noch jenen an Maß und rechter Beschränkung darin gefehlt haben: so aber, weil nun doch Niemand zu derselben Zeit großen Ruf und große Ruhe erlangen kann, genieße Jeder des Vorzugs seines Zeitalters ohne Verkleinerung des anderen."

42. Maternus hatte geendigt, und Messalla sprach: „Wohl möcht' ich Manchem widersprechen, wohl über Manches noch mehr gesagt wünschen, wäre nicht schon der Tag verstrichen." „Das wird künftig einmal," sagte Maternus, „nach deinem Belieben geschehen, und wir wollen, wenn dir in dieser meiner Auseinandersetzung etwas dunkel vorgekommen ist, darüber uns von neuem unterhalten." Damit stand er auf, umarmte den Aper und sagte: „Ich werde dich bei den Dichtern, Messalla wird dich bei den Alterthumsfreunden verklagen." „Ich aber," versetzte jener, „euch bei den Rhetoren und Schulrednern." Sie lachten darüber, und wir gingen auseinander.

Anmerkungen

zum vierten Buch.

¹) Hieran waren namentlich die germanischen Truppen zu erkennen.

²) Das Palatium.

³) An der appischen Straße, erste Station von Rom, jetzt La Riccia. — Ueber Bovillä s. Anm. 83 zu Annal. B. 2 S. 406.

⁴) Obschon sie die flavianische Partei unterstützt hatten; vgl. vorher 3, 76. Capua dagegen war dem Vitellius treu geblieben; s. 3, 57.

⁵) Oben 3, 77.

⁶) D. i. bescheiden, als wenn die Sache noch unentschieden wäre. So schien es beim flüchtigen Lesen. Aber die genauere Betrachtung des Schreibens zeigte, er sei bereits des Sieges gewiß. Gutmann nach Ernesti.

⁷) Diese waren: toga picta, tunica palmata, corona laurea, sella curulis. — Die Consularinsignien: toga praetexta, sella curulis.

⁸) Oben 2, 91.

⁹) In Samnium, vielleicht in der Nähe der caudinischen Pässe. Vgl. Wex Prolegom. zu Agricol. p. 211**).

¹⁰) Gemeint sind damit die Stoiker.

¹¹) Vgl. Annal. 16, 33.

¹²) Von Apollonia. Schol. zu Iuvenal. 5, 36: *Helvidius Priscus post damnationem soceri Paeti Thraseae, interdicta sibi Italia, Apolloniam concessit.* — Ueber Marcellus Eprius vgl. Annal. 16, 22 und 28 und Anm. 8 zu Annal. B. 12 S. 331.

¹³) Vgl. Annal. 16, 21. Für Sentio schlägt Ritter Anteio vor und vergleicht Annal. 16, 14.

¹⁴) Nicht immer wurde bei Gesandtschaften das Loos angewendet, sondern nur bisweilen, und vielleicht in bestimmten Fällen. Cicer. ad

Attic. 1, 19: *senatus decrevit ut legati cum auctoritate mitterentur* . . . *hoc non queo praeterire: cum de consularibus mea prima sors exisset, una voce senatus frequens retinendum me in urbe censuit.* Dio Cass. 59, 23: πρέσβεις τε ἐπ᾿ αὐτοῖς ἄλλους κλήρῳ καὶ τὸν Κλαύδιον αἱρετὸν ἔπεμψαν.

¹⁵) Vgl. Annal. 1, 75 und dazu Anm. 164 S. 397. und 13, 29.

¹⁶) Zum Sturze des Helvidius. Bötticher. Lipsius macht die Bemerkung: qui et apud Vespasianum nempe deferrent. Quare? quia haec sententia dignitatem principis minuebat, senatus populique augebat, a quo restitui Capitolium, dumtaxat adiuvante Vespasiano, volebat.

¹⁷) Vgl. Annal. 14, 59 und das. Anm. 122 S. 357 f. — P. Celer wird Annal. 16, 32 P. Egnatius genannt.

¹⁸) Vgl. über diesen und Alfenus Varus oben 3, 61, über Asiaticus 2, 57. 95.

¹⁹) Nämlich von Gallien aus, jenseits des Rheines in Germanien.

²⁰) Er war wie beide auf ein Auge blind. Vgl. Liv. 22, 2. und Plutarch. Sertor. 1.

²¹) Abzufallen von Vitellius. Sein tieferer Plan war, das römische Joch gänzlich abzuwerfen.

²²) „Dieses bezieht sich darauf, daß Vitellius den Legionen einen Theil der Mannschaft zur Verstärkung der Stadtbesatzung entzogen hatte; Hist. 2, 94. Ebenso hatte er nach 4, 15 das Heer in Batavia sehr geschwächt." Gutmann.

²³) Hist. 2, 69. — Mogontiacum jetzt Mainz.

²⁴) Diese tollen Feldzüge des Kaisers Gajus Caligula über den Rhein nach Germanien berührt Tacitus auch German. 37. Agricol. 13. Vgl. Sueton. Caligul. 43. Weber Allg. Weltgesch. B. 4 S. 164.

²⁵) „Mos igitur ille ignotus Romanis, eo quidem aevo; nam postea irrepsit, sed nonnisi cum barbaris. Galli Gothi Franci hunc in cooptando principe ritum habuerunt." Lipsius

²⁶) „effusos sc. e castris. Zugleich liegt in dem Worte der Begriff der Sorglosigkeit, des sich Gehenlassens." Bötticher.

²⁷) S. Anm. 29 zu Annal. 2 S. 401.

²⁸) Die Nervier waren ein Volk belgischen Stammes in Gallia Belgica, westlich von den Menapiern, von der Küste südlich bis zur Arduenna silva, Hennegau und Namur.

²⁹) S. oben Anm. 30 zu B. 2.

³⁰) S. Anm. 146 zu Annal. B. 15 S. 368. — Ueber die Aeduer

f. Anm. 115 zu Annal. B. 3 S. 425. — Die Arverner wohnten in Aquitanien, in der jetzigen Auvergne, südlich bis an die Cevennen.

31) Diese müßten indessen sehr alte Leute gewesen sein. Octavianus Augustus nämlich ging in seinem siebenten Consulate (727 d. St. 27 v. Chr.) nach Gallien und ordnete hier die Steuerverhältnisse an. Vgl. Weber im a. B. S. 15 f.

32) Es waren aber bereits sechzig Jahre verflossen.

33) S. Anm. 101 zu Annal. B. 1 S. 393.

34) Für *in urbem* hat Ritter wol mit Recht *in Ubiorum urbem* geschrieben; vgl. vorher 2, 69. 4, 15. Außerdem tilgt derselbe die Worte *et Canninefatium*.

35) Ueber die Rheinbrücke.

36) D.. i. Cöln.

37) Germah. 7: *effigiesque et signa quaedam detracta lucis in proelium ferunt*.

38) Eine veranschaulichendere Beschreibung davon gibt Veget. 4, 17: *turri plures rotae mechanica arte subduntur, quibus ad murum admovetur; plures autem accipit scalas ac diverso genere conatur irrumpere. nam in inferioribus partibus habet arietem, cuius impetus destruit muros; circa mediam vero partem accipit pontem, factum de duabus trabibus septumque de vimine, quem subito prolatum inter turrem murumque constituunt et per eum egredientes de machina bellatores in civitatem transeunt. in superioribus autem turris illius partibus contati et sagittarii collocantur, qui defensores urbis ex alto contis missilibus saxisque prosternant.* — Ueber die Ballisten f. Anm. 106 zu Annal. B. 12 S. 338.

39) Dem Vitellius.

40) Welche an ihn, den Herdeonius, gerichtet und von ihm in Empfang zu nehmen waren.

41) „Wegen der Dürre, die auch die vorher angeführten Uebelstände veranlaßte." Bötticher.

42) Zu verstehen von der Gottheit des Rheins.

43) Ort im Gebiet der Ubier, am linken Rheinufer, nicht weit von Düsseldorf. Nördlich davon lag Gelduba, jetzt Gelb.

44) Ein deutscher, wahrscheinlich sigambrischer Stamm, den Tiberius an das linke Rheinufer versetzt hatte.

45) er, nämlich Herennius Gallus.

46) Jetzt die Maas. — Die Menapier wohnten zwischen Maas und Schelde, südlich von den Batavern; die Moriner am Pas de Calais.

⁴⁷) D. i. Cölner.

⁴⁸) Jetzt Düren im Regierungsbezirk Aachen.

⁴⁹) Nämlich gegen die Römer.

⁵⁰) S. Anm. 146 zu Annal. B. 1 S. 395 f.

⁵¹) Dieses erließ Cäcina als damaliger Consul.

⁵²) D. i. er solle nicht mit dem Schein, als führe er Krieg für Vespasianus, seine feindlichen Absichten gegen die Römer verhüllen.

⁵³) Vgl. oben Kap. 13.

⁵⁴) Noch jetzt heißt dieser Ort Asburg.

⁵⁵) S. oben Anm. 118 zu B. 1.

⁵⁶) „novo mit dem Nebenbegriff des Unerwarteten, wenn er auch hier wenig hervortritt." Bötticher.

⁵⁷) Eine Völkerschaft im nordöstlichen Theile von Hispania Tarraconensis zwischen dem Iberus (Ebro) und den Pyrenäen.

⁵⁸) Ueber die Chatten s. Anm. 121 zu Annal. B. 1 S. 394, über die Usiper Anm. 111 zu dems. B. der Annal. S. 393, über die Mattiaker Anm. 67 zu Annal. B. 11 S. 326.

⁵⁹) Weil die Consuln abwesend waren; s. oben Anm. 78 zu B. 1.

⁶⁰) Dieser war der ältere Bruder des von Galba adoptirten Piso: vgl. oben 1, 47.

⁶¹) Vgl. oben 2, 65.

⁶²) Die siebente galbianische, deren Winterlager in Pannonien war: vgl. oben 2, 87.

⁶³) Vgl. Agricol. 45.

⁶⁴) „Cogita de ludis sacrisque per adulationem temporum decretis constitutisque in honorem pessimorum quoque e familia Caesarea hominum perque annos celebrandis et ideo in fastos relatis (v. Ann. 1, 15), nec non de aliis varii generis mutationibus, quas servitium fastis pepererat (cf. Ann. 16, 12). Quibus oneribus maculisque iam fasti erant liberandi. Aptissime igitur haec cohaerent cum iis quae sequuntur: *modumque publicis impensis facerent.*" Walther.

⁶⁵) Vgl. oben Kap. 10.

⁶⁶) „Der Sinn ist: Die Väter merkten beim Drehen der Eidesworte wohl, es sei bei Manchen nicht richtig, fanden es aber löblich, daß sie noch so gewissenhaft seien, nicht geradezu zu läugnen; dennoch sei es Meineid." Gutmann.

⁶⁷) Dieses war damals in der Regel das fünfundzwanzigste Jahr. — Diesen berüchtigten Aquilius Regulus erwähnt auch Plinius in seinen

Briefen mehrmals, 1, 5: *Crassum et Camerinum Regulus . . sub Nerone accusaverat.* Vgl. 2, 20. 4. 2. 7. 6, 2.

⁶⁸) Piso war der Bruder des Crassus, s. oben 1, 48., und deshalb dem Regulus verhaßt, da er wol als Rächer seines Bruders auftreten konnte.

⁶⁹) D. i. du warst in Folge deiner Armuth sicher vor Nero's Grausamkeit.

⁷⁰) Die Consularbeute ist der Lohn, welchen Regulus als Ankläger des Consularen Licinius Crassus erhalten hatte.

⁷¹) 507, 549 Thlr.

⁷²) Plin. Ep. 1, 5: *Regulus omnium bipedum nequissimus.*

⁷³) „Der Redner will hiermit schließlich auf die Nothwendigkeit aufmerksam machen, den Regulus zu stürzen. Daß eine solche Aufforderung in den gedankenschweren und deshalb etwas dunkeln Worten liege, scheint aus dem Folgenden deutlich hervorzugehen. So lange Vespasian lebt, will Montanus sagen, sind wir vor Leuten wie Regulus gesichert; aber nach seinem Tode können noch ärgere Zeiten kommen, als die des Nero waren (Domitian.). Dann wird die abschreckende Erinnerung an frühere Bestrafung von Frevelthaten wirksamer sein als das Andenken an Vespasians Tugenden. Vgl. Ann. 3, 50: (Lutorius) *neque servatus in periculum reip. neque interfectus in exemplum ibit.*" Bötticher.

⁷⁴) Helvidius Priscus war der Schwiegersohn des Thrasea, Marcellus Eprius der Angeber des letzteren.

⁷⁵) Mit dem Cluvius Rufus.

⁷⁶) Vgl. Annal. 13, 44, und über Antistius Sosianus ebend. 14, 48. 16, 21.

⁷⁷) Sena in Etrurien, jetzt Siena.

⁷⁸) Nämlich auf den einträglicheren Dienst als Prätorianer.

⁷⁹) Oben Kap. 2.

⁸⁰) „excipere wird nicht blos in Redensarten wie: excipere alicuius orationem (Ann. 16, 32: *loquentis adhuc verba excipit Soranus*), plausu, clamore excipi, sondern auch in unmittelbarer Verbindung mit einem Accusativ der Person in dieser Bedeutung gefunden. Vgl. Ovid. Met. 5, 260: *excipit (eam) Uranie.* Das folgende spernunt, orant drückt ja auch deutlich genug eine eigentliche Antwort aus. Die Uebersetzer irren." Bötticher.

⁸¹) 4, 350, 420 Thlr.

⁸²) Dieser war der Bruder des Vespasianus. — Ueber funus censorium s. Anm. 35 zu Annal. B. 4 S. 434.

⁸³) Vgl. dazu das eben 3, 74 erwähnte klägliche Ende desselben.

⁸⁴) Er war Proconsul von Africa.

⁸⁵) „Die Schwierigkeit, in diesem Falle die Wahrheit zu berichten, wird Kap. 49 angedeutet." Bötticher.

⁸⁶) „Aequatus beneficiorum numerus nihil est aliud quam numerum locorum militarium, quae adsignarentur arbitrio proconsulis, fuisse inter utrumque ita divisum, ut uterque totidem crearet." Ernesti.

⁸⁷) Plin. Ep. 3, 7: *nuper L. Piso, pater illius qui a Valerio Festo per summum facinus in Africa occisus est.*

⁸⁸) S. Anm. 117 zu Histor. B. 1.

⁸⁹) S. oben Kap. 11.

⁹⁰) „Der Centurio habe ihn durch obigen Zuruf verlocken wollen, sich die Herrschaft anzumaßen, um ihn dessen zu überweisen und zu verderben, Piso aber habe die Tücke gemerkt." Gutmann nach Pichena.

⁹¹) „Ein berüchtigter Angeber, der von der Provinz Bätica in Hispanien angeklagt wurde. Der jüngere Plinius und Senecio führten den Prozeß gegen ihn mit gewünschtem Erfolg. Plin. Ep. 7, 33. Agricol. 45." Derselbe. Vgl. Wex: Prolegom. zu Agricol. p. 216.!

⁹²) S. Anm. 69 zu Anm. B. 11 S. 326.

⁹³) Der Einwohner von Oea, einer Stadt in Africa propria. — Ueber die Leptitaner s. Anm. 187 zu Anm. B. 3 S. 430.

⁹⁴) Die Garamanten wohnten im heutigen Fezzan.

⁹⁵) Wahrscheinlich derselbe, welchen Claudius in seiner Rede erwähnt p. 279 *Nipp.: ornatissima ecce colonia valentissimaque Viennensium quam longo iam tempore senatores huic curiae confert! ex qua colonia inter paucos equestris ordinis ornamentum, L. Vestinum, familiarissime diligo et hodieque in rebus meis detineo.*

⁹⁶) In die Sümpfe von Ostia. Vgl. Ann. 15, 43: *ruderi accipiendo Ostienses paludes destinabat* (Nero).

⁹⁷) Cicer. de divin. 1, 45, 102: *cum imperator exercitum, censor populum lustraret, bonis nominibus qui hostias ducerent eligebantur; quod idem in delectu consules observant, ut primus miles fiat bono nomine.* Plin. hist. nat. 28, 2, 5: *cur publicis lustris etiam nomina victimas ducentium prospera legimus?* Derartige Namen sind z. B. Salvius, Longinus, Statorius u. a.; bei uns würden dergleichen sein: Heilmann, Reinhold u. s. w.

⁹⁸) Besonders von Lorbeerbäumen.

⁹⁹) Die drei bezeichneten Opferthiere (s. Anm. 115 zu Annal. B. 6 S. 453.) wurden dreimal um den Bauplatz herumgeführt und dann als Sühn- und Reinigungsopfer geschlachtet.

[100]) „Eigentlich „sobald dies geschehen war." Unrichtig wird simul hier durch zugleich oder allzumal übersetzt. Wie es unzähligemal für simul hoc dixit et gebraucht wird, so hier für simul hoc fecit et." Bötticher.

[101]) „religio bezieht sich nämlich auf die Erklärung der Haruspices: nolle deos mutari veterem formam." Derselbe.

[102]) „populum Romanum im Gegensatz zu den einzelnen Machthabern, welche sich bekämpften." Derselbe.

[103]) Nämlich: von den Flavianern.

[104]) Von Mainz (Kap. 37) nach Cöln.

[105]) Oben Kap. 13.

[106]) S. vorher Anm. 28. — Die Bätasier sind ebenfalls ein Volksstamm in Gallia Belgica, beim j. Beetz. — Ueber den Sitz der Marsaker läßt nichts Bestimmtes angeben.

[107]) Vgl. oben 1, 51.

[108]) Die Fasces und Lictoren.

[109]) Er machte ihn zu einem Centurio ersten Ranges.

[110]) Vgl. hiermit German. 31. Paul. Diacon. 3, 7: sex millia Saxonum, qui bello superfuerant, deroverunt se neque barbam neque capillos rasuros, nisi se de Sueris hostibus ulciscerentur.

[111]) Jetzt Windisch an der Aar.

[112]) Von den Stangen der Legionsadler; s. Anm. 67 zu Hist. B. 1.

[113]) Diese wohnten am rechten Rheinufer, Cöln gegenüber, zwischen Ruhr und Sieg.

[114]) Vgl. Anm. 133 zu Annal. B. 13 S. 349.

[115]) Die Erklärung dazu geben im folgenden Kap. die Worte der Agrippinenser: rectigal et onera commerciorum resolvimus: sint transitus incustoditi. Außerdem vgl. was von den Hermunduren German. 41 erzählt wird.

[116]) Diese sind Westnachbarn der Ubier.

[117]) D. i. Säulen, Denksteine, auf denen die mit den Lingonen abgeschlossenen Verträge eingegraben waren. Vgl. Liv. 26, 24: haec convenerunt conscriptaque biennio post Olympiae ab Aetolis, in capitolio ab Romanis, ut testata sacratis monumentis essent, sunt posita.

[118]) In dem verloren gegangenen Theile der Historien. Ausführlich erzählt die Sache Plutarch. Erot. c. 25 p. 770 D ff.

[119]) Diese, ein belgisches Volk, wohnten zwischen der Marne und Aisne: ihre Hauptstadt war Durocortorum.

¹²⁰) Diese waren dem Mucianus verdächtig wegen der Gunst, in der sie bei dem Heere und dem Volke standen; vgl. oben K. 39.

¹²¹) Dem eines Senators und eines Obersten der Leibwache. Der Oberst der Leibwache mußte eigentlich dem Ritterstande angehören, und Arretinus Clemens machte nach dem Sejanus wieder die erste Ausnahme.

¹²²) Zum gallischen Kriege. Tacitus kehrt hier nach kurzer Abschweifung zur Hauptsache zurück.

¹²³) S. oben Anm. 94 zu Hist. B. 1.

¹²⁴) Die singulares, auch singularii, waren ein berittenes Corps höchsten Ranges, welches sich aus der Elite der Legionen ergänzte und in glänzender Ausstattung, vermuthlich nur zu den wichtigsten Aufträgen der Kaiser verwendet wurde. Pauly's Real-Encycl. Bd. 6 Abth. 1 S. 533.

¹²⁵) „Vangionen um Worms, Cäracaten um Mainz, Triboter um Straßburg." Roth.

¹²⁶) Bingen am linken Rheinufer, da wo die Nava (j. Nahe) in den Rhein fällt.

¹²⁷) Kap. 62.

¹²⁸) S. oben Anm. 95 zu B. 1 S. 296.

¹²⁹) Jetzt Neel an der Mosel.

¹³⁰) Colonia Trevirorum ist dasselbe was Augusta Trevirorum, Trier.

¹³¹) Wir ergänzen ein licet oder ut vor inter, da hier nur von dem Benehmen der Abgefallenen die Rede ist. Ebenso wird ut ausgelassen Ann. 1, 50: ne pax quidem nisi languida et soluta inter temulentos.

¹³²) Döderleins treffliche Bemerkung zu dieser Stelle lautet also: aspernatur ac proiicit Cerialis his verbis gloriam oratoris, quam alii passim duces talibus alloquiis captare videbantur; denique ambitionis suspicionem deprecatur, tanquam aliud quidquam praeter Gallorum commoda spectet. Ac simplicitate dictionis eximia et quaesito sensuum laconismo differt haec oratio a ceteris Taciti orationibus, quarum in nulla tam consulto et pari arte elocutionem ingenio dicentis accommodavit. Nec saepius Thucydides idem fecit quam in oratione Sthenelaidae ephori, 1, 86.

¹³³) Vgl. hiermit die Worte des Sulla an den Bocchus bei Sallust. Jug. 102, 7: tibi vero nulla opportunior nostra amicitia, primum quod procul absumus, in quo offensae minumum, gratia par ac si prope adessemus.

¹³⁴) Vgl. Pseudosalust. epist. ad Caes. p. 202 Orell.: quippe si morbo iam aut fato huic imperio secus accidat, quoi dubium est

quin per orbem terrarum vastitas, bella, caedes oriantur? Lipsius macht außerdem noch folgende Bemerkung: oraculum, cuius fidem proavi viderunt, et nos videmus videbimusque, quamdiu secta in tot dominos Europa non audiet unius aurigae habenas.

¹³⁵) Vgl. Germau. 11, 3: *illud ex libertate vitium, quod non simul, nec ut iussi conveniunt, sed et alter et tertius dies cunctatione coeuntium absumitur.*

¹³⁶) Hiermit ist Valentinus gemeint; vgl. vorher Kap. 68 z. E.

¹³⁷) Vgl. oben Kap. 59. 70.

¹³⁸) Stadt in Gallia Belgica, j. Zülpich, westlich von Cöln.

¹³⁹) Vgl. oben 2, 86.

¹⁴⁰) „*Certa maris* erant a XV aut XXVII Maii (utrumque enim habet Veget. 5, 9) usque ad XIV Septembris; a XIV Sept. usque ad XI Novembr. *navigatio*, sed *incerta*; ab XI Nov. usque ad X Martii *maria clausa*, et ab illo tempore ad XV Maii *navigatio periculosa*: ut satis appareat Vespasianum non solvisse nisi Maio *extremo*." Savil.

¹⁴¹) „Vanitas ist hier weder Eitelkeit noch Schwärmerei, sondern der Gegensatz von spes: *rem ad irritum cecidisse.*" Bötticher.

¹⁴²) Des Serapis.

¹⁴³) Als er sich nämlich plötzlich umdrehte. — Sueton. Vespasian. 7 nennt den Basilides einen Freigelassenen. *Cum de firmitate imperii capturus auspicium aedem Serapidis summotis omnibus solus intrasset ac propitiato multum deo tandem se convertisset, verbenas coronasque et panificia, ut illic assolet, Basilides libertus obtulisse ei visus est, quem neque admissum a quoquam et iam pridem propter nervorum valitudinem vix ingredi longeque abesse constabat.*

¹⁴⁴) Der Name kommt nämlich vom griechischen Worte βασιλεύς (König) her.

¹⁴⁵) Eine der angesehensten Priesterfamilien in Athen, welche seit uralter Zeit im Besitz des Priesterthums zu Eleusis war.

¹⁴⁶) Stadt an der Nordküste Kleinasiens am Pontus Euxinus, jetzt Sinub. Sie war einst die Residenz der pontischen Könige.

¹⁴⁷) D. i. des Pluto, des Gottes der Unterwelt.

¹⁴⁸) Nämlich das des Jupiter, der mit der Latona den Apollo gezeugt hatte. Apollo's Schwester ist Proserpina, Tochter des Jupiter und der Ceres.

¹⁴⁹) Der Name und Cultus des Serapis war also, wie Ernesti richtig bemerkt, den Aegyptern schon früher bekannt, und das Bildniß aus Sinope

wurde jetzt unter dem alten Namen verehrt. Plutarch. de Isid. et Osir.
p. 362 A: εἰς Ἀλεξάνδρειαν κομισθεὶς τὸ παρ' Αἰγυπτίοις ὄνομα
τοῦ Πλούτωνος ἐκτήσατο, τὸν Σάραπιν. Dieselbe Sache erzählen
Plutarch. de solert. anim. p. 984 A. Clemens Alex. Protrept. p. 31 B.
An eine Aenderung des Serapis in Osiris ist somit nicht zu denken.

150) S. Anm. 174 zu Annal. B. 2 S. 413. — Ptolemäus mit
Beinamen Energetes (247—222 v. Chr.).

151) Vgl. Annal. 1, 11: *patres, quibus unus metus, si intellegere viderentur, in questus lacrimas rota effundi.*

152) „creditur schon durch seine Stellung einen Gegensatz bildend
zum folgenden in incerto fuit." Bötticher.

153) Domitianus stand damals noch im siebzehnten Lebensjahre.

Anmerkungen

zum fünften Buch.

¹) S. über diese die Anm. 139 und 140 zu Anm. B. 2 S. 307.

²) Il. 6, 184 f. Die Solymer waren ein streitbares Volk in Lykien, einer Landschaft Kleinasiens.

³) Dieses hat Tacitus aus Lysimachos entlehnt, s. Ioseph. c. Apion. 1, 34.

⁴) Roth macht hier die gewiß richtige Bemerkung, daß Tacitus in seinen unkritischen und ohne Kritik benützten Quellen etwas von Jehovah gefunden habe. Unter den Göttern sind die Götter Aegyptens zu verstehen.

⁵) Die mit der Vertreibung aus Aegypten verbunden war.

⁶) Dieses bedeutet totis campis, wie Döderlein mit Recht bemerkt. Es bedarf keiner Aenderung des totis in tostis, wie zuerst Döderlein selbst vor langer Zeit vorgeschlagen hatte.

⁷) Vgl. 3 Mos. 16, 3. — Der Jupiter Ammon war mit Widder-hörnern versehen.

⁸) „raptarum frugum, indem rapere fruges nicht blos „F. rauben", sondern auch „wie im Raube genießen" heißen kann." Bötticher.

⁹) Vgl. 3 Mos. 25, 1—5.

¹⁰) Dieses bezieht sich auf die, welche zum Judenthum übergetreten waren, Proselyten, unter denen namentlich das weibliche Geschlecht stark vertreten war. Cic. pro Flacc. 28, 67: *quum aurum Iudaeorum nomine quotannis ex Italia et ex omnibus provinciis Hierosolyma exportari soleret, Flaccus sanxit edicto, ne ex Asia exportari liceret.* Iuven. 14, 100 ff.:

> *Romanas autem soliti contemnere leyes*
> *Iudaicum ediscunt et servant ac metuunt ius,*
> *Tradidit arcano quodcumque volumine Moses.*

Vgl. über die Ausbreitung des Judenthums Friedländer's Darstellungen aus der Sittengesch. Roms Th. 1 S. 296.

11) Dasselbe erzählt Tacitus von den Germanen German. 19: *numerum liberorum finire aut quemquam ex agnatis necare flagitium habetur.*

12) „Sie geben also dem Leben einen hohen Werth, weil es unverlierbar ist, und darum augendae multitudini consulitur." Bötticher.

13) Plin. h. n. 12, 25 (54): *inciditur vitro, lapide osseisve cultellis; ferro laedi vitalia odit.*

14) Der Jordan entspringt der W.-Seite des Hermon in drei Quellwassern.

15) Vgl. Handbuch der Geogr. und Statistik v. Stein und Hörschelmann. 7. Aufl. Bd. 2 Abth. 3 S. 897. — Von dem todten Meere hat Fallmerayer eine interessante Beschreibung gegeben; s. dessen Gesammelte Werke Bd. 1 S. 173 ff.

16) Sehr ansprechend und wahrscheinlich ist die Vermuthung von Grotius: inerti undae superiacta ut solido feruntur.

17) Auch Naman genannt, welcher aus dem galiläischen Hochlande kommt und sich nicht weit von Ptolemais in das Meer ergießt. Plin. hist. nat. 5, 19 (17), 75: *Belus qui e Cendaria palude nasci creditur, quinque mille passuum spatio in mare perfluens iuxta Ptolemaidem coloniam lentus currit, insalubri potu, sed cerimoniis sacer, limosus, vado profundus.*

18) Plin. hist. nat. 36, 26: *quingentorum* [immo: *quinquaginta*] *est passuum non amplius litoris spatium, idque tantum multa per saecula gignendo fuit vitro.*

18b) „Nach dem Wortlaut dieser Stelle scheint es, die Stadt habe drei concentrische Mauern gehabt; dem ist aber nicht so. Freilich hatten die Römer drei Mauern zu erobern, 1) von Norden her die äußerste, welche die Neustadt und Niederstadt umschloß; 2) südlich davon die Oberstadt oder Zion; 3) neben der Oberstadt östlich, nicht in der Mitte der Stadt, nächst dem Thal Josaphat und dem Waldbache Kedron stand der Tempel auf dem Berge Morija. Jede dieser drei Localitäten hatte allerdings ihre besonderen Ringmauern. S. Plan des alten Jerusalem bei Salvador, Histoire de la Ruine de Jérusalem. Paris. 1847." Gutmann.

19) Vgl. 1 Maccab. 1. Unter Antiochus ist Antiochus IV Epiphanes (176—164 v. Chr.) zu verstehen. Allein unter diesem kann von keinem Abfall des Arjaces die Rede sein. Die Empörung des Arjaces fällt viel früher, in

die Regierung des Antiochus II Theos (263—247). Daher halten viele Kritiker die Worte nam ea tempestate Arsaces desciverat mit Recht für unächt und klammern sie ein.

[20]) Partherkönig war er nicht, sondern das war sein Vater Orodes, auf dessen Befehl er über den Euphrat gesetzt war (38 v. Chr.), bis er von dem Legaten des Antonius, dem Ventidius, zurückgeschlagen wurde, wobei er fiel. — Unter den Provinzen sind die des Orients zu verstehen. — Sosius war ebenfalls Legat des Antonius.

[21]) Herodes dem Großen.

[22]) Dieser Simo war ein Knecht des Herodes; s. Ioseph. antiqu. 17, 10, 6. bell. Iud. 2, 4, 2.

[23]) Archelaus war Herrscher von Jerusalem, Herodes Antipas von Galiläa und Peräa, Philippus von Batanäa mit Trachonitis oder Trachenitis und Ituräa.

[24]) Vgl. Annal. 12, 54 und das. Anm. 98 S. 327. Ausführlich erzählt die Sache Ioseph. bell. Iud. 2, 10 (17).

[25]) Vgl. Annal. 12, 54. und Apostelgesch. K. 24.

[26]) Gessius Florus war ein Grieche aus Clazomenä; seine Gattin hieß Cleopatra und war eine Freundin von Nero's Gattin Poppäa.

[27]) Oben Kap. 1.

[28]) Der Bundesgenossen.

[29]) Raumer Paläst. S 259: Die Mauern Jerusalems liefen nicht in gerader Linie, sondern im Zickzack, ein- und ausspringende Winkel bildend, so daß Feinde, welche die Stadt stürmten, in den einspringenden Winkeln von zwei Seiten beschossen werden konnten.

[30]) Vgl. 3 Mos. 19, 26. 31. 20, 6. Jerem. 10, 2.

[31]) Sueton. Vespasian. 4: percrebuerat Oriente toto vetus et constans opinio, esse in fatis ut ea tempore Iudaea profecti rerum potirentur. id de imperatore Romano, quantum postea eventu patuit, praedictum Iudaei ad se trahentes rebellarunt etc. Vgl. Daniel 2, 44.

[32]) D. i. auch Kinder und Greise.

[33]) Vgl. oben 4, 78.

[34]) Die zweite Legion bestand nämlich aus frisch geworbenen Truppen; vgl. oben 4, 68.

[35]) D. i. dem römischen Heere, welches früher in Germanien gestanden hatte.

[36]) Vgl. German. 11 z. E.

[37]) Vgl. Kap. 14.

[38]) D. i. Batavodurum, j. Nimwegen.

³⁹) Vgl. Annal. 13, 53.

⁴⁰) Histor. 3, 35. 4, 31. 32. Wenn es dort heißt, er sei nach Ger=
manien geschickt worden, so ist darunter Germania cisrhenana zu ver=
stehen.

⁴¹) Diese Orte sind mit Sicherheit nicht nachzuweisen.

⁴²) Oben 4, 70.

⁴³) Hierbei macht Ernesti die Bemerkung: „per *vallum* intelligenda
castra nocturna prope flumen, ubi classis stabat.“ Ritter schaltet vor
vallum „Veterum“ ein.

⁴⁴) Es wurde dieses Signal mit der bucina von der Wache gegeben,
und zwar viermal des Nachts.

⁴⁵) S. Anm. 37 zu Hist. B. 2 S. 302.

⁴⁶) Vgl. hiermit die Verfahrungsweise des Archidamus dem Perikles
gegenüber bei Thucyd. 2, 13, und die des Hannibal gegen Fabius bei
Liv. 22, 23.

⁴⁷) Dieser Fluß kommt sonst nirgends vor. Vielleicht ist es der öst=
liche Rheinarm.

Anmerkungen

zum Leben des Agricola.

Diese Schrift des Tacitus erschien nach Domitians Tode gegen Ende des Jahres 97 oder zu Anfang des Jahres 98 n. Chr. In letzteres Jahr gehört auch die Germania.

1) P. Rutilius Rufus, Legat des Metellus und Marius im Jugurthinischen Kriege, Consul im J. 105 v. Chr., ein Mann, welcher als Philosoph, Redner und Geschichtschreiber oft mit großem Lobe erwähnt wird, wurde im J. 93 oder 92 ungerechter Weise, in Folge des Hasses der Staatspächter, Erpressungen halber verurtheilt und in die Verbannung nach Smyrna getrieben, wo er, obschon ihn Sulla begnadigte, bis zu seinem Tode blieb (vgl. Annal. 4, 43.). Hier beschäftigte er sich mit den Wissenschaften und verfaßte unter Anderem eine Schrift über sein Leben. Von Vellej. 2, 13, 2 wird er *vir non seculi sui, sed omnis aevi optimus* genannt.

2) M. Aemilius Scaurus, Consul im J. 115 v. Chr., Censor 109, einer der bedeutendsten Vorkämpfer der aristokratischen Partei, daher von Cicero mehrfach mit außerordentlichem Lob überhäuft, schrieb über sein Leben eine Schrift in drei Büchern (Cic. Brut. 29, 112). Sallust. Iug. 15, 4 sagt von ihm: *homo nobilis, impiger, factiosus, avidus potentiae, honoris, divitiarum, ceterum vitia sua callide occultans.*

3) Darunter sind die Zeiten der eben beendigten domitianischen Schreckensregierung zu verstehen. Belege für die schrecklichen und grausamen Zustände dieser Zeiten gibt nun Tacitus gleich im Folgenden.

4) In der Stadtzeitung von Rom (acta diurna populi Romani), s. Anm. 13 zu Annal. B. 3 S. 417. Vgl. noch Beckers Röm. Alterth. 1 S. 33. Friedländers Darstell. aus der Sittengesch. Roms 1 S. 238. —

Aruleanus Rusticus, Prätor im J. 69 n. Chr., ein durch Geist und Charakter ausgezeichneter Mann, wurde im J. 94 von Domitianus getödtet, *quod*, wie Sueton. Domit. 10 sagt, *Paeti Thraseae et Helvidii Prisci laudes edidisset appellassetque eos sanctissimos viros.* — Pätus Thrasea, ein Stoiker, wurde von Nero im J. 66 seines sittlichen Ernstes und seiner Freimütigkeit wegen zu sterben gezwungen; vgl. Annal. 16, 21. 34. 35. — Herennius Senecio, ein Freund des C. Plinius, wurde von Domitianus im J. 95 wegen seiner Lobschrift auf Helvidius Priscus getödtet. — Ueber Helvidius Priscus, dem Schwiegersohne Thrasea's, vgl. Hist. 4, 5. Derselbe wurde von Vespasianus hingerichtet.

⁵) Es sind die triumviri **capitales** zu verstehen, denen die Aufsicht über die Gefängnisse, die Vollziehung der Todesstrafe und überhaupt eine Art Polizeigewalt zustand.

⁶) Dadurch, daß diese Verbrennung durch die Triumvirn vorgenommen wurde, sollte das Schmachvolle mehr hervorgehoben werden; sonst nämlich geschah dieses durch die Aedilen, vgl Annal. 4, 35. Das Schmachvolle und Schimpfliche wird auch noch bezeichnet durch die Worte in comitio — das comitium gehörte zum forum —, wo die Verbrecher bestraft zu werden pflegten. in foro bedeutet „öffentlich und vor aller Augen."

⁷) Vgl. hiermit Annal. 4, 35: *libros per aediles cremandos censuere patres, sed manserunt occultati et editi. Quo magis socordiam eorum irridere libet, qui praesenti potentia credunt exstingui posse etiam sequentis aevi memoriam.*

⁸) D. i. die Philosophen. Es geschah dieses im J. 94 n. Chr. Vgl. Gell. 15, 11, 5: *Domitiano imperante senatusconsulto philosophi eiecti, atque urbe et Italia interdicti sunt.*

⁹) Es erstreckten sich dieselben sogar bis auf die Privathäuser.

¹⁰) Daraus, daß Tacitus Nerva Traianus sagt, und nicht divus Nerva, geht hervor, daß diese Schrift noch bei Lebzeiten des Nerva verfaßt worden ist. Nerva, wie bekannt, hatte den Trajanus adoptirt und zum Mitregenten angenommen. Uebrigens beziehen sich nach Mommsen (Berichte der sächs. Gesellsch. der Wissensch. 1850 S. 300 f.) die Worte Nerva Caesar res olim dissociabiles miscuit principatum ac libertatem auf den von Nerva dedicirten Tempel der Libertas restituta auf dem Capitol, dessen Inschrift wir noch besitzen (Henzen 5436).

¹¹) So lange währte die Regierung des Domitianus, 81—96 n. Chr.

¹²) Diese Worte beziehen sich auf das Vorhaben des Tacitus, eine Schrift über die Regierung des Nerva und Trajanus zu verfassen. Vgl. Histor. 1, 1 z. E.: *quodsi vita suppeditet, principatum divi Nervae et*

...p rium Traiani, uberiorem securioremque materiam, senectuti se-posui, rara temporum felicitate, ubi sentire quae velis et quae sentias dicere licet.

¹¹) Agricola wurde geboren 793 d. St. 40 n. Chr. — Forum Julii jetzt *Fréjus* in der Provence, gegründet von Julius Cäsar. — Ueber die Procuratoren s. die Anm. 115 zu Annal. B. 12 S. 338.

¹⁴) D. i. Caligula. Senec. de benefic. 2, 21: *si exemplo magni animi opus est, utamur Graecini Julii, viri egregii, quem C. Caesar occidit ob hoc unum, quod melior vir esset, quam esse quemquam tyranno expediret.* — M. Silanus, Consul im J. 19 n. Chr. und Schwiegervater des Caligula, wurde von diesem gezwungen sich selbst zu tödten.

¹⁵) S. Anm. 115 zu Annal. B. 4 S. 441. Vgl. Friedländer im a. B. Th. 2 S. 34 fg.

¹⁶) Suetonius Paulinus war Statthalter von Britannien von 59 bis 62 n. Chr. Vgl. über denselben Hist. 2, 25. 31. — Was das contubernium anlangt, so dienten junge vornehme Römer sehr oft als contubernales des Feldherrn, d. i. im Gefolge und in der unmittelbaren Umgebung desselben, um sich so für den höheren militärischen Beruf vorzubereiten.

¹⁷) Vgl. hiermit weiter unten Kap. 15 f. und Annal. 14, 31 ff.

¹⁸) Darunter sind Camulodunum, Verulamium und Londinium zu verstehen, von denen nur ersteres eine wirkliche Kolonie war. Annal. 14, 32. Das Wort coloniae ist also in weiterem Sinne aufzufassen.

¹⁹) Im J. 63 n. Chr. Ueber ihren Vater ist nichts bekannt. Die gens Domitia war eine plebejische, der auch Nero angehörte.

²⁰) L. Salvius Otho Titianus war der Bruder des Kaisers Otho.

²¹) Nach der lex Papia Poppaea hatten bei Bewerbung um Staats-ämter diejenigen, welche Kinder hatten, vor den Kinderlosen den Vorrang; vgl. Annal. 2, 51 und dazu Anm. 114 S. 409.

²²) Agricola war Quästor in Asien im J. 65, ohne Amt 66, Tribun 67, Prätor 68, und auf dieses Jahr beziehen sich auch die Worte: *tum electus a Galba* u. s. w.

²³) Die Rechtspflege über die Bürger Roms hatte der practor urbanus, über Streitigkeiten zwischen Römern und Peregrinen oder nur zwischen Peregrinen entschied der practor peregrinus, wiewohl auch ihre Befugniß unter den Kaisern nur noch ein Schatten ihrer früheren Bedeutsamkeit war. Das Wesentliche des Amtes der Prätoren, deren Anzahl damals wahrscheinlich sechszehn betrug, war die Besorgung der Spiele.

²⁴) Im Jahre 68. — Vgl. Annal. 15, 45., da heißt es in Bezug auf

Nero: *spoliatis in urbe templis egestoque auro, quod triumphis, quod votis omnis populi Romani aetas prospere aut in metu sacraverat.* Sueton. Ner. 32: *templis compluribus dona detraxit simulacraque ex auro vel argento fabricata conflavit, in his Penatium deorum, quae mox Galba restituit.*

²⁵) Vgl. Hist. 2, 12. — Ueber Intemelium j. Anm. 27 zu Hist. B. 2 S. 301.

²⁶) M. Licinius Crassus Mucianus, vgl. Hist. 4, 11. — Domitianus stand damals im achtzehnten Jahre. Von Titus kann hier nicht die Rede sein, da dieser gerade in Asien war. Zur Erläuterung der Worte j. Histor. 4, 2: *nomen sedemque Caesaris Domitianus acceperat: nondum ad curas intentus, sed stupris et adulteriis filium principis agebat.*

²⁷) Mit dem Beinamen victrix. Diese stand in Britannien. — Sein Vorgänger war Roscius Cälius, der sogleich nachher legatus praetorius heißt: vgl. über diesen Histor. 1, 60.

²⁸) Dem Trebellius Maximus und seinem Nachfolger Vettius Bolanus.

²⁹) D. i. zum Consular-Legaten, im J. 72.

³⁰) Aurel. Vict. Caes. 9: *lectis undique optimis viris* (Vespasianus) *mille gentes* (patricias) *composuit, quum ducentas aegerrime repperisset extinctis saevitia tyrannorum plerisque.* Annal. 11, 25 von Claudius: *iisdem diebus in numerum patriciorum ascivit Caesar vetustissimum quemque e senatu, aut quibus clari parentes fuerant, paucis iam reliquis familiarum, quas Romulus maiorum et L. Brutus minorum gentium appellaverant, exhaustis etiam, quas dictator Caesar lege Cassia et princeps Augustus lege Saenia sublegere.* Vespasianus that also dasselbe, was frühere Kaiser schon gethan hatten.

³¹) Aquitanien erstreckte sich vom Liger (j. Loire) bis zu den Pyrenäen, und vom Ocean bis zu den Cevennen.

³²) In den benachbarten Provinzen.

³³) „Anno urbis conditae 830, Iesu Christi 77, quo consulatum iniere Vespasianus Augustus VIII et Titus Caesar VI. Iis suffectos fuisse kalendis Iulii Domitianum Caesarem VI. et Cn. Iulium Agricolam notat Muratori Annali d'Italia tom. 1 p. 291.“ Brotier.

³⁴) „Die Auszeichnung, die wir häufig an Jüngere, zwischen Prätur und Consulat, ertheilt sehen, Titel und Rang eines Beisitzers in dem Consistorium über geistliche Angelegenheiten zu führen (diesen wichtigen Stützpunkt römischer Politik) unter den Augen des kaiserlichen Pontifex Maximus. Nicht bei Aeltern einmal hörte es auf Auszeichnung zu sein.

Tac. Hist. 1, 77: *sed Otho pontificatus auguratusque honoratis iam senibus cumulum dignitatis addidit.*" Walch.

³⁵) D. i. unter Agricola's Verwaltung.

³⁶) Beide Länder, Germanien sowol als Hispanien, erstreckten sich nämlich nach der Ansicht der Alten mit ihren Küsten sehr weit nach Norden hinauf. Vgl. unten Kap. 11.

³⁷) Eben dasselbe sagt Cäsar bell. gall. 5, 13: *tertium* (latus) *est contra septentriones, cui parti nulla est obiecta terra.*

³⁸) Im verloren gegangenen 105. Buche, wo von den Expeditionen des Cäsar nach Britannien die Rede war. — Ueber Fabius Rusticus s. Anm. 54 zu Annal. B. 13 S. 343.

³⁹) Zu verstehen von Caledonien.

⁴⁰) Als Agricola über Britannien gesetzt war.

⁴¹) The Orkney isles.

⁴²) Vermuthlich eine der Shetlandinseln, etwa Mainland.

⁴³) „Das Geschwader sollte seine Fahrt nur so weit ausdehnen, als nöthig war, die Inselgestalt Britanniens zur Gewißheit zu bringen. Ein zweiter Grund für die Mannschaft, sich auf das Sehen Thyle's aus der Entfernung zu beschränken, war, daß die winterliche, der Seefahrt ungünstige Jahreszeit heranrückte." Roth.

⁴⁴) Vgl. German. 4: *truces et caerulei oculi, rutilae comae, magna corpora.* — Die Siluren bewohnten den westlichen Theil der Insel, Hibernien gegenüber, das jetzige Wales.

⁴⁵) Caes. bell. gall. 5, 14: *ex his omnibus longe sunt humanissimi qui Cantium incolunt, quae regio est maritima omnis, neque multum a Gallica differunt consuetudine.*

⁴⁶) Unter dem Kaiser Claudius.

⁴⁷) „Nach der schon von Cicero de nat. d. 2, 19 und später auch vom ältern Plinius ausgesprochenen Meinung jener Zeit ist die Nacht nur die Wirkung des Schattens der Erde. Da nun nach der auch Germ. 45 erscheinenden Vorstellung die Sonne in jenen Gegenden nur wenig unter den Horizont hinabsinkt — was im hohen Norden um Sommersanfang geschieht, wird hier als durchgehend für's ganze Jahr angenommen — so wirft nach dieser Vorstellung der platte Rand der Erde nur einen niedern Schatten auf die Gegenden, welche sich diesem Rande zunächst befinden; während eben darum, je weiter rückwärts von diesem Rande, der Schatten (die Nacht) desto stärker ist." Roth.

⁴⁸) D. i. im persischen Meerbusen.

⁴⁹) Cäsar unternahm seinen ersten Zug nach Britannien gegen

das Ende des Sommers im J. 55, und den zweiten im J. 54 v. Chr.

⁵⁰) Augustus hatte erklärt, die Grenzen des Reichs nicht erweitern zu wollen, und Tiberius stellte sich, als befolge er stets dessen Grundsätze; vgl. Annal. 1, 11, und über Tiberius 4, 11: *qui omnia facta dictaque eius vice legis observem.*

⁵¹) Caligula.

⁵²) Histor. 3, 44: *illic secundae legioni a Claudio praepositus et bello clarus egerat.* Sueton. Vespas. 4: *in Britanniam translatus tricies cum hoste conflixit; duas validissimas gentes superque viginti oppida et insulam Vectem . . in dicionem redegit partim Auli Plauti legati consularis partim Claudii ipsius ductu.*

⁵³) D. i. zur Unterwerfung Britanniens.

⁵⁴) Aulus Plautius von 44—47, Osterius Scapula von 47—51 n. Chr.

⁵⁵) Camulodunum im Lande der Trinobanten, j. Colchester; vgl. Annal. 12, 32. 14, 31. Hier hatte die vierzehnte Legion, legio gemina Martia victrix, ihr Standquartier.

⁵⁶) Didius Gallus von 51—57, Veranius im J. 58.

⁵⁷) Vgl. oben Kap. 5 und Anm. 16. Desgl. Annal. 14, 29—39. Hätte Tacitus die Annalen schon geschrieben gehabt, so hätte er hier den Leser auf dieselben verweisen können.

⁵⁸) Jetzt Anglesey, f. Anm. 63 zu Annal. B. 14 S. 354.

⁵⁹) Vgl. zur Erklärung Annal. 14, 31: *quod contra vertit, adeo ut regnum* (Prasutagi) *per centuriones, domus per servos velut capta vastarentur.*

⁶⁰) Dieses bezieht sich auf die Niederlage des Varus.

⁶¹) D. i. Camulodunum.

⁶²) Petronius Turpilianus war Legat von Britannien vom Jahre 62—64, Trebellius Maximus von 64—69.

⁶³) Zwischen Galba, Otho, Vitellius und Vespasianus, — der Unthätigkeit des römischen Legaten.

⁶⁴) Im J. 70.

⁶⁵) Diese bewohnten den Norden Englands von einem Meer zum andern.

⁶⁶) Hier ist, wie die neueren Herausgeber richtig bemerken, eine Lücke anzunehmen. Ritter ergänzt: sed illa **aetas pacis bellique decora multa tulit.** Wex: sed subito in medio cursu exstinctus est.

⁶⁷) Ueber Julius Frontinus wissen wir wenig. Im J. 70 n. Chr. war

er Stadtprätor, 74 Consul, 75 Legat in Britannien, von wo er, wie es scheint, 78 abberufen wurde. Gestorben scheint er nicht vor 107 zu sein. Plinius der Jüngere folgte ihm als Augur nach. Er ist der Verfasser der Schriften: de aquae ductibus und de stratagematis. Die Schrift de re militari ist verloren gegangen.

⁶⁷) Des Jahres 78 n. Chr.

⁶⁸) Die Ordoviker wohnten nördlich von den Siluren.

⁷⁰) Die Erklärung davon gibt Plin. hist. nat. 15, 36: *laurus Romanis praecipuae laetitiae victoriarumque nuntia additur litteris.* Vgl. Histor. 3, 77.

⁷¹) D. i. unter die Zahl der accensi, d. i. der obrigkeitlichen Diener im Gefolge des Statthalters, aufgenommen. Jeder einzelnen Dienstbranche war ein Centurio vorgesetzt.

⁷²) Den Kornböden der Römer. Bei der Uebersetzung der Stelle sind wir Herrn Kritz gefolgt.

⁷³) Des Jahres 79 n. Chr.

⁷⁴) „Tanaus, auch Taus geschrieben, nach Walch Frith of Tay, wogegen aber Wex einwendet, daß Agric. auf diesem seinen dritten Feldzuge noch nicht soweit habe kommen können." Roth.

⁷⁵) Die Centurionen bei den Legionen, die Präfecten bei den Cohorten der Bundesgenossen.

⁷⁶) Des Jahres 81 n. Chr.

⁷⁷) Clota Frith of Clyde, Bodotria Frith of Forth. Uebrigens erhalten hierdurch die Worte ipsa Britannia ihre Erklärung.

⁷⁸) D. i. sobald die Schifffahrt wieder begann. Indessen ist an der Richtigkeit der Worte nave prima wol mit Recht zu zweifeln.

⁷⁹) D. i. Hispanien, Gallien und Britannien.

⁸⁰) D. i. des Mittelmeeres.

⁸¹) „Der ganze letzte Theil des Satzes, von hinc an, dient zur Erklärung des Vorhergehenden." Bötticher.

⁸²) Auch Usipetes genannt; s. Anm. 111 zu Annal. B. 1 S. 393. Wahrscheinlich gehörte diese Cohorte zu denjenigen Truppen, welche jenen Theil von Britannien, der Hibernien gegenüber lag, besetzt hatten.

⁸³) S. über diese die Anm. 37 zu Histor. B. 2 S. 302.

⁸⁴) Auf der südlichen Seite.

⁸⁵) Zwischen der Ems, Weser und Elbe. Uebrigens ist die von Wex ausgesprochene Vermuthung, daß vor navibus das Wort duabus einzuschalten sei, höchst wahrscheinlich. — Die Sueven müssen nach dieser

Stelle ihre Grenzen bis an die Küste ausgedehnt haben. Vgl. über die=
selben Anm. 47 zu Annal. B. 2 S 402.

86) D. i. an das linke Rheinufer.

87) Des folgenden Sommers im Jahre 84 n. Chr.

88) Wo dieser heutzutage zu suchen sei, ist bis jetzt noch nicht ermittelt.
Wex Prolegom p. 194 bemerkt: „sic ille mons appellatur in codicibus,
qui vulgo scribitur *Grampius*. Huic typographorum Mediolanensium
errori, quamquam quatuor seculorum consuetudine sancito, non debet
profecto illud suffragari, quod in Britannia montes sunt, qui *Gram-
pian Mountains* dicuntur, nam neque unus mons idem est, quod *con-
tinuorum montium longe* patentia iuga, neque Anglorum antiquarii
in illis montibus regionem invenire potuerunt, quae pro pugnae loco
haberi possit, montem autem, quem Camden suggerit *Granzbain*, eum
neque se, neque alium quemquam scire ubi sit, monet Gordon.“

89) Hierunter sind die Ufer Galliens zu verstehen.

90) Der Boudicca, s. oben Kap. 16. — eine Colonie, d. i. Camu=
lodunum. — Statt Brigantes haben mehrere Herausgeber Trinobantes,
welche bei diesem Aufstande Annal. 14, 31 erwähnt werden, geschrieben.
Allein Calgacus nennt hier diejenige Völkerschaft, welche unter allen die
stärkste war und außerdem den Caledoniern am nächsten wohnte.

91) Runde Zahl; eigentlich waren es nur zweiundvierzig Jahre, seit
dem ersten Siege des Vespasianus über die Britannier unter Claudius im
J. R. 796 (43 n. Chr.) bis 837 (84 n. Chr.).

92) Ueber die Tungrer s. Anm. 30 zu Hist. B. 2 S. 302.

93) Die Reitergeschwader der Römer, die bisher auf den Flügeln ge=
standen hatten.

94) Näml. der Britannier.

95) Näml. die Römer.

96) D. i. die Römer.

97) Diese hatten ihren Wohnsitz wahrscheinlich in Mittelschottland.

98) Welcher Hafen darunter zu verstehen sei, ist unbekannt. Gutmann
ist der Meinung, es müsse ein Hafen in der Nähe des Flusses Tay zu
verstehen sein, etwa Dundee.

99) Im J. 84 unternahm Domitianus einen Feldzug gegen die
Chatten, wobei er jedoch keinen Feind sah. Seine Rückkehr wurde mit
einem Triumphe verherrlicht und ihm der Name „Germanicus“ beigelegt.

100) S. Anm. 7 zu Histor. B. 4. Ueber die lorbeerbekränzte Ehren=
statue Anm. 138 zu Histor. B. 1 S. 298.

101) Der Nachfolger Agricola's ist, wie Brotier bemerkt, wahrscheinlich

Sallustius Lucullus. Sueton. Domit. 10: *Sallustium Lucullum Britanniae legatum interemit, quod lanceas novae formae Luculleas appellari passus esset.*

¹⁰²) Vgl. Annal. 13, 18: *septus turba centurionum et post breve osculum digrediens.*

¹⁰³) Der hier erwähnte dacisch-markomannische Krieg fällt in die Jahre 87 bis 91. Der Dacierkönig Decebalus brachte den römischen Feldherrn mehrere höchst bedeutende Niederlagen bei, so daß Domitianus genöthigt war durch große Geschenke und Versprechungen den Frieden von ihm zu erhandeln. Gleichwol verewigte er auch diesen Krieg durch einen Triumph.

¹⁰⁴) „Den Grenzwall kann man nicht wohl anderswo suchen, als in der fortlaufenden, in großen Ueberbleibseln noch sichtbaren Linie von Römer-Schanzen zwischen Peterwardein und Veco an der Theis, wovon Mannerts Norden der Erde S. 170 handelt. Ripa als rechtes Donauufer läßt sich in weiterem Sinne fassen, bis zu den Quaden und Markomannen hinauf." Walch.

¹⁰⁵) Es sind die Jahre 86. 87. 88 zu verstehen.

¹⁰⁶) Das Jahr 90. Die Proconsulate von Asien und Africa waren die bedeutendsten, und es erhielten dieselben nur die zwei ältesten Consulare, d. i. die beiden, welche von den noch nicht in eine consularische Provinz gesandten zuerst das Consulat verwaltet hatten.

¹⁰⁷) Sueton. Domit. 10: *complures senatores, in his aliquot consulares, interemit, in quibus Civicam Cerealem in ipso Asiae proconsulatu.* Agricola befürchtete, daß Domitianus, der den Civica hatte ermorden lassen, dasselbe auch an ihm thun könnte.

¹⁰⁸) Im J. 93 n. Chr.

¹⁰⁹) Domitianus nämlich befand sich nicht zu Rom, sondern in der Albana arx; vgl. 45, 2.

¹¹⁰) Vgl. zur Erläuterung dieser Stelle Annal. 16, 1 z. A.: *nec defuere qui monerent magna ex parte heredem Caesarem nuncupare atque ita nepotibus de reliquo consulere.*

¹¹¹) Im J. 40 n. Chr. Sein Todesjahr war 93.

¹¹²) Vgl. Annal. 16, 27, wo dasselbe von Nero berichtet wird.

¹¹³) Nämlich so lange Agricola am Leben war, hatte Carus Metius nur Einen bedeutenden Erfolg mit seinen Denunciationen, dem sich aber nach jenes Tode mehrere anschlossen. Carus Metius war einer der berüchtigtsten Delatoren unter Domitianus.

¹¹⁴) Noch innerhalb der albanischen Burg, d. i. noch konnte

er nicht ungescheut und öffentlich in der Curie sein scheußliches Handwerk treiben, noch war er auf das Kabinet des Kaisers beschränkt. — „Das albanische Landhaus Domitians, von Domitian selbst am Fuß des albanischen Berges an der Via Appia am 17. Meilenzeiger erbaut, von Suetonius Domit. 4 Albanum genannt, wird oft von Dichtern, z. B. Juven. 4, 145, als arx aufgeführt, von den in sieben Stockwerken übereinander gethürmten Steinmassen." Walch. „Die noch übrigen großen Ruinen in den Gärten der Barberiner beschreibt Corrad. Vet. lat. 2 p. 190. Dahin beschied Domitian oft den Senat, Plin. Epist. 4, 11. 4, 22, dort hielt er geheimen Blutrath." Brotier. Mitglied dieses Blutrathes war Catullus Messalinus, ein vorzügliches Werkzeug von Domitians Grausamkeit. Plin. Epist. 4, 22 sagt von ihm: *Catullus Messalinus caecus erat, eoque ad omnem Domitiani lubidinem proiectior et ad scelera audacior.* — Ueber Massa Bäbius s. Anm. 91 zu Histor. B. 4.

¹¹⁵) Unsere eigenen Hände, d. i. die Hände der Senatoren, zu denen Tacitus als vir praetorius gehörte. Was einer oder mehre gethan hatten, wird hier dem ganzen Senat aufgebürdet. — Es ist Helvidius der jüngere zu verstehen, der Sohn des oben K. 2 genannten Helvidius Priscus. Jener Senator, der zu seiner Anklage angestellt wurde, war Publius Certus. Grund zur Anklage war, daß Helvidius in einem komischen Nachspiel (exodium) Paris und Oenone — Oenone war des Paris Gattin, ehe er die Helena entführte — über die Trennung des Domitianus von seiner Gattin Domitia Longina gespottet haben sollte; vgl. Sueton. Domit. 10. In Bezug auf diese Sache heißt es bei Plin. Epist. 9, 13: *inter multa scelera multorum nullum atrocius videbatur, quam quod in senatu senator senatori, praetorius consulari, reo iudex manus intulisset.*

¹¹⁶) Junius Mauricus, ein Bruder des L. Arulenus Rusticus, wurde verbannt, letzterer getödtet; s. oben Anm. 4. Ueber Senecio ebend.

¹¹⁷) Nämlich von den Delatoren.

¹¹⁸) Ernesti macht hierzu die richtige Bemerkung: i. e. veluti hoc ageres, ut, quantum in te esset, innocentiam Domitiani ostenderes. Nempe cum libenter mori se ostenderet, apparebat, nullam ei vim adhibitam per venenum.

¹¹⁹) D. i. einen Theil der Deinen, die Tochter und den Schwiegersohn.

Anmerkungen

zur Germania.

¹) D. i. durch die Karpathen.

²) Schleswig und Holstein. — Inseln, d. i. die dänischen nebst Schweden und Norwegen.

³) D. i. des Schwarzwaldes.

⁴) Der Name „Germane" war ursprünglich ein Appellativum. „Nomen non esse germanicae sed celticae originis docuit *H. Leo* in Praelect. de Hist. Germ. Vol. I p. 191 sq. Descendit a *gair* vel *gairm* = *clamare*; unde *gairmmon* est *clamator*, i. e. *vir fortis, bellator strenuus.*" **Kritz.**

⁵) Vgl. Annal. 2, 12: *convenisse et alias nationes in silvam Herculi sacram.*

⁶) Es sind das Denare von republikanischem Gepräge.

⁷) Vgl. hiermit Annal. 2, 14.

⁸) Vgl. Histor. 4, 22.

⁹) Ersteres bezieht sich auf die Reiterei, letzteres auf das Fußvolk.

¹⁰) Vgl. Histor. 4, 18.

¹¹) D. i. den Wodan. Paul. Diac. de gestis Longobard. 1, 10: *Wodan sane, quem adiecta littera Gwodan dixerunt, ipse est, qui apud Romanos Mercurius dicitur, et ab universis gentibus ut deus adoratur.*

¹²) S. Anm. 37 zu Histor. B. 2 S. 302.

¹³) D. i. geheimer Briefverkehr, Liebesbriefe.

¹⁴) Diese letzten Worte beziehen sich auf die Familie des Herrn.

¹⁵) D. i. der Freiheit des Staates.

¹⁶) Wenn deren neue angelegt werden.

¹⁷) Bell. Gall. 6, 24: *ac fuit antea tempus, quum Germanos Galli virtute superarent.*

¹⁸) Die Aravisker wohnten am rechten Donauufer, die Osen am linken, die letzteren um die Quellen der Oder und Weichsel.

¹⁹) Die Treverer oder Trevirer wohnten an beiden Ufern der Mosel; über die Nervier s. Anm. 28 zu Histor. B. 4; die Vangionen hatten ihren Sitz um Worms, die Triboker um Straßburg, und nördlich von letzteren die Nemeter.

²⁰) Die Ubier wohnten noch zur Zeit Cäsar's am rechten Rheinufer; später wurden sie von Agrippa im Jahre 37 v. Chr. au's linke versetzt. Agrippinenser, nach der Agrippina, der Gemahlin des Kaisers Claudius. Vgl. Annal. 12, 27.

²¹) Vgl. hiermit Histor. 4, 12: *nec opibus Romanis, societate validiorum, attriti viros tantum armaque imperio ministrant,* und 5, 25.

²²) Vgl. Anm. 67 zu Annal. B. 11 S. 326.

²³) D. i. Zehentland zwischen Rhein, Donau und Neckar.

²⁴) D. i. die Mattiaker. „Die Hessen (Chatten) sind außer den Friesen der einzige deutsche Volksschlag, der mit behauptetem alten Namen bis auf heute an derselben Stelle haftet, wo seiner in der Geschichte zuerst erwähnt wird." J. Grimm.

²⁵) „deponit, er setzt sie gleichsam ab, wenn sie an ihre Grenze gekommen sind." Bötticher.

²⁶) Vgl. hiermit Histor. 4, 61 z. A.

²⁷) Beide Völkerschaften wohnten am rechten Ufer des Rhein.

²⁸) Die Brukterer wohnten zwischen der Ems und der Ruhr; die Chamaver und Angrivarier mehr nach Osten an beiden Seiten der Weser. Vgl. Anm. 128 zu Annal. B. 13 S. 348. Was übrigens Tacitus von der gänzlichen Ausrottung der Brukterer berichtet, ist nicht begründet, da ihrer noch im vierten Jahrhundert Erwähnung gethan wird.

²⁹) Am rechten Ufer der Weser um Bückeburg.

³⁰) Drusus, des Tiberius Bruder, und dessen Sohn Germanicus. Vgl. Annal. 2, 8.

³¹) In Ostfriesland, Oldenburg und einem Theile von Hannover.

³²) Nordöstlich von den Chatten, zwischen Weser und Elbe.

³³) Ihr Name hat sich noch erhalten in dem kleinen Fluß Fuse, der in die Aller fällt.

³⁴) An beiden Ufern des Rheins.

³⁵) Vielmehr 641 u. R. Gr. oder 113 v. Chr. Tacitus bedient sich hier wie im Folgenden der runden Zahl.

36) D. i. im J. 98 n. Chr.

37) D. i. das Partherreich, welches im J. 256 v. Chr. von Arsaces gegründet wurde.

38) Im J. 39 v. Chr. S. Anm. 20 zu Histor. B. 5 — des Crassus Niederlage im J. 53 v. Chr.

39) Den Cn. Papirius Carbo im J. 113 v. Chr., den L. Cassius Longinus und Scaurus Aemilius im J. 107 v. Chr., den Servilius Cäpio und Cn. Maulius im J. 105 v. Chr.

40) D. i. dem Augustus, im J. 9 n. Chr.

41) Auf der raudischen Ebene unterhalb Vercellä am 30. Juli 101 v. Chr. — Drusus, des Tiberius Bruder; letzterer heißt hier Nero.

42) D. i. Caligula. Vgl. Agric. 13. Histor. 4, 15: *Gaianarum expeditionum ludibrium.*

43) Vgl. Histor. 4, 12 ff.

44) Vgl. Agricol. 39 und dazu Anm. 99.

45) S. über diese Anm. 47 zu Annal. B. 2 S. 402 und Anm. 100 S. 407.

46 Die Semnonen wohnten zwischen Elbe und Oder.

47) Die Langobarden hatten ihre Wohnsitze am linken Elbufer um Lüneburg.

48) Diese und die folgenden Stämme sind sämmtlich in Norddeutschland, im Mecklenburgischen u. s. w. zu suchen.

49) Es ist unentschieden, ob Rügen, Seeland, Oesel oder Helgoland der Sitz dieses geheimen Dienstes gewesen sei. Gewöhnlich entscheidet man sich für Rügen.

50) D. i. nach Norden zu. — Näher, nämlich: gegen uns, oder den Grenzen des römischen Reichs.

51) Von der Altmühl bis in den Böhmerwald. Zur südlichen Grenze hatten sie das linke Donauufer.

52) Augusta Vindelicorum, Augsburg.

53) Vgl. hiermit das, was die von den Tencterern an die Agrippinenser Abgeordneten sagen Histor. 4, 64: *ad hunc diem flumina ac terras et coelum* etc.

54) Durch die Kriegszüge des Drusus (9 v. Chr.), L. Domitius Ahenobarbus (Annal. 4, 44) und Tiberius (5 n. Chr.).

55) Die Narister um das Fichtelgebirge, die Marcomanen in Böhmen, die Quaden in Mähren.

56) Vgl. über diesen Anm. 47 zu Annal. B. 2 S. 402.

57) D. i. nach Norden zu. — Die Marsigner an der Grenze

Böhmens und Schlesiens, um Königgrätz, Josephstadt und Glatz, die Gothiner in Oberschlesien, die Osen um die Quellen der Oder und Weichsel,
die Burer um Krakau.

⁵⁸) Die Sudeten.

⁵⁹) In Schlesien und Polen.

⁶⁰) Die Gothonen an den Ufern der unteren Weichsel.

⁶¹) An der pommerschen Küste.

⁶²) In Schweden und Norwegen, welche Länder Tacitus für Inseln hält.

⁶³) Derartige Schiffe kommen auch bei den Römern vor, Annal. 2, 6:
plures (naves factae) *appositis utrimque gubernaculis, converso ut repente remigio hinc vel illinc appellerent.* Vgl. Histor. 2, 47 z. E.

⁶⁴) „Daß die Erde eine Kugel sei, wußte man in der Zeit, wo Tacitus schrieb. Er selbst aber hielt die homerische Vorstellung fest, nach der
die Erde eine flache Scheibe war, um welche rings der Ocean läuft und
den Horizont bildet. Nach dieser geht die Sonne und alle Gestirne aus
dem Ocean auf, wie sie auch täglich in denselben hinabsinken." Roth.

⁶⁵) Des baltischen. — Aestier, Esthen.

⁶⁶) Wo diese zu suchen seien, läßt sich nicht ermitteln.

⁶⁷) Die Peuciner an den Donaumündungen; die Veneter (Wenden) vom rechten Weichselufer an nach Osten zu, Fennen gleichbedeutend
mit Finnen.

Anmerkungen

zum Gespräch über die Redner.

¹) Dieser Fabius Justus war auch ein Freund des jüngern Plinius. — Unter den früheren Zeiten sind die vor Augustus zu verstehen.

²) „Curiatius Maternus gehörte zu den Männern, welche einer bessern Zeit würdig, bei starrem und unbiegsamen Charakter sich in die schlechte nicht zu finden wußten und daher ihren Untergang fanden, die durch kühnen Freimuth in Wort und That, wie Tacitus (ann. 14, 12) vom Pätus Thrasea berichtet, sibi causam periculi fecerunt, ceteris libertatis initium non praebuerunt. Nachdem er nicht ohne Ruhm als Sachwalter aufgetreten war, zog er sich vom Forum zurück, um sich ganz der dramatischen Poesie zu widmen. Durch die Wahl der vaterländischen Stoffe, welche er als tragischer Dichter bearbeitete, machte er seine Freunde um sich besorgt. Doch verschonte ihn Nero, dessen Günstling Vatinius er angegriffen, und Vespasianus, unter dem er seinen Cato vorgelesen hatte; aber Domitianus ließ ihn wegen einer Uebungsrede „gegen Tyrannen" hinrichten. — Den Maternus bekämpft Marcus Aper, wahrscheinlich ein Gallier, vielleicht ein Aeduer, welche nach ann. 11, 25. senatorum ius in urbe adepti sunt, welchem Stande auch Aper angehörte (c. 7: latus clavus mihi oblatus est). Wahrscheinlich lebte er früher in Britannien (c. 17); kam später nach Rom, wo er durch seine Rechtskenntniß und sein Rednertalent sich bald zu hohen Würden emporschwang; denn er bekleidete nach einander die Quästur, das Tribunat und die Prätur (c. 7). Er zog die neuere Beredtsamkeit der ältern vor und hatte mehr durch Geist und Naturanlage, als durch Unterricht und wissenschaftliche Bildung den Ruf der Beredtsamkeit erlangt, weshalb er auch die Wissenschaften mehr aus Geniedünkel verachtete, als daß er sie nicht gekannt

hätte. — In vollkommenem Gegensatze zu ihm steht Julius Secundus, der nach c. 5. ein Freund des Dichters Salejus Bassus war, und wenn er länger gelebt hätte, bei seinem trefflichen Rednertalente sich zu einem der vorzüglichsten Redner würde ausgebildet haben (Quintil. 10, 1, 120). Hielt Aper wenig auf Kunst und wissenschaftliche Bildung, so erwartete Jul. Secundus Alles von ihr, was ihn allzuängstlich und bedenklich machte, so daß er Tage lang über das Exordium einer Rede nicht mit sich einig werden konnte. Daher ist auch sein Antheil am Gespräch ein sehr geringer, er lehnt vielmehr die Entscheidung des Streites von sich ab (c. 5. Quintil. 10, 8, 12. 12, 10, 11)." Pabst.

²) Maternus schrieb also jedenfalls ein Trauerspiel dieses Namens. Zu verstehen ist Domitius Ahenobarbus, der ein unversöhnlicher Feind des Cäsar war und in der Schlacht bei Pharsalus fiel.

³) D. i. die Poesie.

⁴) „non alium video reum locupletiorem, nach der Analogie von auctor und testis locuples, der sichere Bürgschaft, sicheres Zeugniß gibt. Der also, welcher die Vertheidigung eines solchen übernimmt, erscheint parteiisch, indem er seines Sieges schon im voraus gewiß zu sein glaubt." Bötticher. — Von Salejus Bassus urtheilt anders Quintil. 10, 1, 90: *vehemens et poeticum ingenium Salei Bassi fuit, nec ipsum senectute maturum.* Daß er in dürftigen Umständen gelebt habe, geht aus Iuvenal. 7, 80 und unten aus Kap. 9 hervor. Von seinen Poesien hat sich nichts erhalten.

⁵) vor jenem ist zu beziehen auf arbitrum litis.

⁶) Ueber Eprius Marcellus s. Anm. 8 zu Annal. B. 12 S. 331. — Helvidius ist der Schwiegersohn des von jenem angeklagten Pätus Thrasea; vgl. Histor. 4, 50 ff. Unter sapientia ist die stoische Philosophie zu verstehen.

⁷) „Die Bürger, welche als Clienten oder Freunde den Redner auf das Forum und sie nach Hause zu begleiten pflegten, besonders die honetteren römischen Bürger im Gegensatze der ärmeren, welche nicht immer vollständige Kleidung hatten und deshalb tunicatus populus (s. c. 7.) genannt werden." Pabst.

⁸) D. i. als ich Senator wurde.

¹⁰) homo novus wurde der genannt, welcher zuerst aus einem Geschlecht zu höheren Aemtern gelangte. — Die Stadt war eine gallische (vgl. Kap. 10.), deren Name aber nirgends angegeben wird.

¹¹) „Eine richterliche Behörde zu Rom, die ursprünglich, zu je drei aus den 35 Tribus gewählt, aus 105 Mitgliedern bestand, aber

im weiten Sinne Hundertmänner genannt wurde, und auch später so fort-
hieß, als ihre Zahl bereits auf 180 angewachsen war. Der Competenz
dieses Gerichtshofs, der sich in verschiedene Sectionen theilte, fielen nur
privatrechtliche Fälle anheim, und zwar, wie es scheint, solche, wo das
Recht selbst in Frage kam." Klotz Handwörterb. — Ueber die Procuratoren s. Anm. 115 zu Annal. B. 12 S. 338.

¹²) Ueber Vibius Crispus s. Anm. 18 zu Histor. B. 2 S. 301.

¹³) Ueber imagines s. Anm. 57 zu Annal. B. 2 S. 404. — „tituli
sind Aufschriften und Inschriften und die in diesen rühmenden Benennungen
der Würden und Verdienste an Statuen, Bogen, auf Münzen, Gräbern
und Denkmälern aller Art." Pabst.

¹⁴) „Nach einer Behauptung des Seneca excerpt. controv. IV,
prooem. p. 412: primus omnium Romanorum advocatis hominibus
scripta sua recitavit Asinius Pollio. Wie allgemein verbreitet diese
durch Pollio eingeführte Sitte des öffentlichen Vorlesens besonders poeti-
scher Geistesprodukte zu Tacit. Zeiten war, sieht man aus Plin. Ep. 1, 13:
magnum proventum poetarum annus hic attulit. toto mense Aprili
nullus fere dies, quo non recitaret aliquis etc. Wie nachtheilig diese
Sitte auf die ganze wissenschaftliche Richtung jener Zeit wirkte, läßt sich
leicht einsehn." Derselbe. Vgl. Bähr in Pauly's Realencycl. Bd. 6
Abth. 1 S. 412 s. von Siebold zu Juvenalis Sat. S. 3.

¹⁵) Iuvenal. sat. 3, 7, 45 ff.:

nemo dabit regum, quanti subsellia constant,
et quae conducto pendent anabathra tigillo,
quaeque reportandis posita est orchestra cathedris.

und das. von Siebold S. 143.

¹⁶) 36253 Thlr.

¹⁷) Ein zur Zeit der sprechenden Personen berühmter Ringer und
Faustkämpfer, Olympionike Ol. 204. Quintil. 2, 8, 14: at si fuerit qui
docebitur, ille, quem adolescentes senem vidimus, Nicostratus, omnibus in eo docendi partibus similiter utetur efficietque illum, qualis
hic fuit, luctando pugnandoque, quorum utroque certamine iisdem
diebus coronabatur, invictum. Es ist derselbe, den auch Lucian de
conscr. hist. 9. erwähnt.

¹⁸) D. i. den Fürsten selbst.

¹⁹) S. Annal. 14, 20 und daselbst Anm. 34 S. 352. — Ueber Vatinius vgl. Annal. 15, 34. „Wie Vatinius das Heiligthum der Wissenschaften entweiht habe, ob durch einen poetischen Wettstreit mit Maternus,
den Nero als Kampfrichter entschied, und worin er den Maternus als

Sieger erkannte, oder auf welche andere Weise dieses geschah, läßt sich mit Bestimmtheit nicht ermitteln." Pabst. In Pauly's Real-Encyclop. Bd. 5 S. 584. wird in Nerone und vaticinii (für Vatinii) zu vertheidigen gesucht.

20) Vgl. oben Kap. 6.

21) D. i., wie Roth richtig bemerkt, ich fürchte nicht jemals selbst verfolgt, und dadurch zur Selbstvertheidigung vor dem Senate genöthigt zu werden.

22) Nämlich in Versen. — bluttriefenden, durch Delationen. — wie du selbst sagtest, oben Kap. 5.

23) Diese sind die διογενεῖς oder διοτρεφεῖς βασιλῆες bei Homer.

24) Uralter thrakischer Sänger der Mythenzeit, als dessen Mutter die Muse Kalliope angegeben wird. Ebenfalls ein alter mythischer Sänger war Linos, der den Herakles in der Musik unterrichtet haben soll.

25) Lysias war der älteste der zehn attischen Redner, geb. 458, gest. 378 v. Chr.; Hyperides Zeitgenosse des Demosthenes.

26) „Ueber Cicero's Verkleinerer s. zu Kap. 18. Daß auch Virgil deren hatte, wissen wir aus Stellen der Alten. Nicht blos ein Anser, Cornificius, Bavius, Mävius, nicht blos ein Caligula tadelte den großen Dichter, es mochten, wie aus dieser Stelle zu schließen, auch gelehrte Männer dieses thun. Asconius Pedianus schrieb ein besonderes Buch contra obtrectatores Virgilii, aus dem Donat. in vit. Virgil. XVI, 61. wol das Meiste geschöpft haben mag; s. Weichert. poett. latt. rel. p. 161. 273. 310." Pabst. Vgl. Pauly's Real-Encycl. Bd. 6 S. 2649.

27) C. Asinius Pollio war namentlich als Redner berühmt (vgl. über ihn Anm. 70 zu Annal. B. 4 S. 437), desgl. M. Valerius Messalla Corvinus; s. ebend. Anm. 71. — Des Ovidius Tragödie Medea ist verloren gegangen. Quintilian. sagt von ihr 10, 1, 98: *Ovidii Medea videtur mihi ostendere, quantum ille vir praestare potuerit, si ingenio suo temperare quam indulgere maluisset.* — L. Varius Rufus, Freund des Augustus, Virgilius und Horatius, hatte sich als Dichter einen bedeutenden Ruf erworben, namentlich durch seine Tragödie Thyestes, von der Quintil. a. a. O. also urtheilt: *Varii Thyestes cuilibet Graecarum comparari potest.*

28) Diese Ehre gebührte zunächst dem Princeps, weshalb sich Augustus beklagte, daß man sie seinen noch mit der Prätexta bekleideten Söhnen erwiesen habe. Pabst.

29) Pomponius Secundus, dessen Leben der ältere Plinius in zwei Büchern beschrieb, gehörte zu den bedeutendsten Trauerspieldichtern

der damaligen Zeit. Ueber Domitius Afer vgl. Annal. 4, 52 und dazu Anm. 119 S. 441.

³⁰) Vergil. Georg. 2, 475:

me vero primum dulces ante omnia Musae,
quarum sacra fero ingenti percussus amore,
accipiant.

³¹) Um sicher zu sein, daß die Hinterlassenen den gehörigen Antheil erhielten, setzten wohlhabende und reiche Leute den Kaiser oder bei diesem in hoher Gunst stehende Männer zu Miterben ein. Vgl. Annal. 16, 11. 17. 19. Agricol. 43.

³²) Vipstanus Messalla, der die Vermittlerrolle im Streite spielt, war ein berühmter Redner und trat als Vertheidiger seines Bruders Aquilius Regulus auf; vgl. Histor. 4, 42. Er gibt der älteren Beredtsamkeit den Vorzug vor der neueren.

³³) Diese Worte des Messalla sind, wie das Folgende lehrt, ironisch aufzufassen.

³⁴) Dieser war Aquilius Regulus.

³⁵) Berühmter Redner der Athenienser, Gegner des Demosthenes. — Nicetes aus Smyrna, Sophist aus dem ersten Jahrhundert n. Chr., zeichnete sich außerordentlich als Redner aus, wich aber von der Bahn der alten Redner ab, indem er sich von der alten Einfachheit des Ausdrucks entfernte und sich in schwülstiger Redeweise gefiel.

³⁶) Beide Städte standen in hohem Ruf wegen ihrer Rhetorenschulen.

³⁷) Quintil. 10, 1, 118: *eorum quos viderim Domitius Afer et Iulius Africanus longe praestantissimi; hic concitatior, sed in cura verborum nimius et compositione nonnumquam longior et translationibus parum modicus.*

³⁸) Titel einer verloren gegangenen Schrift des Cicero.

³⁹) Bekannt aus Livius 2, 32. ist die Erzählung von Menenius Agrippa, der die 494 v. Chr. auf den heiligen Berg gezogenen Pebejer durch seine Gleichnißrede von den mit dem Magen hadernden Gliedern mit den Patriziern versöhnt. — Von Cäsar sagt Tacitus Annal. 13, 3., daß er mit den größten Rednern wetteiferte. — M. Cälius Rufus, ein Zeitgenosse und Freund des Cicero, bekannt aus dessen Briefen. Er war ein trefflicher Redner, aber ein schwelgerischer, wollüstiger Mensch ohne Charakter. — C. Licinius Calvus, Freund des Catullus und auch selbst Dichter, erwarb sich schon durch seine Anklage des Vatinius (vgl. Kap. 34) 55 v. Chr. einen bedeutenden Namen. In der Beredtsamkeit schlug er eine Richtung ein, welche der des Cicero entgegengesetzt war. —

Junius Brutus, einer von Cäsars Mördern, besaß großes Rednertalent, war aber mehr Philosoph; vgl. Kap. 21.

⁴⁰) M. Tullius Tiro, der angebliche Erfinder der notae Tironianae und gelehrte Freigelassene des Cicero, beschrieb das Leben seines Patrons, wovon ein viertes Buch Asconius erwähnt. — Cicero wurde im J. 43 v. Chr. im fast vollendeten 64. Lebensjahre ermordet.

⁴¹) Von 43 v. Chr. bis 14 n. Chr. oder 711 bis 767 u. c. — dreiundzwanzig, 14 bis 37 n. Chr. oder 767 bis 790 u. c. — vier, 790 bis 794. — zweimal vierzehn, 794 bis 821. — jenes eine lange, 822. — das sechste, 828.

⁴²) Genauer genommen, sind es nur 117 Jahre; Tacitus nimmt hier die runde Zahl wie unten Kap. 24: *cum praesertim centum et viginti annos ab interitu Ciceronis in hunc diem effici ratio temporum collegerit*

⁴³) Messalla. — Im lateinischen Text schlägt Nipperdey für in medium vor: in extremum. S. dagegen Fischer's Röm. Zeittafeln S. 444.

⁴⁴) Servius Sulpicius Galba, Consul im J. 610 d. St. 144 v. Chr., behauptete, wie Cicero sagt, als Redner den ersten Rang in seinem Zeitalter. C. Papirius Carbo, Consul im J. 634 d. St. 120 v. Chr., stand anfangs auf Seiten des C. Gracchus, ließ sich aber später von den Aristokraten gewinnen, unterstützte sie in der Vertheidigung des L. Opimius und verherrlichte sogar den Mörder des Gracchus. Nichts desto weniger wurde er von L. Licinius Crassus der Theilnahme an den gracchischen Unruhen angeklagt, worauf er sich der Strafe durch freiwillige Verbannung oder durch Selbstmord entzog. Cicero rühmt ihn als Redner, obschon er ignarus legum und rudis in iure civili sei.

⁴⁵) Der Censor M. Porcius Cato, geb. 520 d. St. 234 v. Chr., gestorben 85 Jahre alt 605 d. St. 149 v. Chr., wird als Redner von Cicero (Brut. 17, 65.) außerordentlich gepriesen. — C. Sempronius Gracchus, der Volkstribun, wird besonders wegen seiner hinreißenden Kraft in der Rede gerühmt. — L. Licinius Crassus, der Redner, wurde geboren im J. 614 d. St. 140 v. Chr., und starb im J. 663 d. St. 91 v. Chr. Die Hauptmomente seines Lebens führt Cicero im Brut. 43 f. an.

⁴⁶) Appius Claudius Cäcus, welcher als Censor 311 v. Chr. die via Appia anlegte, bewirkte 280 durch seine noch zu Cicero's Zeiten erhaltene Rede, daß die Anträge des Pyrrhus zurückgewiesen wurden.

⁴⁷) „Unter anderen waren seine heftigsten Gegner die beiden Asinii. S. Quintil. 12, 1, 22: *nec Cicero Bruto Calvoque* (videtur satis esse perfectus), *qui certe compositionem illius etiam apud ipsum reprehen-*

dunt: nec Asinio utrique, qui vitia orationis eius etiam inimice pluribus locis insequuntur. Auffehn machten des Afinius Gallus *libri de comparatione patris et Ciceronis* (Plin. ep. 7, 4. Suet. Claud. 41.) mit der Behauptung, *Ciceronem parum integre atque improprie atque inconsiderate loquutum,* f. Gell. 17, 1." Pabft. Quintil. 12, 10, 12: *quem* (M. Tullium) *tamen et suorum homines temporum incessere audebant ut tumidiorem et Asianum et redundantem et in repetitionibus nimium et in salibus aliquando frigidum et in compositione fractum, exultantem ac paene, quod procul absit, viro molliorem.*

48) Vgl. hiermit Cicer. Brut. 82, 283. und Quintil. 10, 1, 115.

49) T. Caffius Severus, der erfte ausgezeichnete Redner des neuen Stils, lebte unter Augustus und Tiberius, und wurde feiner Schmähfchriften wegen von erfterem im J. 8 n. Chr. nach Creta, von Tiberius dann nach Seriphus verbannt, wo er im J. 33 n. Chr. ftarb. Vgl. über ihn Anm. 46 zu Annal. B. 4 S. 434 f.

50) „Nach einem Gefetz der XII Tafeln war der Sonnenuntergang der äußerfte Termin, bis zu welchem eine Verhandlung dauern durfte. Wollte man nun es zu keinem Befchluß kommen laffen, fo fuchte man durch langes Reden die Zeit bis dahin auszufüllen (*diem eximere* [auch *consumere*] *dicendo*)." Pabft. Gegen diefen Misbrauch der Redefreiheit erklärte fich in der früheren Zeit der Senat fehr oft.

51) Hermagoras, aus Temnus in Aeolien, lebte unter Augustus in Rom und war ein Schüler des Theodorus von Gadara. — Apollodorus aus Pergamum war der Lehrer des jungen Octavianus in der Redekunft und Stifter einer Rhetorenfchule. Seine Schriften überfetzte fein Schüler C. Valgius Rufus in's Lateinifche, und diefe Ueberfetzung benutzte Quintilianus.

52) „Vielleicht ift damit [*cortina*] gemeint der obere Theil der Bafilika, in welcher die Gerichtsverhandlungen ftattfanden. In diefem obern Theile fammelten fich nach Plin. Ep. 6, 33 Männer und Frauen, um zuzufehen und zuzuhören." Roth.

53) „Die fünf letzten Reden der fogenannten *actio secunda,* welche bekanntlich nicht gehalten wurden, da Verres nach der *actio* I. freiwillig in's Exil ging." Pabft.

54) Beide wurden von Cicero vertheidigt.

55) Quintus Roscius Gallus, von Geburt ein Sklave, war einer der ausgezeichnetften Schaufpieler und Cicero's Freund, der nicht weniger als feine Kunft feine Rechtfchaffenheit erhebt. Auch vertheidigte ihn Cicero

vor Gericht. — L. Ambivius Turpio ein beliebter Schauspieler, unter dessen Leitung die Lustspiele des Terentius aufgeführt wurden.

⁵⁶) „Man erkennt hieraus den warmen Antheil, den alle romanisirten Provinzen an der neuen Behandlung der Litteratur nahmen, deren berühmte Repräsentanten, wie jedes interessante Wort, das in Rom lebhaften Eindruck gemacht hatte, weit und breit gekannt und überliefert waren." Pabst.

⁵⁷) Accius und Pacuvius sind ältere römische Tragiker. Quintil. 1, 8, 11: *Praecipue quidem apud Ciceronem, frequenter tamen apud Asinium etiam et ceteros, qui sunt proximi, vidimus Ennii, Accii, Pacuvii, Lucilii, Terentii, Caecilii et aliorum inseri versus, summa non eruditionis modo gratia, sed etiam iucunditatis, quum poeticis voluptatibus aures a forensi asperitate respirant.* — Lucanus, der bekannte Dichter der Pharsalia, des Rhetors Seneca Neffe, wegen Theilnahme an Piso's Verschwörung gegen Nero zum Tode verurtheilt; s. Annal. 15, 49.

⁵⁸) Daß die hier angeführten mittelmäßige Redner waren, lehrt der Zusammenhang.

⁵⁹) „P. Vatinius, Volkstribun unter Cäsars Consulat, hatte ganz nach dessen Willen gehandelt. Da Cäsar als Dictator ihn nach Illyrien schickte, wurde er vom Calvus de ambitu angeklagt. Cicero übernahm auf Cäsars Bitten seine Vertheidigung und bewirkte die Lossprechung. Diese Reden des Calvus erwählt rühmend Quintil. 6, 1, 13. 9, 2, 25." Pabst.

⁶⁰) D. i. dem Cajus Julius Cäsar. — In Bezug auf Brutus vgl. Quintil. 10, 1, 123: *egregius vero multoque* (in philosophia) *quam in orationibus praestantior Brutus suffecit ponderi rerum: scias eum sentire quae dicit.*

⁶¹) Jedenfalls derselbe, den Cicero pro Cluent. 59, 161 erwähnt, wo jetzt Decidio für Decio gelesen wird. Er war zur Zeit des Bürgerkrieges zwischen Marius und Sulla proskribirt worden. — Dejotarus, Vierfürst von Galatien, hatte auf des Pompejus Seite gestanden, und Cäsar entzog ihm deßhalb einen Theil seines Gebietes, den ihm Brutus in seiner 47 v. Chr. zu Nicäa vor Cäsar gehaltenen Rede wiederzuverschaffen sich bemühte, aber ohne seinen Zweck zu erreichen

⁶²) Von Cicero als Dichter wird nicht viel Rühmliches gemeldet. Quintil. 2, 1, 24: *carminibus utinam pepercisset, quae non desierunt carpere maligni.* Iuven. sat. 10, 124 u. A.

⁶³) Diesen Ausdruck (rota fortunae) gebraucht Cicero in der Rede gegen Piso 10, 22. — Das Wortspiel ius Verrinum, aus Cic. erster Rede gegen Verr. 46, 121., läßt sich im Deutschen nicht gehörig wiedergeben.

Das Wort ius heißt Recht und Brühe. Allein von diesem Volkswitz der Sicilianer sagt Cicero a. a. O. selbst: *neque enim perfacete dicta neque porro hac severitate digna sunt.* — Die Schlußformel *esse videatur* gebraucht Cicero des Rhythmus wegen äußerst oft statt: es ist so.

⁶⁴) C. Lucilius, ein römischer Ritter aus Suessa Aurunca in Campanien, geboren 148 v. Chr., gestorben 103, war des Horatius Vorgänger in der Satire. Bruchstücke seiner Satiren sind noch viele vorhanden. — T. Lucretius Carus, Zeitgenosse des Catullus, schrieb ein Lehrgedicht *de rerum natura* in sechs Büchern, welches die ganze Physik, Psychologie und Ethik Epikur's umfaßt. Bei Virgilius sind hier die vier Bücher über den Landbau gemeint. In Bezug auf Form gehört Lucretius noch der alten Zeit an, deren Härte in Sprache und Versbau er beibehält.

⁶⁵) Aufidius Bassus war ein römischer Geschichtschreiber, der unter Augustus und Tiberius lebte. — M. Servilius Nonianus, Consul im J. 35 n. Chr., war ebenfalls Geschichtschreiber; vgl. über ihn Annal. 14, 19. und die Worte des zu dieser Stelle angeführten Quintil. 10, 1, 102. — L. Cornelius Sisenna, Prätor im J. 78 v. Chr., gestorben 67., hatte den marsischen Krieg und die Bürgerkriege bis zu Sulla's Diktatur beschrieben. — M. Terentius Varro, geboren in Reate im J. 116 v. Chr. und gestorben im J. 28 v. Chr., war der erste römische Polyhistor und Verfasser außerordentlich vieler Schriften.

⁶⁶) D. i. den Akademikern.

⁶⁷) „*sanctitatem* mit den Handschriften und alten Ausgaben. Allerdings stimmt *sanitatem* mit dem gewöhnlichen Sprachgebrauch mehr überein. Vgl. auch Kap. 21. 23. Aber gerade der Umstand, daß hier Aper diesen Ausdruck braucht, beweist, daß Messalla die *sanitas* der alten Beredsamkeit nicht loben kann, die Aper verachtet hat. *Sanctitas* bezeichnet hier sehr passend s. v. a. candor, simplex modestusque cultus, dem Kap. 26 *calamistri* und *meretriciae vestes* entgegengesetzt werden, und auch die Worte *omissa modestia ac pudore verborum* cet., sprechen für *sanctitas*, worauf sich auch die *voluntatis* similitudo bezieht, und was allein dem folgenden *nam quod* cet. die rechte Basis gibt. Wie vorschnell also das Urtheil in der Walther'schen Ausgabe!" Bötticher.

⁶⁸) C. Lälius, mit dem Beinamen Sapiens, der Freund des jüngern Scipio, Consul im J. 140 v. Chr., wird von Cicero mehrmals in Bezug auf seine Beredtsamkeit gewürdigt.

⁶⁹) Von der gezierten und gedrechselten Schreibart des Mäcenas. — Ueber L. Junius Gallio s. Anm. 23 zu Annal. B. 6 S. 447.

⁷⁰) Quintil. 11, 3, 57: *sed quodcumque ex his vitium magis*

tulerim, quam quo nunc maxime laboratur in causis omnibus scholisque, cantandi: quod inutilius sit, an foedius, nescio. Quid enim minus oratori convenit, quam modulatio scenica, et nonnumquam ebriorum aut comissantium licentiae similis?

[71]) Sextus Julius Gabinianus, ein angesehener Lehrer der Redekunst, der unter Vespasianus lebte und in Gallien mit Auszeichnung Vorträge hielt.

[72]) „Aper und Secundus waren Gallier, Maternus ebenfalls Gallier oder Spanier, Messalla allein Römer. Vorher hat dieser gesagt, die in Rom entstandenen Verderbnisse der Redekunst hätten jetzt auch schon den Weg in die Provinzen gefunden. Dieses brauche ich, will er sagen, nicht weiter auszuführen, da ihr, Männer aus der Provinz, das selbst am besten wisset." R o t h.

[73]) Cornelia, Tochter des älteren Scipio, Gemahlin des Tib. Sempronius Gracchus, Mutter der Volkstribunen Tib. und C. Gracchus. — Aurelia, die Mutter des C. Julius Cäsar. — Atia, Tochter des M. Atius Balbus und der Julia, der Schwester Cäsars.

[74]) Nämlich bei den Vätern ihrer Schüler.

[75]) Von Kap. 89 bis 91.

[76]) Cic. Brut. 89, 306: *ego autem iuris civilis studio multum operae dabam Q. Scaevolae Q. F.* Es ist Q. Mucius Q. f. Q. n. Scaevola mit dem Beinamen augur zu verstehen, der im J. 88 v. Chr. noch lebte. — Philo aus Larissa, Schüler des Klitomachus, flüchtete im mithridatischen Kriege aus Athen nach Rom, wo ihn Cicero hörte, und war der letzte namhafte Vertreter der akademischen Philosophie. — Der Stoiker Diodotus, Freund und Lehrer des Cicero, war ein sehr vielseitiger Mann. Er starb im Hause des Cicero 59 v. Chr.

[77]) Hiermit werden die Stoiker bezeichnet. Cic. Brut. 31, 120: *Stoicorum astrictior est oratio aliquantoque contractior quam aures populi requirunt.*

[78]) Die platonische Schule. Cic. de orat. 1, 18, 84: *hic enim mos erat patrius Academiae, adversari semper omnibus in disputando.*

[79]) Epicurus, jener bekannte Stifter der nach ihm benannten Schule, welche das höchste Gut in den Lebensgenuß setzte; Metrodorus, aus Lampsakus, war sein Freund und Schüler.

[80]) Cic. Brut. 31, 121: *lectitarisse Platonem studiose, audivisse etiam Demosthenes dicitur idque apparet ex genere et granditate verborum; dicit etiam in quadam epistula hoc ipse de sese.* Vgl. Orat. 5, 15. · Ob es aber damit seine Richtigkeit habe, ist zweifelhaft.

⁵⁰) „*et Cicero* — refert für *et Ciceronem, qui refert*, eine Jnconcinnität, wie sie sich bei Tacitus häufig findet." Bötticher. Cic. Orat. 3, 12: *et fateor me oratorem, si modo sim aut etiam quicumque sim, non ex rhetorum officinis, sed ex Academiae spatiis exstitisse.*

⁵¹) Vom Forum zu verstehen. — „sed bezieht sich nur auf non rudibus dimicantes zurück, womit die leeren Spiegelfechtereien in den Schulen der Rhetoren bezeichnet werden, in denen sich fast immer dieselben Zuhörer und meist solche befanden, die nur das Gute lobten, während bei den öffentlichen Verhandlungen selbst das gut Gesagte streng beurtheilt wurde. Ueber dissimulare vgl. Ann. 13, 49: *magnarum rerum curam dissim.*, mit der Sorge . . es nicht so genau nehmen." Bötticher.

⁵²) Nach Cic. de orat. 3, 20, 74 geschah das in seinem einundzwanzigsten Lebensjahre. Crassus sagt an dieser Stelle von sich selbst: *quippe qui omnium maturrime ad publicas causas accesserim annosque natus unum et viginti nobilissimum hominem et eloquentissimum in iudicium vocarim.* Es fällt somit diese Rede in das Jahr 119 v. Chr.

⁵³) Nach Sueton. Caes. 4. im dreiundzwanzigsten, d. i. im Jahre 77 v. Chr. Vgl. Fischer's Röm. Zeittafeln S. 197. — Alle diese Reden sind nicht mehr vorhanden.

⁵⁴) Cic. de orat. 3, 24, 93 f., wo Crassus sagt: *hoc quum unum traderetur et quum impudentiae ludus esset, putavi esse censoris, ne longius id serperet, providere.* Es fällt das in das Jahr 662 d. St. 92 v. Chr.

⁵⁵) Ob sie die Verehelichung mit dem Verführer oder seinen Tod wählen sollen.

⁵⁶) Hier ist in den Handschriften eine bedeutende Lücke. Es fehlt der Schluß von Messallas Rede und der Anfang der Rede des Maternus.

⁵⁷) Vgl. hiermit das von der Urgulania Annal. 2, 34 Erzählte.

⁵⁸) M. Licinius Crassus Mucianus, welcher, wie bekannt, zur Thronbesteigung des Vespasianus außerordentlich viel beitrug.

⁵⁹) Jnterdict, der Einspruch des Prätors zwischen streitenden Parteien, besonders bei Streitigkeiten über Besitz.

⁶⁰) „Schon aus der Wortstellung geht die Nothwendigkeit hervor, veritati als die richtige Lesart festzuhalten." Bötticher.

⁶¹) Jm J. 52 v. Chr., vgl. Annal. 3, 28. Es ist die lex Pompeia de ambitu gemeint, in welcher mehrere Bestimmungen über die Organisation der Gerichte enthalten waren. S. Fischer's Röm. Zeittafeln S. 256 f.

⁹³) S. vorher Anm. 11.

⁹⁴) „Die vor den Centumvirn gehaltenen Reden hat Cicero nicht ausgearbeitet. Vgl. Klotz zu Cicer. Reden Bd. 1 S. 495. II S. 654." Pabst.

⁹⁵) Paenula war ein langer, einfacher Mantel ohne Aermel, den man früher nur auf Reisen und bei Regenwetter trug.

⁹⁶) Auf diese Weise wird die schulmäßig ausgearbeitete und einstudirte Rede unterbrochen, und der Redende selbst geräth in Verwirrung.

⁹⁷) Die Ackergesetze.

⁹⁸) Gemeint ist hier Vespasianus.

Druckfehler.

S. 112 Z. 20 v. o. l. intumuit st. intumit.

Druck von Bär & Hermann in Leipzig.